21世纪应用型精品规划教材·物流管理

物流与供应链管理

(第2版)

孙国华　主　编

罗彦芳　刘伟华　祝翠玲　副主编

清华大学出版社

北　京

内 容 简 介

本书针对物流与供应链管理工作的实际需要，全面、系统地介绍了物流管理概论、包装、装卸搬运、仓储与保管、运输、流通加工与配送、物流信息技术、供应链管理概述、供应链环境下的采购管理、供应链环境下的库存控制、农产品供应链管理、绿色供应链管理等内容，并结合具有代表性的案例对理论进行了深入、生动的探讨，使读者更容易做到理论联系实践，提高解决实际问题的能力。

本书可用作高等院校物流管理与工程、电子商务、管理科学与工程、工商管理等经济管理类专业的教材，也可用作从事相关专业管理、规划和研究工作的人员的参考书。

图书在版编目(CIP)数据

物流与供应链管理/孙国华主编. —2 版. —北京：清华大学出版社，2018（2022.7重印）
(21 世纪应用型精品规划教材・物流管理)
ISBN 978-7-302-48839-2

Ⅰ. ①物… Ⅱ. ①孙… Ⅲ. ①物资管理—高等学校—教材 ②供应链管理—高等学校—教材 Ⅳ. ①F252.1

中国版本图书馆 CIP 数据核字(2017)第 284165 号

责任编辑：汤涌涛
封面设计：李 坤
责任校对：张彦彬
责任印制：朱雨萌
出版发行：清华大学出版社
网 址：http://www.tup.com.cn, http://www.wqbook.com
地 址：北京清华大学学研大厦 A 座 邮 编：100084
社 总 机：010-83470000 邮 购：010-62786544
投稿与读者服务：010-62776969, c-service@tup.tsinghua.edu.cn
质量反馈：010-62772015, zhiliang@tup.tsinghua.edu.cn
课件下载：http://www.tup.com.cn, 010-62791865
印 刷 者：北京富博印刷有限公司
装 订 者：北京市密云县京文制本装订厂
经 销：全国新华书店
开 本：185mm×230mm 印 张：21.5 字 数：519 千字
版 次：2014 年 1 月第 1 版 2018 年 1 月第 2 版 印 次：2022 年 7 月第10次印刷
定 价：59.00元

产品编号：072396-02

前　言

随着全球经济一体化的快速发展，企业所面临的市场竞争越来越激烈。大量信息的飞速产生，信息技术的广泛应用，用户需求的不断变化，市场环境的复杂多变，所有这一切都要求企业不断创新自身商业模式，以适应经济的发展。21 世纪的竞争已经不是企业与企业之间的竞争，而是供应链与供应链之间的竞争。只有对供应链不断进行优化整合，并不断力求降低物流成本，企业才能在当今市场竞争中立于不败之地。

我国引入物流与供应链相对较晚，相比欧、美、日等发达地区和国家，我国在理念、技术和资金投入等方面存在较大的差距。我国物流与供应链管理方面的教学起步也相对较晚，相关的教材相对较少，教学与实践严重脱节，人才培养与社会需求存在较大的差距，因此有必要加强和改进物流与供应链管理的教学工作。

本书在修订过程中，保留了上一版本的基本结构，依然由物流管理、供应链管理两部分组成。第一部分从物流系统的重要功能要素出发，由物流管理概述、包装、装卸搬运、仓储与保管、运输、流通加工与配送、物流信息技术等内容组成。第二部分从供应链管理的角度入手，包括供应链管理概述、供应链采购管理、供应链库存管理、农产品供应链管理和绿色供应链管理等内容。全书的整体编排符合物流与供应链管理教学的特点，层层铺垫，逐步推进，科学合理。

本书具有如下鲜明特点：①内容新颖。本书包含国内外最新的理论研究成果及教学改革成果，并将物流与供应链管理的发展趋势和前沿信息以课外资料等形式进行了介绍。②注重案例式教学。本书融入了经典的、最新的实例及操作性较强的案例，将理论教学与案例分析有机地结合在一起。③注重拓展学生知识面。本书除了对基本知识点进行介绍外，还涵盖了丰富的课外资料和知识拓展，让学生在掌握必要知识的同时也能了解其他相关知识。④注重培养学生的国际视角。本书内容包括许多国外的先进经验与经典案例，同时，对重要的专业术语给出了英文注释，为学生查阅国外专业资料奠定了基础。

本书修订编写工作由山东财经大学四位在物流与供应链管理理论研究和教学实践工作中积累了丰富经验的同仁共同完成。各章编写分工为：孙国华负责第一、二、三、六、八、九、十、十一、十二章；罗彦芳负责第五章；刘伟华负责第四章；祝翠玲负责第七章。全书由孙国华负责框架的拟定、统稿和定稿。

本书在修订过程中参考了许多国内外同行的著作和论文，作者已尽可能在参考文献中列出，在此对这些专家学者表示真诚的感谢！也有可能因为多方面的原因而有疏漏，若有这样的情况发生，作者表示万分歉意，并愿意在得知具体情况后予以纠正，在此先表示感谢！

本书的编写工作得到了国家自然科学基金(项目号：No.71402084)的支持，在此一并致谢！

限于作者的知识范围和学术水平，加之物流与供应链管理的理论和实践仍在不断发展之中，书中难免会有疏漏和错误之处，恳请广大读者批评指正、不吝赐教。

编　者

目　录

第一篇　物流管理

第二篇 供应链管理

第一篇　物 流 管 理

第一章　物流管理概论

【案例导入】

亚马逊颠覆物流业

亚马逊不仅是全球最大的电商，其物流水平也不逊于任何国际巨头，物流称得上是亚马逊的核心竞争力之一，业内用“神奇的库房”形容亚马逊的仓储物流。2015 年，亚马逊在中国率先推出了“亚马逊物流+”策略——全面开放其仓储物流体系给更多的中国企业，此次开放物流之举可窥见亚马逊进军物流的决心。

从电商领域的经验出发，亚马逊率先运用大数据进行仓储物流管理。不同于一般意义上的库房，亚马逊将库房称为“运营中心”，因为它已大大超出了一般库房的概念。如亚马逊智能系统拥有强大的数据运算和分析能力，能优化拣货路径，相比传统方法可节省 60%多的路径，这使得亚马逊从客户下单、拣货、分拣、包装到出货可在 30 分钟内完成。

在精细管理方面，亚马逊仓储系统能让企业客户实时了解库存状态。全年 365 天、每天 24 小时连续盘点能力，则可以帮助国内企业降低库存丢失风险，确保库存安全；在每一个季节性高峰来临之前，亚马逊智能运营系统会对高峰期库存进行精准预测，同时从配货规划、人力安排、运力调配以及最后一公里配送等方面进行提前安排，确保合理匹配资源和充足的产能。

精准管理更为具体的体现是：从卡车运输到门店运输，再到最后一公里，亚马逊所有系统内部都实现打通，可以监控到每一个包裹的移动。用简单的话说，亚马逊的核心优势归结为两点：首先，网络规模足够大，全球范围内，该覆盖的基本都能覆盖，且境内境外的网络都是自建自营，保证了运转的流畅高效和无缝对接。其次，亚马逊智能系统基于大数据进行仓储物流管理，最早将大数据物流带入中国。

如何平衡成本与效率？亚马逊给出了答案。以跨境物流为例，国内物流企业在海外拓展网络的普遍做法是通过第三方合作租用仓库，较自建网络而言可控性弱，同时货物入仓和出仓的处理不仅花费双倍时间，由于操作环节多，货物遗失或损坏的隐患也较高。而亚马逊的自建运营网络可以完全由自己掌控，智能化系统会自动选择从离机场或港口较近的仓库优先发货，节省大量的时间。物流全程尽可能减少中间环节的操作，既能保证货物安全，又能节省时间和成本。

在电商的推动下，物流行业某种程度已经变成了一个高科技 IT 行业。影响其未来发展的决定因素，也就更多地集中在是否遵循高科技行业的发展规律。去中心化，就是其中绕不开的铁律。从目前的发展来看，物流行业大多数去中心化的思路还很初级，亚马逊至少让外界看到了这样的苗头。

(资料来源：亚马逊颠覆物流业[J]. 中国物流与采购，2015(22))

物流与人类的物质生活和生产共生共长，源远流长。随着科学技术的迅猛发展和经济全球化趋势的增强，“物流”一词对很多人已经不再陌生。作为服务业的重要分支领域，物流业跟其他行业密切相关，是连接各行业的重要纽带，也是使国内外市场相连的重要载体。2009 年，国务院常务会议审议并通过了将物流业列入十大振兴产业之一，同时，物流业也是十大振兴产业中唯一的生产性服务业。物流业的振兴和发展，不仅是物流业自身振兴和发展的需要，也直接关系到我国整体经济竞争力的提升！

第一节　物流的定义

一、国外对物流的定义

目前，物流还没有一个统一的定义，各国的专家学者和相关组织结构从不同的角度给出了不同的定义。同时，物流还是一个发展中的概念，随着理论和实践的发展，物流的定义也将不断地发生变化。目前，比较有代表性的物流定义主要有以下几个。

(一)美国对物流的定义

2002 年，美国物流管理协会(Council of Logistics Management，CLM)将物流定义为：“物流是供应链运作的一部分，是以满足顾客要求为目的，对货物、服务和相关信息在产出地和消费地之间实现高效且经济的正向和反向的流动和储存所进行的计划、执行和控制过程。”

(二)日本对物流的定义

在日本，不同学者对物流有不同的定义，最有代表性的是 1981 年日本日通综合研究所给出的物流定义："物流是将货物由供应者向需求者的物理性位移，是创造时间价值和场所价值的经济活动，包括包装、搬运、保管、库存管理、流通加工、运输、配送等活动领域。"

(三)欧洲对物流的定义

1994 年，欧洲物流协会(European Logistics Association，ELA)发表的《物流术语》(Terminology in Logistics)中将物流定义为："物流是在一个系统内对人员及/或商品的运输、安排及与此相关的支持活动的计划、执行与控制，以达到特定的目的。"

(四)加拿大对物流的定义

1985 年，加拿大物流管理协会(Canadian Association of Logistics Management，CALM)给出的定义为："物流是对原材料、在制品库存、产成品及相关信息从起运地到消费地的有效率的、成本有效益的流动和储存进行计划、执行与控制，以满足顾客需求的过程。"

二、我国对物流的定义

根据中华人民共和国国家标准《物流术语》(GB/T 18354—2006)，物流的定义为："物品从供应地向接收地的实体流动过程。根据实际需要，将运输、储存、装卸、搬运、包装、流通加工、配送、信息处理等基本功能实现有机结合。"

第二节 物 流 管 理

一、物流管理的定义

根据中华人民共和国国家标准《物流术语》(GB/T 18354—2006)，物流管理的定义为："为达到既定的目标，对物流的全过程进行计划、组织、协调与控制。"

二、物流管理的内容

从基本过程、组成要素和管理职能等方面来看，物流管理的主要内容应当包括以下三大部分。

(1) 对物流活动诸环节的管理，包括运输、仓储、装卸、搬运、包装、流通加工、配送等环节的管理。

(2) 对物流各活动过程中诸要素的管理，包括人、财、物、物流设备、方法和信息等的管理。

(3) 对物流活动中具体职能的管理，主要包括对物流计划、质量、技术、经济等的管理。

三、物流管理的特点

(一)以客户满意为第一目标

现代物流基于企业经营战略，从客户服务目标的设定开始，进而追求客户服务的差别化。它通过物流中心、作业系统、信息系统和组织构成等综合运作，提供客户所期望的服务，在追求客户满意最大化的同时，求得自身的不断发展。

(二)以整体最优为目的

物流不能单纯追求某个物流功能的最优，也不能片面追求各“局部物流”最优，而应实现整体最优。

(三)以信息管理为中心

信息技术的发展带来了物流管理的变革，物流信息技术的运用和供应链物流管理方法的实践，都是建立在信息化基础上的，信息管理成为物流管理的核心。

(四)重近期效率，更重远期效果

原来的物流以提高效率降低成本为重点，而现代物流不仅重视影响近期效率方面的因素，更强调整个物流过程的远期效果。比如，仅从成本角度看，有的活动虽然使成本上升，但如果它能促进整个企业战略目标的实现，则这种活动仍然是可取的。

第三节　物流的作用

一、物流的效用

效用是指商品或服务为满足需求所提供的价值或用途。经济效用包括时间效用、空间效用、形式效用和占有效用四种基本类型，通过这四种类型增加了产品和服务的价值。物流作为一种社会经济活动，同样具有创造经济效用的功能。

(一)物流创造时间效用

时间效用是指通过改变“物”的供应与需求之间的时间差创造的效用。物流主要通过以下三种形式创造时间效用。

1. 缩短时间，创造时间效用

缩短时间，可以获得多方面的好处，如减少物流损失、加快库存周转、节约资金等。生产和消费之间的流通时间越短，企业的资金周转越快，越能实现企业资金的高速增值。

2. 弥补时间差创造时间效用

一般来说，产品的供给和需求之间存在时间差。例如，粮食的生产具有季节性，而粮食每天都要消费。只有弥补生产与消费之间的时间差，产品才能取得自身最高价值，获得理想的效益。物流是以科学的、系统的方法弥补和改变这种时间差，以实现其时间效用。

3. 延长时间差创造时间效用

在某些情况下，可通过人为地、能动地延长物流时间创造价值。例如，通过事先储存一定量的产品寻找进入市场的最佳时机。在这种情况下所采用的物流方式便是一种有意识地延长物流时间，有意识地增加时间差，从而创造效用的方式。

(二)物流创造空间效用

物流创造场所效用是由现代社会产业结构、社会分工所决定的，主要原因是供给和需求之间的空间差，商品在不同的地理位置有不同的价值，通过物流将商品由低价值区转到高价值区，便可获得价值差，即“空间效用”。物流创造空间效用主要有以下几种形式。

1. 从集中生产地流入分散需求地创造空间效用

专业化、规模化的集中生产是现代化生产的主要特点。在一个小范围内集中生产的产品可以覆盖大面积的需求地区，有时甚至可覆盖一个国家乃至若干国家。通过物流将产品从集中生产的低价值区转移到分散于各处的高价值区，有时可以获得很高的利益。例如，钢铁、水泥、化工原料等的生产，往往在一个地区以几百万甚至几千万吨的规模进行生产，通过物流流入分散需求地区。

2. 从分散生产地流入集中需求地创造空间效用

现实中和上一种情况相反的情况也不少见。例如，粮食是由众多小农户分散生产出来的，而大城市的需求却相对集中；一个汽车厂的零部件供应商分布非常广，但最后却集中在一个工厂完成组装，这就形成了分散生产和集中需求，物流便以此创造了空间效用。

3. 在甲地流入乙地创造空间效用

产品的生产地和需求地通常不在同一个地方，除了由社会分工造成的之外，还有很多是由自然条件、地理条件和社会发展因素决定的。我们的日常生活用品几乎都不是就近生产的，错综复杂的生产与需求的空间差都是靠物流来连接的，物流也从中创造了空间效用。

(三)物流创造加工附加效用

加工附加效用也叫加工附加值。加工是生产领域常用的手段，并不是物流的本来职能。但是现代物流可以根据自己的优势从事一定的补充性加工活动，这种活动并不创造商品的主要实体并形成商品，而是带有完善、补充、增加性质的加工活动，如钢卷剪成钢板、把原木加工成板材等，这种活动必然会形成劳动对象的附加价值，这就是物流创造加工价值的活动。

(四)物流创造占有效用

产品或者服务的占有效用是通过营销、技术和财务部门创造的，通过广告、技术支持、销售等手段，企业帮助客户或者消费者获得产品或者服务。在商品经济时代，物流依赖占有效用存在。只有当客户对产品或者服务有需求时，时间效用和空间效用才得以实现。随着第三方物流的发展，配销形式中的代收货款、代理采购、金融融资等一系列的新型服务方式的出现，使得物流也在不同程度上改变了占有效用。

二、物流在国民经济中的地位和作用

(一)物流是国民经济的基础之一

我国在经济发展过程中经常提到的交通运输基础作用、先行作用和瓶颈问题，指的就是物流或者是物流的主要部分。

(1) 物流在国民经济中起着动脉的作用。物流通过向生产者不断运送原材料、能源来保证生产过程的正常进行，同时，又不断将生产的产品运送给最终客户，以保证这些客户的生产或生活所需。国民经济的正常运转完全是依靠物流来维系的，通过物流国民经济才得以成为一个具有内在联系的有机整体。

(2) 物流对经济体制的正常运转起着至关重要的作用。经济体制的核心问题是资源配置，资源配置不仅要解决生产关系问题，而且必须解决资源的实际运达问题。有时候，并不是某种体制不成功，而是物流不能保证资源配置的最终实现。物流还以本身的宏观效益支持国民经济的运行，改善国民经济的运行方式和结构，促使其优化。

(二)特定条件下，物流是国民经济的支柱

物流产业为全社会提供全面、多样化的物流服务，并在物流全过程及其各个环节实现

价值增值。当物流活动从生产过程和交易过程中独立出来后，物流就不再是一个简单的成本因素，而成为一个为生产、交易和消费提供服务的价值增值因素，其中也蕴藏着巨大的商业潜力。专业化物流企业可以提供货物运输、配送、流通加工等有形服务，这是商业企业、运输企业、仓储企业等传统流通部门难以企及的。相对于产品的生产过程而言，物流服务创造的是产品的空间价值和时间价值，是产品价值的重要组成部分。因此，物流产业是国民经济中创造价值的产业部门。在经济全球化的今天，有些国家或地区处于特定的地理位置或特定的产业结构条件下，物流在国民经济和地区经济中发挥带动和支持整个国民经济的作用，成为国家或地区财政收入的主要来源，成为科技进步的主要发源地和现代科技的应用领域，如欧洲的荷兰、亚洲的新加坡、美洲的巴拿马和中国的香港等，特别是日本以流通立国，物流的支柱作用显而易见。

(三)物流是改善社会经济效益的有效手段

所谓经济效益，一般是指对社会实践活动中的各种劳动占用和物质消耗有效性的评价。合理的物流不仅能够节约大量的物质资料，而且对于消除各种不合理运输，节约运力，具有重要的作用。合理的物流，还可以降低库存，加速资金周转，更充分地发挥现有物资的效用。

此外，物流的装卸、搬运、包装、流通加工等功能对提高社会经济效益的作用也是显而易见的。

(四)物流业的发展能加速国民经济产业结构的调整

发展物流产业是我国经济结构全面调整的现实要求，加快经济结构的战略性调整是当前扩大内需、促进经济增长的迫切要求，也是适应我国经济发展阶段性变化，应对日趋激烈的国际竞争的根本性措施。

由于我国多年来结构性矛盾的积累，造成市场需求不足，大量产品滞销，生产能力闲置的局面，使得就业压力日渐突出，经济增长缺乏动力，许多产业处于分散化和盲目化的过度竞争中，从而形成了大批没有市场规模、没有产业升级能力的企业组织。面对我国经济形势的变化和经济全球化的要求，我国必须完成调整传统产业结构和企业组织结构这两个重要任务，必须解决我国经济战略性调整中出现的流通环节的重要“瓶颈”问题。由于缺少大规模的流通组织和流通网络来支撑工业的产业结构调整，分散的流通加剧了分散的企业之间的盲目竞争，使得公司间进行大规模产业整合没有合理的、低成本的流通环节的保障。20 世纪 90 年代末期，国外跨国公司和国内一批流通企业纷纷进军我国连锁商业和市场网络，但我国的物流产业基础不足以支撑全国网络的运营，使得各种异地发展的商业网络纷纷出现运营黑洞和网络陷阱。因此，可以说，没有大流通就没有大产业，没有大物流就没有大流通，发展物流产业对完成我国经济结构的调整至关重要。

(五)物流业对其相关产业快速发展起着推动作用

物流是一个系统化和科学化的业务领域，所涉及的领域是空前的。它具有很高的产业关联度，涉及运输、包装、仓储、邮电通信、信息等与流通有关的行业，它的发展可以带动以上各行业甚至广告业、房地产业、金融业等产业的发展，为社会提供大量的就业机会。同时与流通有关的各部门的技术进步、科技发展，也促进了物流的合理化，它们互相促进，共同带动社会经济的发展。

【案例分析 1-1】

新加坡物流业发展纵览

新加坡积极发展现代物流业，在亚洲国家中占得先机，物流规模特别是国际贸易物流位居亚洲前列，物流管理技术在亚洲具有优势，成为亚洲乃至国际性的区域物流中心。

一、物流产业具有支柱地位

新加坡的物流业产值占其国内生产总值(GDP)的 8%，有大约 11.5 万人受雇于物流行业，为全国总劳动人口的 6%。新加坡的物流业较为发达，较突出地反映在专业物流企业发展环境较好，规模较大，3PL 成为在新加坡较具影响力的企业，从而奠定了其在新加坡经济中的支柱地位。

新加坡工业及商业企业运用物流技术和运用专业化的 3PL 服务非常普遍，约 60%的新加坡企业使用 3PL 服务，其中有 83%已经是 3 年以上的 3PL 服务客户。

此外，世界知名物流企业如敦豪、联邦快递、辛克等都在新加坡设立了区域总部。再加上与互联网结合，新加坡物流业更以电子物流的全新经营模式，发展出一套独具特色的网络供应链管理系统，吸引跨国企业利用新加坡物流业的优势，构建亚太地区的外包供应网，让跨国企业专注于产品研发及市场营销，提高国际竞争力，从而更加巩固了新加坡物流业的支柱地位。

二、物流效率高，技术先进

新加坡物流业的发展，得益于较高的物流运作效率。新加坡港务集团是世界上效率最高的集装箱码头经营管理机构之一，在该机构的合理、高效运作下，新加坡全国集装箱年吞吐量超过 1700 万 TEU(标准箱)，多年来一直位居全球前二。

新加坡的 3PL 服务业广泛采用高效率的仓库设施，合理使用仓库储存空间，并运用信息技术，积极发展即时网上存货搜寻、货物跟踪及管理系统，为港口间、港口与内陆物流企业间、物流企业与服务对象间进行信息共享和及时传递物流信息创造了条件。此外，新加坡还建设了一批具有世界一流水准的配送中心，使其成为高效物流服务的基础。

三、政府积极支持物流业的发展

新加坡物流业的快速发展得益于政府的大力支持。政府支持物流行业发展的政策，主要包括地税优惠、对研究发展的资助和提供各项教育与在职培训。由于得到政府的大力支持，新加坡的物流行业投资规模较大，且有强大的推动力和持续性。

新加坡物流业的发展，还在于其在政策上对物流企业进驻新加坡投资没有限制，其良好的物流服务环境还吸引了大批国际著名企业在新加坡设置企业及物流运作基地，如汽车业巨头戴姆勒-克莱斯勒公司投资 8000 万美元，由卡特彼勒物流公司负责，在新加坡建立其除北美和西欧之外最大的区域物流中心，负责向亚太及日本约 20 个国家和地区的市场供应零部件。此外，在机械制造业方面，知名的轴承制造商 SKF 也与新加坡 Accord 物流公司签订了为期 15 年、总额达 4000 万美元的物流服务合约，由 Accord 物流公司为其新建物流中心，提供物流配送服务。

四、大力发展电子化物流

新加坡作为一个开放的自由贸易城市，具有发达而完善的交通信息和电信通信网络，以此为基础，新加坡物流业近年来成长迅速。借助新加坡 CWT 物流公司建立的 ISCM，Du Pont Corian 公司及其经销商能方便地进行在线物流管理与库存控制作业，并在其 B2B 门户平台上传输即时物流信息，整合仓储、运输管理以及电子计划与配置系统，成为一个在线、可读取且易操作的信息平台。ISCM 的构建，使 Du Pont Corian 的经营成本降低了 15%。

此外，新加坡政府还计划将新加坡的化学工业以电子商务为重点，发展产业供应链管理体系，让面临利润趋薄且激烈竞争的化学工业，凭借物流外包，得以降低成本和实现高效经营。

五、积极发挥物流协会的作用

新加坡航空货运业协会成立于 1973 年，为了适应现代物流业的发展，改名为新加坡物流协会，其宗旨相应发生了改变，目的是要将新加坡建成世界级的枢纽港，为客户提供物流解决方案的专业知识和管理经验。该协会目前有会员公司 212 家，协会将制定一套物流行业标准，积极组织职业培训，担当政府联系企业的桥梁。

(资料来源：http://www.chinawuliu.com.cn/)

思考题：

1. 新加坡为什么可以成为亚洲乃至国际性的区域物流中心？
2. 新加坡发展物流的经验有哪些值得我国借鉴？

三、物流对企业的作用

(一) 物流是企业生产的前提保证

从企业这一微观角度来看，物流对企业的作用如下。

1. 物流为企业创造经营的外部环境

企业的正常运转，必须有这样一个外部条件：一方面要保证按照企业生产计划和生产节奏供应原材料、零部件和能源；另一方面，要把产成品不断运出，送达最终客户。这个最基本的外部环境正是要依靠物流及有关的其他活动创造和提供保证的。

2. 物流是企业生产运行的保证

企业生产过程的连续性和衔接性，要依靠生产工艺中不断的物流活动，有时候生产过程本身便和物流活动结合在一起，物流的支持保证作用是不可或缺的。

3. 物流是企业发展的重要支撑力量

企业的发展依靠质量、产品和效益，要靠服务来赢取客户。物流作为全面质量管理的一环，是接近用户阶段的质量保证手段。物流是连接企业和用户的重要环节，整个供应链的水平，往往依靠物流对客户的服务来实现。更重要的是，物流通过降低成本，可以间接增加企业利润，通过改进物流服务，甚至可以扩大市场份额，直接为企业增加利润。

(二)降低运营成本

通过发展物流，能够有效降低全社会流通成本，从而降低企业供应及销售的成本，起到改善外部运营环境的作用。企业生产过程的物流合理化，能够降低生产成本，提高生产效率。

(三)增加企业利润

物流可以通过降低企业运营成本间接地提高企业盈利，但这只是物流为企业增加利润的一个方面，另外也可以通过改善物流服务增加销售收入直接提高企业利润。对于专门从事物流服务的第三方物流企业来说，通过有效的经营，可以为企业创造源源不断的利润，也就是说，通过提供优质的服务，可以为企业创造利润。

(四)提高服务水平

物流可以提供良好的服务，这种服务有利于参与市场竞争，有利于树立企业品牌形象，有利于和服务对象形成长期的、稳定的战略性合作伙伴关系，这对企业长远的战略发展具有重要意义。物流的服务价值，实际上就是促进企业战略发展的价值。

【案例分析 1-2】

电商激战物流

"夜里下单伤不起，货到了你还没起。京东自有物流，自己办事不误事。"这句广告语出自著名演员孙红雷。京东商城率先将"物流"嵌入广告词的举措，从侧面反映出电商企业开展物流"赛跑"的激烈的竞争现实。

"价格战该打还是要打，但我更乐于主动发起顾客服务战、物流速度战。当前，价格战和服务战都是网上零售的重要武器。"当当网 CEO 李国庆对此直言不讳，而正是电商企业竞相提速物流，打响了物流竞赛的第一枪。

近年来，国内几家 B2C 电商巨头先后宣布有关物流提速的计划，并且不断加大提速力度、扩大提速范围。2012 年 3 月，麦考林宣布已建立电商物流分享平台，并希望能和其他电商分享这一平台。麦考林相关负责人介绍，公司从 2011 年开始已进行了多次提速，采取空中运输、陆路航班、一日两配等多项措施，目前麦考林的当日发货率超过了 99%，差错率小于 0.01%。从下单到送至顾客手中，北上广三地可实现次日达，省会城市平均 2.3 天达，全国平均 2.8 天达。而早在麦考林宣布这一物流成果之前，另两大 B2C 电商巨头京东商城和当当网早已先后宣布各自的物流提速计划。京东商城从 2010 年 4 月 1 日起，在北京、上海、广州和成都这四个城市由京东自营配送的区域推出"211 限时达"服务，即以每日 2 个 11 点钟作为时间分割点进行快速投递服务。上午 11:00 前提交现货订单，当日送达；夜里 11:00 前提交的现货订单在第二天 14:00 前送达。同期宣布的内容还包括：由京东四大物流中心辐射的周边城市物流配送提速也将陆续展开。当当网 2011 年 3 月份也正式宣布启动物流"闪电计划"，即对物流和配送提速，在北京、上海、广州、深圳、成都、武汉、郑州七大城市开通"当日订，当日达"。除团购等超大订单外，上述城市的当当网顾客当日 11 点前成功提交订单，商品可实现当日送达。"当日订，当日达"在刚刚推出时，就已经有 70% 的订单可以实现，随着当地库房商品满足率的提高，这一数字还会大幅提高。

事实上，B2C 电商企业是在其近年大力投资自建物流体系的基础之上，不断实现物流提速的。近日，京东商城 CEO 刘强东向媒体透露，京东在全国各地同时开工建设的仓储中心多达 6 个，2012 年在物流方面的投资达到 36 亿元，同时在上海筹建面积达 15 万～16 万平方米的"亚洲一号"物流中心。除了不断加大仓储中心数量和仓储面积外，京东也正在扩大配送队伍，2012 年京东新招进约 20000 名人员扩充其物流配送队伍，而这些举措的目标是，当供应链响应速度变得更快之后，"211 限时达"服务就能覆盖到更多的地区。

麦考林则从 2011 年年中开始在物流服务方面进行了大量投入，仓储分拣和配送体验都得到了优化。公司负责人透露，麦考林在上海、北京、广州、成都等电商重点发展区域设立了仓库，在江苏吴江还兴建了12万多平方米的运营中心。运营中心启动后，麦考林的仓库将可容纳60万SKU(库存量单位)，每天最大发包量可达13万单。除速度提升外，麦考林还在全国1050个城市实现了货到付款、上门退货退现金。在全国重点城市推出了夜间送货、POS机刷卡等。此外，其便利店自提业务也在计划中。

如今，随着电子商务的快速发展和网购规模的不断扩大，依靠第三方物流进行配送的电商物流模式弊端日益显现，节日促销不断引发“爆仓”就是最好的佐证。而自建物流虽然成本巨大，却具有长足优势。自建物流在提高客户体验上有很大的弹性空间，同时也为未来争夺市场话语权提供了重要的铺垫。

物流并不仅仅是传送货物的问题，同时也是电商的销售渠道。电商企业拥有自建物流体系，意味着可以省掉向外包物流公司交纳的保障金和代收货款预存等费用，转而用来发展网络和提升服务，可以实现定制化服务，满足客户的特殊要求，而这些都是采用第三方物流所不能比拟的。

(资料来源：罗文丽. 电商激战物流[J]. 中国物流与采购，2012(7))

思考题：

电子商务公司为什么要在物流领域展开竞争？

第四节　现代物流的特征

根据国内外物流实践与发展的情况，现代物流的主要特征表现为以下几个方面。

一、物流过程一体化

现代物流将运输、仓储、配送等活动及相关的信息流动视为一个动态的整体，不再孤立地关注某一个环节的运行情况，更多关注的是整个物流系统的运行绩效。而且，随着物流实践的不断深入，现代物流从企业内部物流要素的整合逐步扩展到企业的外部资源，将供应商、生产商、批发商、零售商和用户资源进行一体化运作，力求通过为用户提供更优质的服务和降低运营成本，来提高企业的竞争力。

二、物流技术专业化

现代物流区别于传统物流的一个重要特征就是先进的科学技术在物流活动中的广泛应用，例如，条形码技术、射频识别技术、EDI、GPS、GIS、自动化技术、网络技术、无线通信技术、智能化和柔性化技术等。运输、装卸、搬运、仓储等环节也普遍采用专业化、标准化、智能化的物流设施和物流设备。这些现代化技术和设施设备的应用大大提高了物流效率，扩大了物流活动的范围。

三、物流管理信息化

物流管理信息化是整个社会信息化的必然需求。现代物流高度依赖于对大量数据、信息的采集、分析、处理和即时更新。在信息技术、网络技术高度发达的今天，从客户资料的取得和订单数据处理的数字化，物流信息处理的电子化和计算机化，到信息传递的实时化和标准化，信息化渗透至物流运营的方方面面。众多没有任何物流设施设备的第三方物流提供商正是依赖其信息优势展开业务运作的。从某种意义上来说，现代物流竞争已经成为物流信息的竞争。

四、物流服务社会化

物流服务社会化突出表现为第三方物流与物流中心的迅猛发展。随着社会分工的深化和市场需求的日益复杂，企业在运营过程中更倾向于将有限的资源集中于自身的核心业务，将自身并不擅长的物流环节交由专业物流公司，或者在企业内部设立相对独立的物流专业部门。专业的物流部门由于具有人才优势、技术优势和信息优势，可以采用更为先进的物流技术和管理方式，取得规模经济效益，从而达到物流合理化——产品从供应方到需求方的全过程中，达到环节最少、时间最短、路程最短、费用最省。

五、物流活动国际化

在经济全球化的浪潮中，跨国公司普遍采取全球战略，在全世界范围内选择原材料、零部件的来源，选择产品或服务的销售市场。因此，其物流的选择和配置已不局限于某个国家，而是着眼于全球市场。例如，耐克公司在全球范围内招标采购原材料，在中国台湾或东南亚生产(中国内地也有生产企业)，将产品分别运送到欧洲、亚洲的几个中心仓库，然后就近销售。

【课外资料 1-1】

中国早期的“物流实践”与“物流思想”

1. 世界上工程量最大、修建时间最长的工程——万里长城

2. 世界上最早最长的物流和军事通道——京杭大运河

3. 经济全球化最早的物流通道——丝绸之路

4. 中国西部最早的国家级“高速公路”——古栈道

5. 水利工程史上的灿烂明珠——都江堰

6. 闪现先进物流工程技术的最早的人工隧道——石门隧道

7. 现代快递的鼻祖——驿运与八百里加急

8. 神奇的物流输送技术——木牛流马

9. 中国综合运输的主体、最早的水上物流网——漕运制度

10. 其他诸如黄帝指南车、指南针、航海罗盘、鲁班木车马和计程里车的发明，故宫宫殿等大型古建筑所用的巨石、巨木、大量建筑材料的采集、装卸、运输和安装所采用的先进的物料搬运技术。

第五节　现代物流的分类

根据分类的标准不同，物流可以被划分为不同的类型，但目前没有一个统一的分类标准，常见的物流分类有以下几种。

一、按照物流涉及的领域分类

按照物流涉及的领域，物流可分为宏观物流和微观物流。

(1) 宏观物流(Macroscopical Logistics)是从社会再生产总体角度进行认识和研究的物流活动。研究重点是社会再生产总体物流，主要特点是综观性和全局性。

(2) 微观物流(Microcosmic Logistics)主要是指企业、消费者所从事的实际的、具体的物流活动。研究重点是企业物流、生产物流、生活物流等，特点是具体性和局部性。

二、按照所从事业务的属性分类

按照所从事业务的属性，物流可分为供应物流、生产物流、销售物流、逆向物流和废弃物物流。

(1) 供应物流(Supply Logistics)是指“提供原材料、零部件或其他物料时所发生的物流活动”。供应物流应当力求以最低成本、最少消耗、最大保证来组织供应物流活动。

(2) 生产物流(Production Logistics)是指企业生产过程中发生的涉及原材料、在制品、半成品、产成品等所进行的物流活动。

(3) 销售物流(Distribution Logistics)是指企业在出售商品过程中所发生的物流活动。

(4) 逆向物流(Reverse Logistics)是指不合格物品的返修、退货及周转使用的包装容器从需方返回到供方所形成的物品实体流动。

【课外资料 1-2】

逆向物流关系企业生存

国内大多数企业致力于在正向物流系统中创造最佳业务实践，这是非常艰巨的挑战。因此，没有几家企业愿意或者有能力去全心全意地应对逆向物流的挑战。但是，随着废旧产品数量的激增，新的环境法规的产生和追求资源最大利用率及社会效益等动因，将迫使企业认真对待这个领域。通过对这个领域的机会和潜在意义的思考，企业极有可能占据领先地位。

在已经运用逆向物流系统的公司中，高级管理人员过度地将它的管理推给了运营层。这已经不再是有效的方法。有许多强有力的因素迫使企业将逆向物流的管理提高到战略程度的高级管理日程上。主要驱动因素如下。

(1) 政府立法。在工业化世界中，政府的环境立法有效地推动了企业对其所制造的产品的整个生命周期负责。顾客对全球气候变暖、温室效应和环境污染的关注加深了这种趋势。在美国，议会在过去的几年中引入了超过 2000 个固体废品的处理法案。在欧洲，这种力量更加强大。为了减少垃圾掩埋法的废品处理方式，欧盟制定了包装和包装废品的指导性意见，并在欧盟成员中形成法律。意见中规定了减少、再利用和回收包装材料的方法，并根据供应链环节中不同成员的地位和相应的年营业额，提出了企业每年进行垃圾回收和产品再生的数量要求。法规的目的是使生产者共同承担产品责任。积极的立法工作仅仅处于开始阶段，因为政府要强令企业改变它们研究并管理从产品生产到最终废品处理的方法。

(2) 日益缩短的产品生命周期。产品生命周期正在变得越来越短，新品和升级换代产品以前所未有的速度推向市场，从而推动消费者更加频繁地购买。这种趋势不可避免地导致了消费者使用更多的非必需品，同时也带来了更多的包装、更多的退货和更多的浪费问题。缩短的产品生命周期增加了进入逆向物流的浪费物资以及管理成本。

(3) 新的分销渠道。消费者可以更加便捷地通过新的分销渠道来购买商品。顾客直销电视购物网络和互联网的出现使商品直销成为可能。但是直销产品也增加了退货的可能性。要么是因为产品在运输过程中被损坏，要么是由于实际物品与在电视或网上看到的商品不同。直销渠道给逆向物流带来了压力。由于直销渠道面对的顾客是全球范围的，而不仅仅局限于本地、国内或者某一区域，退货物品管理的复杂性就会增加，管理成本也将上升。

(4) 供应链中的力量转移。竞争的加剧和产品供应量的增加意味着买家在供应链中的地位提升。零售商可以拒绝承担未售出商品和过度包装品的处理责任。目前，这种趋势在所有行业都有发生。

逆向物流的规模、成本和复杂性开始改变了管理层对法规的态度。实际上，企业在实践中可以发现，正确的逆向物流不仅能够降低逆向物流成本，而且还会提高收入。

(资料来源：倪侧. 逆向物流关系企业生存[N]. 中华合作时报，2013-07-30)

(5) 废弃物物流(Waste Material Logistics)是指将经济活动或人民生活中失去原有使用价值的物品，根据实际需要进行收集、分类、加工、包装、搬运、储存等，并分送到专门处理场所的物流活动，例如，生产过程产生的废渣废水、销售过程产生的废弃包装材料、消费过程中产生的垃圾等的回收。

三、按照物流活动覆盖范围分类

按照物流活动的覆盖范围，物流可分为国际物流和区域物流。

国际物流(International Logistics)是指跨越不同国家(地区)之间的物流活动。国际物流是伴随和支撑国际经济交往、贸易活动和其他国际交流所发生的物流活动，是现代物流系统发展很快、规模很大的一个物流领域。

相对于国际物流而言，一个国家范围内的物流，一个城市的物流，一个经济区域的物流都处于同一法律、规章、制度之下，都受相同文化及社会因素影响，都处于基本相同的科技水平和装备水平之中，因而，区域物流(Regional Logistics)既有其独特的特点，又有其区域个性化的特点。区域物流研究的一个重点，是城市物流。世界各国的发展，一个非常重要的共同点，是社会分工。国际合作的加强，以至使一个城市及周边地区，都逐渐形成小的经济地域，这成了社会分工及国际分工的重要微观基础。

【知识拓展 1-1】

国际物流的特点

(1) 物流环境存在差异。国际物流的一个非常重要的特点是各国物流环境存在较大差异，尤其是物流软环境的差异。不同国家的不同物流适用法律使国际物流的复杂性远高于一国的国内物流，甚至会阻断国际物流；不同国家的不同经济和科技发展水平会造成国际物流处于不同科技条件的支撑下，甚至有些地区根本无法应用某些技术而迫使国际物流全系统水平下降；不同国家的不同标准也造成国际“接轨”的困难，因而使国际物流系统难以建立；不同国家的风俗文化也使国际物流受到很大局限。由于物流环境的差异迫使一个国际物流系统需要在几种不同法律、人文、习俗、语言、科技、设施的环境下运行，无疑会大大增加物流的难度和系统的复杂性。

(2) 物流系统范围广。物流本身的功能要素、系统与外界的沟通就已很复杂，国际物流再在这复杂系统上增加不同国家的要素，这不仅是地域的广阔和空间的广阔，而且所涉及的内外因素更多，所需的时间更长，广阔范围带来的直接后果是难度和复杂性增加，风险增大。正是因为如此，国际物流一旦融入现代化系统技术之后，其效果才比以前更显著。

(3) 信息化水平要求更高。国际化信息系统是国际物流，尤其是国际多式联运非常重要的支持手段。国际化信息系统建立的难度，一是管理困难，二是投资巨大，再由于世界上有些地区物流信息水平较高，有些地区较低，所以会出现信息水平不均衡，因而信息系统的建立更为困难。

(4) 国际物流的标准化要求较高。要使国际物流畅通起来，统一标准是非常重要的，可以说，如果没有统一的标准，国际物流水平是很难提高的。目前，美国、欧洲基本实现了物流工具、设施的统一标准，如托盘采用 1000 毫米 × 1200 毫米，集装箱的几种统一规格及采用条形码技术等，这大大降低了物流费用和转运的难度。而不向这一标准靠拢的国家，必然在转运、换装等许多方面要多耗费时间和费用，从而降低其国际竞争能力。

(5) “游戏规则”的国际性。在国际物流活动中，由于其复杂性、差异性较大，这就要求国际物流活动的参与者不能强迫其他参与者都遵守本国的相关规定。因此，在国际物流的发展过程中也逐渐形成了一些各国普遍遵守的国际通则。例如，我国国内水路运输对承运人实行严格责任制，而在国际海运中对承运人实行不完全的过失责任制。由此可见，国际物流中的“游戏规则”具有国际性。

四、按照物流活动的执行主体分类

按照物流活动的执行主体，物流可分为第一方物流、第二方物流、第三方物流和第四方物流。

(1) 第一方物流(First Party Logistics)是指卖方物流，即生产者或者供应方组织的物流活动。这些组织的主要业务是组织生产和供应商品。

(2) 第二方物流(Second Party Logistics)是指买方物流，即销售者或流通企业组织的物流活动。这些组织的核心业务是采购并销售商品，为了销售业务的需要而投资建设物流网络、物流设施和设备，并进行具体的物流业务运作组织和管理。

(3) 第三方物流(Third Party Logistics)是由供方与需方以外的物流企业提供物流服务的

业务模式。这里所指的第三方，是相对于买方和卖方来说的，通过与第一方或者第二方的合作来提供专业化的物流服务。一般意义的第三方物流还应该是独立的，是同第一方和第二方物流相比具有明显资源优势的物流公司。

【案例分析 1-3】

麦当劳与夏晖的合作

成立于 1974 年的夏晖是麦当劳全球的物流供应商，麦当劳在哪里开店，夏晖就把冷链物流覆盖到哪里。像自然界中的“共生”现象一样，如果把麦当劳比作鲨鱼，夏晖则是与之共生的鱼，双方各取所需，创造双赢。

夏晖设立的物流中心就好像麦当劳的“心脏”，时刻不断地向分布在四面八方的餐厅输送着新鲜血液，使整个麦当劳系统得以正常运作。

在中国，为了满足麦当劳冷链物流的要求，夏晖公司在北京地区投资 5500 多万美元建立了 1 个 1200m^2 的多温度物流中心。干库用于存放麦当劳餐厅用的各种纸杯、包装盒和包装袋等货物；冻库温度设定为−18℃，存储派、肉饼、薯条等冷冻食品；冷藏库的温度保持在 1～4℃，存放生菜、鸡蛋等需要冷藏的食品。物流中心的设备设计精细，目的是为了最大限度地保鲜。在干库和冷藏库、冷藏库和冷冻库之间，设有自动门控制的隔离带，这样不同库房的冷热气就不会互相干扰。专用卸货平台和运输车在装卸货物时，衔接密封性能良好，不仅能防止外面的灰尘进入库房，还能保障冷藏冷冻食品在装卸运转中保持适当的低温。物流中心还配有电脑控温设施，用于检查每一批货物的温度。需保鲜的货物通过自动装卸系统流转在仓库和运输车辆之间，由供应商到夏晖的物流中心，然后再根据麦当劳的餐厅采购订单，送到各个门店。

麦当劳餐厅的运转，离不开精心细致的采购。训练有素的麦当劳餐厅经理对销售、进货和库存量进行预测。在以一周为单位的进货周期中，餐厅经理需要预先估计安全库存，再与夏晖物流中心联系下订单。餐厅采购要按时完成盘存报告，这项工作包括货品信息表、库存及货品盘点表、每日送货及退货单、损耗表及餐厅调拨单等数据。夏晖根据这些数据，精心计算出每周的运货数量和次数。即使出现紧急情况，一经确认，2 小时后补货就会被送到麦当劳的餐厅门口。

在食品供应链管理中，供应链的链条越来越长，安全体系则越来越薄弱。麦当劳冷链物流的顺畅流转，需要麦当劳餐厅与物流中心之间的精细对接，而标准化和跟踪技术在这一过程中至关重要。麦当劳的冷链物流标准，包括温度记录与跟踪、温度设备控制、商品验收、温度监控点设定等环节。比如，在货物装车前，必须根据冷冻食品对温度的敏感程度，按照由外向里分别是苹果派、鱼、鸡、牛肉、薯条的顺序装车；接货时，则要对这些情况进行核查。接货的检查项目细致周到，提前检查冷藏、冷冻库温是否正常，收货时检查单据是否齐全，记录接货的时间和地点，抽检产品的接货温度，检验产品有效期，检查包装是否有破损和污染等，最后才是核对送货数量，签字接收。

麦当劳怎么知道货车发出之后货物是否处在冷冻状态呢？要知道，通常一台 8 吨标准冷冻车的冷机价值约 48 万元，使用 500 小时之后就必须进行一次大修，不少企业在考虑成本节约的情况下会选择“偷工”，只在运输的一头一尾开放冷机。

在运输途中，夏晖的每辆冷藏车都安装有温度测量仪，可以全程监控温度变化。当然在不同地区，采取的监控手段会有所不同。比如，夏晖在中国并没有使用昂贵的温度跟踪手段，而是用了类似于民航飞机上黑匣子(BLACKBAG)的技术。借助这种技术，不仅可以记录车的位置，也可记录车的状态。只要在事后打开记录，有关车的发停时刻、温度变化等数据就会尽收眼底。

夏晖作为专业的第三方物流服务商，其优势不仅体现在硬件的优良，更体现在其物流中心强大高效的后台支持系统。通过这个后台支持系统，夏晖不仅可以分析麦当劳的订单、存货，调配车辆，实现最优化的网络配置，还可以监控冷库内的温度变化。通过排路系统软件，输入门店位置、最新路况和时间，系统就会给出一个最优化的行车路线。夏晖根据麦当劳的采购清单，会在规定的时间内完成所有储藏、运输等工作。通过这些措施，夏晖配送的准点率达到 98%以上。任何一个物流企业，面对遍布在方圆几百公里内的数百家门店，达到这样的准点率都是难能可贵的。夏晖信息化的管理创造出不菲的服务价值，其平均库存远远低于竞争对手，由此保证麦当劳的物流产品损耗率也仅有万分之一。

(资料来源：张晶. 夏晖物流：与麦当劳“共生”的“鱼”[J]. 物流技术(装备版)，2011(8))

思考题：

麦当劳借助夏晖运营物流具有哪些好处？

(4) 第四方物流(Fourth Party Logistics)是指用一个调配和管理组织自身的及具有互补性的服务提供商的资源、能力与技术，来提供全面的供应链解决方案的供应链集成商。它不是物流的利益方，而是通过拥有的信息技术、整合能力及其他资源提供一套完整的供应链解决方案，以此获取一定的利润。

【案例分析 1-4】

菜鸟如何重塑物流

2013 年，阿里巴巴、银泰联合复星、富春、申通、圆通、中通、韵达等共同组建菜鸟，旨在通过整合上下游资源，建设一个数据驱动、社会化协同的开放、共享的物流基础设施平台。菜鸟自身不直接从事物流业务，而是通过数据系统连接不同的物流服务商，从而改善物流服务效率。即便是菜鸟建设的仓储业务，也是交给其仓内物流合作伙伴来运营，配送交给落地配公司运营，菜鸟起系统串联作用。

成立第一年，菜鸟自主研发出帮助商家和快递公司监测实时物流干线拥堵情况，以便做出最优决策的"物流雷达预警"系统，保障了"双 11" 1.56 亿个包裹顺利运送。2014 年，菜鸟开启电商仓的自运营体系并自主研发 WMS 系统，初步铺设起全国自建仓库网络，联合国内 13 家主流快递企业打造物流大数据平台，推出电子面单，同时发布 4 级地址库项目，开始建立行业数据标准。电商企业想提速物流，提高消费者体验，需要改变原来电商快件单点发全国的模式，实现多地分仓，基于此，2015 年菜鸟开始着手仓储配送，旨在改变当前缺少标准化、智能化、现代化电商仓的窘境。截至当年年底，菜鸟累计拿地面积 8100 亩，运营仓库总面积超过 160 万平方米。同时，菜鸟开始打造末端配送网络，推出菜鸟驿站以及大数据路由分单和中国首个物流云平台。同年，菜鸟与美国邮政达成战略合作，开始布局跨境电商。2016 年，菜鸟联合快递企业、仓配企业、末端服务企业等成立菜鸟联盟，同时加速布局农村物流。菜鸟还将在金华建设首个电商产业园，集电商、仓储、金融、大数据、云计算等功能于一体，打造出全国领先的电商生态圈。

菜鸟目前已经形成了仓配网络、快递服务平台、末端配送、跨境网络、农村物流五大支柱业务，搭建起全链路物流服务网络，正在呈现"大一统"的趋势。目前菜鸟平台拥有 128 个仓，接入了超过 20 家落地配公司。菜鸟物流覆盖全球 224 个国家和地区，在国内覆盖 2800 个区县，专业线路 609 万条；合作伙伴数量超过 3000 家，合作伙伴运输车辆超过 23 万辆，接入快递员数量超过 170 万人。借助庞大的网络和功能强大的系统，菜鸟体系物流配送效率得到大幅度提高。目前，菜鸟大数据平台可以实现日处理数据量超过 7 万亿条，日接收物流详情超过 6 亿条；覆盖全国 70%以上的快递包裹；每天累计快递运输里程超过 500 亿公里，包裹与网点精准匹配率超过 98%。成立仅三个月左右的菜鸟联盟在 7 个城市实现了当日达，90 个城市实现次日达，当日达和次日达的达成率已经稳定在 99%。在跨境物流方面，菜鸟日处理能力容量超过 400 万单，在全球范围内有 74 个跨境仓库及 16 条跨境专线。

（资料来源：任芳. 菜鸟将如何重塑物流行业[J]. 物流技术与应用，2016(7)）

思考题：

菜鸟属于第几方物流？在物流系统中起到什么样的作用？

五、按照物流活动的特殊性分类

按照物流活动的特殊性，物流可分为一般物流和特殊物流。

(1) 一般物流(Common Logistics)指具有普遍性、通用性和共同性的物流活动，或者说没有特殊要求的物流活动。

(2) 特殊物流(Special Logistics)是指专门范围、专门领域、特殊行业，在遵循一般物流规律的基础上，带有特殊制约因素、特殊应用领域、特殊管理方式、特殊劳动对象、特殊机械装备特点的物流。例如，危险品具有腐蚀性、自燃性、易燃性、毒害性、爆炸性等性质，其对运输工具、保管条件、物流设施设备都具有特殊的要求。

【课外资料 1-3】

危险品的分类和运输标示

根据中华人民共和国《危险货物品名表》(GB 12268—2012)和《道路运输危险货物车辆标志》(GB 13392—2005)，危险品被分为九大类，有些类别分若干项别，在运输过程中应悬挂相应的标示。

一、爆炸品

1.1 项：有整体爆炸危险的物质和物品[标示见图 1-1(a)]；

1.2 项：有迸射危险，但无整体性危险的物质和物品[标示见图 1-1(a)]；

1.3 项：有燃烧危险并有局部爆炸危险或局部迸射危险或这两种危险都有，但无整体爆炸危险的物质和物品[标示见图 1-1(a)]；

1.4 项：不呈现重大危险的物质和物品[标示见图 1-1(b)]；

1.5 项：有整体爆炸危险的非常不敏感物质[标示见图 1-1(c)]；

1.6 项：无整体爆炸危险的极端不敏感物品。

二、气体

2.1 项：易燃气体[标示见图 1-1(d)]；

2.2 项：非易燃无毒气体[标示见图 1-1(e)]；

2.3 项：毒性气体[标示见图 1-1(f)]。

三、易燃液体[标示见图 1-1(g)]

四、易燃固体、易于自燃的物质和遇水放出易燃气体的物质

4.1 项：易燃固体、自反应物质和固态退敏爆炸品[标示见图 1-1(h)]；

4.2 项：易于自燃的物质[标示见图 1-1(i)]；

4.3 项：遇水放出易燃气体的物质[标示见图 1-1(j)]。

五、氧化性物质和有机过氧化物

5.1 项：氧化性物质[标示见图 1-1(k)]；

5.2 项：有机过氧化物[标示见图 1-1(l)]。

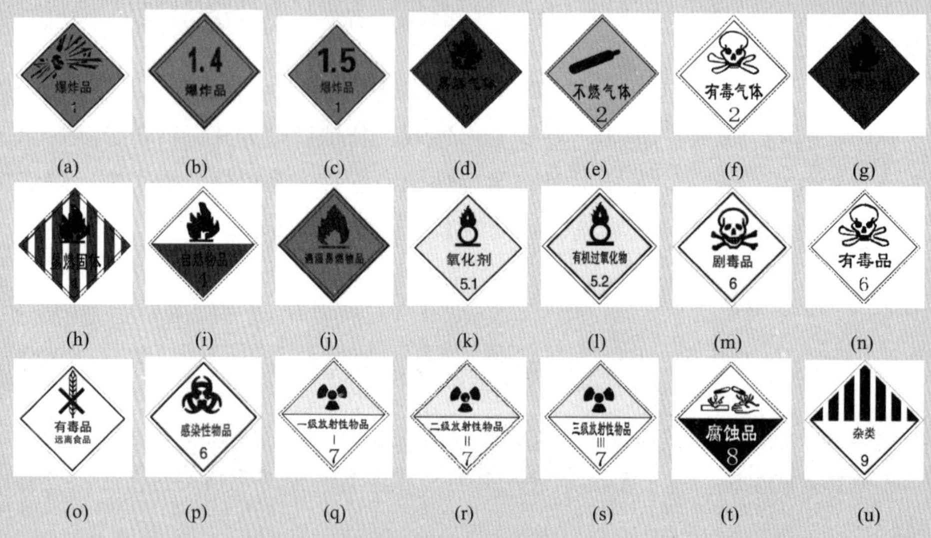

图 1-1　危险品运输标示

六、毒性物质和感染性物质

6.1 项：毒性物质[标示见图 1-1(m、n、o)]；

6.2 项：感染性物质[标示见图 1-1(p)]。

七、放射性物品[标示见图 1-1(q)、(r)、(s)]

八、腐蚀性物质[标示见图 1-1(t)]

九、杂项危险物质和物品，包括危害环境物质[标示见图 1-1(u)]

第六节　重要的物流观点和学说

随着人们对物流认识的不断加深和物流实践的不断发展，物流学说也呈现出百花齐放、百家争鸣的局面。下面列举几个比较重要的物流观点和学说。

一、商物分离学说

商品从生产领域到消费领域的转移过程称为商品流通。在这个过程中，商流和物流的活动表现为：一是商品价值的转移，即商品所有权转移；二是商品使用价值的转移，即商品实体的转移。前者称为商流，后者称为物流。商流和物流的统一，构成了商品流通。

随着商品经济的发展，商流与物流产生了分离，即商业流通和实物流通各自按照自己的规律和渠道独立运动。

商流与物流产生分离的根本原因是商流运动的基础——资金流和实物运动具有相对独立性。实物的运动是通过资金的运动来实现的，也就是说资金的分配是实物运动的前提。两者的运动渠道、运动形态不同。商物分离实际是商品流通中的专业分工、职能分工的产物，是通过这种分工实现大生产式的社会再生产的产物，这是物流科学中重要的新概念。正是在商物分离的基础上对物流进行独立的科学考察，进而形成物流科学的。

总之，商流和物流构成了商品流通的两个支柱。商流搞活了，能加速物流的速度，给物流带来活力，而物流的畅通无阻能使商品源源不断地被送到消费者手中。商流与物流分离的积极意义是充分发挥资金运动和实物运动各自的规律性和有效性，从而推动商品流通向更现代化的方向发展。

二、第三利润源泉

“第三利润源泉”指的是现代物流。在资源领域和人力领域两个利润源潜力越来越小，利润开拓越来越困难的情况下，物流领域的潜力被人所重视，按时间序列排为“第三利润源泉”。

“第三利润源泉”学说最初是由日本早稻田大学教授西泽修提出来的。1970 年，西泽修教授把其著作《流通费用》的副标题写作“不为人知的第三利润源泉”，认为物流可以为企业提供大量直接或间接的利润，是形成企业经营利润的主要活动。同样的解释还反映在日本另一位物流学者谷本谷一先生编著的《现代日本物流问题》一书和日本物流管理协会编著的《物流管理手册》中，之后“第三利润源泉”才逐步在其他国家流传开来。

三、物流森林说

物流森林说是美国学者提出的，该学说认为物流整体效应如同森林，其过程包括一系列活动，如运输、储存、包装、配送、流通加工等。在物流过程中不是单纯地追求各项功能要素优化，而更主要的是追求整体效果的有机联系，即追求总体效果最优。

物流森林说强调的是总体观念。在物流理论中，还有很多提法也反映了类似的观念，如物流系统论、多维结构论、物流一体化观念、综合物流观念和物流供应链理论等。

四、黑暗大陆学说

1962 年，著名的管理学家彼得•德鲁克在《财富》杂志上发表了题为《经济的黑色大陆》一文，他将物流比作“一块未开垦的处女地”，强调应高度重视流通及流通过程中的物流管理。彼得•德鲁克认为“流通是经济领域的黑暗大陆”。这是由于流通中物流活动的模糊性尤其突出，物流是流通领域中人们认识不清的领域。所以，现在看来，黑暗大陆学说主要是针对物流而言的，认为物流这个领域未知的东西太多了，理论和实践都不成熟，它也意味着物流可以产生的利润空间极大。

在某种意义上讲，黑暗大陆学说是一个未知学的研究结论，是战略分析的结果，带有哲学的抽象性。这一学说对研究物流这一领域起到了启迪和动员的作用。

五、物流冰山学说

物流冰山学说是日本早稻田大学西泽修教授提出来的。他在研究物流成本时发现，现行的财务会计制度和会计核算方法都不可能掌握物流费用的真实情况。一般情况下，企业会计科目中，只把支付给外部运输企业、仓库企业的费用列入成本，实际这些费用在整个物流费用中只是很小的一部分。真正的大头是企业内部发生的各种物流费用，如物流基础设施建设费，企业利用自己的车辆运输、利用自己的库存保管货物、由自己的工人进行包装并装卸等费用，这些都没有计入物流费用科目内。因而西泽修先生说物流费用犹如一座海里的冰山，露出水面的仅是冰山的一角。

六、效益悖反学说

效益悖反指的是物流系统的若干功能要素之间存在着交替损益的矛盾，即某一个功能要素的优化和利益发生的同时，往往会存在另一个或另几个功能要素的利益损失。这一种此长彼消、此盈彼亏的效益悖反现象，在许多领域都存在着，但在物流领域中，更为常见和普遍。

在一个系统中，局部的合理化和最优化并不代表系统整体的合理化或最优化。物流系统作为一个有机整体，其要素之间存在着效益悖反的关系。例如，提高物流服务水平要以增加物流成本为代价；仓库采用高层堆码的方式保管货物，虽然能够提高保管效率，但却降低了货物拣选等作业的效率。掌握效益悖反原理，对于正确理解和把握物流系统各个部分之间的关系十分重要。认识效益悖反规律后，物流学的理论研究正在不断寻求解决和克服各功能要素效益悖反现象的方法，寻求物流的整体最优。

七、成本中心学说

物流在企业战略中，只对企业营销活动的成本发生影响，物流环节是企业成本的主要发生源。因此，解决企业的物流问题，主要不是物流的合理化、现代化，也不在于物流对其他活动的支持保障，而是通过物流的管理来降低物流成本，以及通过物流的一系列活动来降低企业其他环节的成本。因此，这里的“成本中心”既是指主要成本的产生点，又是指降低成本的关注点。

八、服务中心学说

服务中心学说主要反映了欧美等国家的一些学者对物流的认识。他们认为，物流活动最大的作用不在于为企业节约消耗，降低成本或增加利润，而在于提高企业对用户的服务水平，进而提高企业的竞争能力。因此，在使用描述物流的词汇上选择了“后勤”一词，特别强调其服务保障的职能，通过物流的服务保障，让企业以其整体能力实现成本的压缩和利润的增加。

九、物流战略学说

随着世界经济的全球化发展，越来越多的实际工作者和理论工作者逐渐认识到，物流更具有战略性。无论是行业、部门还是企业，只有从战略高度认识和把握物流，才能真正重视物流的影响，全力以赴地推进或推动物流的建设和发展。从战略上认识和理解物流，人们才不会将物流仅仅看作一项具体的操作性任务，而是关系一个国家、一个地区或一个企业的生存和发展的大事。因此，有必要将物流上升到战略高度加以认识和研究。

习　　题

一、单选题

1. 现代物流的概念源于(　　)。

   A. 第一次世界大战期间　　B. 20 世纪 90 年代

   C. 第二次世界大战期间　　D. 20 世纪 70 年代

2. 第三利润源泉是指(　　)。

   A. 资源领域　　B. 人力领域　　C. 物流领域　　D. 流通领域

3. “效益悖反”指的是物流(　　)之间存在损益的矛盾。

A. 与流通　B. 若干功能要素　C. 与生产　D. 各供需方

4. 克服产品生产与消费在时间上的差异，创造时间效益的物流活动是(　　)。

A. 运输　B. 仓储　C. 包装　D. 流通加工

二、多选题

1. 物流的经济效用有(　　)。

A. 时间效用　B. 空间效用　C. 形式效用　D. 附加效用

2. 企业物流按照所从事业务的属性划分，可以分为(　　)。

A. 销售物流　B. 供应物流　C. 生产物流　D. 废弃物物流

3. 物流对微观经济的作用有(　　)。

A. 增加企业知名度　B. 提高企业的服务水平

C. 降低企业的经营成本　D. 增加企业的利润

三、简答题

1. 物流创造空间效用的方法有哪些？
2. 物流创造时间效用的方法有哪些？
3. 现代物流的特征有哪些？

第二章　包　　装

【案例导入】

农产品物流包装亟待改善

据统计，我国蔬菜年产量将近 7 亿吨，蔬菜种植面积占全球的 55%以上，产量也超过全球总量的 50%；水果年产量 2 亿吨，占全球总产量的 40%左右。然而，我国蔬菜水果在物流环节的损耗非常高，占总量的 25%～30%。高损耗直接带来成本上升，利润下降。农产品采摘后的加工、存储、运输和配送等环节都离不开物流包装。所以，要想改善农产品物流需从包装开始。

作为国内最大的连锁零售企业之一，物美特别重视生鲜产品经营，实现了“农超对接”，仅北京地区每天销售的果蔬产品就在 1000 吨左右。据悉，物美使用近 5 万个塑料包装箱用于果蔬包装、存放，但是经过 2 年左右的使用后，很多包装箱已经损坏，而且原来的包装箱不能进行堆叠，否则会对下层货物造成损坏，在装载一些重物的时候货品相互压伤情况非常严重。由于包装箱对果蔬产品的保护性较差，致使损耗率高达 20%。同时，物美使用的包装箱有 5 种规格，作业人员在装卸货物时需要花时间考虑如何区别处理，影响了物流效率。物美每天晚上 6 点收货，第二天 8 点必须配送到各个门店。而生鲜配送中心的面积只有 6000 平方米左右，要服务 120 家门店。如果装卸货效率不高，是无法保证在规定时间内完成货物配送的。

针对果蔬物流包装存在的问题，物美改换了可折叠式高强度包装箱，这种新型包装箱具有以下特点：①可折叠式设计，折叠后体积仅为原来的 1/5，大大节省了返程运输及存储空间，降低了回收成本，适用于长途往返运输；②表面光滑，易清洁、易干燥；③可循环使用，寿命长；④可直接用于果蔬在终端卖场展示与销售；⑤采用食品级 PP 材料制成，安全环保；⑥可维修。箱子由 5 个部件组成，任何一个部件损坏后都可以更换，节省了后续费用。而物美原先使用的包装箱都是一体成型的，并且大多采用再生塑料制造，强度不高，损坏后无法维修只能购买新的。

物美在北京地区使用了舒乐阿卡为其提供的专门针对西瓜这类重量大、体积大货品的大型包装箱后，西瓜的损耗量减少了 2/3。而且该包装箱可以直接配送果蔬进入卖场销售，不再需要倒换包装，使每辆车的装卸货时间节约 3～4 个小时，大大提高了物流效率。

(资料来源：http://wlzb.chinawuliu.com.cn/bzjs/ShowArticle.asp?ArticleID=1589)

包装在整个物流活动中具有特殊的地位。在社会再生产过程中，包装处于生产过程的末尾和物流过程的开头，是生产的终点，又是物流的始点。在整个物流过程中，包装时时刻刻存在。包装与物流的关系，相比与生产的关系要更加密切，在对产品进行包装时，采用何种包装材料、包装容器、包装技术和包装结构，将直接影响到物流系统运输、仓储、装卸、搬运和配送等基本功能实现的效率和质量，关系到整个物流的服务水平、经济效益和社会效益。

第一节　包装的意义和分类

一、包装的定义

包装(Package/Packaging)是指“为在流通过程中保护产品、方便储运、促进销售，按一定技术方法而采用的容器、材料及辅助物等的总体名称。也指为了达到上述目的而采用容器、材料和辅助物的过程中施加一定技术方法等的操作活动”(GB/T 18354—2006)。

包装的定义说明了包装在物流过程中起到保护产品、方便储运和促进销售的作用，对商品的流通、销售及使用具有非常重要的意义。

二、包装的功能

包装具有三大特性，即保护性、单位集中性和便利性，这三大特性赋予了包装保护、方便物流、促进销售和方便消费四大功能。

1. 保护功能

在整个物流过程中，产品会因为受到外力的作用而产生破损变形，因为鼠、虫以及其他有害生物的啃咬而受到破坏，因为受潮、发霉、变质、生锈而发生理化性质的变化，因此，包装首要的功能是要保护产品。同时，包装还应具有防止异物混入、污物污染、丢失、散失、盗失等作用。

2. 方便物流功能

包装应具有方便物流的功能，包装大小、包装形态、包装材料、包装重量及包装标志等各个要素都应为装卸搬运、仓储保管、运输等物流作业提供方便条件，能够方便地区分不同的产品并进行计量、进行包装及拆装作业，应简便、快速，拆装后的包装材料容易处理等。

3. 促进销售功能

包装是很重要的一种产品促销手段。恰当的包装能对产品起到宣传作用，并唤起消费者的购买欲望。因此，恰当的包装可以促进产品的销售，具有很大的经济意义。

4. 方便消费功能

包装应根据消费者正常使用的用量，对产品进行适当的分割，提供可靠的保存手段，便于消费者携带和使用，起到方便使用和指导消费的作用。

三、包装的分类

(一)按照包装在流通过程中的作用分类

按照包装在流通过程中的作用，包装可分为工业包装和商业包装。

工业包装(Industrial Package)是指对原材料部件和从制造商销售到制造商或其他中间商的半成品或成品的包装。工业包装以强化运输、便于储运和装卸搬运、保护商品为主要目的。

商业包装(Commercial Package)是指根据包装的数量、包装类型、包装质量或包装设计要求，使其符合各自贸易要求的包装。商业包装的主要目的是促进销售，这种包装的特点是：外形美观，有必要的装潢，包装单位适合顾客购买量和商店陈设的要求。在流通过程中，商品越接近顾客，越要求包装具有促进销售的效果。

(二)按照包装容器质地分类

按照包装容器质地不同，包装可分为硬包装、半硬包装和软包装。

硬包装(Rigid Package)是指取出内装物后，容器形状基本不发生变化，材质坚硬或质地坚牢的包装，典型的硬包装如木盒、玻璃瓶、瓷瓶、铁罐、锡罐等。

半硬包装(Semi-rigid Package)是介于硬包装和软包装之间的包装，典型的半硬包装如硬纸盒。

软包装(Flexible Package)是指包装内的充填物或内装物取出后，容器形状会发生变化，且材质较软的包装，典型的软包装有纸袋、塑料袋等。

(三)按照包装使用范围分类

按照包装使用范围，包装可分为通用包装和专用包装。

通用包装(General Package)是不进行专门设计制造，而根据标准系列尺寸制造的包装，用以包装各种无特殊要求的或标准尺寸的产品。

专用包装(Special Package)是根据被包装物的特点进行专门设计的、专门制造的、只适用于某种专门产品的包装，如蛋糕盒、药物包装等。

(四)按照包装使用的次数分类

按照包装使用的次数，包装可分为一次性包装、多次用包装和周转包装。

一次性包装(Portion Package)是指只能使用一次，不再回收复用的包装。一次性包装随同产品一起出售或者在销售过程中被消费掉。

多次用包装(Multi-use Package)是指回收后经适当的加工整理，仍可重复使用的包装。

周转用包装(Returnable Package)是指工厂和商店用于固定周转、多次使用的包装容器。典型的周转用包装有托盘、周转箱等。

第二节　包装容器和包装材料

一、包装容器

包装容器(Packaging Container)是指“为储存、运输或销售而使用的盛装物品或包装件的总称”(GB/T 4122.1—2008)。

常见的包装容器有包装箱、包装袋、包装盒、包装瓶和包装罐。

(一)包装箱

包装箱是一种刚性包装。包装操作主要为码放，然后将开闭装置闭合或将一端固定封死。包装箱的整体强度较高，抗变形能力强，包装容量也较大。

【课外资料 2-1】

包装箱的种类

(1) 瓦楞纸箱是采用具有空心结构的瓦楞纸板，经过成型工序制成的包装容器。常用的瓦楞纸板有单瓦楞、双瓦楞、三瓦楞三种。大型纸箱所装载的货物重量可达3000公斤。瓦楞纸箱的应用范围非常广泛，水果蔬菜、加工食品、针棉织品、玻璃陶瓷、化妆品、药物等各种日用品以及自行车、家用电器、精美家具等均可以采用瓦楞纸箱进行包装。

(2) 木箱是一种常用的包装容器，其用量仅次于瓦楞纸箱。木箱主要有木板箱、框板箱和框架箱。

① 木板箱。木板箱是用木质条板钉制而成的，是一种小型的运输包装容器。木板箱作为运输包装，具有较高的抗戳穿强度和抗压强度，能够有效地起到保护产品的作用。但是木板箱有箱体重、体积大、弹性小、缓冲抗震性能差，受潮后不易干燥，拼缝留有孔隙而难以密封，表面粗糙、印刷标记容易模糊不清等缺点。

② 框板箱。框板箱是采用条木与人造板材制造，再经钉合装配而成的一种包装容器。从框板箱整体来看，其框架为条木，而箱面则通常为整块的胶合板、纤维板和纸板等。框板箱是条木框架结构，承载能力大，堆码层数多；箱面为整块人造板材，防尘防潮性强；箱内尺寸相同时，相比木板箱自重较轻，框架结构，相对更方便搬运；人造板材较木板光滑，印刷标记清晰；采用胶合板、纤维板、纸板，有利于节省木材资源。但是框板箱的抗戳穿强度低于木板箱；框架在箱外，使其体积增大；箱面较易损坏，降低了回收复用率。

③ 框架箱。框架箱是由一定截面的条木构成箱体骨架，然后再根据需要在骨架外面加装木板或其他板材覆盖的大型包装容器。框架箱主要有无木板覆盖的敞开式框架箱和有木板覆盖的覆盖式框架箱两种。框架箱由于有坚固的骨架结构，有较大的抗压强度，能承受较大的堆积负荷；可装载 1000 公斤以上到 15000 公斤以下的较大物资和设备。缺点是框架箱设计制作比较复杂，自重大，大型框架箱搬运比较困难。

(3) 塑料箱一般用作小型运输包装容器，优点是：自重轻，耐蚀性好，可装载多种商品，整体性好，强度和耐用性能满足反复使用的要求，可制成多种色彩以便于装载物的分类，手握搬运方便，没有木刺，不易伤手。

(4) 集装箱是一种大容积、标准尺寸的物流设备。从包装的角度看，集装箱属于大型集合包装容器。

(二)包装袋

包装袋是一种重要的软包装容器。包装袋材料是挠性材料，有较高的韧性、抗拉性和耐磨性。包装盒结构一般是筒管状结构，一端预先封死，包装结束后再封装另一端。包装操作以充填为主。

【课外资料 2-2】

包装袋的主要类型

(1) 集装袋是一种软包装容器，一般多用聚丙烯、聚乙烯等聚酯纤维纺织而成，盛装重量通常在 1 吨以上，具有防潮、防尘、耐辐射、牢固安全等优点，结构上也具有足够的强度。集装袋的顶部一般装有金属吊架或吊环等，用起重机或叉车可以实现集装单元化运输。根据形状，集装袋可以分为圆形、方形和U形；根据起吊结构，集装袋可以分为顶吊型、侧吊型和底吊型。

(2) 一般运输包装袋的盛装重量是0.5～100公斤，大部分是由植物纤维或合成树脂纤维纺织而成，或者是由几层挠性材料构成的多层材料包装袋。例如，麻袋、草袋、水泥袋等，主要包装粉状、粒状和个体小的货物。

(3) 小型包装袋盛装重量较轻，通常用单层材料或双层材料制成。某些具有特殊要求的包装袋也有用多层不同材料复合而成的。

(三)包装盒

包装盒是介于硬包装和软包装之间的包装容器。包装材料有一定挠性，不易变形，有较高的抗压强度。

包装盒的包装结构和包装箱相同，都是规则几何形状的立方体，带有开闭装置。包装盒也可裁制成圆盒状、尖角状等其他形状。包装盒的容积比包装箱小，两者通常以10升为界，小于10升的为包装盒。包装盒一般采用码入或装填包装操作，然后闭合开闭装置。

(四)包装瓶

包装瓶是瓶颈尺寸有较大差别的小型容器，结构是瓶颈的口径远小于瓶身，且在瓶颈顶部开口。包装操作是填灌后采用瓶盖将瓶口封闭，使得包装物与外界隔绝。根据外形，包装瓶可以分为圆瓶、方瓶、高瓶、矮瓶、异形瓶五种。根据瓶口与瓶盖的封盖方式，包装瓶可以分为螺纹式、凸耳式、齿冠式和包封式。

(五)包装罐

包装罐是指罐身各处横截面形状大致相同，罐颈短、罐颈内径比罐身内径稍小或无罐颈的一种包装容器。包装材料强度较高，罐体抗变形能力强。包装操作是装填操作，然后将罐口封闭。根据容量的大小，包装罐可以分为小型包装罐、中型包装罐和集装罐。

二、包装材料

包装材料(Packaying Material)是指“用于制造包装容器和构成产品包装的材料(如木材、金属、塑料、玻璃和纸等)的总称”(GB/T 4122.1—2008)。包装材料的选择十分重要，因为它直接关系到包装质量和包装费用，有时也会影响物流作业的进行。

(一)木材包装材料

木材是应用广泛的传统包装材料，主要使用板材制作各种包装箱，常用的包装木材有杉木、松木等。木材加工方便，并具有良好的抗冲击、震动、重压的能力；木材可以加工成胶合板，具有自重轻和外观好的优点。但是木材资源紧缺，价格较高，同时易潮湿、变形开裂、腐朽和受白蚁蛀蚀等。

(二)金属包装材料

金属包装材料主要有镀锡薄板、涂料铁和铝合金等。金属材料具有牢固、易加工、易装潢及再生使用等优点。同时，金属包装材料具有成本高、能耗大、易变形及生锈等缺点。

(三)塑料包装材料

常用的塑料包装材料有聚乙烯、聚丙烯、聚苯乙烯、聚氯乙烯及钙塑材料等。塑料包装材料具有优良的物理机械性能和稳定的化学性能，具有自重轻、易加工和装潢等优点。塑料包装材料的缺点是：强度不及钢铁，耐热性不及金属和玻璃，塑料包装材料的最大缺陷是易产生公害，造成白色污染。

(四)玻璃和陶瓷包装材料

玻璃、陶瓷是历史悠久的包装材料，主要特点是有很强的隔绝性能和耐腐蚀性能，强度较高，因此具有很强的保护产品的作用，其装潢、装饰性能好。但是玻璃和陶瓷包装材料存在耐冲击强度低，易碎、自重大、运输成本高和能耗大等缺点。

(五)纸包装材料

采用纸进行包装的产品非常多，常见的纸包装材料有牛皮纸、玻璃纸、植物羊皮纸、沥青纸、油纸、蜡纸、纸板、瓦楞纸板和蜂窝纸板等。纸包装材料具有重量轻、耐摩擦、耐冲击、无毒、无味、易黏合、易印刷、价格低，易进行机械加工和回收等优点。但是纸包装材料具有受潮后强度下降，气密性、防潮性、透明性差等缺点。

(六)复合材料

为了克服单一材料的缺点，发挥多种材料的优点，复合包装材料开始在包装领域被广泛使用。复合材料是将两种或两种以上的材料通过各种方法复合在一起制成的包装材料。现在使用较多的复合包装材料有：薄膜复合材料、纸基复合材料、塑料基复合材料和金属基复合材料。

此外，为了完成产品的包装，还需要黏合剂、黏合带和捆扎材料等包装用辅助材料。

第三节　包装标记和包装标志

一、包装标记

物资包装标记是根据产品本身的特征用文字和阿拉伯数字等在包装上标明规定的记号。

(一)一般包装标记

一般包装标记也称为包装的基本标记，是指在包装上写明产品的名称、规格、型号、计量单位、数量(毛重、净重、皮重)，长、宽、高、出厂时间等。

对于具有使用期限限制的产品还要注明储存期或保质期限。

(二)表示收发货地点和收发货人的标记

通过这种标记，可以清楚地知道产品的起运地、目的地及收、发货单位或个人的具体信息。

对于进口物资，经贸部还统一编制了向国外订货的代号，称为收货人唛头。这种标记主要有三个方面的作用。

(1) 加强保密性，有利于产品全物流过程的安全。

(2) 减少了签订合同和运输过程中的翻译工作。

(3) 作为运输中的导向作用，可减少错发、错运事故。

(三)标牌标记

标牌标记是在产品包装上钉打说明商品性质特征、规格、质量、产品批号、生产厂家等内容的标识牌。标牌一般用金属制成。

二、包装标志

包装标志是为了运输、装卸、搬运、储存、堆码等的安全要求或理货分运的需要，在外包装上用图像或文字标明包装内容物的性质的规定记号。常见的包装标志有指示标志和危险品标志。

(一)指示标志

指示标志用来指示运输、装卸搬运、保管人员在作业时的注意事项，以保证产品的安全。根据国家标准《包装储运指示标志》(GB 191—73)规定：在水、陆、空储运中怕湿、怕震、怕热、怕冻等有特殊要求的货物的外包装上应粘贴、涂打、钉附“向上、防潮、小心轻放、由此吊起、由此开启、重心点、防热、防冻”等标志。

在国际物流中，要求在包装上正确绘制货物的运输标志和必要的指示标志。标志至少应包括下列内容。

(1) 目的地：收货人的最终地址、中转地点、订货单号。

(2) 装卸货指示标志：对于易碎商品，更应在包装上标记出装卸操作的方向以防商品损坏。

(二)危险品标志

危险品标志是用来表示危险品的物理、化学性质，以及危险程度的标志，起提醒作业人员注意的作用。根据国家标准《包装储运指示标志》(GB 191—73)规定：在水、陆、空运危险品的外包装上应拴挂、印刷或标打以下不同的标志，如爆炸品、遇水燃烧品、有毒品、剧毒品、腐蚀性物品、放射性物品等。

第四节　现代包装技术和包装机械

一、现代包装技术

包装技术是指产品在包装作业时采用的技术和方法，按照功能不同可分为缓冲包装、防霉包装、防锈包装、防潮包装等九种。

(一)缓冲包装

缓冲包装(Cushioning Packaging)是指产品外表面周围放置能吸收冲击或振动能量的缓冲材料或其他缓冲元件，使产品不受物理损伤的一种包装方法。按照缓冲程度的不同，防震包装可以分为全面缓冲包装、部分缓冲包装和悬浮式缓冲包装三种。

(1) 全面缓冲包装是指内装物和外包装之间全部用缓冲材料填满进行缓冲的包装方法。常见的有压缩包装法、浮动包装法、裹包包装法、模盒包装法、就地发泡包装法(见图 2-1)。

图 2-1　全面缓冲包装

【课外资料 2-3】

常见的全面缓冲包装

(1) 压缩包装法是指用丝状、薄片状或粒状缓冲材料把产品和内包装填塞加固，这样能把材料吸收的冲击振动能量引导到内装物强度最高的部分。这种方法对形状复杂的产品也适用。

(2) 浮动包装法是指用块状缓冲材料把产品和内包装固定在其中，这种材料在包装箱内可以位移和流动，并利用材料流动来分散内装物所受的冲击力。

(3) 裹包包装法是指用片状缓冲材料把产品和内包装裹包起来置于外包装箱内。这种方法多用于小件物品。

(4) 模盒包装法是指用聚苯乙烯泡沫塑料预制成与产品形状一样的模盒，将产品固定在其中。这种方法适用于小型轻质产品。

(5) 就地发泡包装法所采用的设备是盛有异胺酸酯和多元醇的容器及喷枪。使用时，先把两种材料按容器内的温度和压力规定调好，然后进行混合，用单管道通向喷枪，由喷枪喷出，喷出的化合物在10秒后即开始发泡膨胀，不到40秒即可发泡膨胀到原来体积的100～140倍，形成聚氨酯泡沫体，经过1分钟变成硬性或半硬性的泡沫体。这种泡沫体可现场喷入外包装内，能够将任何形状的物品包裹住，起到缓冲衬垫的作用。具体步骤见图2-2。

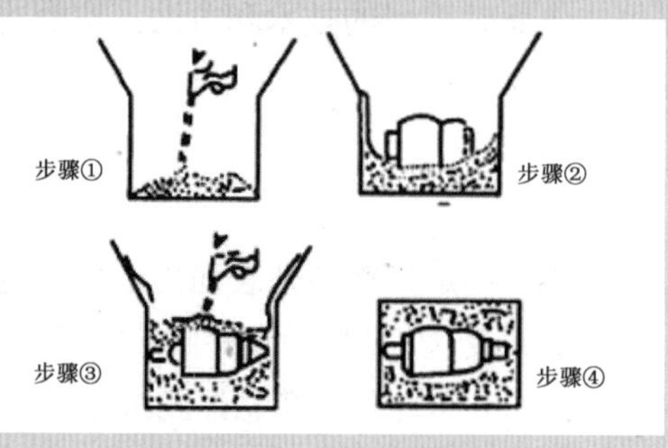

图 2-2　就地发泡包装法

(2) 部分缓冲包装适于整体性好的产品和有内装容器的产品，仅在产品或内包装的拐角或局部地方使用缓冲材料进行衬垫即可。部分缓冲主要有左右套、天地盖、四棱衬垫、八角衬垫和侧衬垫等几种(见图 2-3)。

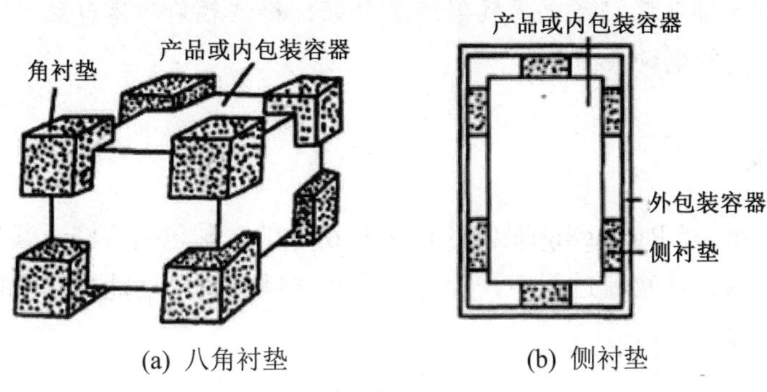

(a) 八角衬垫　　(b) 侧衬垫

图 2-3　部分缓冲包装

(3) 悬浮式缓冲包装主要针对精密机电设备、仪器、仪表等贵重易损的物品，为了保证在流通过程中不被损坏，常采用比较坚固的外包装容器，然后用绳、带、弹簧等将被装物悬吊在包装容器内。在物流过程中，内装物都被稳定悬吊而不会与包装容器发生碰撞，从而减少损坏(见图 2-4)。

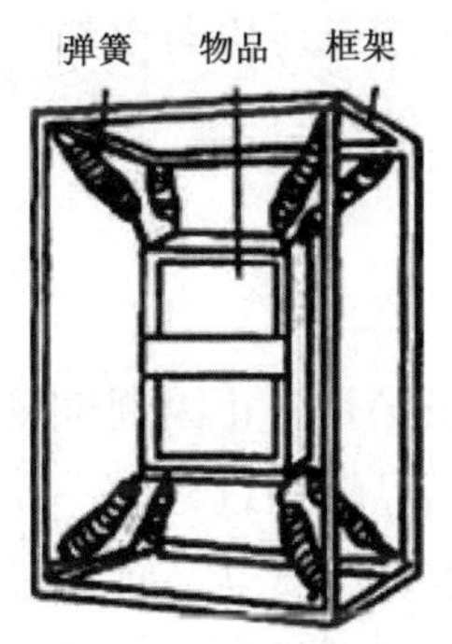

图 2-4　悬浮式缓冲包装

(二)防霉包装

防霉包装(Mouldproof Packaging)是防止内装物长霉影响货物品质的一种包装方法。物品霉变是由霉菌作用产生的。由有机物构成的物品，包括生物性物品及其制品或含有生物成分的物品，它们在日常环境条件下容易受霉菌作用发生霉变和腐败，使物品质量受到影响和损害。霉菌危害的范围非常广，有机物之外的材料在一定条件下也会遭到霉菌的侵蚀。

【知识拓展 2-1】

防霉包装的种类很多，常用的有：药剂防霉包装、气相防霉包装、气调防霉包装、低温防霉包装、低湿防霉包装以及电离辐射防霉包装、微波辐射防霉包装、紫外线照射防霉包装、远红外线和高频电场杀菌等。

(三)防锈包装

防锈包装(Rustproof Packaging)是防止内装物锈蚀的一种包装方法，其目的是消除或者减少导致锈蚀的因素。在物流过程中，除了要防止防锈材料的功能受到损伤外，还要防止一般性的外部的物理性破坏。

【知识拓展 2-2】

金属防锈可在金属表面涂刷防锈油(脂)，从而使金属表面与引起大气锈蚀的各种因素隔绝；也可采用在密封包装容器中放置气相缓蚀剂，挥发或升华出的缓蚀气体充满包装容器空间，同时吸附在金属制品的表面，从而起到抑制大气对金属锈蚀的作用；还可采用可剥性塑料封存，通过在金属表面喷涂可剥性塑料，阻隔腐蚀介质对金属的作用。同时，在塑料薄膜与金属之间析出一层油膜，使塑料薄膜易于剥落。此外，还可以采用充氮和干燥空气等防锈方法。

(四)防潮包装

防潮包装(Moistureproof Packaging)是防止因潮气浸入包装件而影响内装物品质的一种包装方法。防潮包装是为了防止在商品流通过程中，商品受到大气中潮气的影响而发生变质。有些易吸潮的产品如医药品、农药、食盐、食糖等会潮解变质，有些含有水分的水果和食品会因水分散失而变质，还有许多纤维制品、皮革等会受潮变质甚至发霉变质，金属制品会受潮气影响而生锈等。

【知识拓展 2-3】

防潮包装的形式多样，主要有绝对密封包装、真空包装、充气包装、贴体包装、热收缩包装、泡罩包装、泡塑包装、油封包装、多层包装、使用干燥剂等。

(五)防水包装

防水包装(Waterproof Packaging)是防止因水侵入包装件而影响内装物品质的一种包装方法。防水包装一般用在外包装上。必要时，内包装也可采用防水措施，防水包装容器在装填产品后应封缄严密；外包装箱开设通风孔时，应采取防雨措施，以防雨水侵入。

【知识拓展 2-4】

防水包装材料应具有良好的耐水功能，常用的防水包装材料有：聚乙烯低发泡防水阻隔薄膜、复合薄膜、塑料薄膜、油纸等。辅助材料有：防水胶粘带、防水黏结剂等。

(六)防虫包装

防虫包装(Insect-Resistant Packaging)是为保护内装物免受虫类侵害的一种包装方法。防虫包装常用的是驱虫剂，即在包装中放入有一定毒性和臭味的药物，利用药物在包装中挥发气体杀灭和驱除各种害虫。常用驱虫剂有萘、对位二氯化苯、樟脑精等，也可采用真空包装、充气包装、脱氧包装等技术，使害虫没有生存环境，从而防止虫害。

(七)防静电包装

防静电包装(Electrostaticproof Pachaging)是防止被包装的物品之间产生静电感应的一种包装方法。包装件在运输过程中，由于振动、冲击等影响，内装物品与包装的表面之间不断相互摩擦可产生静电；在雷击过程中，云内或地面物体内会产生大量的电荷移动，产生的强大磁场就会穿透包装容器外壳，形成大电流，导致元器件损坏。

【知识拓展 2-5】

防静电包装通常采用具有导电性的静电屏蔽材料包裹住物品，或用抗静电材料制成容器将内装物品封闭起来，使内装物品与外界干扰电场或静电感应隔离开以免受危害，使包装在起防护作用的同时也能对物品起到防静电的有效屏蔽保护。另外，还可以在包装材料中加入少量金属纳米微粒消除静电。

(八)防辐射包装

防辐射包装(Radiation Resistant Packaging)是防止外界射线通过包装容器损害内装物品质的一种包装方法。例如，利用能够防止光线照射的容器盛装感光胶卷。

【知识拓展 2-6】

防辐射包装主要有：采用能防止光线透过的黑色纸、炭黑型导电塑料膜、铁皮等制成容器，可有效防光辐射；配合其他密封与无漏光的措施，导电性纸盒和导电性瓦楞纸箱、硬质密闭塑料盒、金属容器也可作为光敏感产品的运输包装容器。对于各种电子元器件、电子精密仪器、医疗器械、计算机、自动化办公设备等对电磁辐射敏感的产品通常都需要采用防电磁辐射包装方法。

(九)防磁包装

防磁包装(Magnetic Field-resistant Packaging)是防止磁场干扰内装物的一种包装方法。由于产品的材质、结构及其性能不同，当外界场强的变化超过一定限度时就会对某些特殊产品造成损坏或影响其使用性能。对于危险品、精密电子产品、军用产品及高技术产品等对场强有特殊要求的产品，包装设计人员必须检测出它们对外界场强的感度，并采取有效的屏蔽或抗场强变化技术，以保证元器件或整机的可靠性能和使用寿命。

【知识拓展 2-7】

场强变化是指电场、磁场、电磁场、静电场、辐射场等强度的变化。

【课外资料 2-4】

包装的防伪功能

目前，各种防伪技术主要是以包装为载体来实现的。

一、纸张防伪技术

(1) 磁性防伪纸是将纸基材上涂布具有磁性的磁粉，或在制造纸张时将磁粉以特殊的方式加入纸浆中，从而使抄造出来的纸张具有磁性。可用于制作防伪商标、防伪磁性账卡和高档包装上的电脑识别磁性防伪标签等。

(2) 数字水印纸是在造纸过程中将所需要的标识、图案等做入纸中。这些图案平常情况下不易看到，只有对着强光才能看清。

(3) 防复印就是防止将原件经过复印机复印出和原件完全一样的制品，可防止伪造。防复印的目的是让复印后的文字、图形、信息内容成为完全不能辨认的状态。

(4) 热敏防伪纸主要是将热敏物质涂布于纸基上而得到的，利用热敏物质的热可逆变色特性来鉴别真伪。具有加热显色、冷却褪色和多次重复显示的特点。

(5) 光致变色就是某些特质经光照后颜色发生变化，离开光照后返回原色；光致变色防伪纸就是含有这些物质的防伪纸。光致变色防伪纸主要有紫外光致变色防伪纸和自然光致变色防伪纸两种。

还有在造纸过程中在纸浆中加入纤维丝或彩点制成的添加纤维丝、彩点加密的防伪纸。

二、印刷防伪技术

采用手、凸、凹和平、凸、凹漏等多工序合印和印刷难度愈大的包装装潢印品，防伪效果就愈好。多色串印，可以一次印上多种色彩，并且中间过度柔和。由于从印品上很难看出墨槽隔板的位置距离，故也能起到一定的防伪作用。

三、油墨防伪技术

防伪油墨是在油墨连接料中加入非凡性能的防伪材料，经非凡工艺加工而成的特种印刷油墨。其具体实施主要是以油墨印刷方式印在票证、产品商标和包装上。这类防伪技术的特点是实施简单、成本低、隐蔽性好、色彩鲜艳、检验方便、重视性强，是各国纸币、票证和商标的首选防伪技术。

四、条形码、电码防伪标识及电话识别系统

商品条码是商品的一种代码，是人类为了计算机等商品进行有效治理而设计的。目前普遍认为具有防伪功能的条码只有两种，一种是隐形条码，另一种是金属条码。但条形码防伪技术不适合消费者直接识别。电码防伪标识及电话识别系统，是通过在每个产品上设置一个随机密码，将所有入网产品全部记录存档于防伪数据中心库，让消费者利用电话、电脑等工具核对密码的正确与否来识别产品真伪。但电码防伪标识存在漏洞，多数消费者不愿意查询，这就为造假者留下了空子。

(资料来源：刘扬，唐芬南. 包装防伪技术的现状与发展趋势[J]. 中国包装工业，2002(94))

二、包装机械

包装机械(Packaging Machinery)是指完成全部或部分包装过程的机器。包装过程包括成型、充填、封口、裹包等主要包装工序，清洗、干燥、杀菌、贴标、捆扎、集装、拆卸等前后包装工序，转送、选别等其他辅助包装工序。采用包装机械代替人工包装，能够降低劳动强度，降低成本，提高劳动生产率，保证产品的包装质量。根据国家标准包装术语(GB/T 4122.1—2008)，常见的包装机械如下。

充填机(Filling Machine)是将产品按预订量充填到包装容器内的机器，包括直接充填包装机和制袋充填包装机两类。

灌装机(Filling Machine)是将液体按预订量灌注到包装容器内的机器。按照灌装产品的工艺可分为常压灌装机、真空灌装机、加压灌装机等。

封口机(Sealing Machine)是在包装容器内盛装产品后，对容器进行封口的机器。按封口的不同工艺又可分为玻璃罐加盖机械(压盖、旋盖等)、布袋口缝纫机械、封箱机械、塑料袋和纸袋的各种封口机械。

干燥机(Drying Machine)是对包装容器、包装材料、包装辅助物及包装件上的水分进行去除以达到预期干燥程度的机器。

杀菌机(Sterilization Machine)是对产品、包装容器、包装材料、包装辅助物及包装件等上的微生物进行杀灭，使其降低到允许范围内的机器。

清洗机(Cleaning Machine)是对包装容器、包装材料、包装辅助物及包装件进行清洗以达到预期清洁度的机器。

裹包机(Wrapping Machine)是用挠性包装材料全部或者局部裹包产品的机器。按照裹包的不同工艺可分为扭结式包装机、端折式包装机、枕式包装机、信封式包装机、拉伸包装机等。

捆扎机(Strapping Machine)是使用捆扎带缠绕产品或包装件，然后收紧并将两端通过热效应熔融或使用包扣等材料连接的机器。按照接头方式分类，捆扎机可分为熔接式捆扎机，扣接式捆扎机。

集装机(Machine for The Assembly of Unit Load)是将若干个包装件或产品包装在一起，形成一个合适的搬运单元的机器。按集装方式分为托盘集装机、无托盘集装机。

标签机(Labeling Machine)是采用黏合剂将标签贴到包装件或产品上的机器。

第五节　集装单元化技术

集装单元化是物流系统实现机械化和自动化的前提，也是现代物流区别于传统物流的一个显著标志。集装单元化是指用集装单元器具或采用捆扎方法，把物品组成集装单元的物流作业形式。采用集装单元化技术后，物品可以与集装单元化器具、装卸搬运设备、运输设备和仓储设备等组成高效、快速的物流作业系统。集装单元化器具主要有集装箱、托盘、周转箱、集装袋、散装罐、仓库笼等。

一、集装箱

(一)定义

根据国家标准术语《集装箱术语》(GB/T 1992—2006)中的定义，集装箱(Freight Container)

是指“一种供货物运输的设备”，应满足以下条件。

(1) 具有足够的强度，可长期反复使用。

(2) 适合一种或多种方式载运，在途中转运时，箱内货物无须换装。

(3) 具有便于快速装卸和搬运的装置，特别是从一种运输方式转移到另一种运输方式。

(4) 便于货物装满和卸空。

(5) 具有 1 立方米及以上的容积。

(6) 是一种按照确保安全的要求进行设计，并具有防御无关人员轻易进入的货运工具。

(二)集装箱的特点

集装箱的优缺点都很明显，其优点主要有以下几个。

(1) 集装箱箱体强度高，保护、防护货物的能力强。

(2) 集装箱本身还是一个小型储存仓库，所以，使用集装箱可以不用配置仓库、库房。

(3) 集装箱进行整体运输和保管，方便物流作业，便于管理，并能有效利用运输工具和保管场所的空间。

(4) 使用集装箱无须倒装箱内货物，便于各物流环节的有效衔接。

(5) 集装箱具备标准化装备的一系列优点。例如，其尺寸、大小、形状有一定规定，便于对运输车辆、仓储和装卸搬运设备进行规划。

集装箱也有一些显著的缺点，主要有以下几个。

(1) 自重大，因而无效运输、无效装卸的比重大。

(2) 集装箱本身造价高，在每次物流中分摊由集装箱本身造价所派生的集装箱使用费的成本较高。

(3) 集装箱返空困难，空箱返空造成很大的运力浪费。

(三)集装箱标准

集装箱的应用范围非常广泛，这与其国际标准被广泛采纳有关。国际标准集装箱共有十三种规格，其宽度均一样(2438mm)、长度有四种(12192mm、9125mm、6058mm、2991mm)、高度有四种(2896mm、2591mm、2438mm、<2438mm)，见表 2-1。

表 2-1　国际标准集装箱规格

箱　型	长(mm)	宽(mm)	高(mm)	总重量(kg)
1AA	12192	2438	2591	30480
1A	12192	2438	2438	30480
1AX	12192	2438	<2438	30480

续表

箱 型	长(mm)	宽(mm)	高(mm)	总重量(kg)
1BB	9125	2438	2591	25400
1B	9125	2438	2438	25400
1BX	9125	2438	<2438	25400
1CC	6058	2438	2591	24000
1C	6058	2438	2438	24000
1CX	6058	2438	<2438	24000
1D	2991	2438	2438	10160
1DX	2991	2438	2438	10160
1AAA	12192	2438	2896	30480
1BBB	9125	2438	2896	25400

国际上集装箱运输最常用的是 20FT(1C 型)和 40FT(1A 型)集装箱。

【知识拓展 2-8】

为便于统计，将 20 英尺的标准集装箱作为国际标准集装箱的数量的标准换算单位，称为换算箱或标准箱，简称 TEU(Twenty-foot Equivalent Unit)。一个 20 英尺型的国际标准集装箱换算为一个 TEU，一个 40FT 的集装箱，简称 FEU(Forty-foot Equivalent Unit)，其中，1FEU = 2TEU。

【知识拓展 2-9】

国际标准集装箱的长度关系如图 2-5 所示。

1A 型 40FT(12192mm)，1B 型 30FT(9125mm)，1C 型 20FT(6058mm)，1D 型 10FT(2991mm)，间距 I 为 3in(76mm)，满足：1A=1B+I+1D=9125+76+2991=12192mm；1B=1D+I+1D+I+1D=3×2991+2×76=9125mm；1C=1D+I+1D=2×2991+76=6058mm。

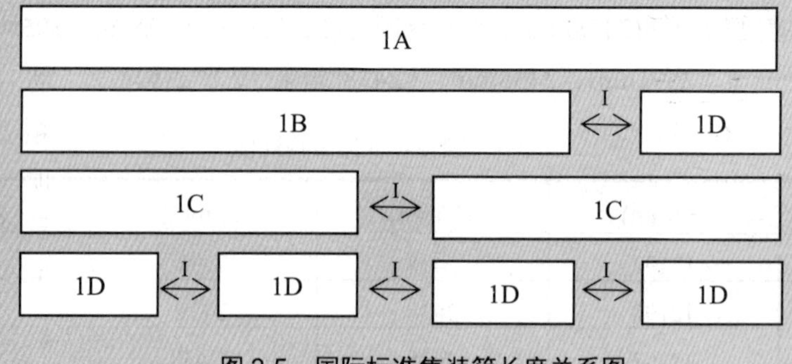

图 2-5 国际标准集装箱长度关系图

(四)集装箱的分类

1. 按箱内适装货物分类

集装箱可分为普通货物集装箱和特种货物集装箱。

(1) 普通货物集装箱(General Cargo Container)指“除装运需要控温的货物、液态或气态货物、散货、汽车和活的动物等特种货物的集装箱以及空运集装箱以外其他类型集装箱的总称”(GB/T 1992—2006)。普通货物集装箱的种类见图 2-6。普通货物集装箱分为通用集装箱和专用集装箱。

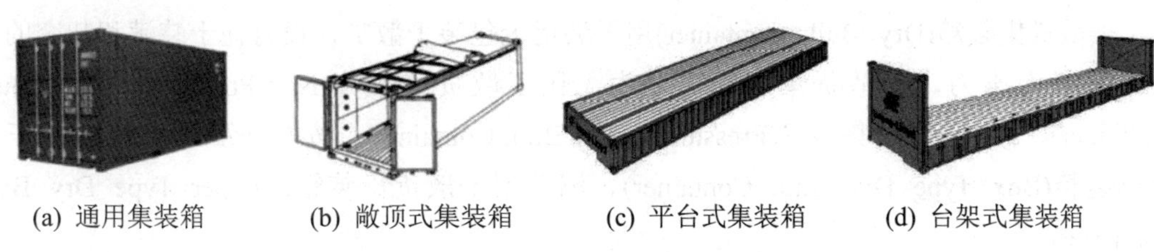

(a) 通用集装箱 (b) 敞顶式集装箱 (c) 平台式集装箱 (d) 台架式集装箱

图 2-6 普通货物集装箱

通用集装箱(General Purpose Container)是指“具有风雨密性能的全封闭集装箱。设有刚性的箱顶、侧壁、端壁和底部结构，至少在一个端部设有箱门，以便于装运普通货物”(GB/T 1992—2006)。

【知识拓展 2-10】

风雨密性是指“在箱门关闭的情况下，该箱体能够经受特定风雨密试验的能力”。

专用集装箱(Specific Purpose Container)是指“普通货物集装箱中某些具有一定结构特点箱型的总称，包括可以不通过箱体的端门进行货物装卸以及具有透气或通风功能的集装箱”(GB/T 1992—2006)。

专用集装箱分为封闭式透气/通风集装箱、敞顶式集装箱、平台式集装箱和台架式集装箱：①封闭式透气/通风集装箱(Closed Ventilated Container)类似通用集装箱，但具有与外界大气进行气流交换的装置。其通风的方式可以是自然流通的，也可以借助通风机械来实现(GB/T 1992—2006)。②敞顶式集装箱(Open Top Container)是指没有刚性箱顶的集装箱，但具有通过可以转动或可拆卸的顶梁来支撑的柔性顶篷或可以移动的刚性顶盖，其他部分与通用集装箱类似(GB/T 1992—2006)。③平台式集装箱(Platform Container)是一种没有上部结构的卸货平台，其平面尺寸和最大总质量以及供搬运和紧固作业的设施等均符合标准集装箱的要求(GB/T 1992—2006)。④台架式集装箱(Platform-Based Container)没有刚性侧壁，也没有像通用集装箱那种能够承受箱内载荷的侧壁等效结构，其底部结构类似平台式集装箱(GB/T 1992—2006)。

(2) 特种货物集装箱(Specific Cargo Container)是指“用以装运需要控温货物，液态、气态和(或)固态物料以及汽车等特种货物集装箱的总称”(GB/T 1992—2006)。

保温集装箱(Thermal Container)是指“具有隔热功能的箱壁、箱门、箱底和箱顶，能够减缓箱体内外热量交换的集装箱”(GB/T 1992—2006)。保温集装箱包括隔热集装箱(Insulated Container)、机械式制冷集装箱(Mechanically Refrigerated Container)、冷藏和加热集装箱(Refrigerated and Heated Container)。

干散货集装箱(Dry Bulk Container)用于装运无包装干散货，设有便于装满和卸空的开口。按有无压力，干散货集装箱可分为无压干散货集装箱(Non-Pressurized Dry Bulk Container)、有压干散货集装箱(Pressurized Dry Bulk Container)；按外形分，可分为箱型干散货集装箱(Box Type Dry Bulk Container)、漏斗型干散货集装箱(Hopper Type Dry Bulk Container)。

罐式集装箱(Tanker Container)是指专门用于装运各种液体货物，如液体化学药品、液体食品、各种石油制品及酒类货物等的集装箱。这种集装箱主要由箱体框架和罐体两部分组成。

汽车集装箱是一种专门设计用来装运汽车，并可分为两层装货的集装箱。

动物集装箱主要用于装运牲畜、家禽等货物，箱内有良好的通风设备及喂养设备。

2. 按运输方式分

集装箱可分为联运集装箱、海运集装箱、铁道集装箱和空运集装箱。

3. 按开门位置分

集装箱可分为侧开门集装箱、前开门集装箱、前后双开门集装箱和顶开门集装箱。

4. 按制造材料分

集装箱可分为钢制集装箱、铝合金集装箱和玻璃钢集装箱。

二、托盘

(一)定义

托盘(Pallet)是指“在运输、搬运和存储过程中，将物品规整为货物单元时，作为承载面并包括承载面上辅助结构件的装置”(GB/T 18354—2006)。

(二)托盘的特点

托盘是同集装箱一样重要的集装器具，是集装系统的两大支柱之一。托盘和集装箱在许多方面优点和缺点互补，托盘的主要特点有以下几个。

(1) 自重小，因而装卸搬运和运输托盘所消耗的劳动较少，无效运输也较集装箱少。

(2) 返空容易且占用的运力少。由于托盘造价不高，又很容易相互代用，互以对方托盘抵补，所以不像集装箱那样有固定所有者，也无须像集装箱返空；即使返空，也较集装箱容易。

(3) 装盘容易。装卸搬运作业无须像集装箱那样深入到箱体内部进行，操作更加方便，装盘后可以采用加固措施，使用时简便。

(4) 托盘的装载量较集装箱少，但也能集中一定的数量，比一般包装的组合量大得多。

(5) 托盘对货物的保护性比集装箱差，露天存放困难，一般需要仓库等配套设施。

(三)托盘的种类

1. 平托盘

平托盘(Panel Pallet)是托盘中使用量最大的一种。

(1) 按承载货物的台面分，平托盘可分为单面托盘(Single-Deck Pallet)、双面托盘(Double-Deck Pallet)和翼型托盘(Wing Pallet)，其中，双面托盘又可分为双面使用托盘(Reversible Pallet)和单面使用托盘(None-Reversible Pallet)，如图 2-7 所示。

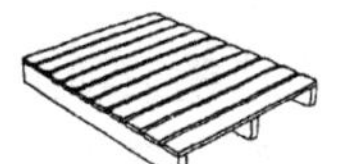
(a) 单面托盘

(b) 单面托盘

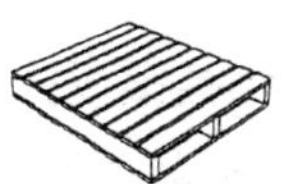
(c) 双面使用托盘

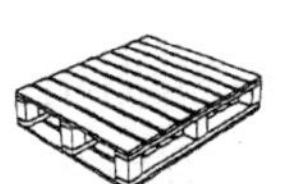
(d) 双面使用托盘

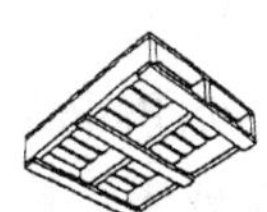
(e) 单面使用托盘

(f) 翼型托盘

图 2-7　平托盘

(2) 按货叉叉入方式分，如图 2-8 所示，平托盘可分为双向进叉托盘(Two-Way Pallet)、四向进叉托盘(Four-Way Pallet)和局部四向进叉托盘(Partial Four-Way Pallet)。局部四向进叉托盘又分为纵梁上有 U 形槽的托盘(Notchet Stringer Pallet)和纵梁板重叠托盘(Overlap Pallet)。其中，双向进叉托盘仅允许叉车或托盘搬运车的货叉从两个相反方向插入，四向进叉托盘允许叉车或托盘搬运车的货叉从四个方向插入，局部四向进叉托盘允许叉车的货叉四向插入而托盘搬运车的货叉两向插入。

(3) 按制造材料分，平托盘可分为木质托盘、钢质托盘、塑料质托盘、胶板质托盘和纸质托盘。

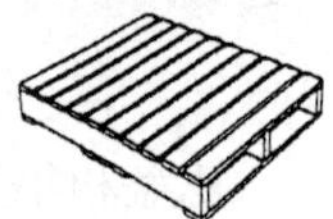
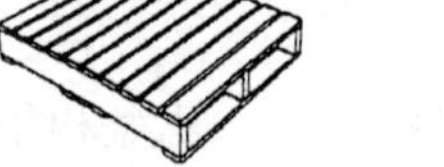
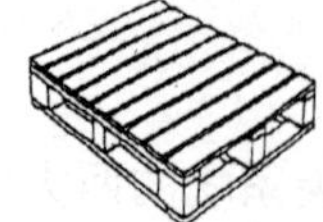
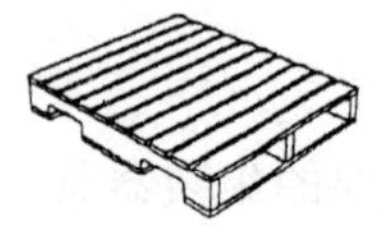
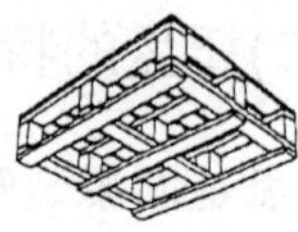

(a) 双向进叉托盘　(b) 四向进叉托盘　(c) 纵梁上有 U 形槽的托盘　(d) 纵梁板重叠托盘

图 2-8　平托盘

2. 立柱式托盘

立柱式托盘(Post Pallet)带有用于支撑堆码货物的立柱，可以装配可拆卸式联杆或门。立柱式托盘分为固定的立柱式托盘(Fixed Post Pallet)、可折的立柱式托盘(Collapsible Post Pallet)和可拆卸的立柱式托盘(Demountable Post Pallet)，如图 2-9 所示。

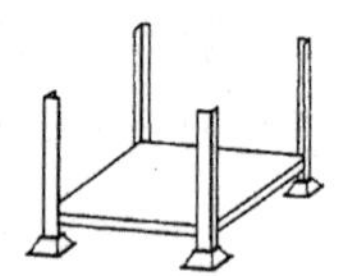
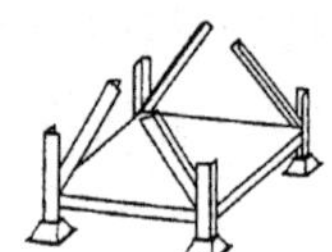
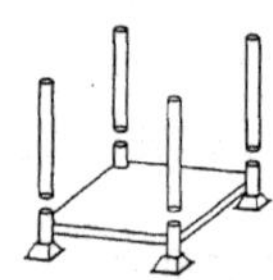

(a) 固定的立柱式托盘　(b) 可折的立柱式托盘　(c) 可拆卸的立柱式托盘

图 2-9　立柱式托盘

立柱式托盘的主要作用有两个。

(1) 防止托盘上的货物在运输、装卸搬运和保管等过程中发生塌垛。

(2) 利用柱子支撑称重，可以将托盘货物堆高叠放，不用担心压坏下部托盘上的货物。

3. 箱式托盘

箱式托盘(Box Pallet)是构成箱状的托盘，包括整板式、密装板条式及格式箱壁三种结构形式，其中一个或多个箱壁上设有铰接的或可拆装的装卸用门，可能装有顶盖。箱式托盘有固定式、可折式和可拆卸式三种，如图 2-10 所示。

箱式托盘的主要特点有两个。

(1) 防护能力强，能有效防止塌垛，防止货损。

(2) 由于四周有护板护栏，不仅能装运可码垛的具有整齐形状的货物，也可以装运各种异形的不能稳定堆码的货物。

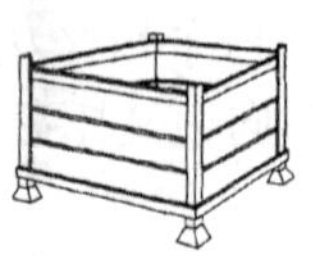

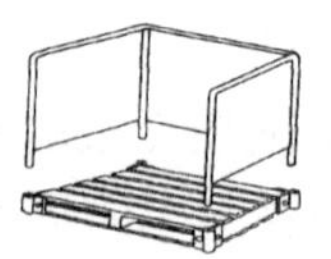

(a) 固定式箱式托盘　(b) 可折式箱式托盘　(c) 可拆卸式箱式托盘

图 2-10　箱式托盘

4. 轮式托盘

轮式托盘的基本结构是在立柱式托盘和箱式托盘下部装有小型轮子，这种托盘不但具有一般立柱式托盘和箱式托盘的优点，而且可以利用轮子做短距离的移动，无须借助装卸搬运设备，推动轮式托盘就可以完成搬运工作；也可以利用轮子做滚上滚下式的装卸，如图 2-11 所示。

图 2-11 轮式托盘

5. 特种专用托盘

对于某些需要大批量运输和具有特殊要求的货物，可相应制造出装载效率高、装运方便、适用的专用托盘。常见的有航空托盘、平板玻璃托盘、油桶专用托盘、长尺寸货物托盘、轮胎专用托盘，如图 2-12 所示。

(a) 航空托盘

(b) 平板玻璃托盘

(c) 油桶专用托盘

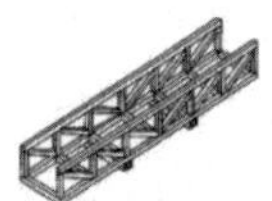

(d) 长尺寸货物托盘

(e) 轮胎专用托盘

图 2-12 特种托盘

【案例分析 2-1】

宜家的“平板包装”

1953 年，宜家发明了“自助组装家具”，由此宜家出现了平板包装。从物流作业的角度看，“平板包装”不仅可以实现商品储运过程中的集装单元化，降低了运输成本，而且在物流中心现场作业中也大大提高了装卸效率，并使自动化存储成为可能。

宜家在全球的采购和销售过程中都是采用集装箱运输的。在集装箱的装卸过程中，如果使用托盘作业，每只集装箱的装卸时间只需要 30～40 分钟；不使用托盘的话，则需 3～4

小时，托盘的使用无疑大大降低了综合物流成本。

宜家仓库货架的结构和尺寸是按照不同的托盘规格设计的。除了欧洲标准体系中的10种规格之外，宜家还依据欧洲的货盘标准，结合宜家自身情况制定了自己的托盘标准(I1-I9)。在宜家仓库中有60%的货物是放在欧洲标准托盘E3、E4和宜家标准托盘I3、I4上的。宜家的仓库管理中对托盘的质量有着严格的要求。

以DC008配送中心为例，它的自动化立体库，货架高26米，有11台堆垛机，22个巷道，存储着8000～9000种货物，整个仓库可以存放57000个标准托盘。整个系统由SWISSLOG提供设备和系统集成，整个自动化立体库是无人操作的，值班人员只负责解决各种突发事件。实际上由于堆垛机运行稳定，基本无须要特殊维护。

DC008仓库分为内外两个部分，由于不同种类货物的周转速度不同，而且要使用叉车进行装卸作业，需要尽可能地减少货物的运输距离，所以在仓库进门处设计了一个工作室，相关技术人员在这里通过系统对仓库的各项作业进行周期性分析，实时调整货物的存储位置。

(资料来源：中国物流与采购网)

思考题：

宜家的包装具有什么优势？对宜家的物流运营产生了什么影响？

(四)托盘堆垛方法

用平托盘运输形状整齐的包装货物，装盘是一项重要的操作，整个物流过程的托盘货体稳定与否，主要取决于堆垛方式和稳固方式。在托盘上堆放统一形状的立体形包装货物，可以采取各种交错咬合的办法码垛，这样可以保证足够的稳定性，甚至无须要再用其他方式加固。托盘上的货物堆垛方式很多，其中主要有四种堆垛方式，如图2-13所示。

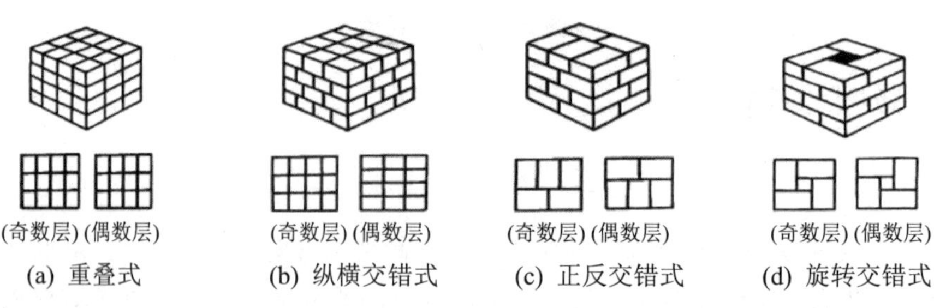

图2-13 托盘堆垛方式

(1) 重叠式，即各层码放方式相同，上下对应。这种方式的优点是：操作速度快，包装物四个角和边重叠垂直，能承受较大的荷重。这种方式的缺点是：各层之间缺少咬合作用，稳定性差，容易发生塌垛。

(2) 纵横交错式，即相邻两层货物的摆放旋转 90° 角，一层成横向放置，另一层纵向放置。这种方式具有一定的咬合效果，但咬合强度不高。

(3) 正反交错式，即同一层中，不同列的货物以 90° 垂直码放，相邻两层的货物码放形式是另一层旋转 180° 的形式。这种方式的不同层之间咬合强度较高，相邻层之间不重缝，因而码放后稳定性很高，但操作较为麻烦，且货物之间不是垂直面互相承受荷载，所以下部货物容易被损坏。

(4) 旋转交错式，即每一层相邻的两个货物都互为 90°，相邻两层之间的码放相差 180°，这样相邻两层之间咬合交叉，托盘货体稳定性较高，不容易塌垛。这种方式的缺点是码放难度大，而且中间形成空穴，会降低托盘载装能力。

【课外资料 2-5】

托盘加固方式

为了进一步提高货体的稳固性，防止发生塌垛，可以采用捆扎、网罩、框架、中间夹摩擦材料、专用金具、黏合、胶带黏扎、周边垫高、收缩薄膜和拉伸薄膜等方式对托盘货体进行紧固，如图 2-14 所示。

(a) 水平高层捆扎　(b) 水平全高捆扎　(c) 垂直捆扎　(d) 网罩　(e) 框架　(f) 中间夹摩擦材料

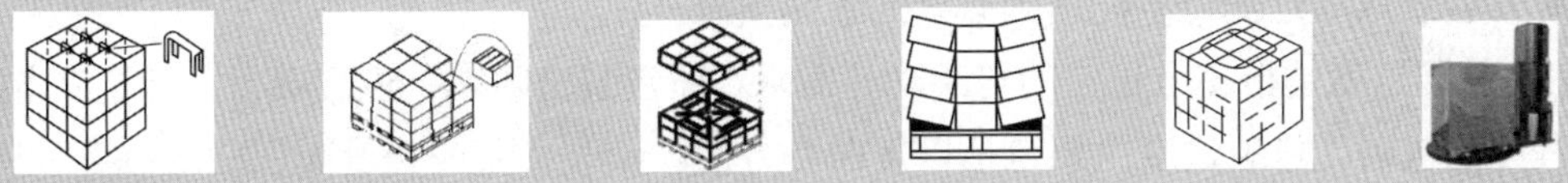

(g) 专用金具　(h) 胶黏剂黏合　(i) 胶带黏扎　(j) 周边垫高　(k) 收缩薄膜　(l) 拉伸薄膜

图 2-14　托盘加固方式

三、其他集装方式

除了集装箱和托盘两种常见的集装方式外，还有集装袋、集装网络、货捆、框架、滑板和挂车等集装方式，如图 2-15 所示。这些集装方式针对某些货物、某些领域能提高物流效率，发挥特殊的作用。

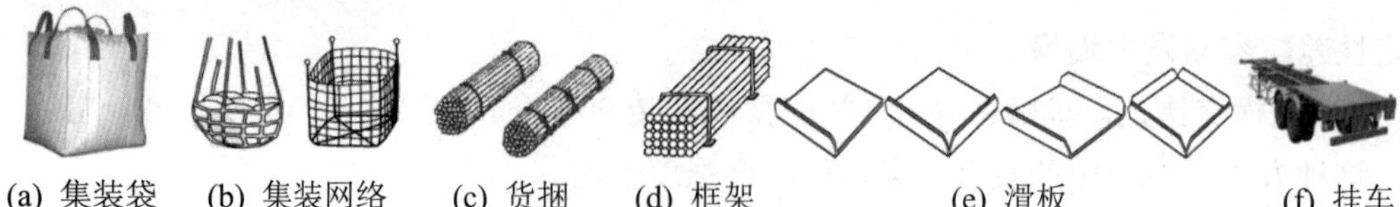

图 2-15 其他常见集装方式

第六节 包装合理化及发展趋势

一、包装合理化的要求

包装合理化是物流合理化的组成部分。从现代物流观点看，包装合理化不单是包装本身合理与否的问题，而且是整个物流合理化的前提条件。

包装合理化除了要实现整体物流效益和微观包装效益的统一外，还要对包装材料、包装技术和包装方式加以合理组合及应用，更要避免不合理包装。在当前的物流条件下，不合理包装主要体现在包装不足、包装过度和包装污染等方面。

(1) 包装不足可以造成物流过程中的损失和降低物流效率。包装不足主要包括四个方面。

- 包装强度不足，容易导致包装防护性不足，造成被包装物的损失。
- 包装材料水平不足，由于包装材料选择不当，包装材料不能很好地起到保护产品和促进销售的作用。
- 包装容器的层次及容积不足，从而造成货物的损失。
- 包装成本过低，不能达到必要的包装要求。

(2) 包装过度是指超出正常的包装功能需求，即包装空隙率、包装层数、包装成本超过必要程度的包装。包装过度主要包括以下四个方面。

- 包装强度设计过高，如包装材料截面过大，包装方式大大超过强度要求等，从而使包装防护性过强。
- 包装材料选择过高，在选择包装材料时应考虑所选的材料能否有效保护产品，包装材料是否与产品的价值相匹配。
- 包装技术过高，包装层次过多，包装体积过大。
- 包装成本过高，一方面可能使包装成本支出大大超过由减少损失而带来的效益；另一方面，包装成本在商品成本中比重过高，损害了消费者利益。

(3) 包装污染主要体现在以下两个方面。

- 包装材料中大量使用的纸箱、木箱、塑料容器等，消耗大量的自然资源。

- 商品包装大量采用一次性和豪华包装材料，甚至采用不可降解包装材料，严重污染环境。

【案例分析 2-2】

电商生鲜食品包装分析

《舌尖上的中国》的热播，让许多相关美食大卖特卖，所有人都在关注着美食的味道和口感，鲜有人问津食品的包装。不少网友戏言，“能成功下单已属过五关斩六将，买到就不错了，谁还会计较包装”。

食品的包装安全在很大程度上决定着食品是否安全，但并未得到充分的重视。近年来，食品安全事件不断涌现，无论是央视“3 · 15”晚会曝光的杭州广琪贸易公司篡改生产日期，销售过期进口食品原料，还是此前炒得沸沸扬扬的方便面“荧光门”事件，多少都与包装有着直接或间接的关联。网购不是面对面的经销模式，消费者无法对食品进行真实鉴别，这也使得食品变质、包装破损等问题尤为突出。

“网上大量出售的散装食品多是自制食品，有些食品甚至只是简单地进行包装。由于缺乏必要的安全卫生检疫和监管，在某种程度上已给消费者带来了一定的健康隐患。”一位食品安全专家表示。遗憾的是，凡是《舌尖上的中国》热播后而热卖的食品，几乎无人过多关心包装。更让人担忧的是，这种被忽视的包装现象也在一些生鲜水果的网购中有所蔓延。

夏季是葡萄的产销旺季，各大购物网站有很多团购葡萄的活动。某女士喜欢吃水果，她表示每次团购葡萄时，收到的都是用一层塑料膜包裹起来的葡萄放在简易的纸箱中，而每次收到的葡萄都会有或多或少的破损，对此她感到很无奈，在她看来，或许没有更好的办法能减少在运输途中食品的破损问题。

某电商专家表示，葡萄的包装一般分为开孔式泡沫箱、全封闭式泡沫箱等。开孔式泡沫箱可以让葡萄自由呼吸，更容易保鲜；全封闭式泡沫箱加冰块可让箱体保持较长时间的低温，但密封时间过长，水果很难保鲜。上述两种方法都有水果电商在用。还有一种方法是采用全封闭+两块冰袋，让箱体保持更长时间的低温，但快递成本会相应提高不少，因而未能广泛应用。

食品以及生鲜电商的发展不仅使得食品包装安全再次进入人们的视线，同时也引发了一些生产奢华包装企业的深思。2014 年 6 月初，地处武夷山南麓的邵武数千亩“高山野茶”，开始使用印制有“太极碎铜茶”注册商标的茶叶品牌包装盒来包装经过无公害高标准采摘加工的“高山野茶”。这种茶分布在邵武 15 个乡镇的山区，在大埠岗、和平、肖家坊镇等地所产的“高山野茶”基本使用新的茶叶包装，每公斤成品茶的售价要比往年高出 60～100

元。聪明的商家简单换换包装袋，善良的消费者很少会注意这些，茶叶价格随之水涨船高，引来不少人为“昂贵包装”埋单，一时间销量倍增。

(资料来源：戴钢，黄如涞等. 电商崛起催生食品包装行业新格局[J]. 中国包装工业，2014(11))

思考题：

电商包装存在哪些问题？具有哪些危害？

二、包装合理化的发展趋势

(1) 包装的轻薄化。由于包装对商品的使用价值不起主要作用，因此，在强度、寿命、成本相同的条件下，更轻、更薄、更短、更小的包装，可以节约包装材料，提高装卸搬运和运输的效率，减少废弃包装材料对环境的影响，降低包装成本。

(2) 符合集装单元化和标准化的要求。单元化和标准化是包装必须考虑的因素，包装的规格尺寸应当一致，并与托盘、集装箱、运输工具和装卸搬运机械相匹配。

(3) 包装的机械化与自动化。为了提高物流效率和包装现代化水平，降低包装的劳动强度，各种包装机械的开发和应用十分重要。

(4) 注意与其他环节的配合。包装是物流系统的一部分，需要和其他物流功能要素一起综合考虑，包装应便于装卸搬运、保管和运输，应便于堆垛、摆放、陈列、提取和携带。

(5) 有利于环保。包装会产生大量的废弃物，处理不好可能造成环境污染，包装材料最好可以反复多次使用并能回收再生利用，尽可能选取“绿色包装”，对人体健康不会产生影响，对环境不造成污染。

【案例分析2-3】

快递包装问题待解

近年来，随着网购的迅猛发展，快递业发展很快。伴随着快递业务量的不断增长，对快递包装的需求量也在迅速地增长，同时快递包装废弃物也在逐步增长。

近日某网友在网上购买了一个玻璃水杯，当他拿到“宝贝”时泪奔了。商家怕杯子在运输环节破损，就把杯子连同包装盒一起，用胶带里三层外三层裹了个结结实实，如同一只粽子。另一位网友购买了一袋1300毫升的洗衣液，商家包了两层气泡袋后绕了两圈胶带，后加上气泡枕放入纸箱，又在纸箱上绕四圈胶带做井字形固定。电商企业对商品层层包装实属无奈之举。“快递公司每天有几千件收发量，一件网上商城售出的商品，从卖家到买家要经过7道程序周转，商品需经由分散到集中再到分散的反复运输，这个过程中造成外包装破损在所难免。”某电商负责人表示，不多在包装箱里塞进点填充物，运输途中如出现破损，损失的不只是货品，还会面临买家给的差评。对卖家和消费者来说，多一层包装就多一重保障。作为网络卖家，客户的评价对生意好坏至关重要。因此，为防止运输中的损坏，只好在包装上多下功夫。调查发现，大多数网民都知道当前包装会造成浪费和环境污染，但他们同时认为，“金钟罩、铁布衫”式的包装令人放心。

根据国家邮政局发布的《中国快递领域绿色包装发展现状及趋势报告》，按照平均每票快件使用 1 米长胶带来计算，2015 年我国快递业使用的胶带总长度为 169.85 亿米，可绕赤道 425 圈。报告还显示，2015 年，全国快递消耗快递运单约 207 亿份、编织袋约 31 亿个、塑料袋约 82.68 亿个、封套约 31.05 亿个、包装箱约 99.22 亿个、内部缓冲物约 29.77 亿个。资料显示，我国目前快递纸箱回收率不到 20%，包括透明胶带、空气囊、塑料袋等在内的包装物，大部分被送进垃圾场填埋，这些包装的主要原料为聚氯乙烯，降解较难；甚至有些包装材料还有一定毒性，造成严重的环境污染问题。虽然使用更加环保的材料更好，但是无法避免成本上升的现实问题。据调查，一个不可降解的塑料袋 8 分钱，而一个可降解的塑料袋价格是其 4～5 倍。高成本导致推广难，谁来埋单成为问题的焦点。

思考题：

当前快递包装存在哪些问题？这些问题应当如何解决？

习　　题

一、单选题

1. 以下不属于包装功能的是(　　)。

A. 方便消费　　B. 提高价值　　C. 方便物流　　D. 促进销售

2. 为了缓冲内装物体受到冲击和振动，保护其免受损坏所采取的一定的防护措施的包装为(　　)。

A. 防锈包装技术　　B. 防潮、防水包装技术

C. 防震包装技术　　D. 防霉包装技术

3. 同一层相邻的两个包装体都互为 90 度角，两层间码放又相差 180 度角的是(　　)堆码方式。

A. 纵横交错式　　B. 正反交错式　　C. 旋转交错式　　D. 重叠式

二、多选题

1. 按照缓冲程度的不同，防震包装可以分为(　　)。
   A. 全面缓冲包装　　B. 部分缓冲包装
   C. 就地发泡包装　　D. 悬浮式缓冲包装
2. (　　)属于托盘加固方法。
   A. 捆扎　　B. 周边垫高　　C. 拉伸薄膜　　D. 网罩
3. 常见的包装容器有(　　)。
   A. 包装盒　　B. 包装瓶和包装罐
   C. 包装袋　　D. 包装箱
4. (　　)属于托盘的特点。
   A. 装盘容易　　B. 返空容易　　C. 自重小　　D. 便于露天存放

三、简答题

1. 不合理包装主要有哪些体现？
2. 包装合理化的趋势有哪些？
3. 包装不足的表现为哪几个方面？

第三章 装 卸 搬 运

【案例导入】

自动化搬运系统的成功实施

高尾金属工业株式会社是一家依托生产本田汽车零部件而发展起来的企业。该公司在滋贺县土山町总厂新建了一栋厂房，为了新厂房与原来的焊接车间冲压件的搬运，引进了一套由自动化立体仓库和电动台车组成的自动化搬运系统。

在新建厂房经过冲压和加工的产品需要搬运到相邻的焊接车间，如何消除这段生产过程的间隔，实现自动化搬运作业成为问题的焦点。因为两栋厂房之间有 7.5 米的坡度，在这种情况下设计制造一套符合要求的搬运系统存在一定难度。公司开始曾考虑运用叉车与电梯相配套的系统方案，后来又考虑在焊接车间旁建自动化仓库，新建厂房，引进丰田自动化仓库，利用高速有轨台车实现各道工序之间的产品自动化搬运。

在汽车制造业，由于实行准时制物流，要求尽量减少中间库存，但冲压件属批量化生产产品，不同于焊接作业，要根据当日需要量投产，所以要达到生产高效，必须有中间库存。新建的自动化仓库，与库存保管相比，更强调发挥其“调节生产间隔”的作用。该系统运转后，做到了在需要的时间，将需要的产品定点定量地供货，先进先出，减少了库存，提高了仓库的管理效率。实现自动化搬运作业后，车间环境发生了“质”的变化，叉车造成的 CO_2 污染减轻，噪音变小。丰田公司的低成本设计方案、技术水平等，构筑起了这套现代化物料搬运系统。

冲压与焊接车间的搬运距离为 300 米，从三台新设的冲压机加工出的冲压件，根据焊接车间的作业需要由自动化搬运系统来传送。如果使用叉车进行搬运，一天往返 320 次，单程需 7 分钟，共需 2 台叉车、4 个作业人员、37 个小时，效率太低。而新建的自动化仓库和自动化搬运系统能满足冲压机 20 冲程/分钟的加工速度，每 109 秒搬运一个托盘，满足焊接车间每 144 秒一个托盘的供货要求，同时，从发出要求供货指令到货物送达，控制在 180 秒以内。

新建车间加工的零部件约有 300 种，从冲压到焊接作业周期为 4 天，建设费约 30 亿日元，其中，搬运系统的建筑物设计改造费、外围设备购置费等共 1.2 亿日元。在利用原有设备的基础上，投资额 6900 万日元(主要是添置 3 台叉车，2 部电梯)，作业人员添加 7 人(人工费每年 3500 万日元)。新搬运系统没有新添作业人员。

预计新设备投资可在一年半后全部收回，新搬运系统的总体效果如下：由于使用自动化仓库，节约了地皮(原来使用1600平方米，现在仅用450平方米)；不再需要叉车通道和托盘堆场，节约下来的地皮用于扩大生产规模；焊接车间缩短了零件供给的等待时间；实现了空托盘供给、冲压件搬运的自动化，提高了作业效率；加强了库存管理，实现了相关数据的实时监视并反馈给生产部门，同时减少了库存；强化了零件的跟踪监视能力。

(资料来源：菊田一郎. 汽车制造企业自动化物料搬运系统[J]. 物流技术与应用, 2003(7))

装卸、搬运伴随着物流始终，联系着物流的其他功能，是物流活动的重要环节，也是物流的主要功能。装卸、搬运在物流活动中不断出现和反复进行，并渗透到物流各领域、各环节，对提高物流能力和效率，降低物流成本、改善物流条件、保证物流质量起着非常重要的作用。

第一节　装卸搬运的定义和特点

一、装卸搬运的定义

装卸(Loading and Unloading)是指“物品在指定地点以人力或机械载入或卸出运输工具的作业过程”(GB/T 18354—2006)。

搬运(Handling)是指“在同一场所内，对物品进行空间移动的作业过程”(GB/T 18354—2006)。

在物流作业中，装卸与搬运是密不可分的，两者是相伴而生的。因此，在物流领域，不特别强调两者的差别，而是将装卸与搬运看作一种活动。

二、装卸搬运的特点

装卸搬运有以下特点。

(1) 附属性和伴随性。装卸搬运在物流每一环节开始及结束时必然发生，被视为其他物流功能(运输、仓储、配送等)不可缺少的组成部分。例如，在配送过程中，产品首先需要从仓库移出装车，到达目的地后再将货物从车内移出交给客户，装卸搬运对配送质量具有重要影响。

(2) 支持与保障性。附属性和伴随性的特点决定了装卸搬运对物流活动的支持、保障作用。这种作用在某种程度上对其他物流活动还具有一定的决定性。例如，装卸搬运会影响其他物流活动的质量和速度，装车不当，会引发运输安全问题；装卸能力不足，会使物流活动不畅。因此，物流活动只有在有效的装卸搬运支持下，才能实现高效率运作。

(3) 衔接性。装卸搬运是衔接其他物流活动的必要手段，是物流各功能之间形成有机联系和紧密衔接的关键。高效的物流系统，衔接是顺畅的。如集装箱多式联运，正是运用适宜的运输载体(集装箱)，良好的装卸搬运设备(集装箱门吊、叉车等)，使一贯性运输得以实现的。

第二节 装卸搬运的分类

一、按照装卸搬运施行的设施、设备分类

按照装卸搬运施行的设施、设备对象，装卸搬运可以分为：仓库装卸搬运、汽车车站装卸搬运、铁路站场装卸搬运、港口装卸搬运、机场装卸搬运等。

(1) 仓库装卸搬运配合出库、入库、维护保养等活动进行，并且以堆垛、上架、拆垛、取货等作业为主。

(2) 汽车车站装卸搬运一般一次装卸批量不大，由于汽车的灵活性，可以减少或消除搬运作业，而直接、单纯地利用装卸作业达到车辆与物流设施之间货物转移的目的。

(3) 铁路站场装卸搬运是指在铁路站场将货物装进及卸出火车车皮的作业活动，特点是一次作业就实现一整车皮的装进或卸出，较少出现仓库装卸时的整装零卸或零装整卸的情况。

(4) 港口装卸搬运包括码头前沿的装船和后方的支持性装卸搬运。受泊位条件的限制，有些港口大船无法停靠，只能在锚地停泊进行装卸，采用小船在码头与大船之间“过驳”，其装卸搬运的流程较为复杂，往往经过多次的装卸搬运作业才能最后实现船与陆地之间货物过渡的目的。

(5) 机场装卸搬运是指在机场进行的货物装进及卸出飞机进行的作业活动，这种装卸搬运的时效性要求较高。

二、按照被装物的主要运动形式分类

按照被装物的主要运动形式，装卸搬运可分为垂直装卸和水平装卸两大类。

(1) 垂直装卸是指采取提升和降落的方式进行装卸，这种装卸需要消耗较大的能量。垂直装卸是采用比较多的一种装卸形式，所用的机具通用性较强，应用领域较广，如吊车、叉车等。

(2) 水平装卸是指对装卸物采取平移的方式进行装卸。这种装卸方式不改变被装物的势能，因此比较节能，但是需要有专门的设施，如和汽车水平接靠的高站台、汽车与火车车

皮之间的平移工具等。

三、按照装卸搬运的作业方式分类

按照装卸搬运的作业方式，装卸搬运可以分为吊上吊下式、叉上叉下式、滚上滚下式、移上移下式及散装散卸式等。

(1) 吊上吊下式是采用各种起重机械从货物上部起吊，依靠起吊装置的垂直移动实现装卸，并在吊车运行的范围内或回转的范围内实现搬运或依靠搬运车辆实现小搬运。由于吊起及放下属于垂直运动，因此这种装卸方式属垂直装卸。

(2) 叉上叉下式是采用搬运车或叉车从货物底部托起货物，并依靠搬运车、叉车的移动进行货物位移，搬运完全靠叉车本身，中途无须落地，便可将货物直接放置到目的地。这种方式主要是水平方向的移动，垂直方向的位移不大。

(3) 滚上滚下式是公路与水运、铁路联合运输时的一种装卸搬运方式。这是一种利用叉车、半挂车或载货汽车承载货物，将货物连同车辆一起开上滚装船或铁路平板车，到达目的地之后再从滚装船或铁路平板车上直接开下的运输形式。

(4) 移上移下式是在两车之间(如火车及汽车)进行靠接，然后利用各种方式，不使货物垂直运动，而靠水平移动从一个车辆上推移到另一车辆上。移上移下式需要使两种车辆水平靠接，因此，对站台或车辆货台需进行改变，并配合移动工具实现这种装卸搬运。

(5) 散装散卸式是对散装物进行装卸搬运，一般从装点直到卸点，中间不再落地。这种方式主要采用管道运输，由于管道输送的长度可以改变，因而装、卸点无须靠近在一起，可以保持相当长的距离。这是集装卸与搬运于一体的一种装卸方式。

四、按照装卸搬运对象分类

按照装卸搬运对象，装卸搬运可分为散装作业法、单件作业法和集装作业法三大类。

(1) 散装作业法是指对大批量粉状、粒状物品进行无包装的散装、散卸的装卸搬运方法。装卸搬运可连续进行，也可采取间断的装卸搬运方式，一般需采用机械化设施、设备进行装卸搬运。在特定情况下，当批量不大时，也可采用人力装卸搬运，但是劳动强度很大。

【知识拓展 3-1】

散装作业方法

散装作业方法主要有重力法、倾翻法、气力输送法和机械作业法等。

(1) 重力法。重力法是利用货物的重力来完成装卸作业的方法。例如，漏斗车在卸车坑道上自动开启车门，煤或矿石依靠重力自行流出。

(2) 倾翻法。倾翻法是将运载工具载货部分倾翻将货物卸出的方法。例如，自卸汽车可以依靠液压油缸顶起货厢进行卸货。

(3) 气力输送法。气力输送法利用风机在气力输送机的管内形成单向气流，依靠气体流动或气压差来输送货物。

(4) 机械作业法。机械作业法是指利用能承载粉粒货物的各种机械进行装卸的方法。例如，用吊车、叉车改换不同机具或用专用装载机，通过送、舀、抓、铲等作业方式，达到装卸搬运的目的。

(2) 单件作业法是指对非集装的、按件计的物品逐个进行装卸搬运操作的作业方法。单件作业可采取人力装卸搬运、半机械化装卸及机械装卸搬运。由于逐件处理，装卸速度慢，且装卸要逐件接触货体，因而容易出现货损，反复作业次数较多，也容易出现货差。

单件作业的装卸搬运对象主要是包装杂货，多种类、少批量物品及单件大型、笨重物品。

(3) 集装作业法是对集装货载进行装卸搬运的作业方法。集装作业和单件作业都是按件处理的，但区别在于集装作业“件”的单位大于单件作业每件的大小。集装作业一次作业装卸量大，装卸速度快，且在装卸时并不逐个接触货体，而仅对集装体进行作业，因而货损较小，货差也小。

【知识拓展 3-2】

集装作业法主要有集装箱作业法、托盘作业法、货捆作业法、滑板作业法、框架作业法、集装网(袋)作业法和挂车作业法。

五、按照装卸搬运的作业特点分类

按照装卸搬运的作业特点分，装卸搬运可以分为连续作业与间歇作业两大类。

(1) 连续作业是指在装卸搬运过程中，设备不停作业，物资可连续不断、持续流水般地实现装卸搬运作业的方法，如带式输送机、链斗装车机作业。

(2) 间歇作业是指装卸搬运过程中有重程和空程两个部分的作业方式，即在两次作业中存在一个空程准备过程的作业方法，如门式和桥式起重机作业。

六、按照装卸搬运的内容分类

按照装卸搬运的内容分，装卸搬运可以分为：堆垛、拆垛作业，分拣、配货作业，搬送作业和移送作业。

(1) 堆垛作业是把货物从预先放置的场所，移动到卡车等运输工具或仓库等保管设施的指定场所，再按要求的位置和形状，将货物整齐、规则地摆放成货垛的作业活动。拆垛作业则是堆垛作业的逆作业。

(2) 分拣是在堆垛、拆垛作业前后或配送作业之前把物品按品种、出入库的先后顺序进行分类整理，再分别存放到指定位置的作业活动。配货作业是指在向运输工具装货前和从仓库等保管设施出库前发生的作业，这种作业按照不同客户的要求，把货物从所定位置，按品种、规格、作业先后顺序、发货对象等进行分类、配货、集中，并分别送到指定的位置。

(3) 搬送作业是为了进行装卸、分拣、配送活动而发生的货物移动的作业，包括水平、垂直、斜行搬送以及几种组合的搬送。

(4) 移送作业是指用传送带对货物进行运送的作业。

第三节　装卸搬运机械

装卸搬运机械是指用来搬移、升降、装卸和短距离输送物料或货物的机械，不仅用于完成各种运输工具的装卸搬运，而且又用于完成仓库、站场、港口和机场货物的堆垛、拆垛、运送及库内、舱内、车内货物的起重、输送和搬运。

按照装卸搬运设备的主要用途或结构特征分类，装卸搬运机械可以分为起重搬运机械、装卸搬运车辆和输送机。

一、起重搬运机械

起重搬运机械主要包括起重机械、堆垛起重机、起重电梯等。

(一)起重机械

起重机械(Hoisting Machinery)是指以间歇、重复的工作方式，通过起重吊钩或其他吊具起升、下降，或升降与运移重物的机械设备。根据构造和性能的不同，起重机械主要有轻小型起重设备、桥架型起重机、臂架式起重机和缆索型起重机等。

1. 轻小型起重设备

轻小型起重设备(Series Lifting Equipments)是指构造紧凑，动作简单，作业范围投影以点、线为主的轻便起重机械。轻小型起重设备主要包括千斤顶、手扳葫芦、手拉葫芦、电动葫芦和卷扬机等。它们具有轻小简练、使用方便的特点，适用于流动性和临时性的作业，手动的轻小型起重设备尤其适于在无电源的场合使用。

(1) 千斤顶。千斤顶(Jack)是一种用刚性顶举件作为工作装置，通过顶部托盘或底部托爪在小行程内顶升重物的轻小型起重设备，分为螺旋千斤顶、齿条千斤顶和液压齿条千斤顶。其结构轻巧坚固、灵活可靠，一人即可携带和操作，主要用于厂矿、交通运输等部门承担车辆修理及其他起重、支撑等工作[见图 3-1(a)]。

(2) 手扳葫芦。手扳葫芦(Level Block)是由人力通过扳柄驱动钢丝绳或链条，以带动取物装置运动的起重葫芦，具有使用简单、携带方便等特点。它可以进行提升、牵引、下降、校准等作业，起重量一般不超过 50 吨，广泛地应用于造船、电力、运输、建筑、矿山、邮电等部门的设备安装，物品起吊、机件牵拉等[见图 3-1(b)]。

(3) 手拉葫芦。手拉葫芦(Chain Block)，又称神仙葫芦、斤不落，是一种使用简单、携带方便的手动起重机械，也称“环链葫芦”或“倒链”。它适用于小型设备和货物的短距离吊运，起重量一般不超过 100 吨。手拉葫芦的外壳材质是优质合金钢，坚固耐磨，安全性能高[见图 3-1(c)]。

(4) 电动葫芦。电动葫芦(Electronic Hoist)由电动机、传动机构和卷筒或链轮组成，一般安装于天车、龙门吊之上，具有体积小，自重轻，操作简单，使用方便等特点，是工厂、矿山、港口、仓库、货场、商店等常用的起重设备之一[见图 3-1(d)]。

【知识拓展 3-3】

电动葫芦的分类

电动葫芦分为钢丝绳电动葫芦和环链电动葫芦两种。钢丝绳电动葫芦的起重量一般为 0.5～20 吨，起升高度为 3～30 米；环链电动葫芦的起重量一般为 0.1～100 吨，起升高度为 3～120 米。大部分电动葫芦由人使用按钮在地面跟随操纵，也可在司机室内操纵或采用有线(无线)远距离控制。

(5) 卷扬机。卷扬机(Winch)，又称绞车，是由动力驱动的卷筒通过挠性件(钢丝绳、链条)起升运移重物的起重装置，可以垂直提升、水平或倾斜拽引重物[见图 3-1(e)]。

(a)千斤顶

(b) 手扳葫芦 (c) 手拉葫芦

(d) 电动葫芦

(e) 卷扬机

图 3-1　轻小型起重机

2. 桥架型起重机

桥架型起重机(Overhead Type Crane)是一种常见的起重设备，它的桥架沿铺设在两侧高架上的轨道纵向运行，起重小车沿铺设在桥架上的轨道横向运行，构成一个矩形的工作范围，可以充分利用桥架下面的空间吊运物料，不受地面设备的阻碍，适用于车间、仓库、露天堆场等场所。

【课外资料 3-1】

桥架型起重机的主要类型

桥架型起重机包括桥式起重机、门式起重机和半门式起重机等。

1. 桥式起重机

桥式起重机(Overhead Travelling Crane)是指桥架两端通过运行装置直接支撑在高架轨道上的一种桥架型起重机。桥式起重机的特点是：可以使挂在吊钩或其他取物装置上的重物实现垂直升降或水平运移。桥式起重机包括起升机构和大、小车运行机构，依靠这些机构的配合动作，对货物进行起升和搬运。

梁式起重机是最简易的桥式起重机，通过起重小车在工字形梁或其他简单梁上运行实现货物的起升搬运。梁式起重机主要包括单梁桥式起重机和双梁桥式起重机，如图 3-2 所示。

(a) 单梁桥式起重机

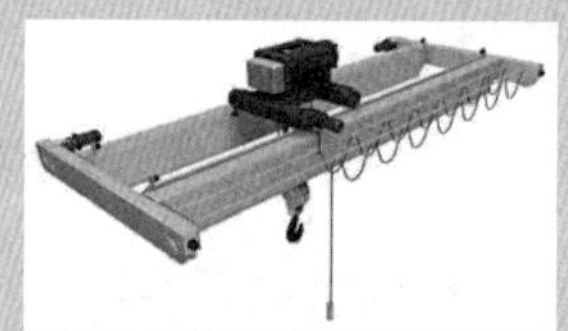

(b) 双梁桥式起重机

图 3-2 梁式起重机

2. 门式起重机

门式起重机(Portal Bridge Crane)，又称龙门起重机，其桥架通过两侧支腿支撑在地面轨道或地基上，是桥式起重机的一种变形。它的金属结构像门形框架，承载主梁下安装两条支脚，可以直接在地面的轨道上行走，主梁两端可以具有外伸悬臂梁。门式起重机具有场地利用率高、作业范围大、适应面广、通用性强等特点。

按用途分类，门式起重机可分为通用门式起重机、造船门式起重机、集装箱门式起重机、集装箱装卸桥、装卸桥(见图 3-3)。

(a) 通用门式起重机 (b) 造船门式起重机 (c) 集装箱门式起重机 (d) 集装箱装卸桥 (e) 装卸桥

图 3-3　门式起重机

3. 半门式起重机

半门式起重机(Semi-Portal Bridge Crane)，又称半龙门起重机，其桥架一侧直接支撑在高架或高架建筑物的轨道上，另一侧通过支腿支撑在地面轨道或地基上的桥架型起重机(见图 3-4)。

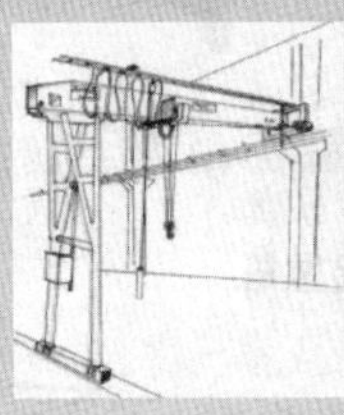

图 3-4　半门式起重机

3. 臂架式起重机

臂架式起重机(Jib Type Crane)是一种取物装置悬挂在臂架顶端或挂在可沿臂架运行的起重小车上的起重机，其特点与桥式起重机基本相同。臂架类起重机配有起升机构、旋转机构、变幅机构和运行机构，液压起重机还配有伸缩臂机构。依靠这些机构的配合动作，可在圆柱形场地及上空作业。臂架式起重机可装在车辆上或其他运输工具上，构成运行臂架式起重机，这种起重机具有良好的机动性，可适用于码头、货场、工厂等场所。

常见的臂架式起重机有门座起重机(Portal Slewing Crane)、半门座起重机(Semi-Portal Slewing Crane)、塔式起重机(Tower Cranc)、铁路起重机(Railway Crane)、流动式起重机(Mobile Crane)、浮式起重机(Floating Crane)、甲板起重机(Deck Crane)、桅杆起重机(Derrick Crane)和悬臂起重机(Cantilever Crane)。悬臂起重机又可分为柱式悬臂起重机(Pillar Jib Crane)、壁上起重机(Wall Crane)和自行车式起重机(Walking Crane)(见图 3-5)。

4. 缆索型起重机

缆索型起重机(Cabel Type Crane)是指挂有取物装置的起重小车沿架空承载索运行的起重机。同其他起重机械相比，它具有跨度大、速度快、效率高、总体结构简单、造价低廉、施工周期短等突出优点，并且不受气候和地形条件的限制，在特定的条件下能发挥其他起重机械和起重技术所不能发挥的作用，因而被广泛应用于采矿工业、森林工业、工业原料场、码头、渡口以及桥梁、水电建筑工程的起重和施工作业中。

缆索型起重机主要有缆索起重机(Cabel Crane)和门式缆索起重机(Portal Cabel Crane)(见图 3-6)。

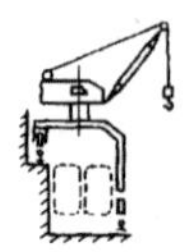

(a) 门座起重机 (b) 半门座起重机 (c) 塔式起重机 (d) 铁路起重机 (e) 流动式起重机 (f) 浮式起重机

(g) 甲板起重机 (h) 桅杆起重机 (i) 柱式悬臂起重机 (j) 壁上起重机 (k) 自行车式起重机

图 3-5 臂架式起重机

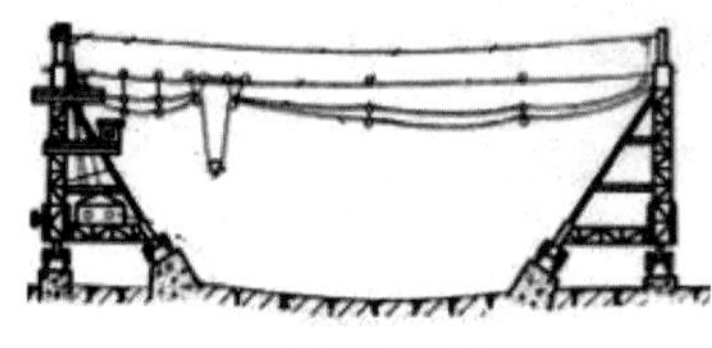
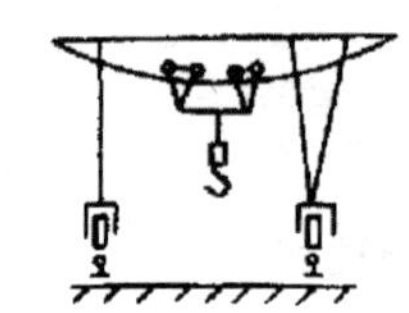

(a) 缆索起重机 (b) 门式缆索起重机

图 3-6 缆索型起重机

(二)堆垛起重机

堆垛起重机(Stacker Crane)是用货叉或串杆攫取、搬运、堆垛或从高层货架上存取单元货物的专用起重机。堆垛起重机分为桥式堆垛起重机和巷道式堆垛起重机。

1. 桥式堆垛起重机

桥式堆垛起重机具有起重机和叉车的双重结构特点，像起重机一样，具有桥架和回转小车，桥架在仓库上方运行，回转小车可以在桥架上来回运行以服务多条巷道；同时，又具有叉车的结构特点，即具有固定式或可伸缩式的立柱，立柱上装有货叉或者其他取物装置，取物装置在立柱上运行完成堆垛和取货作业，立柱可以回转，保证工作的灵活性。因为立柱高度的限制，桥式堆垛起重机的作业高度不能太高。另外，为了保证桥架的正常运行，货架和仓库顶棚之间需要有一定的空间。

桥式堆垛起重机主要适用于 12 米以下中等跨度的仓库，巷道的宽度较大，适于笨重和长、大件物料的搬运和堆垛(见图 3-7)。

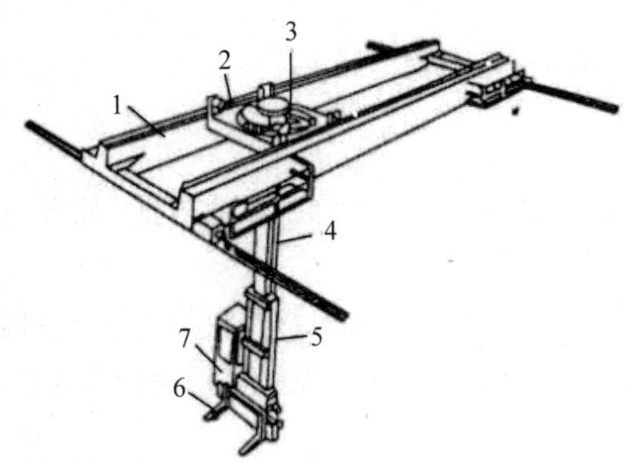

图 3-7　桥式堆垛起重机

1—桥架；2—小车；3—回转平台；4—立柱固定段；5—立柱伸缩段；6—货叉；7—司机室

2. 巷道式堆垛起重机

巷道式堆垛起重机是由叉车、桥式堆垛起重机演变而来的。由于桥式堆垛起重机的桥架十分笨重，使得运行速度受到很大的限制；因此，仅适用于出入库频率不高或存放长形原材料和笨重货物的仓库。巷道式堆垛起重机能够在高层货架的巷道内来回穿梭运行，将位于巷道口的货物存入货格；或者取出货格内的货物运送到巷道口(见图 3-8)。

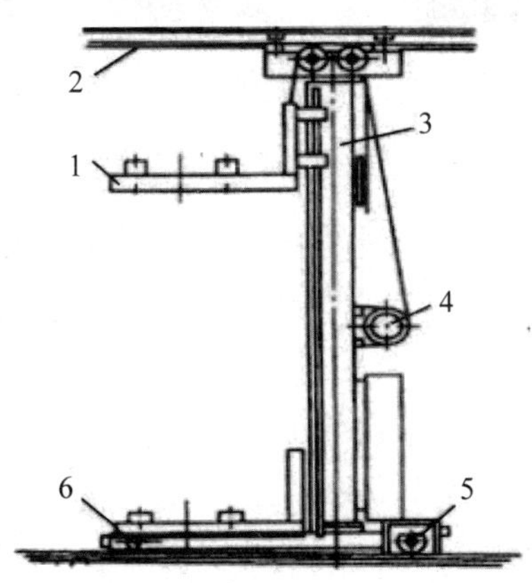

图 3-8　巷道式堆垛起重机

1—载货台；2—上横梁；3—立柱；4—起升机构；5—运行机构；6—下横梁

(三)起重电梯

起重电梯是一种依靠轿厢沿着垂直方向运送人员或货物的间歇性运动的主要起升机

械。在选择起重电梯时首先要根据服务对象选择类型，再根据速度要求、起升高度、操作方式等选择电梯型号。

二、装卸搬运车辆

装卸搬运车辆是指依靠自身的运行和装卸机构的功能，实现货物的水平搬运、短距离运输及装卸的各种车辆。

装卸搬运车辆具有无轨行走机构，绝大多数是轮胎式行走机构，少数是履带式行走机构。它们的行走距离较短，活动范围有限，能够实现货物在仓库、港区等区域内的水平搬运。

(一)叉车

叉车(Fork Lift Truck)是指具有各种叉具，能够对物品进行升降和移动及装卸作业的搬运车辆。叉车是物流领域最常用的具有装卸、搬运双重功能的机械，能够减轻装卸工人繁重的体力劳动，提高效率，缩短车辆停留时间，降低装卸成本。常见的叉车如图 3-9 所示。

(a) 平衡重式叉车 (b) 侧叉式叉车 (c) 前移式叉车 (d) 多方向堆垛叉车 (e) 拣货式叉车

图 3-9 常见的叉车

叉车的种类很多，结构特点和功能也各不相同，因此在选择叉车时，应根据物料的重量、状态、外形尺寸及叉车的操作空间，动力、驱动方式进行合理选择。

【知识拓展 3-4】

叉 车 属 具

叉车除了和托盘配合使用外，还能够和各种叉车属具(Attachments of Fork Lift Trucks)配合，通过在叉车的货叉架上增设叉车属具或采用叉车属具替代货叉进行多种作业。这就扩大了叉车的使用范围，提高了叉车的作业效率。图 3-10 所示是安装了不同属具的几种叉车。

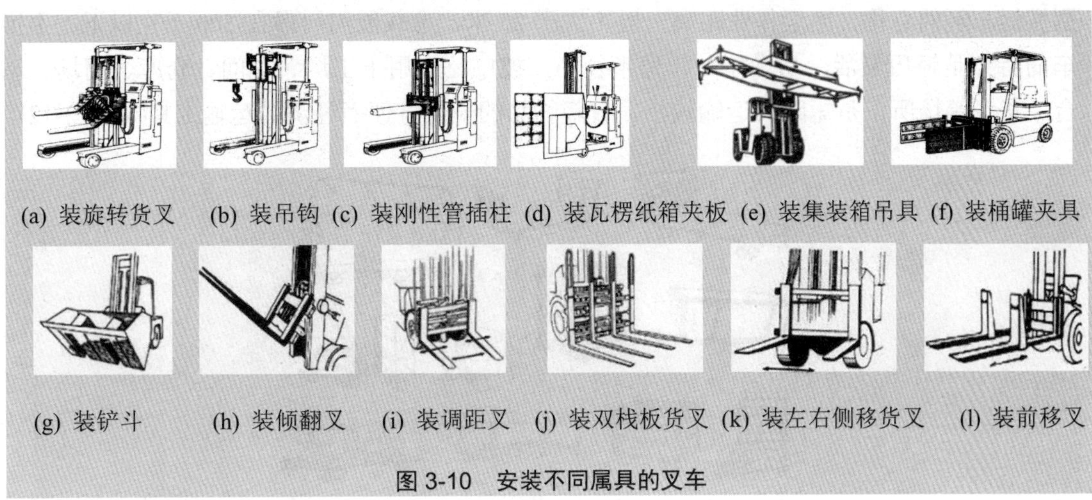

图 3-10　安装不同属具的叉车

(二)搬运车

搬运车是指依靠本身的运行和装卸机构的能力，实现货物的水平搬运和短距离运输、装卸的各种车辆。常见的搬运车有托盘搬运车、手推车、固定平台搬运车和无人搬运车。

1. 托盘搬运车

托盘搬运车(Pallet Jack)是一种轻小型搬运设备，它有两个货叉似的插腿，可插入托盘的叉孔内，插腿前端有两个小直径的行走轮，用来支撑托盘货物的重量。货叉通过机械或液压传动可以抬起，使托盘或货箱离开地面，然后进行移动。

按照动力方式分类，托盘搬运车可以分为手动托盘搬运车(Hand Jack)和电动托盘搬运车(Walkie Rider)，如图 3-11 所示。

图 3-11　托盘搬运车

托盘搬运车广泛应用于收发站台的装卸或车间内各工序间无须堆垛的搬运作业。

2. 手推车

手推车(Hand Cart)是一种以人力驱动为主，一般为不带动力在路面上水平运输货物的小型搬运车辆的总称。搬运作业距离一般不大于25米，承载能力一般在500千克以下。手推车的特点是轻巧灵活、易操作、转弯半径小，被广泛应用于工厂、车间、仓库、商场、站台、货场等场所，是短距离运输较小、较轻物品的一种方便而经济的运输工具(见图3-12)。

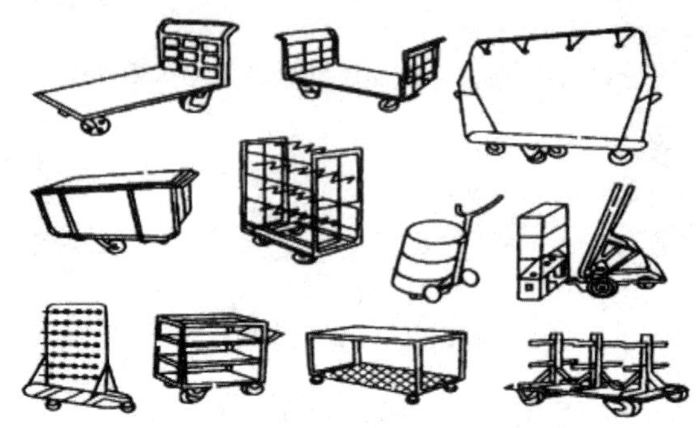

图3-12 常见的手推车

3. 固定平台搬运车

固定平台搬运车(Fixed Platform Truck)是具有较大承载物料平台的搬运车。相对承载卡车而言，承载平台离地低，装卸方便，结构简单、价格低，轴距、轮距较小，作业灵活。一般用于库房内、库房与库房之间、车间与车间之间、车间与仓库之间的运输(见图3-13)。

图3-13 固定平台搬运车

4. 无人搬运车

无人搬运车(Automated Guided Vehicle，AGV)，又称自动导引车，是指装备有电磁或光学等自动导引装置，能够沿导引路径行驶，具有安全保护及各种移载功能的运输车。其显著特点是无人驾驶，AGV上装备有自动导向系统，可以保障系统在无须要人工引航的情况下就能够沿预定的路线自动行驶，将货物或物料自动从起始点运送到目的地，如图3-14所示。

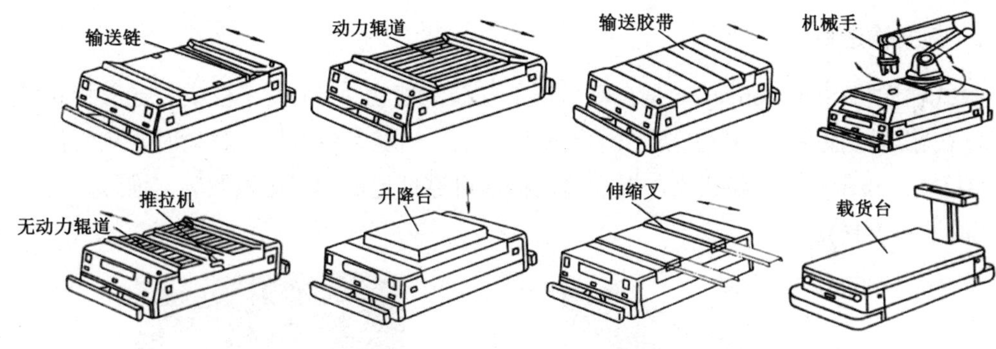

图 3-14 常见的无人搬运车

三、输送机

输送机(Conveyor)是指“按照规定线路连续地或间歇地运送散状物品或成件物品的搬运机械”(GB/T 18354—2006)。

输送机是以搬运为主要功能的载运设备，有些输送机兼具装卸功能。输送设备能够进行叉车和吊车无法实现的连续搬运，作业效率更高。输送机的输送线路是确定的，只有在重新安装时才会改变路线，因而安装时应统筹规划。输送机已经被广泛应用于流水生产线、物料输送线及流通中心、配送中心的物料快速分拣和拣选。

常见的输送机有以下几种类型。

1. 带式输送机

带式输送机(Belt Conveyor)是以输送带作为承载和牵引件或只作承载件的输送机。采用胶带作为牵引构件，将输送带张紧在辊柱上，外力驱动辊柱转动，带动输送带循环转动，依靠输送带与物料之间的摩擦力移动置于其上的物料。带式输送机可以用于输送散、粒、块状物料，也可以用于输送中、小包装货物，一般不用于集装物的输送(见图 3-15)。

(a) 直线带式输送机

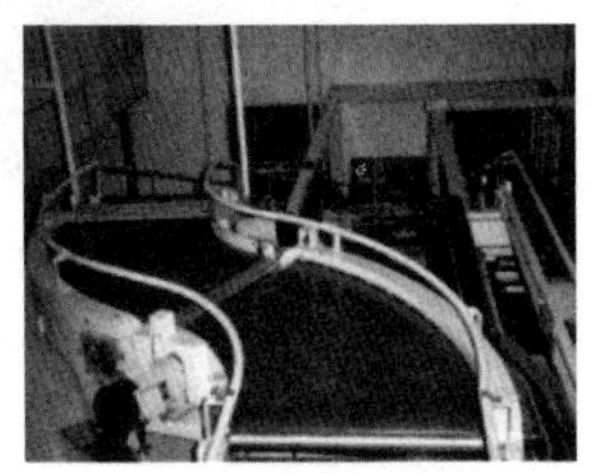

(b) 平面弯曲带式输送机

(c) 空间弯曲带式输送机

图 3-15 带式输送机

2. 板式输送机

板式输送机(Slat Conveyor)是在牵引链上安装承载物料(品)的平板或一定形状底板的输送机。在输送过程中，物料(品)放在平板或底板上，当链条带着板子移动时，从而带动物料(品)的移动。与带式输送机相比，板式输送机的可靠性更高，可运输散装、堆装、成件包装的物品(见图3-16)。

(a) 平面板式输送机

(b) 弯曲板式输送机

图3-16 板式输送机

3. 斗式输送机

斗式输送机(Bucket Conveyor)是在牵引链上安装物料斗的输送机。在输送过程中，斗式输送机通过料斗把物料从下面的储槽中舀起，随着输送带(链)将物料提升到顶部，料斗绕过顶轮后向下翻转，从而将物料倾入接受槽内。斗式输送机主要用于垂直方向上连续输送粉、粒状物料(见图3-17)。

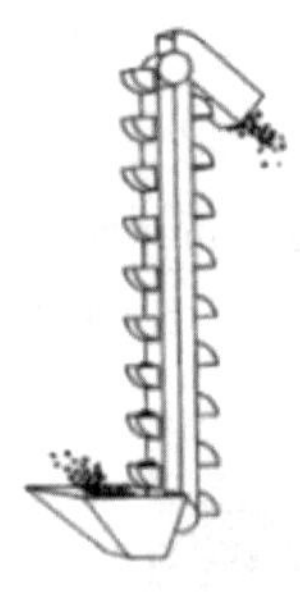

图3-17 斗式输送机

4. 辊子输送机

辊子输送机(Roller Conveyor)是用多个并排安装在机架上的辊子输送物品的输送机。辊子可以在动力驱动下在原处不停地转动，以带动货物移动；也可以在无动力驱动的情况下，以人力或货物重力推动货物在辊子上移动。辊子输送机具有很强的承载能力，由于辊子滚转，货物在移动过程中所受的摩擦很小，因而搬运大、重件物品较为容易，常用于搬运包装货物或托盘集装货物(见图 3-18)。

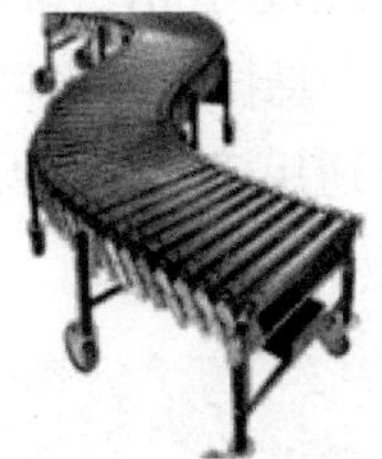

图 3-18　辊子输送机

5. 滚轮输送机

滚轮输送机(Wheel Conveyor)是用安装在机架上的轮子输送物品的输送机，它和辊子输送机类似，不同之处在于安装的是小轮子而不是辊子。滚轮输送机无动力驱动，适合于人力和重力搬运，主要用于仓库、配送中心等设施内(见图 3-19)。

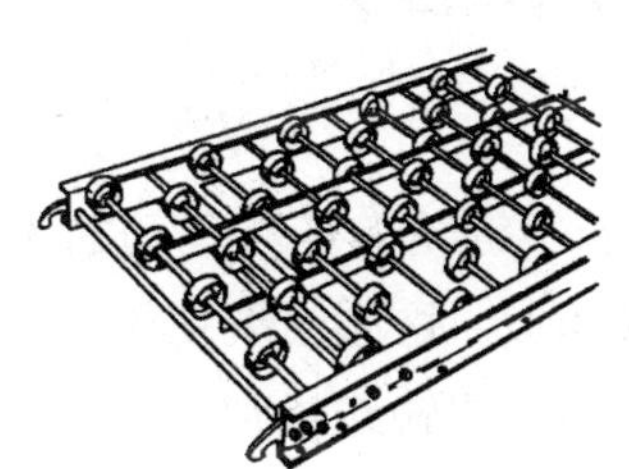

图 3-19　滚轮输送机

6. 螺旋输送机

螺旋输送机(Screw Conveyor)是借助旋转的螺旋叶片，或者靠带内螺旋而自身又能旋转的料槽输送物料的输送机。螺旋输送机具有结构简单，制造成本较低，易于维修，机槽密闭性较好等优点。螺旋输送机适宜输送粉状、颗粒状和小的块状物料，不适宜输送长纤维状、坚硬大块状、易黏结成块及易破碎的物料(见图 3-20)。

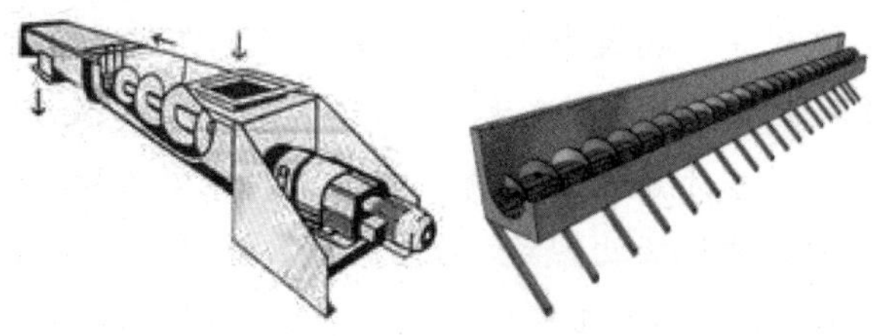

图 3-20　螺旋输送机

7. 悬挂输送机

悬挂输送机(Overhead Conveyor)通过固接在牵引链上的吊具，对物品进行空间输送，并能自动地装载和卸载。悬挂输送机可以自由选择输送线路，能有效地利用空间，节省人力，提高工作效率，广泛适用于成件物品的远距离输送、楼层提升、空中储存、送料等工艺及自动化涂装生产线等(见图 3-21)。

图 3-21　常见的悬挂输送机

8. 链式输送机

链式输送机(Chain Conveyor)是用绕过若干链轮的连续运动的无端链条输送货物的机械。链式输送机的结构原理与带式输送机很相似。区别主要在于带式输送机用输送带牵引和承载货物，靠摩擦来驱动和传递牵引力；而链式输送机则用链条牵引，用固定在链条上的板片来承载货物，靠耦合驱动来传递牵引力。

此外，还有借助一定能量的气体或液体输送物料(品)的气力输送机(Pneumatic Conveyor)和液力输送机(Hydraulic Conveyor)。

【案例分析 3-1】

联华便利物流中心装卸搬运系统

联华公司创建于 1991 年 5 月，是上海首家发展连锁经营的商业公司。公司的快速发展，离不开高效便捷的物流配送中心的大力支持。目前，联华共有 4 个配送中心，分别是 2 个常温配送中心、1 个便利物流中心和 1 个生鲜加工配送中心，总面积 7 万余平方米。

联华便利物流中心总面积为 8000 平方米，由 4 层楼的复式结构组成。为实现货物的装卸搬运，配置的主要装卸搬运机械设备为：电动叉车 8 辆、手动托盘搬运车 20 辆、垂直升降机 2 台、笼车 1000 辆、辊道输送机 5 条、数字拣选设备 2400 套。

在装卸搬运时，操作过程如下：对来货卸下后，把其装在托盘上，由手动叉车将货物搬运至入库运载处，入库运载装置上升，将货物送上入库输送带。当接到向第一层搬送指示的托盘在经过升降机平台时，不再需要上下搬运，而直接从当前位置经过一层的入库输送带自动分配到一层入库区等待入库；接到向二至四层搬送指示的托盘，将由托盘垂直升降机自动传输到所需楼层。当升降机到达指定楼层时，由各层的入库输送带自动搬送货物至入库区。货物下平台时，由叉车从输送带上取下托盘入库。出库时，根据订单进行拣选配货，拣选后的出库货物用笼车装载，由各层平台通过笼车垂直输送机送至一层的出货区，装入相应的运输车上。

先进实用的装卸搬运系统，为联华便利店的发展提供了强大的支持，使联华便利物流的运作能力和效率大大提高。

(资料来源：http://course.cug.edu.cn/cugFourth/wlgl/page/anli7_2.htm)

思考题：

试分析联华公司物流配送中心先进的自动化装卸搬运系统是如何实现装卸搬运作业的。

第四节　装卸搬运机械的选择

在选择装卸搬运机械时，主要考虑的因素如下。

(1) 作业性质和作业场合。

装卸搬运作业的性质和作业场合不同，配备的装卸搬运机械也往往不同。根据作业是单纯的装卸或单纯的搬运，还是装卸、搬运兼顾，从而选择合适的装卸搬运机械。

(2) 作业运动方式。

装卸搬运作业的运动方式不同，需配备不同的装卸搬运机械。水平运动，可配备选用卡车、牵引车、小推车等装卸搬运设备；垂直运动，可配备选用提升机、起重机等装卸搬运机械；倾斜运动，可配备选用连续运输机、提升机等装卸搬运机械；垂直及水平运动，可配备选用叉车、起重机、升降机等装卸搬运机械；多平面式运动，可配备选用旋转起重机等装卸搬运机械。

(3) 作业量。

装卸搬运作业量的大小关系到设备应具有的作业能力，从而影响到所需配备的设备类型和数量。作业量大时，应配备作业能力较高的大型专用机械；作业量小时，最好采用构造简单、造价低廉而又能保持相当生产能力的中小型通用机械。

(4) 货物的种类、性质。

货物的物理性质、化学性质及外部形状和包装千差万别，有大小，轻重之分，有固体、液体之分，有散装、成件之分，这些都是选择装卸搬运机械及工作方式的依据。

(5) 搬运距离。

长距离搬运一般选用牵引车和挂车等装卸搬运机械，较短距离搬运可选用叉车等装卸搬运机械，短距离搬运可选用手推车等装卸搬运机械。为了提高设备的利用率，应当结合装卸搬运机械的种类和特点，使行车、货运、装卸、搬运等工作密切配合。

(6) 作业速率。

按物流及物流速度、进出量要求确定是变速作业、高速作业还是平速作业，是连续作业还是间歇作业。

(7) 配套设施设备。

成套的配备装卸搬运机械，使前后作业相互衔接、相互协调，是保证装卸搬运工作持续进行的重要条件。因此，需要对装卸搬运机械在生产作业区、数量吨位、作业时间、场地条件、周边辅助设备上适当协调。

第五节　装卸搬运活性理论与合理化

一、装卸搬运活性理论

装卸搬运活性的含义是，从物料的静止状态转变为装卸搬运运动状态的难易程度。如果很容易转变为下一步的装卸搬运而无须做过多装卸搬运前的准备工作，活性就高；如果难于转变为下一步的装卸搬运，活性就低。

为了对活性有所区别，并能有计划地提出活性要求，使每一步装卸搬运都能按一定活性要求进行操作，对不同放置状态的货物做了不同的活性规定，这就是“活性指数”，分为0～4共5个等级。

散乱堆放在地面上的货物，进行下一步装卸必须进行包装或打捆，或者只能一件件操作处置，因而不能立即实现装卸或装卸速度很慢，这种全无预先处置的散堆状态，定为“0”级活性。

将货物包装好或捆扎好，然后放置于地面，在下一步装卸时可直接对货载整体进行操作，因而活性有所提高，但操作时需支起、穿绳、挂索，或支垫入叉，因而装卸搬运前预操作要占用时间，不能取得很快的装卸搬运速度，活性仍然不高，定为“1”级活性。

将货物形成集装箱或托盘的集装状态，或对已组合成捆、堆或捆扎好的货物，进行预垫或预挂，装卸机具能立刻起吊或入叉，活性有所提高，定为“2”级活性。

将货物预置在搬运车、台车或其他可移动挂车上，动力车辆能随时将车、货拖走，这种活性更高，定为“3”级活性。

如果货物就预置在动力车辆或传送带上，即刻进入运动状态，而无须做任何预先准备，活性最高，定为“4”级活性。

装卸搬运活性指数越高，意味着所需的人工作业越少，但是相应的设备投入便会越多，因此，在进行物流系统规划设计时，不要机械地认为活性指数越高越好，而要根据实际情况综合考虑。

【知识拓展 3-5】

平均活性指数

为了对装卸搬运过程的活性进行基本估计，可以引入平均活性指数，计算公式为:

$$平均活性指数=\frac{活性系数总和}{作业工序数}$$

为了直观显示物料装卸搬运系统过程中各阶段活性指数变化状况，分析和确定改善物料装卸搬运的薄弱环节，可以采用装卸搬运作业活性分析图。图 3-22 是某企业的装卸搬运活性分析图，相应的平均活性指数为:

$$平均活性指数=\frac{1+2+0+2+1+4+3+4+4+1}{10}=2.2$$

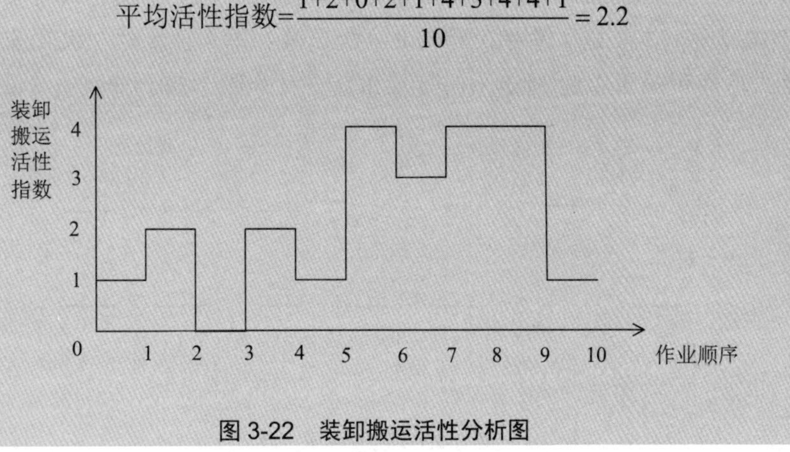

图 3-22　装卸搬运活性分析图

【知识拓展 3-6】

搬运方式的改进方法

平均活性指数的大小是确定改变搬运方式的信号，根据平均活性指数的大小，可以采用不同的改进方法。

(1) 当平均活性指数≤0.5 时，说明装卸搬运系统半数以上物料处于活性指数为 0 的状态，即大部分处于散装情况，改进方法是采用集装器具或手推车等存放物料。

(2) 当 0.5<平均活性指数≤1.3 时，说明装卸搬运系统大多处于活性指数为 1 的状态，即大部分物料处于集装状态，改进方法是采用叉车、卡车或动力搬动车。

(3) 当 1.3<平均活性指数≤2.3 时，说明装卸搬运系统大多处于活性指数为 2 的状态，其改进方法是采用动力车辆或传送带。

(4) 当平均活性指数>2.3 时，则说明大部分物料处于活性指数为 3 的状态，其改进方法是从设备、方法方面进一步减少搬运工序数。

【案例分析 3-2】

某电机厂线圈搬运的改善

某电机厂要验收并压接厂外制造的线圈。交来的线圈每件重量大约为 10～40 千克，搬运很困难，而且也不安全，因此决定改进物料搬运系统。

该作业的工艺流程为：卡车交货→称重→压接→检验→下一道工序。

工序虽然简单，但搬运工作量很大，经过分析发现，从卡车交货到检验搬运总距离为 30 米，从卡车交货到下一道工序搬运移动共 4 次，装、卸车次数达 7 次之多。

其搬运工序分析如图 3-23 所示，而活性指数分析如图 3-24 所示。

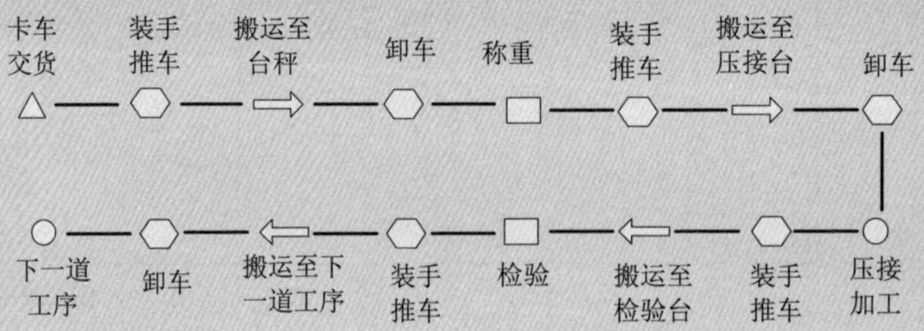

图 3-23　线圈搬运工序

根据分析结果，改进的重点归纳如下：①装、卸货次数过多，应想办法减少；②改进活性系数低的作业工序；③缩短移动距离。

基于此，考虑连同手推车一起称重，然后减去手推车的重量即可。同理在手推车上进行压接和检验，从而消除了 6 项装卸作业，同时也提高了活性指数。现在一名女工就可以进行作业了。另外改变了压接机的位置，搬运距离大为缩短，从 30 米降到 10 米。

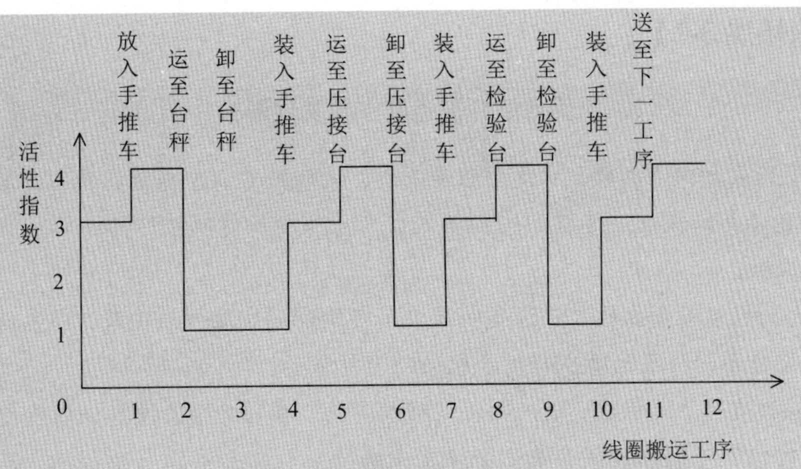

图 3-24　搬运活性指数分析

仔细观察生产的前后工序，会发现在产品的停滞、回收手推车等方面还存在着改进的空间。为消除停滞，使合格产品顺利送入下一道工序，可扩大分析对象范围并进一步分析工艺作业详情，以达到缩短时间和安全作业的目标。

(资料来源：齐二石. 物流工程[M]. 北京：清华大学出版社，2009)

思考题:

绘出改进后的装卸搬运活性指数图，计算改进前后工艺流程中的平均活性指数，并进行比较分析。

二、装卸搬运合理化

装卸搬运合理化是指以尽可能少的人力和物力消耗，高质量、高效率地完成货物的装卸搬运任务，保证供应任务的完成。装卸搬运合理化，是针对装卸不合理而言的，装卸搬运合理化的主要标志有：次数少、距离短、衔接好及活性指数高。

装卸搬运合理化的主要措施有以下几项。

(一)防止无效装卸搬运

无效装卸搬运主要是指消耗于有用货物必要装卸搬运劳动之外的多余劳动。如果能防止无效装卸搬运，则能够大大节约装卸搬运劳动，提高装卸搬运效率，使装卸搬运合理化。

【知识拓展 3-7】

无效装卸搬运的主要表现形式

(1) 过多的装卸搬运次数。从发生频率来讲，装卸搬运高于其他物流作业活动，过多的装卸搬运次数必然减缓物流速度，增加物流成本，并增加货物损坏的概率，因此，要降低装卸搬运的次数。

(2) 过大的包装装卸搬运。包装是物流中不可缺少的辅助作业手段。包装的轻型化、简单化、实用化会不同程度地减少作用于包装的无效劳动。

(3) 无效物质的装卸搬运。进入物流过程的货物，有时混杂着没有使用价值或对消费者来讲与使用价值不符的各种掺杂物，如煤炭中的矸石、矿石中的表面水分、蔬菜中腐烂的菜叶等。在反复装卸时，这些无效物质反复消耗劳动，因而形成无效装卸搬运。

(二)选择适宜的搬运路线

若物流量大且距离短，适于用直达型的搬运路线，距离长而物流量小则适于用渠道型和中心型搬运路线；若物流量大而距离又长，则说明这样的规划布局是不合理的。

【知识拓展 3-8】

搬运路线的选择

搬运路线通常分为直达型、渠道型和中心型(见图 3-25)。

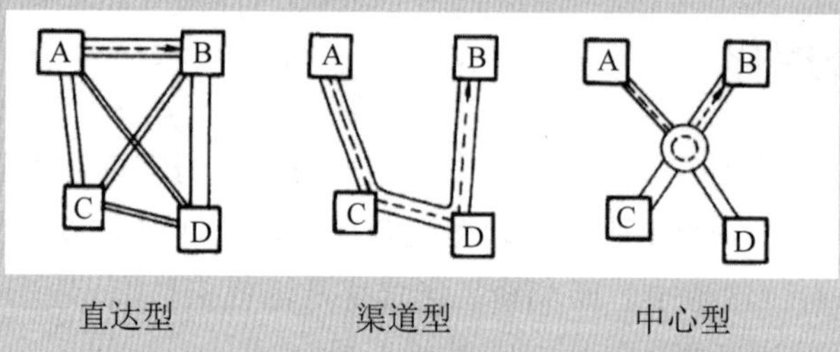

直达型　　　渠道型　　　中心型

图 3-25　搬运路线图

(1) 直达型。直达型是指物料经由最近路线到达目的地。在直达型路线上，各种物料从起点到终点经过的路线最短。当物流量大、距离短或距离中等时，采用这种形式是最经济的，尤其当物料有一定的特殊性而时间又较紧迫时则更为有利。

(2) 渠道型。渠道型是指一些物料在预定路线上移动，同来自不同地点的其他物料一起运到同一个目的地。当物流量为中等或少量、而距离为中等或较长时，采用这种形式是经济的，尤其当布局不规则时则更为有利。

(3) 中心型。中心型是指各种物料从起点移动到一个中心分拣处或分发地区，然后再运往终点。当物流量小而距离中等或较远时，这种形式是非常经济的，尤其当厂区外形基本上是正方形的且管理水平较高时更为有利。

(三)提高装卸搬运的活性和速度

由于装卸搬运在整个物流过程中是反复进行的活动，因此其速度可能决定整个物流过程的速度。若每次装卸搬运的时间缩短，则多次装卸搬运的累计效果十分可观。因此，提高装卸搬运活性对装卸搬运合理化具有非常重要的意义。

当然，从理论上讲，装卸搬运活性指数越高越好，但也必须考虑到实施的可能性。例如，物料在储存阶段中，活性指数为 4 的输送带和活性指数为 3 的车辆，在一般的仓库中很少被采用，这是因为大批量的物料不可能存放在输送带和车辆上。

(四)实现装卸搬运作业的省力化

在装卸搬运时考虑重力因素，可以利用货物本身的重量，进行有一定落差的装卸搬运，以减轻劳动强度和消耗能量。例如，将设有动力的小型运输带(板)斜放在货车、卡车或站台上进行装卸，使物料在倾斜的输送带(板)上移动，这种装卸就是靠重力的水平分力完成的。在搬运作业中，不用手搬，而是把物资放在台车上，由器具承担物体的重量，只需克服滚动阻力，便可使物料水平移动，这无疑是十分省力的。

(五)充分利用机械，实现“规模装卸”

在装卸搬运时也存在规模效益问题，主要表现在一次装卸搬运量或连续装卸搬运量要达到充分发挥机械最优效率的水准。为了更多降低单位装卸搬运工作量的成本，应使装卸搬运机械的能力达到一定规模，以得到最优效果。追求规模效益的方法，主要是通过各种集装实现间断装卸时一次操作的最合理装卸量，从而使单位装卸搬运成本降低，也可通过散装实现连续装卸的规模效益。

(六)选择最好的搬运方式，节省体力消耗

在物流领域，即使现代化水平已经很高，也仍然避免不了要有人力搬运的配合，因此，人力搬运合理化问题也是很重要的。科学地选择一次搬运重量和科学地确定包装重量可促进人力装卸的合理化。

【案例分析 3-3】

振华货运公司装卸搬运现状分析

振华货运公司主营零担配送、仓储、整车运输、西安物流专线等。振华货运公司在西安有 4 个收货点收取货物，在晚上进行统一装车，发往相应的目的地。

货物运到公司堆场后，公司的装卸搬运工按地点不同将发货人随意摆放的货物通过人力或者利用叉车和手动叉车配合托盘的方式，将货物放置在指定位置。在作业过程中，工人将货物放置在叉车的托盘上，在叉车将货物放置货场的这段时间，车上的装卸搬运工将处于空闲期，装卸搬运工作间断。据测试，对于 12 米的低平板半挂车，使用滑梯、叉车和五个工人比使用叉车、五个工人协助可以提前一小时完成装卸搬运。振华货运公司没有使用滑梯，装卸搬运作业时间较长，而且工人在装卸搬运较重货物的时候，作业强度大，消耗体力快，装卸搬运随时可能中断。

在狭窄的空间，振华货运公司只能依靠手抱、肩扛。在装货时，七个人同时作业，五个工人靠人力装车，另两个工人在车厢内摆放货物。由于五个人装车，两个人在摆放货物，因此容易造成货物在车厢口堆积，此时，装车的工人会停止作业，等到车厢内的工人摆放好后再装车。在装进一部分货物后，若装卸搬运工觉得这样的配载方式装不下今天的货物，就会在车厢内将已装车的货物重新摆放，甚至卸下一部分已装车的货物，进行二次装车。

对于一些比较轻、耐碰撞、耐压的货物，装卸搬运工一般采用低空坠物的方法，直接将货物从车上扔下或者直接扔上车。振华货运公司一部分运输车是厢式货车，尤其在夏季，车内温度远高于车外，车内环境比较恶劣，粉尘之类的颗粒弥漫整个车厢，工人没有任何保护措施，而且车厢内工人的劳动量要远大于车外的工人，脾气容易暴躁，遇到重货时会摔货，由此导致货损，振华货运公司每个月都会有 1000～2000 元不等的赔损额。

此外，在为货物粘贴数字编号的条码时，当发货人较多时，发货人先将货物卸载堆放在货场，财务人员给发货人开具发票的同时打印出条码，放置在一旁。等财务人员开完所有的发票之后，再一一核对发票上的货品、数量和条码数目是否一致，然后再将条码粘贴在相应的货物上。由于货物堆积在一起，财务人员在粘贴条码时，需要搬动货物以方便粘贴，最后再将货物堆积在一起。

（资料来源：李宁，刘铮. 基于物流视角下的装卸搬运研究[J]. 商场现代化，2017(5)）

思考题：

振华货运公司装卸搬运存在哪些问题？应当如何改进？

习 题

一、单选题

1. 装卸搬运活性指数可以分为( )个等级。

   A. 3　B. 4　C. 5　D. 6

2. 不属于装卸搬运特点的是( )。

   A. 附属性　B. 支持性　C. 低效性　D. 衔接性

二、多选题

1. 按照装卸搬运机械的作业方式分，装卸搬运可分为( )。

   A. 散装散卸式　B. 叉上叉下式　C. 移上移下式　D. 滚上滚下式

2. 散装作业方法主要有( )。

   A. 倾翻法　B. 机械作业法　C. 气力输送法　D. 筒仓法

3. 下列属于不合理装卸搬运的有( )。

   A. 过多的装卸搬运次数　B. 无效物质的装卸搬运

   C. 过长的装卸搬运时间　D. 过大包装的装卸搬运

三、简答题

1. 简述装卸搬运活性指数的五个等级。
2. 根据不合理装卸搬运的表现，给出实现装卸搬运合理化的建议。

第四章　仓储与保管

【案例导入】

物流为王 B2C 巨头自建物流仓储

B2C 企业的仓储物流就像水桶的最短板，决定着整个水桶的体积。降低配送成本，是众多电子商务大佬自建仓储中心的原因之一。

一、物流之困

电子商务的优势在于缩短消费者与厂家的供求距离，最大限度地为社会降低成本、节省资源。然而，低质低效的物流制约了 B2C 企业的发展。

“当 B2C 企业发展到一定量级，第三方物流很难满足要求。”由于第三方物流不是专为某个客户服务，因此并不能完全满足客户的需求。另外，因为利益指向不同，会产生更多的冲突，最终影响 B2C 企业的口碑和企业的进一步发展。以淘宝为例，2009 年年底，韵达、圆通、申通、中通四家快递公司集体结盟提价，这被认为是快递行业对淘宝网的首次围堵。不过，价格只是相对较小的因素，屡出问题的服务质量才是主要原因。

有数据显示，物流问题已经成为影响网店声誉的重要因素，直接影响了新用户的开发和老用户的重复购买率。正是因为曾经饱受物流之困，B2C 企业痛下决心自建物流。

二、B2C 企业物流

B2C 企业如 VJIA、乐淘、红孩子等均注入大笔资金，纷纷在全国各地建立仓储基地。2010 年，乐淘网，在两个月内，分别在北京、上海、广州、沈阳、武汉等地建立了仓储基地，使公司旗下的仓储面积较 2008 年增长了 5 倍，送货时间缩短了一天，其中北京、上海、广州的仓库已正式投入运转。

京东商城，在上海打造了亚洲最大、现代化程度最高的自动化库“亚洲一号”，占地 15 万平方米，是鸟巢的 8 倍。此外，还陆续在北京、成都兴建单体面积超过 10 万平方米的超大型现代化物流中心。

卓越亚马逊目前在全国设有 7 个运营中心，所有仓储物流中心的总面积为 10 万平方米，计划再开设 3 家运营中心，使总数达到 10 家。

当当网从 2009 年起，在北京、上海、广州、成都、武汉、郑州拥有了总面积达 16 万平方米的六大仓储配送中心。当当网华东地区总部将落户无锡高新区，整个项目计划用地 160 亩，建设总面积超过 8 万平方米的物流中心。

凡客诚品全国的仓库库容整体扩大 4 倍；淘宝网正式推出“物流宝”平台，希望替淘宝的商家们完成销传货物以外的所有物流工作，包括仓储、加工、分拣、包装、递送等全方位物流服务。而对于买家，可跨店铺多次购买，一次收货，只付一次运费，甚至不承担运费……

仓储物流的建立需要占用大笔资金，而这些资金是很难周转的，同时，这些投资都不是一次性的，要想凸显自建物流的优势，仓储网点就要不断增加，需要不断追加投资，这对于任何企业都将是不小的负担。但是，对于大的电子商务公司，自建仓储物流的意义主要在于提升企业的发展速度。

(资料来源：蓝毅. 物流为王 B2C 巨头自建物流仓储[J]. 中国产业，2010(7))

第一节 仓储概述

仓储业是随着物资储备的产生和发展而逐渐发展起来的。在社会分工和专业化生产的条件下，为保持社会再生产过程的顺利进行，必须储存一定量的物资，以满足一定时期内社会生产和消费的需要。

一、定义与性质

(一)定义

“仓”是存放、保管、储存物品的建筑物或场所的总称，像古代的大型容器、洞穴或者特定的场所等，现代主要指存放和保护物品的房屋及建筑物等；“储”表示将产品储存起来以备使用，具有存放、保管、养护的意思。

仓储(Warehousing)就是指通过仓库对物资进行储存和保管的活动，即根据市场和客户的要求，为确保货物的数量和质量，为调节生产、销售和消费活动，确保社会生产和生活的连续性，利用仓库及相关设施设备进行物品的入库、存贮、出库等活动。

(二)仓储的性质

仓储的性质主要表现在以下几方面。

(1) 仓储是社会再生产过程不可缺少的环节。产品的使用价值只有在消费中才能体现，而产品从脱离生产到进入消费，一般要经过运输、仓储，因此仓储和运输一样，都是社会再生产过程的中间环节，是产品的生产过程在流通领域的延续。

(2) 仓储活动具有生产三要素。为了保证仓储业务的正常进行，必须具备相应的仓储设施、设备及操作工具，同时，还需耗费一定的人力对储存的货物进行养护，因此仓储活动与一般生产活动相同，都具有生产三要素：劳动力、劳动资料和劳动对象。仓储活动中的劳动力为仓储工作人员，劳动资料为仓储设备与设施，劳动对象为所保管的物资。

(3) 仓储活动中的某些环节实际上已经成为生产过程的一个组成部分。生产过程中的某些工作已经延伸到仓储环节，例如，卷板在储存中的碾平及切割、原木的加工、零部件的配套、机械设备的组装等，都是为投入使用做准备，其生产性更为明显。

【课外资料 4-1】

仓库的增值服务

仓库是物流网络的重要载体。传统仓库提供的仅是简单的货物堆存服务，仓库功能单一，盈利模式单一，投资回报率低。仓储企业向客户收取的仓储费一般为每天 0.5 元/平方米，而每平方米仓库的建造成本一般在 1600 元以上，在不考虑其他营业成本的情况下，仅收回建造成本就需要 9 年之久。这不免让人觉得仓储是一种低端的、低利润的服务行业。其实，仓库可以突破传统功能的局限性，为客户提供多种多样的增值服务。如仓储企业与电子商务结合，为其提供分拣、包装服务，可以大大提高仓库的盈利能力。海淘某物流合作伙伴不仅向海淘收取每天 1.2 元/平方米的仓储费用，还收取其销售额 30%的服务费。再如，仓储企业与海关的结合，仓库成为保税仓库。这类仓库由于数量较少，空置率很低且租金较高，如上海外高桥保税区的租金可以达到每天 1.5 元/平方米。

二、仓储的分类

(一)按照仓储经营主体分类

(1) 自营仓储。自营仓储是指由生产企业或流通企业自建或者租赁仓库满足自身的仓储需求。生产企业自营仓储主要是为了保障生产，储存对象以原材料、零部件、中间产品和最终产品为主；流通企业自营仓储主要是为了支持销售，储存对象以经营的货物为主。

(2) 营业仓储。营业仓储是指仓储经营者以其拥有的仓储设施设备，向社会提供商业性仓储服务。仓储经营者与存货人签订仓储合同，并依照合同约定的内容提供仓储服务，收取相关费用。营业仓储的目的是通过提供仓储服务获得经济回报，实现利润最大化。与自营仓储相比，营业仓储的利用效率较高。

(3) 公用仓储。公用仓储是作为公用服务的配套设施，为车站、码头、机场等运输节点提供仓储配套服务。目的主要是保证车站、码头、机场等物流作业的通畅，具有内部服务的性质。

【案例分析 4-1】

钢铁自营仓储是否划算

仓储行业发生的多起重复质押事件给业内人士心中留下阴影——把货放在出过问题的仓库里，货物的安全得不到保障。因此，出现了一种怪现象——在众多钢材仓库存量不足的情况下，却仍有一部分做钢材生意的人在为找仓库而烦恼。这些忙于找仓库的企业，都有一个共同的出发点，那就是确保所存货物安全。这其中，有传统借仓库的，也有准备租场地自行管理的，还有一部分是准备自建仓库的。

自办仓库一般是企业租赁独立的地块或承包一个仓库。那么自办仓库是不是划算？从环境因素考虑，以上海等地为例，这些地区存储钢材的库点已经处于饱和状态。据目前可以查到的资料显示，上海专业钢材仓库已有 115 家以上，能存放一定量的现货钢材货场有 50 多家。因此，企业在自建仓库时，先要充分考虑当地的经营环境。除此之外，目前，整个钢铁产业链景气指数很低，仓储业也不景气。按理说，租赁经营不善或利用率不高的仓库自办仓库，可以通过压价得到很划算的价位。然而，有些费用还是有一定刚性的。

假如企业自办一个 100 亩(约 66700 平方米)的仓库，按照上海目前的市价，铁路沿线的地段每平方米 0.6 元/天，非沿线地段每平方米 0.4 元/天，码头露天堆场是 0.4 元/天。每天的场地租赁费用就分别高达 40020 元和 26680 元。除此之外，支出较多的是人工成本。100 亩规模的钢材仓库需要员工在 80～100 人，按平均工资 4000 元/月计算，起码在 320000 元/月以上。此外，水电煤费、设备折旧费、办公用品费等加在一起，这种规模的仓库支出每月需在 100 万元左右。而且，这 100 亩地不可能全都用于堆放钢材，需要为办公楼、停车场、开平加工线、员工宿舍、食堂和各类车辆通道等腾出一定的空间。

按照已有同规模钢材仓库实际情况看，堆放市场最为流通的螺纹钢、热卷和型钢等品种，其存放量约在 6 万吨左右。以自办仓库 100 多万元消耗计，平均摊在 6 万吨钢上，费用将在 0.2 元/月左右。所以，自办仓库基本上是不赚钱的。

专业的第三方仓库为什么能盈利？靠跑量，以提高进出库频率换取增量。第三方仓库企业的业务来自与钢铁产业链相关的企业，流量肯定比自建自用仓库大。而自建仓库的通病往往在于对外业务联系较少，一旦存量发生变化，就有可能成为企业的包袱。

(资料来源：禺心. 钢贸企业自办仓库不划算[N]. 现代物流报，2013-01-21)

思考题：

结合案例，说明自营仓储和营业仓储的优缺点。

(4) 战略储备仓储。战略储备仓储是为了国防安全和社会稳定，国家对战略性物资实行储备而产生的仓储。战略储备由国家政府进行控制，通过立法、行政命令的方式进行，由执行战略物资储备的政府机构进行运作。战略储备仓储的特点是重视储备品的安全性，储备时间较长。战略储备物资主要有粮食、能源、有色金属、淡水、棉花等。

(二)按照仓储对象分类

按照仓储对象的不同，仓储分为以下两类。

(1) 普通货物仓储。普通货物仓储是指无须要特殊仓储保管条件的货物的仓储。如日常生活用品、建筑材料等，对仓储保管条件没有特殊要求，可以在普通仓库或货场存放。

(2) 特殊货物仓储。特殊货物仓储是指对仓储保管条件有特殊要求的货物仓储形式，如危险品仓储、冷库仓储、粮食仓储等。

(三)按照仓储功能分类

按照仓储功能不同，仓储分为以下五类。

(1) 储存仓储。储存仓储是指需要较长时间存放货物的仓储形式。这种存储形式的货物存放时间长，存储费用低廉、库存量大，应当特别注重对货物质量的保管和维护。

(2) 物流中心仓储。物流中心仓储是以物流管理为目的的仓储形式。物流中心一般在交通较为便利、储存成本较低的经济地区中心，储存的货物品种较少、较大批量进库、一定批量出库，整体吞吐能力强。

(3) 配送仓储。配送仓储也称为配送中心仓储，是货物在配送交付给客户之前所进行的短期仓储。配送仓储货物品种繁多、批量少，需要一定量进库、分批少量出库操作，经常需要进行拆包、分拣、组配等作业，主要目的是支持销售，注重对货物存量的控制。

(4) 运输转换仓储。运输转换仓储是衔接不同运输方式的仓储形式，通常在不同运输方式的相接处进行，如港口、车站、机场等场所，主要目的是保障不同运输方式的高效衔接，减少运输工具的装卸和停留时间。运输转换仓储具有批量进货、批量出货的特征，货物在库时间短，货物的作业效率和周转率高。

(5) 保税仓储。保税仓储一般在进出境口岸附近进行，是使用海关核准的保税仓库存放保税货物的仓储活动。保税货物主要是暂时进境后还需要复运出境的货物，或者海关批准暂缓纳税的进口货物。保税仓储受到海关的直接监控，虽然货物由存货人委托保管，但保管人要对海关负责，出入库的单据均需要由海关签署。

【案例分析 4-2】

保税备货与直邮进口模式对比

随着跨境进口电商的发展，各种新型进口方式快速发展，其中保税备货和直邮进口两种方式最引人注目。保税备货是指借助保税区，海外商品以批量运输方式进境，形成进境备案清单，在保税区内保税存储，消费者网上下单后，由保税区域内储备货源直接发货；直邮进口是指消费者在相关购物网站下单后，商家再从国外发货，以国际快递方式直接寄送至国内消费者手中。在实践中，阿里巴巴、亚马逊、苏宁等纷纷选择了这两种进口方式。

一、货品供应

保税备货模式提前将商品运至国内保税仓库。若订单超出预期，则需要临时加运。而由于目前与天猫国际、洋码头等电商合作的国外商户有限，可供货品为 10 万多种，且主要是一些规模化生产的标品，而一些时尚化、个性化的产品目前供应有限。如宁波跨境贸易电子商务进口商品在试点一年后，海关审核备案商品 5150 种，上架销售商品 3543 种。直邮进口是先有订单，再直接从国外发货，货品供应丰富，如亚马逊自有商品总计达 8000 万种，但部分商品标明不能邮往中国，目前亚马逊海外购主要覆盖 12 个国家的 3 万多种商品。

二、运输成本

以某品牌婴儿肩带包被为例(30.2 × 13.5 × 7.9cm，386g，羊毛)，在海外网站标价为$31.99，保税备货模式下，若电商企业先行备货到上海自贸区的保税仓库，从纽约到上海 20 英尺集装箱的运费约为$950，保险费为$602。一个 20 英尺集装箱可装 9367 件包被，每件单品平均分摊的运保费为$0.165，以汇率 6.2125 折算成人民币，每件分摊的运保费约为¥1。

在直邮进口模式下，通过国际物流公司以快递的形式从纽约寄送到上海，运费起价约为¥300。针对运费太贵的问题，亚马逊推出了下调直邮中国运费活动，每磅仅收取$1.99，另加每单$1.99 服务费。部分商品如服装和鞋类支持免运费直邮，具有较强吸引力。而在国内某知名海淘网站，同一款包被寄送到消费者手中收取的运费为¥44(国际运费¥36+国内运费¥8)。这种方式是通过转运公司先批量将货物运至香港等地，再从香港转送到内地，相对更加便宜。

三、物流时间

在保税备货方式下，货物已运至国内，从保税仓库发货到达消费者手中，一般需 1～3 天，与在国内网站购物差不多。直邮进口的最大劣势就在于物流方面，运输时间一般需 9～15 天，部分加急可以 2～5 天到达，不过需要支付较高的运费。另外直邮进口方式下订单跟踪比国内难度大。由于跨境进口订单的碎片化，对物流的信息化、清关、运输速度等都提出了较高的要求。要使消费者能够直观跟踪订单的物流信息，这在国内物流部分问题不大，但国际部分就需要国与国之间形成国际统一的物流信息共享渠道，方便信息的对接与传递。

四、清关查验

在保税备货模式下，商品统一发至保税仓库，宁波海关推出“入区检疫、区内监管、出区核查”的监管模式，方便商品的监管和放行。

2014年8月，海关总署第56号公告出台，电商企业和个人直邮进口模式下，都要向通关管理平台传送交易、支付、仓储和物流等数据。当商品到达海关时，海关信息系统自动调出数据进行快速清关，大大提高了通关效率，而检验部门与海关“一致申报、一致查验、一致放行”。虽然56号公告的出台为海外直邮打通了渠道，但由于商品是在国外打包发货，而且海外直邮进口带来的是大量碎片化的订单，很难统一查验，查验要求更高。相比之下，保税备货是在国内保税仓库打包，查验起来更容易。

五、海关进口税

仍以婴儿肩带包被为例，如果是一般贸易按货物申报，关税负担为¥260，进口环节要缴纳增值税，应纳税额为¥78.2，两种税收合计共需¥338.2。包被为纺织品，行邮税税率仅为20%，折算下来，税收负担为¥98.6。

保税备货商品进入保税区，海关总署允许“保税进，行邮出”，这就极大地节省了电商企业的税收负担。直邮进口商品可以从试点城市的跨境电商绿色通道验放，按照个人物品增收行邮税，在税额不超过¥50时免税。不过个人物品以自用为限，物品金额不超过¥1000(港澳台为¥800)，如果物品金额超过¥1000，则将被退运或改走货物流程申报纳税。

六、退换货服务

保税备货模式下，退换货非常方便，只需支付十几元快递费发至保税仓库更换。而直邮进口退换货相比更麻烦，以英国亚马逊为例，自营的商品退换货相对便利，退货费用为£4；如果是第三方卖家商品，则需要更长的时间和更贵的费用；而且国外网站客服人员一般很少，联系上之后需要写英文的退货申请，退货回去一般速度比较慢，动辄一两个月，而且退回欧美需要的快递费用要¥50～¥60，是国内的5~10倍。

(资料来源：张丽霞. 跨境进口电商：保税备货v.s.直邮进口[J]. 对外经贸实务，2015(5))

思考题：

对比保税备货与直邮进口模式，分析保税备货具有哪些特点。

第二节　仓储设施与设备

仓储设施与设备为货物存储提供了基本的物质保障，是实现仓储功能的重要保证。

一、仓储设施

仓储设施主要是指用于仓储的库场建筑物，它由主体建筑、辅助建筑和附属设施构成。

仓储的主体建筑包括露天堆场、货棚和库房等。露天货场，也称货场，是用于存放货物的露天场地，适宜存放经得起风吹、雨淋、日晒，经过苫垫堆垛的货物或散装货物。货场装卸作业方便，建造成本低廉，但储存的品种有一定的局限性。货棚是一种简易的仓库，为半封闭式建筑，适宜储存对温、湿度要求不高，出入库频繁的物品及怕雨淋、但不怕风吹日晒的产品。货棚的保管条件不如封闭式仓库，但出入库作业比较方便，且建造成本较低。库房是存储货物的主要建筑，多采用封闭方式，可以提供良好的储存和养护条件。库房主要由库房基础、地坪、墙壁、库门、库窗、柱、站台、雨棚等组成，一般用于储存怕风吹、雨淋、日晒，对保管条件要求较高的物品。

仓库辅助建筑主要指办公室、车库、修理间、装卸工人休息间、装卸工具储存间等建筑物。这些建筑一般设在生活区，并与存货区保持一定的安全间隔。

仓库辅助设施主要有通风设施、照明设施、消防安全设施、取暖设施及避雷设施等。

二、仓储设备

仓储设备是指仓储业务所需的所有技术装置与机具，即仓库进行生产作业或辅助生产作业，保证仓库及作业安全所必需的各种机械设备的总称。仓储设备主要包括保管设备和各种辅助设备。

(一)保管设备

保管设备主要包括货架和托盘。货架是指专门用于存放成件货物的保管设备，同托盘一样，在现代物流活动中起着相当重要的作用，是实现仓库管理现代化的重要工具和手段。

(1) 层架(Shelf)由主柱、横梁及层板构成，架子本身分为数层，层间用于存放物品[见图 4-1(a)]。层架具有结构简单、省料，适用性强等特点，便于收货和发货作业，但存放货物数量有限，主要用于人工作业仓库。层架的应用领域非常广泛，轻型层架多用于小批量、零星收发的小件物资的储存，中型和重型层架要配合叉车等工具储存大件、重型物资。

(2) 托盘式货架(Pallet Rack)是指存放托盘货物的货架[见图 4-1(b)]。托盘式货架所用材质多为钢材结构，也可用钢筋混凝土结构。采用托盘式货架，一个托盘占据货架上的一个货位，能提高仓库的空间利用率，便于计算机的管理与控制，托盘式货架可实现机械化作业，货架之间留有供堆垛起重机和叉车作业的巷道，能够提高存取作业的效率。

(3) 抽屉式货架(Drawer Type Rack)与层架相似，区别在于层格中有抽屉[见图 4-1(c)]。抽屉式货架属于封闭式货架，具有防尘、防潮、避光的作用，适于较贵重的小件物品及怕尘土、怕湿的贵重物品的存放，如刀具、量具、精密仪器、药品等。

(4) 悬臂式货架(Cantilever Rack)，又称树枝形货架，由中间立柱向单侧或双侧伸出悬臂构成[见图 4-1(d)]。悬臂式货架具有结构轻巧、载重能力好等特点。适于存放长条形材料、圆形和不规则货物，如轮胎、型钢等。可采用起重机、侧面叉车、长料堆垛机作业。

(5) 驶入式货架(Driven-in Rack)，又称进车式货架，是可供叉车驶入并存取单元托盘物品的货架[见图 4-1(e)]。通常采用钢质结构，钢柱上有向外伸出的水平突出构件。当托盘送入时，突出的构件将托盘底部的两个边托住，使托盘本身起到横梁的作用。当货架没有存放托盘货物时，就形成了若干通道，可供叉车进出作业。驶入式货架是高密度存放货物的货架，库容利用率可达 90%以上。缺点是不能实现货物的先进先出，每一巷道只适合存储同一种、不受保管时间限制的货物。

(6) 移动式货架(Mobile Rack)，又叫动力式货架，是可在轨道上移动的货架[见图 4-1(f)]。移动式货架只需要一个作业通道，可大大提高仓库面积的利用率，单位面积储存量是托盘式货架的 2 倍左右，适用于库存品种多、出入库频率较低的仓库，或库存频率较高，但可按巷道顺序出入库的仓库，如办公室存放文档，图书馆存放档案文献，金融部门存放票据，均可采用该种货架。

(7) 重力式货架(Live Pallet Rack)是一种密集存储单元物品的货架系统[见图 4-1(g)]。在货架每层的通道上，都安装有一定坡度的、带有轨道的导轨，入库的单元物品在重力的作用下，由入库端流向出库端。重力式货架采用密集式流道储存货物，空间利用率可达 85%，与托盘式货架相比，大大节省了通道面积，同时减少了货位的空缺现象，可实现货物的先进先出；储物形态为托盘或储存箱，货物存取时叉车的行程最短。

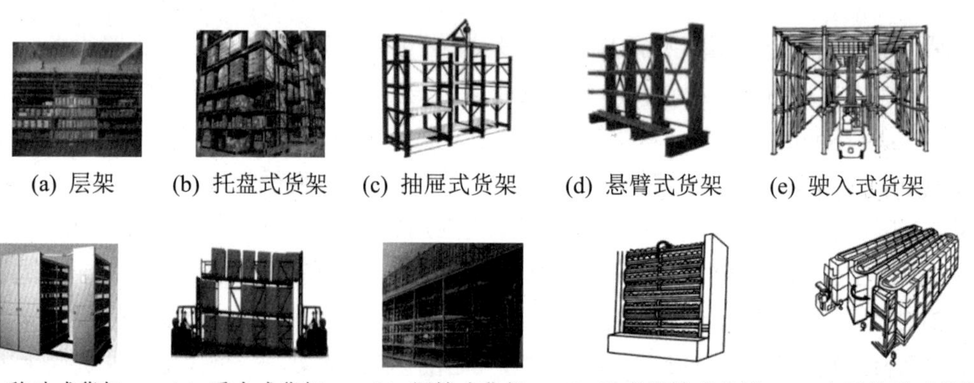
(a) 层架 (b) 托盘式货架 (c) 抽屉式货架 (d) 悬臂式货架 (e) 驶入式货架
(f) 移动式货架 (g) 重力式货架 (h) 阁楼式货架 (i) 垂直旋转式货架 (j) 水平旋转式货架

图 4-1 常见的货架类型

(8) 阁楼式货架(Loft-Style Shelves)是一种充分利用空间的简易货架，一般采用全组合式结构模式，采用专用轻钢楼板，将原有的储存区做楼层分隔[见图 4-1(h)]。底层货架不但是存取货物的场所，而且也是上层建筑的支柱。阁楼式货架一般采用输送机、提升机、电动葫芦等来提升货物，也可采用升降台来进行货物的提升。在阁楼上面可用轻型小车或托盘牵引车对货物进行堆码。

(9) 旋转式货架，又称回转式货架(Carousel)，通过货架的水平、垂直或立体方向回转，使货物随货架移动到取货者面前。这种货架存储密度大，节省占地面积，货架拣选路线简捷，因而拣货效率高，拣货时不容易出现差错[见图 4-1(i)、图 4-1(j)]。

(二)辅助设备

仓库中的辅助设施设备主要包括计量设备、养护设备、装卸月台、装卸搬运设备、分拣设备及包装设备。

(1) 计量设备是货物进出库的计量、点数，以及在库盘点、检查中经常使用的度量衡设备。计重计量设备要求准确、灵敏、稳定，主要有地磅、轨道衡、电子秤、电子计数器、流量仪、皮带秤、天平仪及较原始的磅秤、转尺等。

(2) 养护设备主要对货物进行养护，防止货物变质、失效，包括温度仪、测潮仪、吸潮器、烘干箱、空气调节器、货物质量化验仪器等。

(3) 装卸月台可用于车辆停靠、货物的暂存和装卸搬运。利用装卸月台能方便地将货物装车或卸车，实现物流网络中线与节点的衔接转换。装卸月台分为高月台和低月台两种。月台高度与车辆货台高度基本保持一致的为高月台，可以进行货物的水平装卸；月台和仓库地面处于同一高度的为低月台，低月台的装、卸车作业不如高月台方便，但可以通过在车辆和仓库之间安装输送机，使输送机的载货平面与车辆货台保持同等高度，从而达到方便装、卸货作业和提高作业效率的目的。

第三节　仓储作业管理

仓储作业主要包括物资的入库、储存保管和出库三个阶段，它们相互衔接，共同实现仓库的所有功能。

入库是前提，出库是目的。入库是仓储作业的开始，是货物储存保管工作的条件；储存保管是为了保持货物的使用价值不变，衔接供需；出库则是仓储作业的结束，是货物储存保管工作的完成，是仓储目的的实现。仓储作业流程如图 4-2 所示。

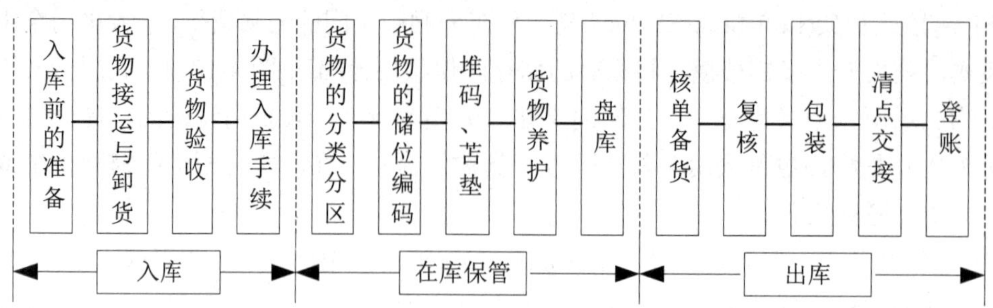

图 4-2　仓储作业流程

一、入库作业

(一)入库前的准备

入库前的准备工作主要有以下几项。

(1) 编制计划。进货计划主要包括货物的进货时间、品种、规格、数量等。仓储部门应根据货物情况，结合仓库本身的情况，根据仓库业务操作过程所需要的时间来编制计划，并将计划书下达到相应的各作业单位和管理部门。

(2) 组织人力。组织人力是指按照物品到达的时间、地点、数量等预先做好到货接运、装卸搬运、检验、堆码等人力的组织安排。

(3) 准备设备及器具。根据入库物品的种类、包装、数量等情况及接运方式，确定搬运、检验、计量等方法，配备好所用车辆、检验器材、度量衡器及装卸搬运、堆码的工具，以及必要的防护用品用具等。

(4) 安排货位。按照入库货物的品种、性能、数量、存放时间等，结合物品的堆码要求，核算占用货位的面积，以及进行必要的腾仓、清场、打扫、消毒并准备好验收场地等。

(5) 备足苫垫用品。根据入库物品的性能、储存要求、数量和保管场地的具体条件等，确定入库货物的堆码形式和苫盖、下垫形式，准备好苫垫材料，以确保物品的安全和避免以后的重复工作。

(6) 验收准备。仓库理货人员根据货物情况和仓库管理制度，确定验收方法，准备验收所需要的点数、称量、测试、开箱装箱、丈量、移动照明等器具。对于一些特殊货物的验收，如剧毒物品、腐蚀物品、放射物品等，还要准备相应的防护用品。

(7) 制定装卸搬运工艺。根据货物、货位、设备条件、人员等情况，科学合理地制定卸车搬运工艺，保证作业效率。

(8) 准备文件单证。仓管员对货物入库所需的各种报表、单证、账簿要准备好，以备使用。不同仓库、不同货物的业务性质不同，入库准备工作也有所区别，需要根据具体情况和仓库管理制度做好充分准备。

(二)货物接运与卸货

货物接运与卸货主要指以下两方面。

(1) 货物接运。由于接运工作是仓库业务活动的开始，因此接运工作好坏直接影响货物的保管质量，应避免将一些在运输过程中或运输前就已经损坏的货物带入仓库。同时，接运工作直接与货物承运方接触，因此做好接运工作必须熟悉交通运输部门的规章制度。货物接运方式主要包括车站(码头)接货、专用线接货、仓库自行接货和库内接货四种方式。

(2) 卸货。卸货方式通常有人工卸货、输送机卸货和叉车卸货等。在卸货过程中，为了作业安全与方便，常采用可移动式楔块、升降平台、车尾附升降台和吊钩等设施辅助卸货作业。

(三)货物验收

货物验收是按照验收业务作业流程，核对凭证，对入库货物进行数量和质量检验并办理入库手续等活动的总称。货物验收可以确保入库货物数量准确和质量完好，是确保入库货物质量的重要步骤。

(1) 核对凭证。核对凭证即核对货主提供的收货凭证(入库通知单和订货合同副本)、供应商提供的验收凭证(材质证明书、装箱单、磅码单、发货明细表、保修卡、合格证等)、承运单位提供的运单(提货通知单、货运记录、普通记录及公路运输交接单等)。入库通知单、订货合同要与供货单位提供的所有凭证逐一核对，相符后才可以进行实物检验；若出现凭证不齐全或数据项不符等情况，要与存货单位、供货单位及承运单位和有关业务部门及时联系解决。

(2) 实物检验。实物检验是指根据入库通知单和有关技术资料对实物进行数量检验和质量检验。数量检验应根据入库凭证中规定的计量单位进行，由仓库保管职能机构组织进行。按货物性质和包装情况，数量检验分为计件、检斤和检尺求积三种形式，如竹材、砂石、木材等，先检尺，后求体积。质量检验有四种形式：外观检验、尺寸检验、机械物理性能检验和化学成分检验。仓库一般只做前两种检验，后两种检验则由仓库技术管理职能机构取样，委托专门检验机构检验。

【知识拓展 4-1】

货物验收中问题的处理

仓库到库货物来源复杂，涉及货物生产、采购、运输等多个作业环节，不可避免地会出现诸如证件不齐、数量短缺、质量不符合要求等问题。因此，在收货验收过程中，要认真细致，区别不同的情况，及时进行处理。

(1) 证件不全的问题。若验收需要的证件未到或证件不齐全时，要及时向供应商索取，验收人员可对已到库货物做待验处理，并在库内临时妥善保管，待证件齐全后再进行验收。证件未到之前，货物不验收、不入库、不发货。

(2) 质量或规格出现问题。供货单位提供的质量证明书与规定的技术标准或与订货合同不符时，应马上通知货主，由货主与供货单位交涉解决；货物规格不符或错发时，应先将规格对的予以入库，规格不对的货物应做好验收记录并交给相应部门办理换货。并会同有关人员当场做出详细记录，交接双方在记录上签字。

(3) 数量出现问题。货物数量的溢、缺若在规定范围内的，可按原数入账。凡超过规定范围的，应查对核实，做成验收记录和磅码单交主管部门向供货单位办理交涉。对于发现的问题要按规定的手续，在规定的期限内向有关部门提出索赔要求。

(4) 证物不符的问题。验收过程中发现验收单证与实物不符时，应把到库货物放置于待检区，并及时与供应商进行交涉，可以采取拒绝收货、改单签收或退单、退货的方式解决。

(5) 错验的问题。验收员在验收过程中发生数量、质量等方面的差错时，应及时通知货主，积极组织力量进行复验，及时更正。

(四)办理入库手续

货物验收合格后可办理入库手续，由仓库保管员填写入库通知单。入库单据必须具备四联：送货回单、储存凭证、仓储账页和货卡，且须附上检验记录单、磅码单、产品合格证、装箱单等有关资料凭证，用于证实入库货物已经检验合格，可以正式入库保管。

(1) 记账。为了保证货物数量能准确反映其进、出、存情况，保管业务部门要建立详细反映库存货物进、出和结存的货物明细料账，用以记录库存货物的动态，并为对账提供依据。货物明细料账，是根据货物入库验收单及有关凭证建立的货物保管明细台账，并按入库货物的类别、品名、规格、批次等，分别立账。它是反映在库储存货物进、出、存动态的账目。

(2) 立卡。货物入库或上架后，将货物名称、规格、数量或出入状态等内容填在货卡上，称为立卡。货卡又称为料卡、货物验收明细卡，插放在货物下方的货架支架上或摆放在货垛正面的明显位置，能够直接反映该垛货物的品名、型号、规格、数量、单位及进出动态和积存数。按照其作用不同，货卡可分为货物状态卡、货物标识卡、货物存储卡等。

(3) 建档。建档就是将货物入库作业过程的重要资料进行整理和核对，建立相应的货物资料档案。货物档案要求一物一档，并对货物统一编码和保管。存档资料主要包括：出厂时的凭证和技术资料，运输资料、凭证，入库验收的凭证和资料，在库保管期间的记录，货物的出库凭证及其他有关资料。某种货物全部出库后，除了必要的技术证件必须随货同行不能抄发外，其余均应留在档案内，并且将货物出库证件、动态记录等整理好一并归档。

二、出库作业

(一)货物出库的基本要求

货物出库要做到“三不三核五检查”。“三不”是指未接单据不翻账、未经审单不备货、未经复核不出库；“三核”是指在发货时，要核实凭证、核对账卡、核对实物；“五检查”是指对单据和实物要进行品名检查、规格检查、包装检查、件数检查、重量检查。货物出库要求严格执行各项规章制度，提高服务质量，使客户满意，杜绝出现差错。

(二)货物出库方式

出库方式是指仓库以怎样的方式将货物交付给客户。货物出库的方式主要有送货、自提、过户、取样和转仓，选用哪种方式出库，要根据具体条件，由供需双方事先商定。

(1) 送货是指仓库根据货主单位的出库通知或出库请求，通过发货作业把应发货物交由承运方送达收货单位或使用仓库自有车辆把货物运送到收货地点的一种出库方式。

(2) 自提是指由提货人按货主所填制的发货凭证，用自备的运输工具到仓库提取货物。仓库会计人员根据发货凭证开出货物出库单。仓库保管人员按上述证、单配货，经复核人员逐项核对后，将货物当面交给提货人员，在库内办清交接手续。

(3) 过户是指货物并未实际出库，仅通过转账变动其所有权的一种发货方式。货物过户时，仓库必须根据原货主填制的正式发货凭证办理过户手续。

(4) 货主由于商检或样品陈列等需要，到仓库提取货样(通常要开箱拆包、分割抽取样本)。仓库必须根据正式取样凭证发出样品，并做好账务记载。

(5) 转仓是指某些货物由于业务上需要或保管条件的要求，必须从甲仓库移到乙仓库储存的一种发货方式。这些货物出仓是根据仓库填制的货物移仓单进行发货的。

(三)出库业务程序

1. 出库前的准备

出库前的准备工作主要包括计划工作，出库货物的包装和标志、标记工作两方面。

(1) 计划工作即根据货主提出的出库计划或出库请求，预先做好货物出库的货位、机械设备、工具及工作人员等各项安排，以提高出库的效率。

(2) 出库货物的包装和标志、标记工作。发往外地的货物，需经过长途运输，包装必须符合运输部门的规定，如捆扎包装、容器包装等；如果成套的器械、器材发往外地，必须事先做好货物的清理、装箱和编号工作，在包装上挂签(贴签)、书写编号和发运标记(货物的去向)，以免错发和混发。

2. 出库程序

(1) 核单备货。在接到出库凭证后，首先应对出库凭证进行审核：审核凭证的合法性、真实性；审核出库凭证手续是否齐全，内容是否完整；核对货物的品名、型号、规格、单价、数量等有无差错；核对收货单位、到站、开户行和账号是否齐全和准确。凡在证件核对中，有物资名称、规格型号不对，印签不齐全，数量有涂改，手续不符合要求的，均不能发货出库。以上内容核对无误后，在货账上填写预拨数后，将出库凭证移交给仓库保管人员，经复核无误后，即可开始备货工作。备货时应遵循“先进先出”的原则，易霉易坏的先出、接近失效期的先出。

(2) 复核。为了避免和防止备货过程中可能出现的差错，备货后应进行复核，以防止错发、漏发、重发等事故的发生。复核的内容包括：查看货物数量是否准确，查验货物出库所应附的技术证件及凭证是否齐全，核对货物的品名、规格是否相符，检查货物的包装质量是否能满足运输要求等。

出库的复核形式主要有专职复核、交叉复核和环环复核三种。专职复核是指由仓库设置的专职复核员进行复核；交叉复核是由两名发货保管员对对方所发货物进行照单复核，复核后应在对方出库单上签名以与对方共同承担责任；环环复核是指发货过程的各道环节，如查账、付货、检斤、开出门证、出库验放、销账等各环节，对所发货物的反复核对。

(3) 包装。为了保障货物运输过程中的安全性，出库货物一般需要重新包装或加固包装。出库货物的包装必须完整、牢固，标记必须正确清楚。货物包装破损不能出库，包装容器上有水渍、油迹、污损，也不能出库。出库货物如需托运，包装必须符合运输部门的要求，选用适宜的包装材料，使其重量和尺寸便于装卸和搬运，以保证货物在途安全。另外，互相影响或性能互相抵触的货物严禁混合包装在一起。包装完毕后，外包装上要注明收货人、到站、发货号、发货总件数、发货单位等。

(4) 清点交接。货物经过复核和包装后，无论是客户自提，还是交付承运方发送，发货人员必须将货物向提货人员或运输人员当面点交清楚，划清责任。需要送货或办理托运的，应由仓库保管部门移交运输部门；如果是用户自提方式，则将货物和单据当面点交给提货人。在得到提货人员的认可后，在出库凭证上加盖“货物付讫”印戳，同时给提货人员填发出门证，门卫按出门证核检无误后方可放行。

(5) 登账。点交后，保管员应在出库单上填写实发数、发货日期等内容，并签名，然后将出库单连同有关证件资料交给货主，以便货主办理货款结算。保管员把留存的一联出库凭证交实物明细账登记人员登记做账，将留存的提货凭证、货物单证、记录、文件等归入货物档案，将已空出的货位标注在货位图上，以便安排货物。

第四节　货物的盘点作业

由于货物在仓库中不断装卸搬运和进出库，其库存账面数量容易与实际数量产生不符；有些货物因存放时间过久、保管措施不恰当等，会致使货物变质、丢失等。为了及时有效地掌握货物的储存状况，需要对在库货物进行清点盘查，即盘点工作。通过盘点，可以核实货物的实际库存数量及企业资产的损益情况，了解存货周转率及货物保管、养护的情况，发现仓库保管中存在的问题，有助于提高货物的在库管理水平。

一、盘点的方法

盘点货物的方法主要有以下几种。

(1) 重点盘点法是指对进出频率高的，或者容易损耗的，或者昂贵的货物进行盘点。这种方法的优点是控制重点物资的变化，严防出现差错。

(2) 循环盘点法是每天、每周按顺序盘点一部分货物，到月末或期末每项货物至少完成一次盘点的方法。这种方法不妨碍仓库的日常运营，所需的时间和人员都比较少，发现差错也可及时分析和修正。

(3) 不定期盘点，又称临时盘点，是指事先未规定日期，而是根据需要临时对货物、物资所进行的盘点。不定期盘点主要在货物调价、人员调动、遭受自然灾害或意外损失、发现差错及贪污盗窃、上级主管部门检查的情况下进行，不定期盘点的范围一般是局部盘点，必要时也可进行全部盘点；通过不定期盘点，可以及时发现仓库保管中存在的问题。

(4) 定期盘点法，又称期末盘点，是指在期末一起清点所有货物数量的方法。定期盘点必须关闭仓库做全面性的货物清点，因此，对货物的核对十分方便和准确，可减少盘点中的不少错误，简化存货的日常核算工作。缺点是关闭仓库，停止业务会造成损失，加大了期末的工作量；不能及时反映存货收取、发出和结存的动态，不便于工作人员掌握情况；容易掩盖存货管理中存在的自然和人为的损失；不能随时结算成本。

二、盘点结果的处理

货物盘点差异原因追查清楚后，应针对主要原因进行调整与处理，制定解决方法。

(1) 依据仓储管理绩效，对负责人员进行奖惩。

(2) 对废品、次品、不良品减价的部分，通常视为盘亏。

(3) 盘点发现的存货周转率低、占用金额过大的库存货物应设法降低库存量。

(4) 盘点工作完成后，发生的差错、呆滞、变质、盘亏、损耗等，应迅速处理，并避免再次发生。

(5) 呆滞品比率过大，应设法降低呆滞品比率。

(6) 货物盘点时发现货物在价格上有出入，经主管部门审核后，利用盘点盈亏和价目增减表格更正。

【案例分析4-3】

京东日趋完善的物流体系建设

一、强大的自营物流体系

电商经营的品类规模庞大，海量订单呈现多频次、小批量、多样性的特点，造成订单处理压力大；由于直接面对终端消费者，对物流质量和时效要求更高；物流作业量受促销影响而产生巨大波动。面对异常复杂的电商物流，为更好地服务消费者，京东选择了以自建仓储体系、自建物流体系和第三方物流相结合的方式来布局物流。

京东拥有全国电商领域规模最大的仓储设施网络，截至2015年年底在全国范围内拥有7大物流基地。7大物流基地中已有6个“亚洲一号”智能物流中心投入使用；此外在50座城市运营213个大型仓库，仓储设施总面积约400万平方米，覆盖2356个区县。与仓储网络相配套的是京东强大的配送资源，目前，京东在全国范围内有5367个配送站和自提点，59000多名自有配送员工，近1000条自营线路，4700多辆自营车辆，6000多名司机。京东超过85%的自营订单实现了当日和次日达配送，物流效率和服务质量居于行业领先水平。

京东完善的物流基础设施及配送资源，使得全国日均订单处理能力超过300万单，能够为消费者提供211限时达、次日达、夜间配、1小时达和2小时极速达、GIS包裹实时追踪、快速退换货以及家电上门安装等诸多专业服务，保障了消费者良好的购物体验。即便在“6·18”、“双11”等促销高峰期，京东仍然保持高效稳定的物流服务水平。

二、直击“亚洲一号”物流中心

为了构建覆盖全国主要城市的现代化、自动化电子商务物流运营网络，支撑和推动公司业务的持续发展，京东于2010年启动了“亚洲一号”项目。“亚洲一号”项目是经过定制化设计，有针对性建设的可以满足不同品类商品、不同业务流程的智能化物流中心。“亚洲一号”可处理京东在线销售的3C类、日用百货类、食品母婴类以及图书类共近300万个商品品规，从一枚戒指到一台冰箱，不同类型、体积、材质的商品，都可以快速妥善完成订单处理。已经运营的“亚洲一号”业务范围辐射当地及周边多个省市，形成了强大的网络体系，很好地提升了京东的订单履约时效和客户体验。此外，“亚洲一号”不但能满足京东自营业务的发展需求，同时也向社会开放，为入驻京东的商家提供优质高效的仓配一体化物流服务。

1. 高效的作业流程

“亚洲一号”物流中心由立体仓库区、阁楼货架区、复核包装区、分拣区四大区域构成，主要作业流程包括入库、存储、补货、拣货、生产(复核打包)、分拣六个环节。

(1) 入库：供应商通过京东预约系统进行预约，到达园区后根据预约号进行月台分配。京东收货员对商品逐一验收，合格商品通过输送线进行上架存储。

(2) 存储：根据到货量，信息系统自动进行入库流向判断，指引工作人员将商品送往AS/RS立体库存储区或阁楼货架存储区。

(3) 补货：智能补货系统能实时监控库存水平，自动触发补货任务。

(4) 拣货：拣货员通过智能终端设备获取拣货任务，将拣选出的商品放入周转箱，再将完成拣货作业的周转箱就近投放至输送线。为进一步提高拣选效率，“亚洲一号”部分项目已采用货到人拣选系统。

(5) 生产(复核打包)：拣货完成的商品输送至生产区，进行复核、打包作业。为进一步提高作业效率，京东将逐步试点、推广采用包装自动化系统。

(6) 分拣：采用了自动输送系统和全球领先的分拣系统，实现了包裹的自动分拣。

2. 智能化物流系统

高效的作业流程离不开大量自动化装备的应用，自动化立体仓库(AS/RS)、自动分拣机等先进设备的应用大大提升了“亚洲一号”整体运行效率。

以上海“亚洲一号”为例，AS/RS立体库的货架高24米，实现了高密度自动化储存和拣选，与普通托盘货架存储方式相比，存储效率提升3倍；多层阁楼系统配备了自动提升设备及输送系统等自动化设备，实现了半自动补货、快速拣货、多层阁楼自动输送、系统自动分配复核等，实现了巨量SKU的高密度存储和快速准确的订单履约。自动化的输送系统和全球领先的分拣系统，使得上海“亚洲一号”的分拣处理能力超过20000件/小时，分拣准确率高达99.99%，彻底解决了人工分拣劳动强度大、作业效率低、分拣准确率低的问题。

此外，先进的设备需要信息系统的支持。“亚洲一号”的仓库管理系统、仓库控制系统、分拣和配送系统等整个信息系统均由京东自主开发。在入库环节，京东的仓库管理系统会自动完成月台分配、入库流向指引并推荐最优储位。在生产环节，“亚洲一号”依靠系统实现自动排产、智能提总与定位、拣选路径优化，并通过实时运算合理分配任务和实时调度，保证作业人员的作业均衡，提升物流运营效率。

3. 平稳运营，效果显著

“亚洲一号”系列项目陆续投入运行，使得京东的仓储系统建设能力和物流运营能力有了极大的提高。2015年的“双11”，“亚洲一号”的自动化运营模式在海量订单的冲击下仍然运营平稳，广州“亚洲一号”物流中心单仓日出库订单量突破50万单，创造了新的行业纪录。

(资料来源：王玉. 京东日趋完善的物流体系建设[J]. 物流技术与应用，2016(5))

思考题:

(1) 结合案例，分析“亚洲一号”系列项目属于哪种仓储类型？对京东的发展起到什么作用？

(2) “亚洲一号”配备有哪些物流设备？这些设备在系统中起什么作用？

(3) “亚洲一号”主要涉及哪些业务流程？是如何完成的？

第五节　货物的保管与养护

保管(Storage)是“对物品进行储存，并对其进行物理性管理的活动”(GB/T 18354—2006)。

保管应实现对货物合理的保存和经济的管理。合理的保存是指将货物存放在适宜的场所和位置；经济的管理是指对货物实体和仓储信息进行科学的管理，包括对货物科学的保养和维护，为货物提供良好的保管环境和条件。

一、货物的保管

(一)货物的分类分区

货物的分类是指根据货物性能、养护措施、作业手段、消防方法的一致性，将库存物资划分为若干种类，以便于结合业务需要，分别按种类集中储存于相对固定的货区。

货物的分区就是按照一定的规则，把仓库划分为若干保管区域，以适应储存区保管一定货物的需要。例如，日用百货区、生鲜产品区、洗化用品区等。

(二)储位编码

为了建立良好的保管秩序，应对货位进行统一编号。货位编号是将库房、货棚、货场、货垛、货架的具体位置进行顺序、统一的编列号码，并做出明显标志。货位编号须符合“标志明显易找，编排循规有序”的原则。一般储位编码的方法有区段式、品类式、地址式和坐标式。

【知识拓展 4-2】

储位编码的分类

(1) 区段式编码。区段式编码是把保管区域分割为几个区段，再对每个区段编号。此种编号方式是以区段为单位的，每个号码所标注代表的货位区域将会很大，因此适用于容易单位化的货物，以及存储量大或保管周期短的货物。货物以物流量大小来决定其所占的区段大小，以进出货频率来决定其配置顺序。

(2) 品类式编码。品类式编码是把一些相关性货物经过集合以后，区分成几个品类，再对每个品类进行编码。此种编码方式适用于容易按货物类别保管的场合和品牌差距大的货物，如服装类、百货类、食品类等。

(3) 地址式编码。地址式编码是利用保管区域中的现成参考单位，如建筑物第几栋、区段、排、行、层、格等，依照其相关顺序进行编码。这种编码方式由于其所标注代表的区域通常以一个货位为限，且其有相对顺序性可依循，使用起来简单明了，非常方便，所以是目前仓库使用最多的编码方式。但由于其储位体积所限，适合一些体积小或单价高的货物储存使用。

(4) 坐标式编码。坐标式编码是利用空间概念来编排储位的方式，此种编排方式由于对每个储位定位切割细小，在管理上比较复杂。对于流通率很小、要长时间存放的货物比较适用。

(三)堆码管理

堆码(Stacking)是“将物品整齐、规则地摆放成货垛的作业”(GB/T 18354—2006)。

堆码应根据货物的特性、形状、规格、重量及包装质量等情况，同时综合考虑地面的负荷、储存的要求。科学的货物堆码技术，合理的码垛，对提高在库物资的储存保管质量、仓容利用率、收发货作业及养护工作的效率具有非常重要的作用。

1. 堆码场地的要求

堆码场地主要有库房、货棚和露天三种。不同类型的堆码场地进行堆码作业时，会有不同的要求。

(1) 库房内堆码场地。对于库房，用于承受货物堆码的库房地坪，要求平坦、坚固、耐摩擦，一般要求 1 平方米的地面承载能力为 5～10 吨。堆码时货垛应在墙基线和柱基线以外，垛底需适当垫高。

(2) 货棚内堆码场地。货棚是一种半封闭式的建筑，为防止雨雪渗漏、积聚，货棚堆码场地四周必须有良好的排水系统，如排水沟、排水管道等。货棚内堆码场地的地坪应高于棚外场地，并做到平整、坚实。堆码时，货垛一般应垫高 20～40 厘米。

(3) 露天堆码场地。露天货场的地坪材料可根据堆存货物对地面的承载要求，采用夯实泥地、铺沙石、块石地或钢筋水泥地等。应坚实、平坦、干燥、无积水、无杂草，四周应有排水设施，堆码场地必须高于四周地面，货垛必须垫高 40 厘米。

2. 货物堆码技术和方法

1) 货垛的规范要求

货垛之间须留有一定的间距，不能依墙、靠柱、碰顶、贴灯。叠垛时主要有“五距”要求：垛距、墙距、柱距、顶距和灯距。

【知识拓展 4-3】

货垛的“五距”要求

(1) 垛距。货垛之间的必要距离称为垛距，常以支道作为垛距。垛距起通风、散热的作用，且能方便存取作业和消防。库房内的垛距一般为 0.5～1 米，货场内则一般不少于 1.5 米。

(2) 墙距。为了防止库房墙壁和货场围墙上的潮气影响货物质量，同时便于消防工作、建筑安全和收发作业，货垛必须留有墙距。库房和货场要求的墙距不同，其中，库房墙距又分为内墙距和外墙距。库房的外墙距为 0.3～0.5 米，内墙距为 0.1～0.2 米；货场的外墙距一般为 0.8～3 米。

(3) 柱距。为了防止库房柱子的潮气影响货物并保护仓库建筑物的安全，必须留有柱距，一般为 0.1～0.3 米。

(4) 顶距。顶距是指货垛堆放的最大高度与库房、货棚屋顶间的距离。顶距便于搬运作业、通风散热，有利于消防工作，便于收发、盘点。顶距的一般规定是：平库房顶距为 0.2～

0.5 米；人字形库房房顶距以屋架下弦底为货垛的可堆高度；多层库房房顶距中，底层与中层为 0.2～0.5 米，顶层须大于等于 0.5 米。

(5) 灯距。灯距是指货垛与照明灯之间的必要距离。为了确保货物的储存安全，防止照明灯具发出的热量引起附近货物燃烧而发生火灾，货垛必须留有灯距。灯距一般不少于 0.5 米。

2) 货物堆码的方式(见图 4-3)

(1) 散堆方式是将无包装的散货堆成货堆的存放方式。这种方式特别适用于大宗散货，如散粮、矿石、煤炭和散装化肥等。散堆方式具有堆码方式简便、便于采用现代化的大型机械设备、节省包装费用及提高仓容利用率等优点，是库场堆存的一种趋势。

(2) 货堆方式是指对包装货物或较长、大件货物进行堆码。堆码方式以增加堆高，提高仓容利用率，有利于保护货物质量为原则。为适应不同货物的外形、性能、保管的要求，货垛的形式各异。对于箱形货物，堆垛形式除了重叠式、纵横交错式、正反交错式和旋转交错式外，通常还包括俯仰相间式、栽柱式、压缝式、通风式、衬垫式等。

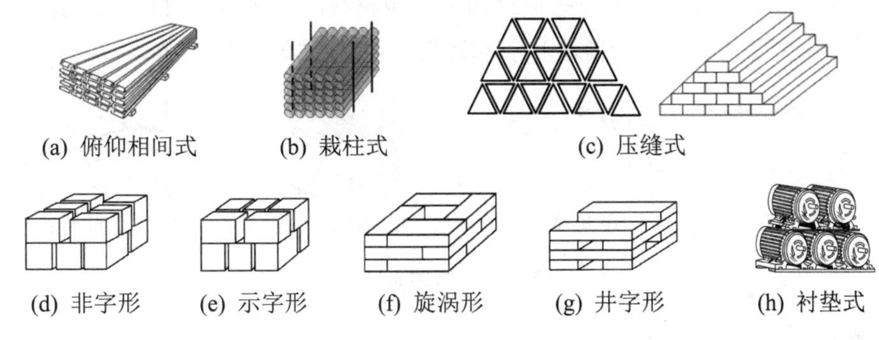

图 4-3 常见的堆垛方式

【课外资料 4-2】

在货物堆码的实际作业中，为了加快点数的速度，并有效减少计数差错，通常将上述基本垛形和“五五化”堆码方法结合运用。“五五化”堆码是人工堆码中常用的一种科学、简便的堆码方式，以五为基本计数单位。货物“五五成行、五五成方、五五成包、五五成堆、五五成层”，堆放整齐，上下垂直，这样一个集装单元或一个货垛的货物总量是五的倍数，堆码后工作人员可根据集装单元数或货垛数直接推算货物总数。

(3) 货架方式采用通用或者专用货架进行货物堆码，适合存放小件物品、不宜堆高的货物及托盘货载。通过货架能够提高仓库的利用率，提高存取货的速度，减少货物存取时的差错。

(4) 成组堆码方式采用成组工具使货物的堆存单元扩大。常用的成组工具有货板、托盘和网络等。成组堆码一般每垛3～4层。这种方式可以提高仓库利用率，实现货物的安全搬运和堆存，提高劳动效率，加快货物流转。

(四)货物的苫垫

货物在堆码时一般都需要苫垫，即把货垛垫高，对露天货物进行苫盖，只有这样才能使货物避免风吹、日晒、雨淋、冰冻等的侵蚀，保证货物的保管质量。

(1) 货物垫垛。垫垛是在货物堆垛前，根据货垛的形状、底面积大小、货物保管养护的需要、负载重量等要求，预先铺好货垛物的作业。垫垛是为了使货物免受地坪潮气的侵蚀，使垛底通风透气，提高储存货物的保管养护质量。

(2) 货物的苫盖。货物在堆垛时必须堆成易苫盖的垛形，如屋脊形、方形等，并选择适当的苫盖物。对于某些不怕风吹、雨淋、日晒的货物，如果货场排水性能好，可以不进行苫盖，如生铁、石块等。通常使用的苫盖材料有塑料布、席子、芦苇、帆布、油毡纸、苫布、竹席、铁皮等，也可以利用一些货物的旧包装材料改制成苫盖材料。苫盖方法包括垛形苫盖法、鱼鳞苫盖法、隔离苫盖法和活动棚架苫盖法(见图4-4)。

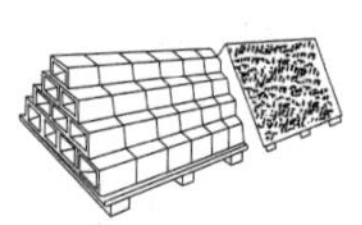
(a) 垛形苫盖

(b) 鱼鳞苫盖

(c) 隔离苫盖

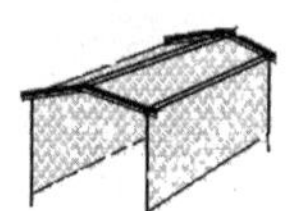
(d) 活动棚架苫盖

图4-4　苫盖方法

二、货物的质量变化

货物在储存期间，如果保管不善，就会发生质量变化，从而影响产品的价值和使用价值。货物质量变化的形式很多，主要有物理变化、化学变化、生理生化变化及生物学变化等。

(一)物理变化

物理变化是指货物仅改变其本身的外部形态，在变化过程中没有新物质生成，而且可以反复进行变化的现象。例如，货物的破碎和变形、溶化、沾污、沉淀、挥发、熔化、渗漏、串味、干裂等。

(1) 破碎和变形是指货物在外力作用下所发生的形态上的变化。货物的破碎主要发生于脆性较大或易变形的货物中，如玻璃、陶瓷等因包装不良在装卸搬运、运输过程中受到碰、撞、挤、压和抛掷而破碎、掉瓷等。货物的变形则通常发生于塑性较大的货物中，如皮革、塑料、橡胶等制品由于受到强烈的外力撞击或长期重压，易丧失回弹性能，从而发生形态改变。

(2) 溶化是指在保管过程中，某些固体货物吸收空气或环境中的水分变成液体的现象。易溶性货物具有吸湿性和水溶性两种性能。常见易溶化的货物有食糖、食盐、明矾、硼酸、氯化钙、氯化镁、尿素、硝酸铁、硝酸锌及硝酸锰等。

(3) 沾污是指货物外表沾有其他物质，或染有其他污秽的现象。货物沾污主要是因生产、储运中环境卫生条件差及包装不严所致。一些对外观质量和内在品质要求较高的货物，如绸缎、针织品、服装、食物等，要注意防沾污，精密仪器、仪表类货物也要特别注意。

(4) 沉淀是指含有胶质和易挥发成分的货物，在低温或高温等因素影响下，部分物质凝固，进而发生沉淀或膏体分离的现象。常见的易沉淀的货物有墨汁、墨水、牙膏、化妆品等。某些饮料、酒在仓储中，也会离析出纤细絮状的物质而出现浑浊沉淀的现象。

(5) 挥发是指低沸点的液体货物或经液化的气体货物在空气中经汽化而散发到空气中的现象。挥发的速度与气温的高低、空气流动速度、接触空气的面积成正比。易挥发的货物有：白酒、酒精、汽油、花露水、香水、香精、化学试剂中的各种溶剂、杀虫剂、油漆等。挥发会降低货物的有效成分，增加货物损耗，降低货物质量；一些燃点很低的物品还可能会引起燃烧或爆炸；一些货物挥发的气体有毒性或麻醉性，会对人体造成伤害。

(6) 熔化是指低熔点的货物受热后发生软化变为液体的现象。货物的熔化，除受气温高低影响外，还与货物本身的熔点、货物中的杂质种类和含量高低密切相关。熔点越低或杂质含量越高，越易熔化，如巧克力、糖果、发蜡、蜡烛、蜡纸、打印纸等。

(7) 渗漏主要是指液体货物，特别是易挥发的液体货物，由于包装容器不严密，包装质量不符合货物性能的要求，或在装卸、搬运时因发生碰撞、震动而破坏了包装，使货物发生跑、冒、滴、漏的现象。

(8) 串味是指吸附性较强的货物吸附其他气体、异味，从而改变本来气味的现象。具有吸附性、易串味的货物，其成分中含有胶体物质，以及具有疏松、多孔性的组织结构。常见易被串味的货物有大米、面粉、食糖、饼干、茶叶、卷烟等。常见的易引起其他货物串味的货物有汽油、煤油、桐油、腌鱼、腌肉、樟脑、肥皂、化妆品及农药等。

(9) 有些货物在储存过程中，由于环境干燥，引起货物失水，使货物干缩、开裂的现象称为干裂。如肥皂在干燥的环境中就会干缩、乐器也会干裂，从而影响货物的使用性能与外观质量。要预防货物干裂，应将仓库的温湿度控制在适宜的范围内。

(二)化学变化

化学变化是指构成货物的物质发生变化后，不仅改变了货物的外观形态，而且改变了本质，并伴有新物质生成的现象。常见的化学变化有氧化、分解、化合、聚合、锈蚀、风化、燃烧与爆炸、老化、水解等。

(1) 氧化是指货物与空气中的氧或其他能放出氧的物质接触，发生与氧相结合的现象。棉、麻、丝、毛等纤维制品，长期受阳光照射会发生变色，正是由于织品中的纤维被氧化的结果。

(2) 分解是指某些性质不稳定的货物，在光、热、酸、碱及潮湿空气的作用下，由一种物质生成两种或两种以上物质的现象。易分解的物质有氯水、溴水、硝酸等。货物发生分解反应后，不仅数量减少、质量降低，影响使用，有些物品还会在分解过程中产生热量和可燃气体引发安全事故。

(3) 化合是指货物在外界条件的影响下，两种或两种以上的物质相互作用生成新物质的反应。化合通常与分解依次发生，共同影响产品的使用价值。

(4) 聚合与分解相反，聚合过程使得某些货物中的同种分子相互加成而结合成一种更大分子。例如，桐油中含有高度不饱和脂肪酸，它在阳光、氧和温度的作用下，生成桐油块，浮在其表面，使桐油失去使用价值。

(5) 金属制品在潮湿的空气及酸、碱、盐等作用下被腐蚀的现象称为锈蚀。如钢铁在潮湿的空气中会锈蚀，温度愈高锈蚀得愈严重。

(6) 风化是指含结晶水的货物在一定温度和干燥的空气中，失去结晶水而使晶体崩解变成非晶态无水物质的现象。例如，风化使煤炭变成碎渣和煤末。

(7) 燃烧是发生发热的剧烈的化学反应的过程，燃烧分为内燃、自燃、外热自燃、本身自燃。爆炸是指物质由一种状态迅速地转变成另一种状态，并瞬间释放大量能量的现象。爆炸分为物理爆炸、化学爆炸、核爆炸等。燃烧和爆炸都是在不同条件下发生的氧化还原反应，放出热量，产生气体，只是在反应速度上，燃烧较慢，爆炸迅速。常见的易燃物有氢气、天然气、一氧化碳、液化石油气等易燃气体，酒精、汽油、油漆等易燃液体，黄磷、白磷等易自燃固体，还有锂、钠、钾等遇湿易自燃物品；常见的易爆炸物有黑火药、烟花爆竹等。

(8) 老化是指含有高分子有机物成分的货物在储存过程中，在光、热、氧等因素的作用下，出现发黏、龟裂、变脆、褪色、失去强度等现象。常见的易老化的货物有塑料、橡胶制品及合成纤维制品等。

(9) 水解是指在一定条件下，某些货物遇水发生分解的现象。不同货物发生水解的情况是不同的。例如，肥皂在酸性溶液中能全部水解，而在碱性溶液中却很稳定；蛋白质在碱性溶液中容易水解，但在酸性溶液中却比较稳定，所以羊毛等蛋白质纤维怕碱不怕酸。

(三)生理生化变化

生理生化变化是指有机体货物(有生命力货物)在生长发育过程中，为了维持其生命活动，而自身发生的一系列的变化，如呼吸作用、后熟作用、发芽与抽薹、胚胎发育等现象。这些变化会使货物发热增湿，造成微生物的繁殖，以致污染、分解货物，加速货物霉腐变质。

(1) 呼吸作用是指有机货物在生命活动过程中，不断地进行呼吸，分解体内有机物质，产生热量，维持其本身的生命活动的现象。同时，呼吸作用会产生热量，积累到一定程度，往往会使货物腐败变质。同时由于呼吸作用会产生水分，有利于有害微生物生长繁殖，因此会加速货物的霉变。

(2) 后熟是指瓜果、蔬菜等在脱离母株后继续其成熟过程的现象。瓜果、蔬菜等的后熟作用，能改进色、香、味及硬脆度等食用性能。但当后熟作用完成后，则容易腐烂变质，甚至失去食用价值。对于这类鲜活食品，应在其成熟之前采摘，并保证适宜的储存条件，来调节其后熟过程，以达到延长储藏期、均衡上市的目的。

(3) 发芽与抽薹是指有机体货物在适宜条件下，冲破“休眠”状态而发生的发芽、萌发现象。发芽会使有机体货物的营养物质转化为可溶性物质，供给有机体本身，从而降低有机体货物的质量。在芽体萌发过程中，通常伴有发热、发霉等情况，不仅增加损耗，而且会降低货物质量。常见的易发芽与抽薹的货物有大蒜、马铃薯、葱、白菜等。

(4) 胚胎发育主要是指新鲜蛋类产品的胚胎发育。蛋类产品在储存保管过程中，当温度和供氧条件适宜时，胚胎会发育成血丝蛋、血坏蛋。

(四)生物学变化

生物学变化是指货物在外界有害生物作用下受到破坏的现象，如霉腐、虫蛀等。

霉腐是货物在霉腐微生物作用下所发生的霉变和腐败现象。在气温高、湿度大的季节，如果仓库的温湿度控制不好，储存的货物，如针棉织品、皮革制品、香烟、家具、纸张及中药材等许多货物就会生霉；水果、蔬菜就会腐烂。霉腐会对货物造成不同程度的破坏，严重的霉腐可使货物完全失去使用价值。对易霉腐的货物，在储存保管时必须严格控制温、湿度，做好货物防霉和除霉工作。

货物在储存期间，常常会遭到仓库害虫的蛀蚀。这些害虫在蛀蚀货物的过程中，不仅破坏了货物的组织结构，使货物发生破碎和孔洞，而且排泄各种代谢废物污染货物，影响货物的质量和外观，降低货物的使用价值。因此，害虫对货物的危害性也是很大的。凡是含有有机成分的货物，都容易遭受害虫蛀蚀。

【课外资料 4-3】

货物质量变化的影响因素

引起货物质量变化的原因有内因和外因两个方面。内因指货物自身的自然属性，包括货物的化学成分、结构、物理、生物化学性质等，决定了货物具有某种变化的可能。货物储存期间的质量变化主要是货物内因的结果，但与储存的外界因素有密切关系。影响货物质量的外界因素主要包括自然因素、人为因素和储存期。

一、自然因素

(1) 温度。空气温度是指空气的冷热程度。仓库温度的控制既要注意库房内外的温度，也要注意货物本身的温度。温度主要从两个方面影响货物的质量变化，一是货物质量变化的速度受气温影响，即一般货物在气温降低时，质量比较稳定，气温升高时，货物容易变质；二是温差变化大会导致某些货物的干裂、结块、熔化等。

(2) 湿度。空气湿度通常是指大气的相对湿度，当湿度适宜时，可保持货物的正常含水量，维持货物的形态、重量等的正常状态。湿度增大可引起潮解、膨胀、溶化等；反之，将导致萎缩、干瘪、脆裂等。

(3) 氧气。氧气在一定条件下能和许多货物发生作用，引起货物质量的变化。例如，氧可以使金属制品发生锈蚀；氧是好氧性微生物活动的必备条件，使有机体货物发生霉腐；氧气会引起油脂的酸败、鲜活物品的变质。

(4) 有害气体。大气中的有害气体有二氧化碳、二氧化硫、硫化氢、氨气等，这些都会对货物质量造成不良影响。例如，空气中的二氧化硫，在潮湿空气中会产生亚硫酸，对一些货物如金属、纺织品等起腐蚀作用。

(5) 日光。日光中含有热量、紫外线、红外线等，它对物品起着正反两方面的作用。适当的日光可以去除货物中多余的水分，抑制微生物和害虫的生长，但是，日晒也会使货物或其外包装出现开裂、变形、变色、老化等现象，甚至可能会引发危险品燃烧、爆炸。

(6) 露点。水蒸气开始液化成水时的温度叫作露点温度，简称露点。当温度下降到一定程度时，空气中所含的水蒸气就会达到饱和状态并开始液化成水，称为结露。在仓库中，当温度低于露点时，会产生结露现象，对怕潮货物有较大的危害。

(7) 尘土。尘土不仅影响产品的外观，而且有其他诸多危害。尘土会增加机械转动部分的摩擦，影响设备的使用寿命；尘土会影响精密仪器仪表和机电设备的精密度和灵敏度。

(8) 微生物。微生物是货物霉腐的生物因子。微生物在生命活动过程中分泌的酶，会把蛋白质、糖类、脂肪、有机酸等物质，分解为简单的物质，从而使货物变质，失去使用价值；同时，微生物异化作用中，会使货物产生腐臭味和色斑霉点。

(9) 生物。生物是指仓虫、鼠类、鸟类等，它们对货物的危害主要表现为：一是仓虫不仅蛀蚀动、植物性货物和包装，有些仓虫还能危害塑料、化纤等化工合成物品；二是老鼠、有害昆虫、蛀虫，它们会损害货物的包装、破坏电器产品的绝缘材料，损坏皮革制品；三是鸟类，其主要对金属类货物具有危害性，鸟类排泄物中有大量含磷化合物，具有一定的吸湿性，会污染金属材料的表面，并腐蚀金属。

(10) 自然灾害。自然灾害主要有雷击、暴雨、洪水、地震、台风等。相比其他外在因素，自然灾害具有很强的突发性和不可控性，往往对货物造成毁灭性的损坏。

二、人为因素

人为因素是指仓库工作人员未按相关规定和货物本身特性要求进行合理作业，从而使货物受到损坏的情况。这些情况主要有：货物保管场所选择不合理、货物包装不合理、装卸搬运操作不规范、货物堆码苫垫不合理、违章作业等。

三、储存期

货物在库时间越长，受各种因素影响而发生变化的可能性就越大，且发生变化的程度也越深。因此，仓库应坚持先进先出的发货原则，并加强货物盘点和在库检查等管理工作，将接近保存期限的货物及时处理，对接近淘汰的货物要限制入库或随进随出。

三、货物养护

(一)定义

根据货物的不同特性，对在库物资进行的保养和维护工作，称为货物养护。货物养护的目的是保持库存物资的使用价值，最大限度地减少货物的损耗，节省费用开支，杜绝因保管不善而造成货物损害，防止货物损失。货物养护是仓储保管中一项经常性的工作，也是一项综合性的应用科学技术工作，应遵循“以防为主，防治结合”的方针。

(二)货物的在库保管与养护措施

(1) 温湿度的控制与调节。在货物储存过程中，绝大部分货物的质量变化是由仓库的温度和湿度变化引起的，因此，仓库温度和湿度的管理对货物保管十分重要。控制与调节仓库温湿度的方法包括密封、通风、吸湿和加湿、升温和降温等。一般情况下，为取得更好的效果通常将几种方法结合在一起使用。

【课外资料 4-4】

常用的温湿度控制与调节方法

(1) 密封。密封是指把整库、整垛、库内小室、整货架或整件货物密封起来，减少外界环境对货物的影响。仓库主要采用整库和整垛的密封方式。密封是仓库温、湿度控制的基本措施，能起到防潮、防霉、防干裂、防热、防冻、防溶化、防锈蚀、防虫、防火、防锈蚀、防老化等目的。

(2) 通风。通风是根据空气流动的规律，有计划、有目的地使仓库内外的空气交换，以达到调节仓库内温度和湿度的目的。按通风目的的不同，可分为利用通风降温和利用通风散潮两种。

(3) 吸潮。在梅雨季节或阴雨天，仓库内外湿度都比较大，在无法通风的情况下，可以通过吸潮的方法来降低仓库内的湿度。常用的吸潮方法有吸潮剂和除湿机吸潮。吸潮剂的种类很多，常用的有生石灰、氯化钙、氯化锂、硅胶等，除了以上几种吸潮剂外，还可以因地制宜，就地取材，如使用木炭、木灰、炉灰、草灰等进行吸潮。

(2) 霉腐的防治。货物发生霉腐有三个必要条件：货物受到霉腐微生物污染、货物中含有可供霉腐微生物利用的营养成分、货物处在适合霉腐微生物生长繁殖的环境。缺少任一个条件，微生物都不能很好地生长。根据这个规则，在防治货物霉腐过程中，只要有效控制其中的一个条件，就能达到防霉腐的目的。

【课外资料 4-5】

常用的防霉腐的方法

(1) 化学药剂防霉。化学药剂防霉是指把抑制霉腐微生物生长的化学药物放在货物或包装内进行防霉腐的方法。这种方法效果好、费用低，但主要适于在生产过程中使用，进行一次处理，就可在仓储、运输、销售、消费等各个环节中起到防霉腐作用。常用的化学药物主要包括多菌灵、水杨酰苯胺、二氯乙烯水杨酰胺、百菌清、托布津等。

(2) 干燥防霉腐。干燥防霉腐通过减少仓库环境中的水分和货物本身的水分，使霉腐微生物得不到生长繁殖的条件而无法滋生。主要采用吸潮防潮和通风、晾晒等方法，条件允许的企业也可以采用烘干、微波烘干等方法。

(3) 低温冷藏防霉腐。低温冷藏防霉腐是通过控制和调节仓库内及货物的温度，使其低于霉腐微生物生长繁殖的最低界限，抑制其代谢与生长繁殖，以达到防霉腐的目的。低温冷藏防霉腐所需的温度与时间应按具体货物而定。一般情况下，温度愈低，持续时间愈长，霉腐微生物的死亡率愈高。

(4) 气相防霉腐。气相防霉腐是使用具有挥发性的防霉防腐剂，利用其挥发生成的气体，直接与霉腐微生物接触，杀死或抑制霉腐微生物的生长，以达到防霉腐的目的。为了提高防霉腐的效果，一般是在密封条件下进行。常用的气相防霉腐剂有多聚甲醛和环氧乙烷。

(5) 气调防霉腐。气调防霉腐是生态防霉腐的形式之一，通过改变储存环境的空气成分，达到抑制微生物滋生的目的。气调防霉腐常用的有氮气、二氧化碳、氧气等。

(6) 紫外线防霉腐。这种方法是利用紫外线杀灭霉腐微生物。仓库内(如纸烟库、中药材库、农副产品库等)可安装紫外线灯定期照射，进行环境消毒防霉。

(7) 微波防霉腐。这种方法利用微波引起货物分子的震动和旋转，由于分子间的摩擦产生热量，霉腐微生物体内温度上升而被杀灭。该方法适于粮食、食品、皮革制品、竹木制品、棉织品等货物的防霉腐。

(8) 远红外线防霉腐。远红外线是频率高于 300 万兆赫兹的电磁波，其杀菌原理是利用远红外线的光辐射和产生的高温使菌体迅速脱水干燥而死亡。远红外加热灭菌无须要媒介，热直接由货物表面渗透到内部。该方法适用于粉末、块状食品、坚果类以及袋装食品的直接灭菌。

(9) 辐照防霉法。利用放射同位素如钴 60 释放的各种放射线照射易霉腐货物，从而直接破坏霉腐微生物体内脱氧核糖酸和其他物质将微生物杀死。这种方法已应用于医疗器材和用品消毒，食品防腐及皮革制品、纸烟、烟叶、中药材的防霉，效果十分显著。

(10) 高压电场脉冲防霉腐。高压电场脉冲灭菌是将食品置于两个电极间产生的瞬间高压电场中，由于高压电脉冲能破坏细菌的细胞膜，改变其通透性，从而杀死细胞。

【案例分析 4-4】

生鲜食品——鲜蛋的库存养护

生鲜食品的库存养护是指鲜蛋、蔬菜、水果、速冻食品(水饺、汤圆等)储存在货物冷藏仓库中，库温一般控制在-1～5℃。生鲜食品入库前应做好仓间消毒。

仓间消毒采用紫外线、抗霉剂、消毒剂 3 种方法，达到仓间内每平方厘米内微生物孢子数不超过 100 个。对于冷库内使用的工具、设备及操作人员穿戴的工作服、工作帽等，可用紫外线辐射杀菌消毒，也可用 10%～20%的漂白粉溶液或 2%的热碱水或双氧水消毒。

仓库内发现有异味，可采用臭氧办法消毒或用 2%甲醛水溶液，5%～10%醋酸与 5%～20%的漂白粉溶液消除异味。

鲜蛋进库要合理堆垛，否则就会缩短贮存时间，降低蛋的品质。蛋箱、蛋篓之间要保持空隙，码垛不宜过大过高，一般不超过 2～3 千克，高度要低于风道口 0.3 米，要留缝通风，墙距 0.3 米，垛距 0.2 米，保持温度均衡。鲜蛋不能同水分高、湿度大、有异味的货物同仓间堆放。特别是一、二类蛋要专仓间专储(鲜蛋的保质期限一般为：一类蛋为 9 个月，二类蛋为 6 个月，三类蛋为 3～4 个月)。满仓后即封仓。每个堆垛要挂货卡，严格控制温湿度是鲜蛋储存中质量好坏的关键，最佳仓间温度为-1～1.5℃，±0.5℃；相对湿度为 85%至 88%为宜，±2%。仓库温度过高，会缩短鲜蛋储存期和降低鲜蛋的品质；温度过低，会使鲜蛋冻裂。相对湿度过高会导致鲜蛋霉变；过低会增加干耗。为有效控制温湿度，必须做到：①每次进仓库的鲜蛋数量不宜过大，一般不超过仓容量的 5%；②仓库温差不得超过 2℃；③冷风机冲霜每周 2 次，时间不宜过长；④仓间温度在-15℃时，即可关闭制冷机；⑤应定时换入新鲜空气，换入体积每昼夜相当于 2～4 个仓间容积；⑥定期抽查和翻箱，一般每 10 天抽查 2%～3%；⑦压缩机房应每隔 2 小时对仓间温度检查一次。

(资料来源：http://www.cszk.com.cn)

思考题：

生鲜食品在存储时容易发生哪些生理生化变化？可采用哪些防治方法？

(3) 虫害的防治。要防治虫害，首先要做好环境卫生，杜绝适宜害虫生长的环境；其次对仓库害虫藏匿和过冬的地方，定期做好消毒工作；对入库货物进行检查和处理，防止带入仓库害虫。同时，积极采取物理方法和化学方法消灭仓库害虫。常用的物理方法有：灯光诱杀、密封法、充氮、充二氧化碳、辐射、微波、紫外线、高温、低温等。化学方法主要是通过使用化学药剂，通过胃毒、触杀或熏蒸等作用杀灭害虫。

(4) 鼠害的防治。老鼠属啮齿目鼠科动物，对人类危害很大，它直接损害粮食及其他库存货物，破坏货物包装，并传播病菌。常用的灭鼠方法主要有：器械捕鼠、毒饵诱杀、粘鼠胶、熏蒸法、化学绝育等。

(5) 锈蚀的防治。金属材料和金属制品在储存保管中的主要工作就是防治锈蚀。常用的防锈蚀方法有气相防锈、涂油防锈、涂漆防锈、可剥性塑料封存等。同时，金属生锈是很难完全避免的，如果金属材料或者金属制品已经生锈，就要及时进行除锈，以避免金属被严重锈蚀，完全失去使用价值。

【课外资料 4-6】

常用的防锈蚀方法

(1) 气相防锈。气相防锈是利用气相缓蚀剂在金属货物周围挥发出缓蚀气体，以隔阻空气中氧、水分等有害因素的腐蚀作用，从而达到防锈的目的。使用气相缓蚀剂，可在不必直接接触金属表面的情况下使金属制品的表面、内腔、管道、沟槽甚至缝隙部位都得到保护。

(2) 涂油防锈。涂油防锈是一种常用的简便而又有效的防锈方法，通过在金属表面喷涂一层具有缓蚀作用的防锈油脂，以此阻止水分、氧气及其他有害气体接触金属表面，从而起到防止或减缓金属生锈的作用。这是一种短期的金属防锈方法。

(3) 涂漆防锈。对一些瓦木工具、农具、炊具等不便进行涂油防锈的，可用酯胶清漆或酚醛清漆加等量稀释剂，然后用来浸沾或涂刷，使金属表面附着一层薄漆膜，干燥后即可防锈。但因漆膜较薄，还可以透过氧及水气，因此只能短期防锈。如果储存条件比较干燥，环境又比较清洁，则防锈时间可以得到适当延长。反之，如果储存条件湿度较大，环境卫生条件又较差，则防锈时间就会缩短。

(4) 可剥性塑料封存。可剥性塑料是以塑料为基体材料或成膜物质加入矿物油、增塑剂、稳定剂、缓蚀剂、防霉剂等加热或溶解而成的。可用浸、涂、刷、喷等方法将其散布在金属上，待冷却或溶剂挥发后，即形成一层可以剥落的特殊的塑料薄膜，它能够阻隔锈蚀介质对金属的作用，从而达到防锈目的。根据成膜物质和使用方法不同，可剥性塑料可分为热熔型和溶剂型两大类。

【课外资料 4-7】

常用的除锈方法

除锈方法主要分为物理方法和化学方法两大类。

(1) 物理方法。物理方法除锈是利用机械摩擦除去锈层的方法，可分为以下两种。

① 人工除锈法。人工除锈即依靠人工使用钢丝刷、铜丝刷、砂纸、砂布等打磨锈蚀物表面、除掉锈层的方法。对于比较粗糙的制品可使用钢丝刷、粗砂布或粗砂纸打磨；一般精度的金属制品及零件，可使用软铜或细砂布(纸)打磨；表面有镀层或经过抛光的金属制品，可用砂布蘸抛光膏、去污粉等打磨。

② 机械除锈法。机械除锈法即利用专门的机械设备进行打磨除锈，如摩擦轮除锈法、滚筒除锈法和喷砂除锈法等。

(2) 化学方法。化学方法除锈是利用酸溶液与金属表面锈蚀物发生化学反应，使不溶性的锈蚀产物变成可溶性物质，脱离金属表面溶入溶液中，达到除锈目的。

(6) 老化的防护。防老化是指根据高分子材料的变化规律，采取各种有效措施，以减缓其老化速度，达到延长其使用寿命的目的。在保存时，可通过控制仓储条件，尽量减少外界因素的干扰与影响。常用方法有添加防老剂、添加防护层等。对于容易老化的货物，在储存保管过程中要注意防止日光照射和避免高温的影响，更不能在阳光下曝晒。

【课外资料4-8】

常用的防老化方法

常用的防老化方法有以下两种。

(1) 添加防老剂。防老剂是一种能够防护、抑制或延缓光、热、氧、臭氧等对高分子有机物产生破坏作用的物质，可分为抗氧剂、光稳定剂、热稳定剂等。防老剂可以在聚合反应时或聚合反应的后处理中加入，也可以在制成半成品或成品时加入。选择时除必须考虑针对性外，还应考虑相混性、不污染食品、无毒、无害、廉价等因素。常用的有：抗氧剂芳香胺类，光稳定剂如氧化锌、钛白粉、炭黑，热稳定剂如硬脂酸钙等。

(2) 添加防护层。这是一种物理防老化法，通过在高分子有机物表面附上一层防护层，起到阻缓甚至隔绝外界因素对高分子有机物的作用，从而延缓高分子有机物的老化。如将石蜡、蜡等喷于塑料或橡胶制品的表面，以隔绝光和氧的作用而达到防老化的目的。

此外，对于容易老化的货物，在储存保管过程中要注意防止日光照射和避免高温的影响，更不能在阳光下曝晒；同时注意码放的方法，垛高要适度，不宜堆压太多，以免底层受压过重而造成高分子蠕变；注意库房卫生，加强库存的定期、定时检查等。

习　题

一、单选题

1. 第三方物流企业的仓储属于(　　)。

   A. 公共仓储　B. 营业仓储　C. 企业自营仓储　D. 战略储备仓储

2. (　　)是确保入库货物数量准确和质量完好的重要步骤。

   A. 入库作业　B. 入库手续办理　C.货物验收　D. 入库单检查

3. 不能实现货物先入先出的是(　　)。

   A. 托盘货架　B. 重力式货架　C. 驶入式货架　D. 抽屉式货架

二、多选题

1. 货物验收包括(　　)。

   A. 核对凭证　B. 实物验收　C. 数量验收　D. 质量验收

2. (　　)属于货物在保管过程中的物理变化。

A. 熔化　B. 串味　C. 溶化　D. 沉淀　E. 锈蚀　F. 老化

3. 下列(　　)属于“五距”。

A. 垛距　B. 柱距　C. 灯距　D. 外距　E. 墙距

三、简答题

1. 仓储的作用有哪些?
2. 货物会发生哪些质量变化?防治货物质量变化的方法有哪些?

四、案例分析题

某电商公司长期以来一直以满足顾客需求为宗旨。为了保证供货,该公司在全国建立了 500 多个仓库。但是仓库管理成本一直居高不下,每年大约有 2000 万元。所以该公司聘请一家咨询公司做了一项调查报告,结果为:以目前情况,如果减少 202 个仓库,则会使总仓库管理成本下降 200 万～300 万元,但是由于可能会造成供货紧张,销售收入会下降 30%。

思考题:

(1) 如果你是总经理,你是否会依据咨询公司的结果减少仓库?为什么?

(2) 如果不这样做,你又如何决策?

第五章　运　　输

【案例导入】

美国迈阿密的鲜花运输

专业经营新鲜花卉，实际上仅仅经营玫瑰花保鲜物流链配送服务并且获得巨大成功的美国迈阿密“农场直达(Farm Direct)”花卉公司总裁布里恩对来访者说：“我们没有任何秘密，也无须要有关物流的高谈阔论，我们靠的是实干和为鲜花运输不惜日夜操劳，当然我们同时会不断总结经验，向一切竞争对手学习，利用一切现代化手段和电子信息技术，把我们运营的花卉物流系统的所有功能发挥到极限。”

每天晚上，几架空运货机，满载着从拉丁美洲新收割的玫瑰花，徐徐降落在迈阿密国际机场。经过简短的手续后，鲜花被装载到专程前来接运的集装箱卡车或者国内航空班机上，直接运送到国内各地的物流链配送服务站、超级市场和大卖场，再通过它们飞速传送到北美大陆各大城市的鲜花商店、小贩、快递公司和消费者手中。鲜花物流系统的操作过程，听起来挺不错，但是其中的酸甜苦辣，只有总裁布里恩最清楚。这位鲜花公司老板一直在抱怨：花卉货运代理、承运人和飞机场非常缺乏按时保质保量运输鲜花所必需的物流设备和资源，否则他的新鲜玫瑰交易可以在北美市场更加红火。

布里恩遇到的第一个问题就是怎样把万里外的拉丁美洲农场新收割下来的玫瑰花迅速地送到北美各大城市的消费者手中。他不止一次发现，在这个过程中的每一个环节，一旦处理不到位，都可能成为玫瑰花的保鲜“杀手”。

布里恩的“农场直达”花卉公司向北美各大城市配送的玫瑰花就是从坐落在南美洲厄瓜多尔中部科托帕希山区四周的 3 家大型农场定点采购的。所有的玫瑰花在科托帕希农场收割后，立即现场包装，每 150 株玫瑰花包成 1 盒，然后装入集装箱，运送到厄瓜多尔首都基多的国际机场。玫瑰花收割后，通常可以在正常情况下保鲜 14 天。最科学的保鲜办法是，收割下来并准备长途运输的玫瑰花应该尽快装入纸盒后立即存储在华氏 34℃的冷藏集装箱内。在“农场直达”花卉公司的统一安排下，这些集装箱连夜运送到美国迈阿密飞机场，第二天早上，海关当局、检疫所和动植物检验所进行例行检查，然后再把玫瑰花发往北美各大城市的配送站。

在物流过程中由于遇到种种事先无法估计的不确定因素，总是会出现事与愿违、令人不愉快的事情。首先，在物流过程中的每个环节上可能会出现意外“抛锚”。从科托帕希农场运出的新收割的玫瑰花一经包装，必须在晚上 8 时之前运到基多飞机场，然后飞机必须连夜起飞，直抵迈阿密。在这过程中可能遇到飞机脱班、晚点、飞机舱容装不下全部鲜花集装箱等情况，好不容易运到迈阿密国际机场，可是在机场仓库耽搁了不少时间，冷藏集装箱的温控设备失灵，致使箱内温度升到华氏 60℃。等到迈阿密国际机场的美国海关官员打开集装箱检查的时候，玫瑰花几乎全部腐烂了。当航空货机抵达迈阿密飞机场的时候，许多花卉货主又可能给新鲜玫瑰花的运输带来麻烦。他们为了节约经费，竟然把鲜花直接装运在敞口的卡车上，完全暴露在空气中。即使进入温控仓库，已经怒放的玫瑰花还是不够安全，必须在规定的时间内配送到南部佛罗里达州，从那里用集装箱卡车或者短程飞机运送到零售商手中。还有一些花卉批发商，竟然把玫瑰花箱子装在客机的底部货舱内，那里的条件最差，飞机在高空飞行的时候，货舱里气温很低，玫瑰花很容易被冻坏。

目前，“农场直达”花卉公司分别与联邦快递公司和联合包裹服务公司签订有关提供一体化快递服务合同，通过他们的运输服务把鲜花直接运送到美国各地。一体化快递服务给“农场直达”花卉公司带来准时、稳定的物流服务，公司的玫瑰花生意好做多了。虽然快递服务的成本挺高，但是在鲜花传送行业中，迄今没有其他替代办法。过去采用民航、集装箱卡车运送，一旦抛锚或者发生耽搁，运送的鲜花就彻底完蛋。“农场直达”花卉公司在 2001 年用 FedEx 航班运送花卉，98.4%成功，1.6%失败，这个失败比例虽然不大，但对“农场直达”花卉公司是一个不小的损失。一纸盒 150 株玫瑰花，每株采购价格是 25 美分，运输价格每株 20 美分，净成本是每纸盒 67.5 美元，每纸盒 150 株玫瑰花批发给花店或者花商是 150 美元，“农场直达”花卉公司从中净赚 82.5 美元，而花店一转手的零售价是 650 美元，这就是说每毁坏一纸盒玫瑰花，仅仅花商就要损失 500 美元，损失 100 纸盒玫瑰，花商就损失 5 万美元。

现在，由于花卉运输管理和物流服务稳定可靠，“农场直达”花卉公司可以向消费者承诺：从他们那里批发销售的新鲜玫瑰花，至少 4 天不败。

(资料来源：张荣忠. 美国迈阿密的花卉物流系统[J]. 中国远洋航务公告，2003(3))

第一节 运输概述

一、运输的定义

运输(Transportation)的定义为“用专用运输设备将物品从一个地点向另一个地点运送。其中包括集货、分配、搬运、中转、装入、卸下、分散等一系列操作”(GB/T18354—2006)。

从运输的定义不难看出，运输是以改变物品的空间位置为目的的活动，对物品进行空间移动。

二、运输的地位

(一)运输是社会物质生产活动的必要条件之一

运输是国民经济的基础和先行。自从出现了人类活动，就出现了运输活动。运输这种生产活动和一般生产活动不同，它不创造新的物质产品，不增加社会产品数量，不赋予产品新的使用价值，而只是改变物品所在的空间位置。

运输是社会物质生产的必要条件，主要表现在两个方面：在生产过程中，运输是生产的直接组成部分，没有运输，生产内部的各环节就无法联结；在社会上，运输是生产过程的继续，这一活动联结生产与再生产，生产与消费的环节，联结国民经济各部门、各企业、城乡和不同的国家与地区。

(二)运输是物流的主要功能要素之一

物流实现了物的物理性运动，这种运动不但改变了物的时间状态，也改变了物的空间状态。运输是改变空间状态的主要手段，再配以装卸搬运、配送等活动，就能圆满完成改变空间状态的全部任务。

在现代物流概念未诞生之前，很多人将运输等同于物流，主要原因是，运输是物流的主要环节，是物流的主要功能。

(三)运输可以创造物的“场所效用”

场所效用的含义是：同种“物”由于空间场所不同，其使用价值的实现程度则不同，其体现的效益也不同。由于改变场所而能使物的使用价值发挥出最大效用，最大限度地提高了投入产出比，这就是物的“场所效用”。

通过运输这个环节，将“物”运到场所效用最高的地方，发挥出“物”的最大潜力，实现资源的优化配置。从这个意义上来讲，也相当于通过运输提高了物的使用价值。如深山中的矿产资源，森林中的木材，如果不运出供人类利用，则体现不出它的价值。

(四)运输是“第三利润源”的主要源泉

运输是运动中的活动，它和静止状态的保管不同，需要依靠大量的动力消耗才能实现这一活动，同时运输又承担着大跨度空间转移的任务，所以运输活动持续的时间长、距离远、实现该活动消耗的资源也大，运输费用所占物流总费用的比例也最高。从历年统计数据来看，我国运输费用一般占社会物流总费用的 50%以上，所以合理化运输节约物流成本的潜力是巨大的。

第二节 运输方式及设备

我国古代就有了掌管道路的专职人员，开始有组织地修筑道路，发展交通。目前，我国有五种运输方式，分别是公路运输、铁路运输、水路运输、航空运输和管道运输。在我国，公路运输每年承担的货运量最大，也是大家最熟悉的一种货物运输方式。

一、公路运输

(一)概述

公路运输(Highway Transportation)是指利用公路运送旅客和货物的运输方式。

公路运输是在 19 世纪末随着汽车的诞生而出现的，是交通运输系统中的重要组成部分，主要承担短途客、货运输任务。现代公路运输所用运输工具主要是汽车。因此，公路运输一般是指汽车运输。特别是在地势崎岖、人烟稀少、铁路和水运不发达的边远和经济落后地区，公路作为主要的运输方式，起着运输干线的作用。

(二)公路运输的特点

1. 优点

(1) 机动性强、方便灵活。由于公路基础设施的快速发展，公路四通八达，可以方便地实现“门到门”的直达运输，避免了反复装卸搬运所可能造成的物质破损；而且还可以作为其他运输方式的衔接手段，从而使公路运输成为综合运输体系中的重要组成部分。

(2) 在中、短途运输中，运送速度较快。在中、短途运输中，中途无须要倒运、转乘就可以直接将客、货运达目的地，与其他运输方式相比，公路运输货物在途时间较短，运送速度较快。

(3) 原始投资少，资金周转快。公路运输与其他运输方式相比，固定设施简单，车辆购置费用较低，投资小，回收周期短。有关资料表明，在正常经营情况下，公路运输的投资每年可周转 1～3 次，而铁路运输则需要 3～4 年才能周转一次。

2. 缺点

(1) 公路运输载货量小，不适于长距离运输。

(2) 长途运输费用较贵。公路运输费用较高，吨公里费用一般是铁路的3～4倍。

(3) 能源消耗大，环境污染严重。目前，机动车排放的污染物占空气污染物总量的一半以上。在北京、上海等大城市，80%以上的一氧化碳和40%以上的氮氧化物来自汽车尾气的排放。

【课外资料5-1】

机动车排放是雾霾的重要来源

美国、欧洲等发达国家和地区的大气污染防治经验表明，机动车排放是大气细颗粒物污染的重要来源。据统计，美国2016年机动车NO_x、VOC_s和颗粒物(PM)的排放量分别为361万吨、176万吨和13万吨，占该污染物排放总量的34%、11%和2%。美国的研究表明，机动车排放是大多数城市大气PM2.5浓度的首要贡献者，分担率约在10%～63%。

欧洲2014年机动车NO_x、VOC_s和PM排放量分别为308万吨、72万吨和16万吨，占该污染物排放总量的39%、10%和13%。同时，欧洲研究结果还表明，机动车排放对城市大气PM2.5浓度分担率约在9%～66%，城市交通监测点检测出的平均分担率为34%，市背景监测点检测出的平均分担率为15%。

根据中国已经完成的第一批城市大气细颗粒物源解析结果，大多数城市PM2.5浓度的贡献仍以燃煤排放为主，部分城市机动车排放已成为首要来源。北京、上海、杭州、广州和深圳的移动源排放成为首要来源，占比分别达到31.1%、29.2%、28%、21.7%和41%。南京、武汉、长沙和宁波的移动源排放为第二大污染源，分别占24.6%、27%、24.8%和2%。石家庄、济南、保定、衡水和沧州移动源排放占比相对较小，分别为15%、15%、0.3%、13.5%和19.2%，在各类污染源的分担率中排第三或第四位。以上城市的大气细颗粒物源解析结果为全年平均占比，在北方地区的冬季采暖期间，由于采暖造成的污染物排放显著增加，机动车排放分担率有所下降。但在重污染期间，机动车排放在本地污染积累过程中的作用明显，加大对机动车排放控制力度，有助于缓解污染的严重程度。

(资料来源：鲍晓峰等. 机动车排放是雾霾元凶吗[N]. 中国经济报告，2017-02-21.)

(三)公路运输的分类

1. 按货运营运方式分类

按照货运营运方式的不同，公路运输可分为整车运输、零担运输、集装箱运输、联合运输和包车运输。

整车运输是指一批托运的货物在 3 吨及其以上或虽不足 3 吨，但其性质、体积、形状需要一辆 3 吨及其以上汽车运输的货物运输，如需要大型汽车或挂车(核定载货吨位 4 吨及以上的)以及容罐车、冷藏车、保温车等车辆运输的货物运输。

零担运输是指托运人托运的一批货物不足整车的货物运输。

集装箱运输是将适箱货物集中装入标准化集装箱，采用现代化手段进行的货物运输。在我国又把集装箱运输分为国内集装箱运输和国际集装箱运输。

联合运输，是指一批托运的货物需要两种或两种以上运输工具的运输。目前我国联合运输有公铁(路)联运、公水(路)联运、公公联运、公铁水联运等。联合运输实行一次托运、一次收费、一票到底、全程负责的原则。

包车运输是指根据托运人的要求，经双方协议，把车辆包给托运人安排使用，按时间或里程计算运费的运输。

2. 按照托运的货物是否办理保险分类

按照托运的货物是否办理保险分类，公路运输可以分为不保险运输、保险运输。

运输的货物保险与否采取托运人自愿的办法，凡办理保险的，需按规定缴纳保险金或保价费。保险运输需由托运人向保险公司投保或委托承运人代办。

3. 按货物种类分类

根据货物种类分为普通货物运输和特种货物运输。

普通货物运输是指对普通货物的运输。

特种货物运输是指对特种货物的运输，特种货物包括超限货物、危险货物、贵重货物和鲜活货物。

4. 按运送速度分类

按运送速度分，公路运输可分为一般货物运输、快件货物运输和特快专运。

一般货物运输即普通速度运输。快件货物运输要求在货物运输过程的各个环节中体现一个“快”字，运输部门要在最短的时间内将货物安全、及时、完好无损地送到目的地。

特快专运是指应托运人要求即托即运，在约定时间内运达。

【知识拓展 5-1】

根据《道路零担货物运输管理办法》(交公路发〔1996〕1039 号)的规定，快件零担货运是指从货物受理的当天 15 时起算，300 公里运距内，24 小时以内运达；1000 公里运距内，48 小时以内运达；2000 公里运距内，72 小时以内运达。

(四)公路运输的设施与设备

在五种运输方式中，公路运输的设施与设备相对简单，主要包括公路、汽车货运站和运输车辆等。

1．公路

公路(Highway)指连接城市之间、城乡之间、乡村与乡村之间和工矿基地之间的按照国据《中华人民共和国公路法》，公路可分为国道、省道、县道和乡道；国道和省道一般被称为干线，县道和乡道被称为支线。

根据我国现行《公路工程技术标准》，公路可分为高速公路和一、二、三、四级公路五个等级。

【知识拓展5-2】

国道的命名

我国国道分为三大类，命名分别以“1”“2”“3”开头。第一类：以北京为中心向全国各地延伸的国道以“1”开头，如G101国道，北京—承德—沈阳线；第二类：南北纵线国道(不通过北京)，以“2”开头，南北走向，如G220国道，东营—济南—郑州线；第三类：东西横线国道(不通过北京)，以“3”开头，东西走向，如G308国道，青岛—济南—石家庄线；另外，“五纵七横”主干线，以“0”开头，如G030京珠线：北京—石家庄—郑州—武汉—长沙—广州—珠海。

2．汽车货运站

汽车货运站，俗称汽车站，是货物运输过程中进行货物集结、暂存、装卸搬运、信息处理、车辆检修等活动的场所。其主要任务是安全、方便、及时地利用公路完成货物运输任务。汽车货运站按货运形式划分，可分为整车货运站、零担货运站(含快速货运)、集装箱货运站和综合货运站。

(1) 整车货运站是从事货运商务作业(托运、承运、结算等)的场所，主要经办大批量货物的运输。承担货运车辆在站内的专用场地停放和保管作业，主要提供大型载货汽车和高生产率的装卸机械，一般不提供仓储设备。

(2) 零担货运站是指专门经营零担货物运输的汽车站。多为货主自行运货到站或由车站业务人员上门办理手续，货运计划性差；站内业务工作量大而复杂，对车站的设施建设要求高。

(3) 集装箱货运站主要承担集装箱中转运输任务，实现港口、火车站与货主之间的门对门运输和完成中转集装箱的拆箱、装箱、仓储和接送任务。

由上述两种或两种以上货运站组成的货运站。

3．运输车辆

在物流运输中，公路货运车辆按照使用范围分类，可分为普通货运汽车和专用货运汽车两大类。

(1) 普通货运汽车(General Goods Vehicle)主要运输一些对温度没有特殊要求的普通产品，如电子电器、食品、饮料、文具、服装、机械等，主要有普通拦板式货车、厢式车等。

①普通拦板式货车(Common Block Type Truck)具有拦板式车厢，具有整车重心低、载重量适中的特点。②厢式车(Van Vehicle)又叫厢式货车，主要用于全密封运输各种物品，特殊种类的厢式车还可以运输化学危险物品。厢式车具有机动灵活、操作方便、工作高效、运输量大，充分利用空间及安全、可靠等优点。

(2) 专用货运汽车(Specialize Goods Vehicle)是指装有专用设备、具备专用功能、承担专门运输任务的汽车，主要包括保温车、冷藏车、自卸车、罐式车、汽车列车和集装箱运输车等。

①冷藏车和保温车都是用来运输冷冻或保鲜货物的封闭式厢式运输车，主要用于冷冻食品、奶制品、蔬菜水果、疫苗药品等货物的运输。②自卸车(Self-Discharging Wagon)可以自动后翻或侧翻使货物自动卸下，具有较大的动力和较强的通过能力，是矿山和建筑工地进行物流运输的理想车种(见图 5-1)。③罐式车(Tank Car)是指装有罐状容器的运货汽车。罐式车专门用于装运散装的液状、粉状、颗粒状、气体等具有一定流动性的货物。④汽车列车(Combination of Vehicles)是由汽车或牵引车和挂车组成的车列。有驱动能力的车头叫牵引车，牵引车后面没有牵引驱动能力的车叫挂车(Trailer)，挂车是被牵引车拖着走的。牵引车和挂车的连接方式有两种：第一种是挂车的前面一半搭在牵引车后段上面的牵引鞍座上，牵引车后面的桥承受挂车的一部分重量，这就是半挂车(Semi-Trailer)。第二种是挂车的前端连在牵引车的后端，牵引车只提供向前的拉力，拖着挂车走，但不承受挂车的重量，这就是全挂车(Full Trailer)(见图 5-2)。⑤集装箱运输车(Pallet Carrier)是指专门用来运输集装箱的专用汽车。它主要用于港口码头、铁路货场与集装箱堆场之间的运输。其特点是，可以将种类繁

图 5-1　自卸车

多、形状各异、大小不等的货物在运输前装入标准尺寸的集装箱内，便于实现水陆空联运。

(a) 半挂汽车列车　　(b) 全挂汽车列车

图 5-2　汽车列车

【知识拓展 5-3】

保温车、冷藏车、恒温车的区别

保温车运输货物对温度有一定的要求，范围一般在 5～15℃，保温车可以不用加装制冷机组，厢体采用聚氨酯发泡技术的保温隔热板制成，一般运输时厢体内放置冰块降温，适合一些短距离、对温度不敏感的运输作业。优点是成本低。缺点是不适合中长途运输，且作业面窄，必须依靠冷库作业。

冷藏车运输货物对温度要求一般为-18～5℃，冷藏车也是采用聚氨酯发泡的保温隔热厢板制成，厢体内安装独立式或非独立式制冷机组，温度可以设定并调节，最低温度可以在零下 18℃。独立式制冷机组一般安装在半挂冷藏车中供长途运输或在中途需要停车的运输环境下，优点是温度可调，运输货物的种类多，作业范围广，可以应对各类对温度有不同需求的医药疫苗、冷饮冷冻、果蔬等货物的运输，与保温车不同的是，多了一个制冷机组。

恒温运输车一般要求恒温 5℃或恒温 10℃，此类车一般需要安装双机组，即制冷机组和制热机组，光有制冷机组温度只能保证低于室外温度，但是如果要求 5℃恒温，但此时室外温度是 0℃，那就必须采用双机组来平衡温度，保证厢体内的恒温。优点是全面兼容各类温度要求，温度范围无死角，作业面更广，与冷藏车不同的是，多一个制热机组。

(资料来源：http://www.0722zyqc.com/indu-news/441.html)

【案例分析 5-1】

公路运输——西煤南运的最佳运输方式

我国西南部的云南、贵州等省都是主要煤炭产地，而煤炭是广东珠三角地区主要的能源来源。目前，南方一些企业专门从事燃料物流业务，采用哪种方式将煤从云南、贵州运往珠三角地区更加经济合理呢？

一、煤炭燃料的铁路与水路联运

在公路运输不发达、基础公路设施差的情况下，煤炭物流主要采用多式联运。这种方式因中间环节多，耗损很大。图 5-3 是西南部煤炭多式联运流程，该流程描述了西南部煤炭燃料采用铁路与水路联运的作业流程。

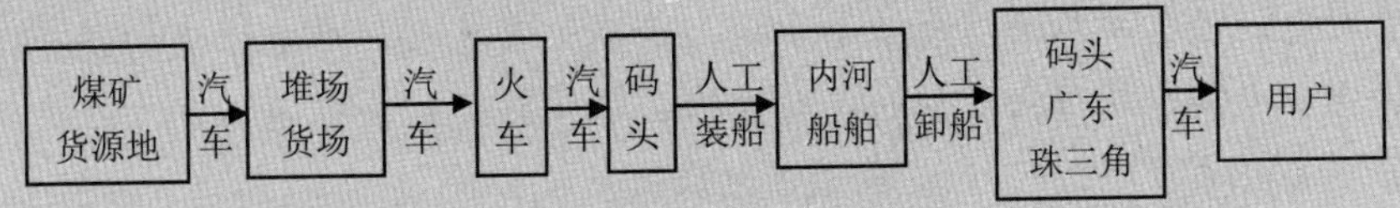

图 5-3 煤炭多式联运流程

1. 采用铁路与水路联运的物流总成本

企业采用铁路与水路联运方式，从广西或贵州运输 1 吨煤炭到广东珠三角地区，各单项费用大约为：煤炭价格为 700 元/吨；汽车运费为 50 元/吨；场地费和装卸搬运费为 30 元/吨；火车皮运输、制单费用和装卸搬运费为 220 元/吨；码头中转费为 35 元/吨；船舶运费为 60 元/吨；卸船费、短途汽车运费为 30 元/吨。

相应的，总成本为：700+50+30+220+35+60+30 = 1125 元/吨。

物流过程中由于装卸发生的货损约 70 元/吨，即物流总成本为：1125+70=1195 元/吨。

2. 采用多式联运的不利因素

(1) 物流周期长。铁路运输需要申请车皮，中转货物到码头，等待所租定的船舶，这样就使得物流周期过长(差不多要 2～3 个星期)、物流效率低。

(2) 质量变异大。由于运输时间过长，大量风化，导致煤炭中的固定碳的含量降低。而中转环节过多，货损亏吨的情况也非常严重。

(3) 物流成本高、风险大。云南曲靖地区的火车车皮经常短缺，使得火车的运输成本波动很大。船运货物会因河道水位的升降影响航期；波浪造成的震动会使货物散落、压碎，造成货物损坏，等等。

二、煤炭燃料的公路运输

1. 煤炭采用公路运输的成本计算

企业采用公路运输，将每吨煤炭从西南部货源地运到珠三角地区，这种运输方式一般都是一次性结算，货物损耗较小，可以忽略不计。

物流总成本最高为 1180 元/吨，这个价格包括煤炭价格、汽车公路运费、中转费和装卸费等所有费用。运输流程如图 5-4 所示。

图 5-4 煤炭的公路运输流程

2. 煤炭采用公路运输的优势

(1) 速度快。煤炭开采出来后，就立刻用人工装上汽车，经过短途运输送到中转地。因为汽车行程固定，往返一趟时间也容易确定，运输工具充足，可以根据需要选择合适吨位的汽车。货物在中转地的堆放时间一般都很短，从中转地经公路运输到珠三角的中山、佛山等地的正常运输时间为2～3天，物流速度大大提高。

(2) 质量损耗少。采用公路运输，物流程序大大简化，中转装卸次数少，很大程度上减少了中转环节和煤炭堆放的时间，保证了煤炭的质量，也使货损大幅下降。

(3) 风险低。汽车调度灵活，而且货运时间缩短，降低了煤炭风化变质的风险。

(资料来源：赵霞. 公路运输—西煤南运的最佳运输方式[J]. 中国物流与采购，2005(18))

思考题：

1. 如果将一批电煤从大同运往广州，采用哪种运输方式比较合理？
2. 什么原因导致铁路和水路联运比公路运输成本高？

【案例分析5-2】

骡迹物流：货运界“滴滴打车”

在出租车客运市场，滴滴、快的打车应用软件让乘客和司机都尝到了移动互联带来的甜头。现如今，互联网也将这样的风口吹入了货运领域。一时间，货运领域的“滴滴打车”层出不穷，自然也少不了勇于“吃螃蟹”的人。

一直以来，国内的公路运输存在“杂、散、乱”的特点，货运车辆的空驶率高达40%，利用率极低。如何做到车货匹配、优化运力、降低物流成本，一直是困扰物流人的难题。骡迹物流手机客户端从2014年12月正式上线到现在，已经聚焦了40多万司机和货主用户。类似于滴滴、快的等打车软件，骡迹物流分为货主、司机两个客户端。通过平台，货主和司机可以免费实现双方物流信息的及时对接，骡迹物流帮货主找车，而不再需要传统的中介“黄牛”。骡迹物流一定程度上借鉴了滴滴打车的模式，但又不完全等同于打车软件。滴滴打车是在出租车与乘客之间的单维度匹配，即基于地理位置的距离长短。而骡迹物流，除了要做到距离匹配，还要考虑到货运车辆的载重力、货物的大小类型、时间线路等多维度的匹配。随着注册的车主与货主越来越多，平台对车辆和货物的信息描述也越来越精细，双方匹配的成功率也就越来越高。平台会根据货车车辆的注册信息，去针对司机精准推荐货源。一个开高栏车的司机，骡迹物流不会让他去拉苹果电脑，而是去拉苹果水果。

除了货源匹配之外，大部分司机更关心如何让拉活的频次更高，不空载，价格更公道。

廊坊的个体司机小刘介绍，自己入行三年，都是通过货站和传统的配货网站得到订单。黄牛中介费的层层盘剥让他每个月的收入只有三千元左右，扣除养车、修车等开销，根本剩不下几个钱。如果是发车去北京、天津，当日发车当天回的话，回程往往要空跑；等在当地趴活的话，通常要等上两三天。骡迹物流可以让他出发之前，就知道把活拉到目的地后，在附近哪里可以再装一箱货回来。

全国从事物流货运的企业共有 80 多万家，但大部分规模较小，效益较低。其中 90%的物流公司自有货车还不到 10 台，全国拥有 3000 多万小刘这样的个体司机。与此同时，一些物流企业却往往面临“找不到车”的局面。一些大的物流企业每年采购外勤车辆的成本是巨大的，甚至花费上亿元还不能满足运力的需求。另外一些物流线路因季节等因素会产生波动的运输需求，需要临时增加外部运力。虽然发货公司及第三方物流公司通常有稳定合作的熟车司机，但当熟车运力不够的情况下，会在骡迹物流寻找信誉评价较高的司机，在进入市场初期切入并整合资源，之后再慢慢培养用户黏性，货主们以后会逐步发现，通过骡迹物流找到的运力比他们自己找的还要便宜、可靠。此外，物流园区也是骡迹物流现阶段投入精力整合的资源。骡迹物流会根据平台上货运车辆的运行轨迹的即时数据，为物流园区老板推荐车辆。比如，一个在南通的物流园区有发货需求，骡迹物流平台就可以计算出当天经上海、成都等方向过往南通的车辆。在这些车开往南通方向的时候，平台就会向司机推送适合的货物信息，供其接单。

目前在骡迹物流平台上日均订单量为 20 万票。通过平台，货车司机的接单量至少能增加一倍。且无论是物流园区、物流公司还是货车司机，通过平台，可以帮他们省去给“黄牛”的中介费。骡迹物流平台上现有的运单价格平均在 12000 元左右。考虑到传统支付方式所带来的收款风险，最好的方式就是通过第三方平台线上支付。骡迹物流曾收到司机投诉：在司机和货主线下交易环节，司机方已经将货送到，但却被货主押款，事后拨打货主电话却怎么也找不到人。物流行业长久以来已经形成了固有的支付方式，对于培养司机和货主线上支付的习惯，骡迹物流还有很多工作要做。

（资料来源：王钰. 骡迹物流：货运版“滴滴打车”[N]. 新金融观察，2015）

思考题：

结合案例，分析骡迹物流能解决我国公路运输中的哪些问题。

【知识拓展 5-4】

由两种及其以上的交通工具相互衔接、转运而共同完成的运输过程统称为复合运输，我国习惯上称为多式联运。《联合国国际货物多式联运公约》对国际多式联运的定义是：按照多式联运合同，有至少两种不同的运输方式，有多式联运经营人把货物从一国境内接运货物的地点运至另一国境内交付货物的地点。而中国海商法对于国内多式联运的规定是，必须有种方式是海运。

(资料来源：http://baike.baidu.com/view/184813.htm)

二、铁路运输

(一)概述

铁路运输是一种陆上运输方式，它以两条平行的铁轨引导火车。铁路运输是一种适宜于远距离、大批量的运输方式，在国际货运中的地位仅次于海洋运输。在我国这样一个幅员辽阔、地形复杂、人口众多的国度，铁路运输无论是在过去、还是在现在和将来，都是综合运输网中的骨干和中坚力量。

(二)铁路运输的特点

1．优点

铁路运输的优点有以下几方面。

1) 运载量大

采用铁路运输方式，可以实现大批量运输。

2) 运输成本和能耗低

铁路运输适于中长途运输，相对于公路运输，铁路运费仅为汽车运费的几分之一，运输耗油约是公路运输的1/20。

3) 速度快

随着铁路技术的发展，铁路时速也越来越快，货运列车时速可达到160公里，还可以方便地实现驮背运输、集装箱运输及多式联运等。

4) 不受气候影响，稳定安全

铁路运输有固定的轨道，几乎不受气候影响，一年四季可以不分昼夜地、定期地、有规律地、准确地运转货物。

2．缺点

铁路运输有以下几方面缺点。

(1) 机动性差。铁路运输由于受线路和站点约束，灵活性差，不能实现“门到门”运输。

(2) 货损率较高。由于装卸次数多，货物损毁或丢失事故通常比其他运输方式多。

(3) 投资大，建设周期长。铁路运输需要铺设轨道、建造桥梁和隧道，需要消耗大量物资，其初期投资较大。

(三)铁路运输的分类

按照托运货物的数量、体积和形状分，铁路运输可分为整车运输、零担运输和集装箱运输。

(1) 整车运输(Transportation of Truck-Load)。一批货物的重量、体积、形状或性质需要一辆或一辆以上的货车装运的，可采用整车方式办理运输。

(2) 零担运输(Sporadic Freight Transportation)。一批货物的重量、体积、形状和性质均无须单独使用一辆货车装运的，则可按零担方式办理运输。按零担方式办理运输的货物，一件货物的体积不得小于 0.02 立方米(一件货物重达 10 千克以上的除外)，一张运单托运的货物不得超过 30 件。

(3) 集装箱运输(Container Transportation)。适合以集装箱运输的货物，可按集装箱运输方式办理。

【知识拓展 5-5】

货物按适合装箱程度的分类

按照适合装箱程度的大小，货物分为四类。

(1) 最适合装箱的最佳装箱货。一般均是价值大、易损坏、易被盗、运价高的商品，其尺寸、容积与质量等方面适合于装载集装箱的商品，如光学仪器、家用电器、医疗用品等体积不是很大的货物。

(2) 比较适合装箱的适合装箱货。一般是价值较大、较易损坏和较易被盗、运价较高的商品，如电线、电缆、纸浆和金属制品等货物。

(3) 介于适合与不适合装箱之间的边缘装箱货。从技术上看是可以装箱的，但由于其价值低廉，运价便宜，因而从经济上看装箱并不是最有利的，而且有些货物在包装方面难以进行集装箱运输，如钢、生铁和原木等。

(4) 完全不适合装箱的不适合装箱货。从技术上看装箱有困难，或是货运量不宜于直接用集装箱装运的货物，如桥梁、大型卡车以及原油、谷物和砂石等货物。

(四)铁路运输的设施与设备

铁路运输的设施设备主要包括铁路线路、铁路车站、铁路机车和铁路车辆，以及信号设备等。

1. 铁路线路

铁路线路(Railway Line)是由轨道、路基、桥隧及其他建筑物构成的，供列车按规定的速度行驶的铁路线。

根据铁路线在铁路网中的作用、性质和远期客货运量，以及最大轴重和列车速度等条件，铁路可分为Ⅰ级、Ⅱ级、Ⅲ级三个等级。

【知识拓展 5-6】

铁 路 等 级

Ⅰ级铁路：在路网中起骨干作用的铁路，远期年客货运量≥20 百万吨。

Ⅱ级铁路：Ⅱ级铁路分两种情况，一是在路网中起骨干作用的铁路，远期年客货运量<20 百万吨。二是在路网中起联络、辅助作用的铁路，远期年客货运量≥10 百万吨。

Ⅲ级铁路：为某一区域服务，具有地区运输性质的铁路，远期年客货运量<10 百万吨。

2. 铁路车站

铁路车站(Railway Station)简称铁路站，俗称火车站，是办理列车通过、到发、列车技术作业及客、货运业务的场所。

按照作业性质分，铁路车站可分为客运站、货运站和客货运站。

按照技术作业分，铁路车站可分为编组站、区段站和中间站。

【知识拓展 5-7】

按技术作业分类的铁路站

编组站是为大量货物列车编组、解体作业而设置的车站。

区段站是设在铁路牵引区段分界处的车站，主要办理列车机车换挂、技术检查及区段零担摘挂列车、小运转列车的改编等作业。摘挂列车是为区段内中间站服务的列车，它将到达的车辆送至中间站摘下，又将在中间站已进行完货物作业且与摘挂列车运行方向相同的车辆挂走。

中间站主要办理列车会让(单线铁路)和越行(双线铁路)作业的车站。技术作业有列车到发、会让和零担摘挂列车调车等。

3．铁路机车与铁路车辆

(1) 铁路机车。按照原动力分，铁路机车(Locomotive)可以分为蒸汽机车、内燃机车和电力机车。

蒸汽机车(Steam Locomotive)是利用燃煤或燃油的蒸汽机所产生的蒸汽，推动汽缸内的活塞往复运动，通过摇杆和连杆装置驱动车轮运行的机车。蒸汽机车结构简单，制造和维修方便，但它的热效率低(只有 8%左右)，需要大量的给水、给煤设备，目前已逐渐被淘汰。

内燃机车(Diesel Locomotive)的原动力来自柴油机内燃机车，热效率高，可达到 30%左右。内燃机车的整备时间短，持续工作的时间长，适用于长交路；用水量少，适用于缺水地区，初期投资比电力机车少。

电力机车(Electric Locomotive)本身没有原动力，它是依靠外部牵引供电系统供应电力，并通过机车上的牵引电机驱动机车运行。电力机车的热效率比内燃机车和蒸汽机车都高。同时，由于牵引能力大，节省能源，运营成本低，行驶质量高，环境污染小，电力机车成为今后机车的主要发展方向。

(2) 铁路车辆。铁路车辆(Railway Vehicle)是运送旅客和货物的工具，一般不具备动力装置，连接成列后由机车牵引运行。铁路车辆按用途来分类，可以分为铁路客车和铁路货车两大类。

铁路客车有硬座车(YZ)、软座车(RZ)、硬卧车(YW)、软卧车(RW)、餐车(CA)、行李车(XL)、邮政车(UZ)、公务车(GW)等。

铁路货车按车型分类，有敞车、棚车、平车、罐车、冷藏车、漏斗车及特种车辆等。

4．信号设备

信号设备主要是指信号和通信设备。信号设备的主要作用是保证列车运行与调车工作的安全和提高铁路的通过能力。铁路信号设备是一个总名称，按具体的用途又可分为铁路信号、连锁设备和闭塞设备。

铁路信号用于向有关行车和调车工作人员发出指示和命令。

连锁设备用于保证站内行车和调车工作的安全和提高车站的通过能力。

闭塞设备用于保证列车在区间内运行的安全和提高车站的通过能力。

【实训题 5-1】

铁路运输实训

任务：新疆天山种子站和乌鲁木齐车站签订了一份运输合同，运输号码为 00126。新疆天山种子站将 240 吨黄豆交给乌鲁木齐车站运往郑州北站，收货人为河南省兰考县种子公司。乌鲁木齐车站2016年12月15日承运，配给天山种子站4辆60吨的棚车，棚车车号为P3041493、P3041494、P3041495、P3041496；编织袋包装计4800件，每件50千克。装车后发站施封四枚，封号为00977、00978、00979、00980，由乌鲁木齐车站负责装车和施封，天山种子站当即支付全部运杂费用，货票第12号。货物到站后卸货作业分六个车站分卸。

上述各公司的相关职员共同完成此次铁路货物运输的全过程。其中：托运人1人——张山；承运人2人，孙璐核对运单，王进检查货物包装；验货过磅及堆码1人——柳力；运输中交接检查组1人——潘美；收货人1人——赵新。

任务要求：

1. 通过上网查阅相关资料，分析我国铁路运输的特点，列出适宜铁路运输的货物(至少列出5种)。
2. 分析铁路运输的流程及明确每个人的职责。
3. 通过上网查阅资料，了解铁路运输的计费方法，计算本次运输的运费。
4. 计算货物的运到期限。
5. 通过查阅相关资料制作和填写铁路运单和货票。

(资料来源：http://wenku.baidu.com/view/94f3ecd0c1c708a1284a4499.html)

三、水路运输

(一)概述

水路运输(Water Transportation)是指利用船舶，在江、河、湖泊、人工水道及海洋上运送客、货的一种运输方式。

水路运输主要承担大数量、长距离的运输，是在干线运输中起主力作用的运输形式。在内河及沿海，水路运输也常作为小型运输工具使用，担任补充及衔接大批量干线运输的任务。

(二)水路运输的特点

1. 优点

(1) 运输成本低。我国沿海运输成本只有铁路的40%，美国沿海运输成本只有铁路运输的1/8。

(2) 运输能力大。在几种运输方式中，水路运输能力最大。

(3) 平均运距长。水陆运输平均运距分别是铁路运输的2.3倍，公路运输的59倍，管道运输的 2.7 倍，民航运输的 68%。

(4) 劳动生产率高。沿海运输劳动生产率是铁路运输的 6.4 倍，长江干线运输劳动生产率是铁路运输的 1.26 倍。

(5) 水运建设投资省。水路运输只需利用江河湖海等自然水利资源，除必须投资购造船舶、建设港口之外，沿海航道几乎无须投资，整治航道也仅仅只有铁路建设费用的 1/3～1/5。

2. 缺点

(1) 速度慢。杂货、散货和油轮的航速通常在 13～19 节。即使是航速较快的集装箱船(特别是全集装箱船)，航速也仅有 20～25 节。

(2) 受港口、水位、季节、气候影响较大，一年中中断运输的时间较长。由于受海洋与河流的地理分布及其地质、地貌、水文与气象等条件和因素的明显制约与影响；水运航线无法在广大陆地上任意延伸，不能实现“门到门”运输。

【知识拓展 5-8】

节是一个专用于航海的速率单位，后延伸至航空方面，等于船只或飞机每小时所航行的海里数，即：1 节=1 海里=1.852 千米/小时。

(三)水路运输的形式

水路运输主要有四种形式，分别是内河运输、沿海运输、近海运输和远洋运输。

(1) 内河运输(Inland Water Transportation)是使用船舶在陆地内的江、河、湖、川等天然水道或人工水道进行运送客、货的一种水路运输形式，主要使用中、小型船舶。

(2) 沿海运输(Coastal Transportation)是往来于国内各沿海港口之间，负责运送客货的一种运输形式，一般使用中、小型船舶。

沿海运输有两种形式：一是国内贸易货物在一国港口之间的运输，如货物在大连港、青岛港和上海港之间的运输；二是国际贸易货物在一国港口之间发生的二次运输，如从烟台港出口欧洲的货物，在烟台港装船，运到香港卸船，再装上其他船舶运往欧洲。

(3) 近海运输(Short Sea Shipping)是利用船舶与大陆邻近国家通过海上航道运送客、货的一种运输形式。近海运输和沿海运输有一定的区别，沿海运输主要是指国内的两个港口之间的运输。而近海运输包括不同国家的两个港口之间的运输，如东南亚国家与中国港口之间的运输都属于近海运输。

(4) 远洋运输(International Shipping)是使用船舶从事跨越大洋运送货物和旅客的运输，即国与国之间的海洋运输，或者称为国际航运。

(四)水路运输设施与设备

水路运输设施与设备主要包括航道、港口、船舶及附属设施等。

1．航道

(1) 概述。航道(Sea-Route)是指沿江、河、湖泊、人工水道及海洋等水域中，供一定标准尺寸的船舶航行的通道，是水运赖以发展的基础，有“航运之母”之称。

(2) 分类。①按照形成原因分，航道可分为天然航道和人工航道。天然航道是指自然形成的江、河、湖、海等水域中的航道。 人工航道是指在陆上人工开发的航道，包括人工开辟或开凿的运河和其他通航渠道，如京杭大运河就是我国最长的人工航道。②按照所处地域分，航道可分为内河航道和沿海航道。③按照通航条件分，航道可分为常年通航航道和季节通航航道。

【课外资料5-2】

内河航道的分类

截至2012年年底，全国内河航道通航里程12.5万公里，其中等级航道6.37万公里，占总里程的51.0%。内河航道的分类如下。

七级航道，能通行50吨级船舶；六级航道，能通行100吨级船舶；五级航道，能通行300吨级船舶；四级航道，能通行500吨级船舶；三级航道，能通行1000吨级船舶；二级航道，能通行2000吨级船舶；一级航道，能通行5000吨级船舶。

(资料来源：http://zhidao.baidu.com/question/1355565.html)

2．港口

1) 概述

港口(Navigation Opening)是具有水陆联运设备和条件，是船舶停泊、装卸货物、上下旅客、补充给养的场所，是水陆交通的集结点和枢纽。

港口由水域和陆域两部分组成。水域是供船舶进、出港口，以及在港内运转、锚泊和装卸作业使用的，通常包括进港航道、锚地和港池。陆域指供货物装卸、堆存、转运和旅客集散使用的陆地，包括进港陆上通道、装卸机械设备、仓库、堆场及港口附属设施等。

2) 分类

(1) 按照地理位置分，港口可分为河港、海港和河口港。①河港是指沿江、河、湖泊、水库分布的港口，如重庆港、南京港、武汉港、哈尔滨港等；②海港是指沿海岸线分布的港口，如香港、青岛港、大连港等；③河口港是指位于江河入海口，受潮汐影响的港口，如天津港、上海港、宁波港、厦门港等。在我国，一般把河口港划入海港的范围。

(2) 按照用途分，港口可分为商港、工业港、渔港、军港、避风港和自由港等。商港是指供通商船舶进出，为贸易、商务、客、货运服务的港口。①商港不但要有优良的自然条件，还必须具备工商业比较集中、商品经济比较发达、交通十分方便等条件，并具有从事水、陆、空联运的各种设施。上海、香港、鹿特丹和汉堡等港口都是世界上著名的商港。②工业港是为临近江、河、湖、海的大型工矿企业直接运输原料、燃料和产品的港口，如武钢工业港。③渔港是指专供渔船停泊、修理、装卸和储存转运渔生产品的港口，通常还为渔船提供燃料、淡水和其他补给物资，如大连海洋岛渔港、天津渤海中心渔港、山东微湖渔港等。④军港是指为军事目的而修建的港口，如旅顺港、葫芦岛港等。⑤避风港是指供船舶避风浪的港口，这种港口一般是利用天然港湾，自然形成。避风港除了船舶避风所必需的锚泊设施外，一般不具备装卸和补给功能。⑥自由港是指不属于任何一国海关管辖的港口或海港地区，外国货物可以免征关税进港。一般可以进行加工、储藏、贸易、装卸和重新包装，但船舶须遵守卫生、移民等项法律的规定。自由港有多种形式，除全功能自由港外，还有在港口设有自由贸易区、加工出口区、保税仓库、科技或工业园区等形式。各国的经验证明，自由港是对外开放的门户；建立自由港，是发展外向型经济的有效途径。

(3) 按照地位分，港口可以分为国际性港口、国家性港口和地区性港口。①国际性港口主要停泊来自世界各国港口的船舶，如我国的上海港和大连港等。②国家性港口主要停泊往来于国内港口的船舶。③地区性港口主要停泊往来于国内某一地区港口的船舶。

3. 船舶

船舶是能航行或停泊于水域内，用以执行作战、运输、作业等各类船、舰、筏及水上作业平台等的总称。

按照载货类别不同，船舶可分为普通货船、散货货船、集装箱船、滚装船、载驳船、冷藏船、油船、液化气船和木材船等。

①普通货船(General Cargo Ship)，又称杂货船，是指用于装载一般包装、袋装、箱装和桶装的件杂货物的船舶。②散货货船(Bulk Cargo Ship)是专运散装货的干货船，如专运谷物、煤、矿砂、盐、水泥等大宗货物的船舶。③集装箱船(Container Vessel)是专门运输集装箱货物的船舶。集装箱船分为三种类型：全集装箱船、部分集装箱船和可变换集装箱船。④滚装船(Ro Ro Ship)又称“开上开下”船，或称“滚上滚下”船，专门运载滚动车辆的运输船，如运载各种汽车、装满集装箱或货物的卡车和挂车等。⑤载驳船(Barge Carrier)又称子母船，是专运货驳的船。⑥冷藏船(Refrigerator Ship)是指专门运输要求保鲜的鱼、肉、水果、蔬菜

等时鲜易腐货物的货船。⑦油船(Oil Tanker)是指运载散装石油类货物的液货船。通常所称的油船，多数是指运输原油的船；而装运成品油的船，称为成品油船。⑧液化气船(Liquefied Gas Carrier)专门装运液化气的液货船，可分为液化天然气船(Liquefied Natural Gas，LNG 船)和液化石油气船(Liquid Petroleum Gas，LPG 船)。⑨木材船(Timber Ship)是指专门用以装载木材或原木的大型船舶。

【课外资料 5-3】

全集装箱船

全集装箱船是专门装运集装箱的船，不装运其他形式的货物。它的货舱内有格栅式货架，装有垂直导轨，便于集装箱沿导轨放下，四角有格栅制约，可防倾倒。部分集装箱船在船的中部区域作为集装箱的专用货舱，而船的两端货舱装载普通杂货。可变换集装箱船是一种多用途船，其货舱内装载集装箱的结构为可拆装式的。这种船的货舱，可以根据需要随时改变设施，既可装运集装箱，也可以装运其他普通杂货，以提高船舶的利用率。

【案例分析 5-3】

船舶是不是越大越好

2008 年 12 月，地中海丹妮拉号建成，总长 366.1 米，型宽 51.3 米，设计满载吃水 14.5 米，载重量 15.54 万吨，能够装载 13 798 只标准箱(TEU)。这些集装箱若改用火车运输，车厢总长度将达到 90 公里。

全球航运巨头，中国香港—A. P. 穆勒—马士基集团订造 10 艘全球规模最大、最高效的“3E”级集装箱船舶，这些船舶于 2013 年至 2015 年陆续交付使用。新型船舶长 400 米，宽 59 米，高 73 米，其设计装载能力为 18000 只标准箱，每艘造价约 1.9 亿美元。

那么，船舶是不是造得越大越好？

随着巴拿马运河的拓宽、加深工程将在 2014 年完工，届时巴拿马运河将可通过 1.32 万 TEU 级超大型集装箱船，以及 20.5 万吨级以上的散货船通过。对照两三年前兴起的集装箱船大型化趋势，海运业界似乎正酝酿着一波船队“超巴拿马型化”的浪潮。尽管船公司追求规模经济与营运效益的优化，船舶大型化趋势已势不可当，但相较于船舶“越大越好”的低成本迷思，“船型最适化”似乎更是船公司应追求的方向。

运河可通航更大型的船舶，这将大幅降低船公司的单位营运成本，使船公司之间的竞争将进一步加剧。

船公司追求规模经济效益自是无可厚非的，随着大型船舶技术逐步成熟，可预期的是通航巴拿马运河的超巴拿马级集装箱船将越来越多。然而值得注意的是，也有海运业者认为，布局大型船舶虽将改善船公司的单位成本竞争力，却也同时意味着船公司必须在单艘航次当中拉到更多的货来填满舱位。为了拉来更多的货物，他们可能采用低价竞争策略，这有可能动摇整个市场的运价基准，甚至导致海运业界获利能力的下滑。

事实上，一方面，船公司必须投入更多的行销与管理资源，才能将大船的舱位利用率维持在高档，就总体成本的角度来看，其实并不一定是好事；另一方面，目前能供 1.3 万 TEU 级以上的大型集装箱船弯靠的港口相当有限，不仅让货主的运输选择变少，更意味着集装箱的陆上转运成本将上升。

另一方面，过去亚洲—美东线因运输需时长、单位成本高，运价均较美国西部路线高，但未来大型船舶可通过巴拿马运河，随着成本的降低，美东线运价势必出现下降空间，而在美西港埠货流遭美东港口直接瓜分的状况下，如何有效调配整体的运能与航线布局，也成为船公司营运智慧的最大考验。

(资料来源：超级工程一览；人民网；国际船舶网)

思考题：

1. 船运公司的船造得越来越大，对港口、航道、装卸搬运设备有何要求？
2. 船舶是不是造得越大越好？

四、航空运输

(一)概述

航空运输(Air Transportation)是利用民用航空器从事定期或不定期飞行，运送旅客、邮件或货物的一种运输方式。

航空运输具有快速、机动的特点，不受地形限制，是国际贸易中不可缺少的运输方式。我国当前运输飞机数量较少，主要用来运载那些价值高、重量轻、易损、鲜活的商品及一些急需的商品、物资等。航空运输货运量占全国货运量比重不到 0.02%。

(二)航空运输的特点

1．优点

(1) 降低库存水平。航空运输的高速性使得长距离的物品运送可以在短时间内完成，因而可降低库存，节约库存投资和保管费用，提高资本的周转速度。

(2) 节省包装费用。航空运输与外界的隔绝性强，因此可以简化运输包装，节省包装材料、劳力和时间。

(3) 对轻质物品而言，有时可节省运杂费。航空运费以公斤为计算单位。轻泡货物每 6～7 立方米折合 1 吨，而海运费用是 1 立方米折合 1 吨计算，加之其高速性可降低在途物资资金占用，此时采用空运反而有利。

(4) 货损和货差少。航空运输过程中的振动、冲击很小，温度、湿度等条件适宜，加之运行中与外界隔绝因此发生货损、货差的可能性大大减小。

2．缺点

(1) 运输费用高。无论是飞机本身还是飞行所消耗的油料相对其他交通运输方式都高昂得多，所以航空运输费用比其他运输方式高，不适合运输低价值货物。

(2) 飞机载重量小。由于飞机的舱容有限，不适于运输大件货物或大批量货物。目前，世界上最大的运输机的载重量为 250 吨，一般运输机的载重量在 100 吨左右。

(3) 易受天气的影响。虽然航空技术已经能适应绝大多数气象条件，但是风、雨、雪、雾等气象条件仍然会影响飞机的起降安全。

【案例分析 5-4】

宜花缘何放弃空运携手顺丰

为了更好地优化鲜花供应链，北京宜花花卉科技有限公司放弃行业传统空运模式，携手顺丰，开启了针对鲜花运输的全程冷链运输模式。

在冷链物流条件缺乏的大环境下，鲜花行业花材运输一般选择运输时间最少、效率相对最高的空运。宜花之所以放弃空运模式，是因为鲜花在航空运输过程中存在很多问题。

(1) 需要装卸三次，其中两次装卸过程由货代公司控制，装卸标准和质量都不在可控范围内。装卸过程中引起至少三次损耗。

(2) 温度和湿度发生剧烈变化。鲜花即使不在低温环境下，只要是恒温保存，也会比从低温、高温，冷热交替反复的环境下保鲜效果好。如此差异会导致花材脱水，极大影响鲜花的质量和寿命。

(3) 运输时间不稳定。若碰到航空管制或者甩货现象，花材需要承受更多“折磨”才可到达目的地。

宜花携手顺丰、全程冷链，花材将损耗更小：仅一次装卸货流程，且严格执行宜花内部装卸标准，产品损耗率可降至 1%。鲜花从产地采后预冷处理、冷藏运输及冷藏降温设备等都有专业保障；冷链运输降低中转装卸环节，一次装卸两次分拣，降低了机械损伤、花材损耗，相较于传统运输中野蛮挤压、中间环节大箱搬运等因素，降低了损耗率，保证了花材质量更优。

花材更加新鲜：整个过程中，恒温、恒湿、恒压，最长可延长 3 天花期；顺丰全程对温、湿度等指标监控，温、湿度数值也是参考国际行业标准。日本农花省花卉对策室和花卉批发市场协会的研究报告表明，多数鲜花运输的适宜温度为 0.5℃～2℃，同时采后预冷处理，预冷的温度多为 0℃～1℃，相对湿度 95%～98%。相较于非低温保温的空运，最大限度地保证了花材新鲜度。

时间可控：陆运时间可控制，鲜花可安全按照计划时间到达。作为物流运输巨头，顺丰配送区域覆盖全国大部分城市，更加便捷可靠，可以保证花材配送时间可控、配送更加准确，最快从产地到配送城市可 24 小时到达，48 小时到店。

(资料来源：花仪. 开启鲜花全程冷链运输新篇章[N]. 中国花卉报，2016)

思考题：

宜花为什么放弃了航空运输？

(三)航空运输的分类

航空运输方式主要有班机运输、包机运输、集中托运和航空快递业务。

(1) 班机运输(Scheduled Airline)是在固定航线上定期航行的航班的运输方式。班机有固定航线和停靠港，定期开航，定点到达，使收货人和发货人确切掌握货物起运和到达时间，保证货物安全、准时地运往目的地。班机货运适于急用物品、行李、鲜活物、贵重物、电子器件等货物的运输。由于班机一般采用客货混合机型，所以货舱舱位有限，不能满足大批货物的运输要求，只能分期分批运输。

(2) 包机运输(Chartered Carrier)是由租机人租用整架飞机或若干租机人联合包租一架飞机进行货物运输的方式。包机如往返使用，则价格较班机低，如单程使用则价格较班机高。包机适合专运高价值货物。包机运输方式分为整架包机和部分包机两类。

(3) 集中托运(Consolidation)指航空代理公司把若干批单独发运的货物，组成一整批货物，向航空公司办理托运，用一份总运单整批发运到同一目的港，由指定的代理人收货，然后按照航空分运单分拨给各实际收货人的运输方式。

(4) 航空快递(Air Express Service)是由专门经营快递业务的代理公司组织货源和联络用户，并办理空运手续，或委托到达地的速递公司，或在到达地设立速递公司，或派专人随机送货送达收货人的一种快速运货方式。

(四)航空运输设备

航空运输设备主要包括航线、航空港、飞机和通信导航设备等。

1. 航线

航线是指飞机飞行的路线，即飞机从某一机场飞往另一机场所遵循的空中路线。飞机的航线不仅确定了飞机飞行的具体方向、起讫点和经停点，而且还根据空中交通管制的需要，规定了航线的宽度和飞行高度。

航线也是分类的，按照飞机飞行的起讫点分类，航线可分为国际航线、国内航线和地区航线。国际航线是指飞行路线连接两个或两个以上国家的航线；国内航线是指在一个国家内部的航线；地区航线是指在一国之内，连接普通地区和特殊地区的航线，如中国内地与港、澳、台地区之间的航线。

2. 航空港

航空港(Airport)又称机场或航空站，是保证飞机安全起降的基地和旅客、货物的集散地，是空中交通网的基地。机场主要由飞行区、航站区、交通系统和其他设施组成。

(1) 飞行区是机场内用于飞机起飞、着陆和滑行的区域，由跑道系统、滑行道系统、指挥塔台、停机坪、无线电通信导航系统、目视助航设施、空中交通管制设施及航空气象设施等组成。为保证飞机安全起飞和着陆，在飞行区上空划定净空区，即在机场及其邻近地区上空，根据在本机场起降飞机的性能，规定若干障碍物限制，不允许地面物体超越限制面的高度。这些限制面以上的空域称为净空区。

(2) 航站区是飞行区与机场其他部分的交接部，是旅客、货物、邮件运输服务设施所在区域。区内设施包括客机坪、航站楼、停车场等，其主要建筑是航站楼。

(3) 进出机场的地面交通系统通常是公路，也包括铁路、地铁或轻轨和水运码头等。其功能是把机场和附近城市连接起来，将旅客、货物和邮件及时运进或运出航站楼。进出机场的地面交通系统的状况直接影响空运业务。

(4) 航空港的其他设施还包括供油设施、维修厂、维修机库、维修机坪设施、应急救援设施、动力与电信系统、环保设施、旅客服务设施、保安设施、货运区及航空公司区等。

3. 飞机

飞机是指具有机翼和一具或多具发动机，靠自身动力能在大气中飞行的航空器；是航空运输的主要运载工具。民用飞机分为客机和货机两种，货机是指用于载运货物的运输飞机，通常专指用于商业飞行的民用货运飞机，一般以包机或定期航班的形式专门运输货物。

4．通信导航设备

通信导航设备是飞机场所需的各项通信、导航设备的统称。

(1) 通信设备。民航客机用于和地面电台或其他飞机进行联系的通信设备包括：高频通信系统(HF)、甚高频通信系统(VHF)和选择呼叫系统(SELCAL)。

(2) 导航设备。民航客机的导航依赖于无线电导航系统，其设备有：甚高频全向无线电信标/测距仪系统(VOR/DME)、无方向性无线电信标系统(NDB)、仪表着陆系统(ILS)等。

(3) 监视设备。目前实施空中交通监视的主要设备是雷达，它是利用无线电波发现目标，并测定其位置的设备。

五、管道运输

(一)概述

管道运输 (Pipeline Transportation)是利用管道输送气体、液体和粉状固体的一种运输方式。管道运输是靠物体在管道内顺着压力方向循序移动实现的，和其他运输方式的重要区别在于，管道设备是静止不动的。

(二)管道运输的特点

1．优点

(1) 运量大。管道可以不分昼夜地输送物质。根据其管径的大小不同，其每年的运输量可达数百万吨到几千万吨，甚至超过亿吨。例如，阿拉斯加原油管道年运原油 9000 万吨，相当于双轨铁路一年的运输量。

(2) 占地少。由于管道通常埋于地下，埋藏于地下的部分占管道总长度的 95%以上，只有输油站等设施占用土地，所以其占用的土地很少，仅为公路的 3%，铁路的 10%左右。

(3) 管道运输损耗低、安全可靠、连续性强。管道运输采用密闭输送，挥发损耗少，而且避免了装卸环节的损耗，油气损耗远低于其他运输方式。可大大减少对空气、水和土壤的污染，而且无须包装。此外，由于管道基本埋藏于地下，在运输过程中，恶劣多变的气候条件对其影响很小，可以确保运输系统长期稳定地运行。

(4) 管道运输成本低、耗能少、效益好。管道口径越大，运输距离越远，运输量越大，运输成本就越低。以运输石油为例，管道运输、水路运输、铁路运输的运输成本之比为 1∶1∶1.7。发达国家采用管道运输石油，每吨千米的能耗不足铁路的 1/7。管道运输可以连续不断地工作，不存在空载行程，因而运输效率高。

(5) 管道运输建设周期短、费用低。管道运输系统的建设周期与相同运量的铁路建设周期相比，一般来说要短 1/3 以上。

【课外资料 5-4】

中缅原油管道工程是“一带一路”在缅甸实施的先导项目。该管道起点位于缅甸西海岸的马德岛，终点为云南石化，全长 1416 公里，设计年输量为 2200 万吨/年。2017 年 6 月 7 日，中缅管道原油在境内经过 19 天的平稳输送，顺利抵达云南石化，标志着中缅原油管道国内段一次投产成功，并由此开辟了我国第四条原油进口通道。与绕行马六甲海峡相比，中缅原油管道缩短运送里程 1820 海里，降低了运输风险和运输成本。中缅原油管道的建成，解决了我国西南部四川、重庆、云南、贵州、西藏广大地区没有原油供应和炼油厂，所需油品全靠兰成渝管道和沿长江逆流而上。另外，原油从马六甲海峡到达我国南部港口，再用管道输往昆明、成渝地区，运输成本比从马德岛上岸，通过中缅管道到昆明要高。

2. 缺点

(1) 灵活性差。管道运输的线路固定，不能实现“门到门”服务。对一般用户来说，管道运输常常要与铁路、公路、水路等运输方式配合才能完成全程输送。

(2) 货品单一、运速较慢。运输对象比较单一，只适合运输石油、天然气、化学品、煤浆等货物，且速度较慢，每小时流速大约 30 多公里，和水路运输的速度差不多。

(三)管道运输的分类

按照运输的货物种类分，管道运输可分为输油管道运输、输气管道运输和固体浆料管道运输。

(1) 输油管道运输主要是输送原油、成品油(煤油、汽油、柴油、航空煤油、燃料油和液化石油气)和液氨等。原油或成品油输送距离可达数百、数千公里。

(2) 输气管道运输主要是输送天然气。设备从气田或油田的井口装置开始，经矿场集气、净化及干线输送，再经配气网送到用户，形成一个统一的、密闭的输气系统。

(3) 固体浆料管道运输主要是输送煤、铁矿石、铜矿石、磷矿石等，其特点是将欲运送的固体破碎成细小颗粒，与水混合成浆状混合物，在泵的驱动下用管道送往目的地。

(四)管道运输设备

长距离输油管道由输油站和管线两大部分组成。输油站是指沿输油管道干线为输送油品而建立的各种作业站场。按其所处的位置和作用划分，可以分为首站、末站和中间泵站。

(1) 首站是输油管道的起点，收集准备用于管道输送的原油和成品油，进行分类、计量、增压后向下一站输油，主要由油罐区、计量系统和输油泵组成；对于加热输送管道，还需设置加热炉等加热设备。首站还必须完成发送清管器、油品化验、收集和处理污油等作业。

(2) 中间站是接受前一站来油，并对所输送的油品加压、升温后输往下一站，所以中间站的主要设备有输油泵、加热炉、阀门等设备。

(3) 末站是接受输油管道送来的全部油品，供给用户或以其他方式转运，故末站有较多的储油罐和准确的计量装置。

【实训题 5-2】

以下给出的货物(见表 5-1)选用哪种运输方式能满足客户需求且比较经济合理？说明你选择该种运输方式的理由。通过物流网站查找相关资料，估算出大概的运价，并说明该货物对运输工具有无特殊要求。

表 5-1　货物运输方式选择

出发地	到达地	货物名称	货物重量	货物体积	运输方式	运价
郑州	沈阳	蔬菜	99 吨	99 立方米		
台州	杭州	日用百货	200 公斤	0.5 立方米		
贺州	菏泽	水果	32 吨	90 立方米		
镇江	娄底	色拉油	18 吨	35 立方米		
济宁	西安	矿产	500 吨	300 立方米		
合肥	贵阳	钢材	32 吨	75 立方米		
杭州	深圳	食品	13 吨	115 立方米		
温州	乌鲁木齐	编织袋	10 吨	50 立方米		
南通	郴州	家禽	1 吨			
苏州	吕梁	农资	20 吨	20 立方米		

第三节　运输合理化

一、定义

运输合理化是指从物流系统的总体目标出发，合理利用各种运输方式，选择合理的运输路线和运输工具，以最短的运输距离、最少的环节、最快的速度和最少的劳动消耗，完成货物的运输任务。

二、影响运输合理化的因素

影响运输合理化的因素很多，起决定作用的主要有五个方面：运输距离、运输环节、运输时间、运输工具和运输费用。

(1) 运输距离。运输过程中，运输时间、运输货损、运输费用、运输车辆周转等与运输有关的经济指标，都与运输距离有一定的比例关系，运输距离长短是运输是否合理的一个最基本因素。

(2) 运输环节。增加运输环节不但会增加起运的运费和总运费，而且必然要增加运输的附属活动，如装卸、包装等，各项技术经济指标也会因此下降。所以，减少运输环节能促进合理运输。

(3) 运输时间。运输时间的缩短有利于运输车辆的快速周转，能够充分发挥运力的作用，同时有利于加速资金的周转，也有利于运输线路通过能力的提高。

(4) 运输工具。各种运输工具都有其特点和优势，只要根据不同的商品特点将各种运输工具合理搭配，选择最佳的运输工具和运输路线，才能发挥出各种运输工具的优势，降低运输成本。

(5) 运输费用。运输费用在物流费用中占有很大比例，运费高低在很大程度上决定整个物流系统的竞争能力。实际上，运费的相对高低，无论对货主还是对物流企业都是运输合理化的一个重要标志。运费的高低也是各种合理化措施是否行之有效的最终判断依据之一。

三、不合理运输的表现

物流不合理运输是指违反客观经济效果，违反商品合理流向，不能合理利用各种运力的运输。主要表现为以下几种形式。

(1) 空驶现象是指返程或启程空驶，货车无货可装。在实际运输调度过程中，有时候必须调运空车，从管理上不能将其看成不合理运输。但是，因调运不当或货源计划不周而造成的空驶，是不合理运输的表现。

(2) 对流运输亦称“相向运输”“交错运输”，在同一线路上或平行线路上做相对方向的运送，而与对方运程的全部或一部分发生重叠交错的运输称对流运输。简单地说，就是指同一种货物，两地互相运输。

(3) 倒流运输又称返流运输，是指物资从产地运往销地，然后又从销地运回产地的一种回流运输现象。

(4) 迂回运输是指物资运输舍近求远绕道而行的现象。物流过程中的计划不同、组织不善或调运差错都容易出现迂回现象。

(5) 重复运输是指某种物资本来可以从起运地一次直运到达目的地，但由于批发机构或商业仓库设置不当，或计划不周，人为地运到中途地点(如中转仓库)卸下后，又二次装运的不合理现象。重复运输增加了一道中间装卸环节，增加了装卸搬运费用，延长了商品在途时间。

(6) 就地或就近取得某种物资供应，却舍近求远从外地运来同种物资称为过远运输。除了资源分布和生产力分布决定的远距离运输外，凡是因管理组织工作不善、供销联系不妥而产生的长距离运输，均称为过远运输。

(7) 运力选择不当是指未正确选择合适的运输工具而造成的不合理现象，常见的有以下几种形式：弃水走陆；铁路、大型船舶的过近运输；运输工具承载能力选择不当。

(8) 托运方式选择不当是指本来可以选择整车运输却选择了零担，应该直达却选择了中转运输；应当中转却选择了直达运输等，造成运力浪费及费用支出加大的一种不合理运输。

上述各种不合理运输形式都是在特定的条件下表现出来的，在进行判断时必须注意不合理运输的前提条件，否则就容易出现判断失误。还有，对以上不合理运输的描述，主要是从微观方面观察得出的结论。在实践中，必须将其放到物流系统中做综合判断；否则，很可能出现“效益悖反”现象。

四、运输合理化的措施

(1) 提高运输工具实载率。提高实载率就是充分利用运输工具的额定能力，减少车船空驶和不满载行驶时间，减少浪费，从而求得运输合理化。

(2) 减少动力投入，增加运输能力。运输投入主要是能耗和基础设施的建设，在运输设施固定的情况下，尽量减少能源动力投入，从而节约运费，降低运输成本。如在铁路运输中，在机车能力允许的情况下，多加挂车皮；在公路运输中，实行汽车挂车运输，以增加运输能力。

(3) 尽量发展直达运输。直达运输是追求运输合理化的重要形式，其核心是通过减少中转次数，提高运输速度，节省装卸费用，降低频繁装卸所造成的货物损失。

(4) 配载运输。配载运输一般是指将轻重不同的货物混合配载，在以重货运输为主的情况下，同时搭载一些轻泡货物，合理利用运力，减低运输成本。这也是提高运输工具实载率的一种有效形式。

(5) “四就”直拨运输。“四就”是指就厂直拨、就站直拨、就库直拨和就船过载，从而减少中转运输环节，实现以最少的中转次数完成运输任务。

(6) 通过流通加工，实现合理化运输。有不少产品，由于产品本身形态及特性问题，很难实现满载运输，充分利用运力。如果进行一些适当的加工，这样就能解决不能满载运输的问题，从而实现合理化运输。

习　　题

一、单选题

1. (　　)可以提供“门到门”的运输服务。

A. 公路运输　B. 铁路运输　C. 水路运输　D. 航空运输

2. 水路运输适于(　　)。

A. 运量大，运距短，时间性很强的运输

B. 运量大，运距长，时间性很强的运输

C. 运量大，运距长，时间性不太强的运输

D. 运量大，运距短，时间性不太强的运输

3. 能利用社会化的运输体系而不利用，却依靠自备车送货，易出现(　　)。

A. 单程空驶　B. 对流运输　C. 迂回运输　D. 重复运输

4. 以下运输方式，(　　)的运输能力最大。

A. 水路运输　B. 公路运输　C. 铁路运输　D. 航空运输

5. 不从就地或就近获取某种物资，却舍近求远从外地或远处运来同种物资，从而造成运力浪费的不合理运输现象是(　　)。

A. 迂回运输　B. 过远运输　C. 远程运输　D. 倒流运输

二、多选题

1. 水运的形式有(　　)。

A. 湖泊运输　B. 内河运输　C. 远洋运输　D. 近海运输

2. (　　)被看作物流活动的两大支柱。

A. 装卸搬运　B. 运输　C. 包装　D. 仓储

3. (　　)属于管道运输的特点。

A. 单向性　B. 连续输送　C. 灵活性　D. 密封性

4. 以下哪些现象是不合理运输(　　)。

A. 陆陆联运　B. 运力选择不当　C. 对流运输　D. 过远运输

三、简答题

1. 怎样理解运输的作用？
2. 运输合理化的措施有哪些？

四、案例分析题

从 A 地运往 B 地 300 吨商品，有公路和水路两种运输方式可供选择。

公路运输按每辆车标重 30 吨计。从公路走，AB 相距 220 公里。汽车运价不分整件、零件，吨公里运价均为 0.60 元，其他杂费(包装、装卸费)每吨 2 元/次(按汽车标重计算)。

选择水路运输，AB 相距 320 公里，吨公里运价为 0.10 元。A 地距离码头 8 公里，B 地码头离目的地 10 公里，仍需用汽车运输，其他杂费与公路运输相同。由于该商品中途要转运，需在码头停留一天，每天每吨堆存费 1.00 元，港务费 0.30 元。

公路运输震动较大，商品每吨损耗 2 元，当天就能到达目的地；水路运输应中转一次，比公路运输的损耗多，每吨损耗 10 元。

分析：究竟采用水路运输还是公路运输好？请做出选择，并说明理由。

第六章　流通加工与配送

【案例导入】

上海联华的生鲜产品加工配送

联华生鲜食品加工配送中心，总投资 6000 万元，建筑面积 3.5 万平方米，年生产能力 2 万吨，其中肉制品 1.5 万吨，生鲜盆菜、调理半成品 3000 吨，西式熟食制品 2000 吨；产品结构分为 15 大类，约 1200 种生鲜食品。在生产加工的同时，配送中心还从事水果、冷冻品及南北货的配送任务。

生鲜商品大部分需要冷藏，所以其物流流转周期必须很短，以节约成本；生鲜商品保质期很短，客户对其色泽等要求很高，所以在物流过程中需要快速流转。物流配送费率是指配送一定价值商品所需的物流配送成本，联华这一指标只有 2%。

一、订单管理

门店的要货订单通过联华数据通信平台，实时地传输到生鲜配送中心。生鲜配送中心接到门店的要货数据后，立即在系统中生成门店要货订单，此时可对订单进行综合查询，在生成订单完成后对订单按到货日期进行汇总处理。系统将按储存型、中转型、直送型和加工型商品的不同进行不同的处理。

各种不同的订单在生成完成或手工创建后，通过系统中的供应商服务系统在 10 分钟内自动发送给各供应商。供应商收到订单后，立即组织货源，安排生产或做其他物流计划，整个供应链绩效得到了提高。

二、物流计划

在得到门店的订单并汇总后，物流计划部根据第二天的收货、配送和生产任务制订物流计划。计划包括线路计划、批次计划、生产计划、配货计划等。

物流计划设定完成后，各部门按物流计划安排人员、设备等，所有业务运作都按计划执行。在产生特殊需求时，系统安排新的物流计划。新计划和老计划并行执行，互不影响。

三、储存型物流运作

商品进货时先要接受订单品种和数量的预检，预检通过方可验货。验货时需进行不同要求的品质检验，终端系统检验商品条码和记录数量。在商品进货数量上，定量商品的进货数量不允许大于订单的数量，不定量商品提供了一个超值范围。对于需要重量计量的进货，系统和电子秤系统连接，自动去皮取值。

拣货采用播种方式，根据汇总取货，汇总单记录从各个仓位取货的数量，取货数量为本批配货的总量。取货完成后，系统预扣库存，被取商品从仓库仓间拉到待发区。在待发区，配货分配人员根据各路线、各门店配货数量对各门店进行播种配货，并检查总量是否正确，如不正确向上校核。如果因商品的数量不足或其他原因造成门店的实配量小于应配量，配货人员通过手持终端调整实发数量，配货检验无误后使用手持终端确认配货数据。在配货时，冷藏和常温商品被分置在不同的待发区。

四、中转型物流运作

供应商送货先接受预检，预检通过后方可进行验货配货；供应商把中转商品卸到中转配货区，中转商品配货员使用中转配货系统按商品“先路线再门店”的顺序分配商品，数量根据系统配货指令执行，贴物流标签。配完的商品采用播种的方式被放到指定的路线门店位置上，配货完成后统计单个商品的总数量/总重量，根据配货的总数量生成进货单。中转商品以发定进，没有库存，多余的部分由供应商带回，如果不足在门店间进行调剂。不同类型中转商品有不同的物流处理方式。

①不定量需称重的商品。先设定包装物皮重，再由供应商将单件商品由电子秤称重，配货人员负责系统分配及执行其他控制性的操作，然后在每箱商品上贴物流标签。②定量的大件商品。设定门店配货的总件数，汇总打印一张标签，贴于其中一件商品上。③需冷藏的定量小件商品。在供应商送货之前先进行虚拟配货，将标签贴于周转箱上，供应商送货时，取自己的周转箱，按周转箱标签上的数量装入相应的商品。如果发生缺货，将未配到的门店(标签)作废。

五、加工型物流运作

生鲜的加工按原料和成品的对应关系可分为两种类型：组合和分割。这两种类型在BOM设置、原料计算及成本核算方面都存在很大差异。在BOM中，为每个产品设定了一个唯一的加工车间，产品分为最终产品、半成品和配送产品；商品的包装分为定量和不定量的加工；对于称重的产品/半成品需要设定加工产品的换算率，即单位产品的标准重量；原料分为最终原料和中间原料，并设定各原料相对于单位成品的耗用量。

生产计划/任务中需要对多级产品链计算嵌套的生产计划/任务，并生成各种包装生产设备的加工指令。对于生产管理，在计划完成后，系统按计划内容出标准领料清单，指导生产人员从仓库领取原料及生产时的投料。在生产计划中考虑产品链中前道与后道工序的衔接，各种加工指令、商品资料、门店资料、成分资料等下发到各生产自动化设备。

加工车间人员根据加工批次，协调不同量商品间的加工关系，满足配送要求。产品入箱后贴外箱物流标签，由流水线输送到成品待发区；待发区将产品按路线和门店放入笼车。在加工过程中，记录车间之间原料成品转移、投料的计量。计量数据通过车间的电子秤联网系统，自动记录并返回到业务系统中。加工包装机械自动实现商品的检货分拣，业务系统从包装系统中采集加工结果，并对结果进行处理与核对，最终形成各门店的实配数据。在加工完成后，对原料和成品的耗用进行试算平衡，检查异常。各商品成本核算使用耗用原料的成本，全额分摊到产成品/半成品中，计算完工产品的成本，同时按照标准的 BOM 表和实际的加工情况计算损耗率，并形成投料对照表，供考核使用。

六、配送运作

商品分拣完成后都堆放在待发库区。装车时，按计划依路线、门店顺序进行，同时抽样检查准确性。在货物装车的同时，系统自动算出包装物，即笼车、周转箱的各门店使用清单，装货人员也据此来核对差异。在发车之前，系统根据各车的配载情况出各运输车辆的随车商品清单、各门店的交接签收单和发货单。

商品到门店后，由于数量的高度准确性，在门店验货时只要清点总的包装数量，退回上次配送带来的包装物，完成交接手续即可。一般一个门店的配送商品交接只需 5 分钟。

(资料来源：马勤勇. 联华如何配送生鲜[J]. 信息与电脑，2003(8))

第一节　流 通 加 工

一、流通加工的定义

流通加工(Distribution Processing)是指“根据顾客的需要，在流通过程中对产品实施的简单加工作业活动(如包装、分割、计量、分拣、刷标志、拴标签、组装等)的总称”(GB/T 18354—2006)。

流通加工不同于生产加工，它对生产加工起辅助及补充的作用，主要对已经进入流通领域的商品进行完善，改变货物的原有形态，实现生产与消费(或再生产)之间的有效连接。

【课外资料 6-1】

流通加工与生产加工的区别

流通加工和生产加工在加工方法、加工组织、生产管理方面没有显著的区别，但是在加工对象、加工程度、价值、从业者和加工目的等方面具有很大差别。

(1) 加工对象的差别。流通加工的对象是进入流通过程的商品，而生产加工的对象是原材料、零配件或半成品。

(2) 加工程度的差别。流通加工通常进行的是简单加工，而不是复杂加工。如果必须进行复杂加工才能形成人们所需的商品，那么，这种复杂加工应该设在生产加工环节。生产过程理应完成大部分加工活动，流通加工则是对生产加工的一种辅助及补充。特别需要指出的是，流通加工绝不是对生产加工的取消或代替。

(3) 价值的差别。生产加工的目的在于创造价值及使用价值，而流通加工的目的则在于完善其使用价值，并在做较小改变的情况下提高产品价值。

(4) 从业者的差别。流通加工的组织者是从事流通工作的人员，能密切结合流通的需要进行加工活动。从加工单位来看，流通加工由流通或商业企业完成，而生产加工则由生产、制造企业完成。

(5) 加工目的的差别。商品生产是以交换和消费为目的，而流通加工的一个重要目的是为了消费(或再生产)，这一点与商品生产有共同之处。但是流通加工有时候也是以自身流通为目的，纯粹是为流通创造条件，这种为流通所进行的加工与直接为消费进行的加工在目的上是有所区别的，这也是流通加工不同于生产加工的特殊之处。

二、流通加工的作用

流通加工的作用主要有以下几方面。

(1) 提高原材料利用率。通过流通加工进行集中下料，将生产厂商直接运来的简单规格产品，按照顾客的要求进行下料。集中下料可以优材优用、小材大用、合理套裁，显著地提高原材料的利用率，有很好的技术经济效果。

(2) 进行初级加工，方便用户。用量小或只是临时需要的客户，缺乏进行高效率初级加工的能力，通过流通加工可以省去消费者进行初级加工的投资、设备、人力。

(3) 提高加工效率及设备利用率。通过建立集中加工点，可以采用效率高、技术先进、加工量大的专业设备，进行规模化加工，一方面可以提高加工质量；另一方面，可以提高生产设备的利用率和加工效率，降低加工费用和原材料成本。

(4) 充分发挥各种运输方式的最高效率。流通加工将货物流通分成两个阶段，一个是从生产制造环节到流通加工环节，另一个是从流通加工环节到消费环节。前一个阶段主要采用船舶、火车等进行定点、直达、大批量的远距离运输，后一个阶段主要采用汽车和其他小型车辆进行多品种、小批量的短距离配送。流通加工可以提高各种运输方式的利用率，加快输送速度、节省运力运费。

(5) 改变功能，提高收益。通过流通加工环节的简单加工，可以更好地满足消费者的个性化需求，提高产品销售的经济收益。例如，内地的许多制成品(洋娃娃玩具、时装、轻工纺织产品、工艺美术品等)在深圳进行简单的加工，改变了产品外观，仅此一项就可使产品售价提高 20%以上。

三、流通加工的分类

按照不同的加工目的，流通加工可以分为如下几类。

(1) 为适应多样化需求的流通加工。生产企业常采取规模化和标准化生产方式，其产品往往不能完全满足用户的要求。这样，为了满足用户对产品多样化的需要，同时又要保证高效率的大生产，可将生产出来的单一化、标准化的产品进行多样化的改制加工。例如，平板玻璃按所需规格开片加工；木材改制成枕木、板材、方材等。

(2) 为方便消费的流通加工。根据下游生产的需要将商品加工成生产直接可用的状态。例如，将木材制成可直接投入使用的各种型材；将水泥制成混凝土拌和料，使用时只需稍加搅拌即可使用等。

(3) 为保护产品所进行的流通加工。在物流过程中，为了保护货物的使用价值，延长货物在生产和使用期间的寿命，防止货物在运输、储存、装卸搬运、包装等过程中遭受损失，可以采取稳固、改装、保鲜、冷冻、涂油等方式。例如，水产品、肉类、蛋类的保鲜冷冻加工、防腐加工等；丝、麻、棉织品的防虫、防霉加工等。

(4) 为弥补生产领域加工不足的流通加工。由于受到各种因素的限制，许多产品在生产领域的加工只能到一定程度，而不能完全实现终极的加工。例如，木材如果在产地完成成材加工或制成木质品的话，就会给运输带来极大的困难，所以，在生产领域只能加工到圆木、板、方材这个程度，进一步的下料、切裁、处理等加工则由流通加工完成。

(5) 为促进销售的流通加工。流通加工也可以起到促进销售的作用。比如，将过大包装或散装物分装成适合销售的小包装的分装加工；将以保护货物为主的运输包装改换成以促进销售为主的销售包装，以起到吸引消费者、促进销售的作用；将蔬菜、肉类洗净切块以方便消费者等。

(6) 为提高加工效率的流通加工。由于数量有限，许多生产企业的初级加工效率不高，也难以投入先进的科学技术。流通加工以集中加工的形式，解决了单个企业加工效率不高的弊病。以规模化的集中加工代替若干家生产企业分散的初级加工，可以提高生产加工水平。

(7) 为提高物流效率、降低物流损失的流通加工。有些货物本身的形态使之难以进行物流操作，而且货物在运输、装卸搬运过程中极易受损，因此需要进行适当的流通加工加以弥补，从而使物流各环节易于操作，提高物流效率，降低物流损失。例如，造纸用的木材磨成木屑的流通加工，可以极大提高运输工具的装载效率；自行车在消费地区的装配加工可以提高运输效率，降低损失。

(8) 为衔接不同运输方式、使物流更加合理地流通加工。在干线运输和支线运输的节点设置流通加工环节，可以有效解决大批量、低成本、长距离的干线运输与多品种、少批量、多批次的末端运输之间的衔接问题。在流通加工点与大生产企业间形成大批量、定点运输的渠道，以流通加工中心为核心，组织对多用户、小批量的配送。

(9) 生产—流通一体化的流通加工。依靠生产企业和流通企业的联合，或者生产企业涉足流通，或者流通企业涉足生产，形成的对生产与流通加工进行合理分工、合理规划、合理组织，统筹进行生产与流通加工的安排，这就是生产—流通一体化的流通加工形式。这种形式可以促成产品结构及产业结构的调整，充分发挥企业集团的经济技术优势，是目前流通加工领域的新形式。

(10) 为实施配送进行的流通加工。这种流通加工形式是配送中心为了实现配送活动，满足客户的需要而对物资进行的加工。例如，混凝土搅拌车可以根据客户的要求，把沙子、水泥、石子、水等各种不同材料按比例要求装入可旋转的罐中。在配送过程中，汽车边行驶边搅拌，到达施工现场后，混凝土已经均匀搅拌好，可以直接投入使用。

【案例分析 6-1】

买菜也看“颜值”

净菜，是指将新鲜蔬菜和肉、鱼、禽、蛋等分级挑选、清洗去杂、整理切割、沥水风干、灭菌、包装、冷藏等一系列处理，达到让消费者购买后直接下锅的目的。

在一些超市的蔬菜区，一些真空包装的品牌净菜都有自己的专柜。清洗干净的小白菜、西红柿、茄子、青椒等蔬菜装在盒子里或袋子中，半成品土豆片、萝卜块、芋头块、椰子、红枣、萝卜等食材被整齐地码放在包装袋内。即使是在小小的县城和乡镇菜市场里，一摊一位的菜农、小贩有时也利用空隙时间拣拣挑挑，把蔬菜“打扮”一番再出售。相比于普通的蔬菜，净菜相对要贵一些。例如，300 克的土豆片售价 3.5 元，几乎是菜场内一斤土豆的价格了。在一家公司的专柜里，菜心售价 10 元/公斤；一盒 500 克的青豆苗也在 10 元以上，而菜场内的菜心售价仅为 6 元/公斤，青豆苗也才 10 元/公斤。不过，大多数消费者认为，净菜虽然贵一点，但吃得比较放心，也值得。

如果推行净菜入城，绝大部分蔬菜垃圾就可以被留在城外，得到资源化处理。北京每年有 770 多万吨蔬菜来自外地，而这些蔬菜会产生 230 万吨垃圾。如土豆、胡萝卜、白薯、藕等根茎类蔬菜经常带着泥土一起进城，大白菜、大葱、芹菜、韭菜、莴苣等的根叶也有将近 1/4 要扔掉。推行净菜上市，则可以大大减少“垃圾进城”。在欧美、日本等发达国家，净菜产业已有几十年的发展历史。在日本制定的垃圾减量化政策中，不仅未经处理的“毛菜”被禁止入城，被禁的范围也随着城市的扩展而扩大。如东京市规定，八环路之内禁止毛菜进入，由此减少了城市 20%的生活垃圾。参照日本的计算方法，我国每年因此减少垃圾产生量可达 3000 万吨。以北京市为例，每年可减少投入 47 亿元，其中不包括垃圾处理设施的建设费用。要知道，建一座大型垃圾填埋场得上亿元，建一座大型垃圾焚烧厂的花费高达数十亿元。推行净菜上市，让瘦身的蔬菜进入市场，针对广大居民进行“精确消费”，以此来减少城市垃圾，对于缓解垃圾围城的问题具有非常现实的意义。

事实上，净菜上市不仅能够为城市垃圾减量做贡献，还能让老百姓吃上放心菜。因为工厂化处理的蔬菜无论从清洁程度还是细菌、微生物的存活来看，都要比消费者自己在家清洗要好很多。净菜经过采摘、清洗、分拣、包装等数十道工序的处理，不仅蔬菜上的灰尘、沙土、污物被清洗干净，而且细菌、病毒、虫卵也会最大限度地被杀灭。更为重要的是，通过无公害、绿色或有机认证的品牌净菜企业，建立有一套比较严格的生产标准与产品质量规定，所有产品出厂时必须批批检测，这就使得产品的质量更加可靠。

（资料来源：刘国信. 买菜也看“颜值”，净菜走上百姓餐桌[N]. 中国审计报，2016）

思考题：

净菜处理属于什么类型的流通加工？推行净菜上市有什么好处？

四、流通加工合理化

流通加工合理化指实现流通加工的最优配置，不仅做到避免各种不合理流通加工，使流通加工有存在的价值，而且综合考虑流通加工与配送、运输等环节的有机结合，做到最优选择，以达到最佳的流通加工效益。

【知识拓展 6-1】

常见的不合理流通加工形式

(1) 流通加工地点设置不合理。流通加工地点设置即布局状况是影响整个流通加工有效性的重要因素。一般而言，为衔接单品种大批量生产与多样化需求的流通加工，加工地设置在需求地，才能实现大批量的干线运输与多品种小批量末端配送的物流优势。如果将流通加工地点设置在生产地区，则会出现明显的不合理：①加工之后的多样化产品，必然会向需求地多品种、小批量长距离运输；②在产地增加一个加工环节，势必增加了近距离运输、仓储、装卸搬运等一系列物流活动。因此，不如由生产企业完成这一加工，免去设置专门的流通加工环节。另外，为了方便物流过程，流通加工环节应设在产地，即未进入社会物流之前，如果将其设置在物流之后，即消费地，不但不能解决物流问题，又在流通中增加了中转加工环节，使物流成本提高，因而也是不合理的。

即使在产地或需求地设置流通加工的选择是正确的，还存在流通加工的正确选址问题。如果选址不当，就会出现交通不便，流通加工与生产企业或用户之间距离较远，流通加工点的投资过高，加工点周围社会、环境条件不良等问题。

(2) 流通加工方式选择不当。流通加工方式包括流通加工对象、流通加工工艺、流通加工技术、流通加工程度等。流通加工实际上是与生产加工的合理分工。分工不合理，本来应由生产加工完成的，却错误地由流通加工完成，本来应由流通加工完成的，却错误地由生产加工去完成，都会造成不合理性。

(3) 流通加工变成冗余环节。有的流通加工过于简单，对生产及消费者作用不大，甚至有时因流通加工的盲目性，不仅未能解决品种、规格、质量、包装等问题，相反却增加了环节，使得物流成本提高。

(4) 流通加工成本过高，效益不好。流通加工之所以有生命力，重要优势之一是有较大的产出投入比，起着对生产补充完善的作用。如果流通加工成本过高，则不能实现以较低投入实现更高使用价值的目的，难以实现物流成本的优化。

为了实现流通加工合理化，主要考虑以下几个方面。

(1) 流通加工和配送相结合。流通加工和配送相结合就是将流通加工点设置在配送点中，一方面按配送的需要进行加工；另一方面，加工又是配送业务流程中的一环，加工后的产品直接投入配货作业。这就无须单独设置加工这一中间环节，使流通加工有别于独立的生产加工，从而使流通加工与中转流通巧妙地结合在一起。同时，在配送之前进行流通加工可使配送服务水平大大提高。

(2) 流通加工和配套相结合。在对配套要求较高的流通中，配套的主体来自各个生产单位，但有时依靠生产单位进行完全配套不太可能。进行适当的流通加工，可以有效地促成配套，大大提高流通作为连接生产与消费的桥梁和纽带作用。

(3) 流通加工和合理运输相结合。流通加工能有效地衔接干线与支线运输，促进两种运输形式的合理化。支线运输转干线运输或干线运输转支线运输是本来就必须停顿的物流环节，在停顿过程中，可以按照干线或支线运输的合理要求进行适当加工，加工完成后再进行中转作业，从而大大提高运输效率及车辆装载率。

(4) 流通加工和商流相结合。通过流通加工有效地促进销售和提高商流也是流通加工合理化的考虑方向之一。流通加工与配送结合，提高了顾客服务水平，能够促进销售，就是流通加工与商流相结合的一个成功例证。此外，通过简单地改变包装、方便用户购买，通过组装加工，解除用户使用前进行组装、调试的麻烦或困难，都是流通加工有效促进商流的例子。

(5) 流通加工和节约相结合。节约能源、设备、人力和耗费是流通加工合理化的重要因素，也是目前我国设置流通加工时考虑其是否合理化的比较普遍的形式。

第二节 配　　送

一、配送的定义

配送(Distribution)是指“在经济合理区域范围内，根据客户要求，对物品进行拣选、加工、包装、分割、组配等作业，并按时送达指定地点的物流活动”(GB/T 18354—2006)。

配送是物流中一种特殊的、综合的活动形式，主要包括备货、储存、分拣及配货、配装、配送运输、送达服务、配送加工等功能。配送几乎包括了所有的物流功能要素，是在经济合理区域范围内物流的一个缩影。

二、配送的作用

配送的作用主要有以下方面。

(1) 有利于物流实现合理化。配送不仅能促进物流的专业化、社会化发展，还能以其特有的运动形态和优势调整流通结构，促使物流实现“规模经济”。从组织形态上看，它是以集中的、完善的送货取代分散和单一的取货。在资源配置上，则是以专业组织的集中库存代替社会上的零散库存，衔接了供需关系，打破了流通分割和封锁的格局，很好地满足了社会化大生产的发展需要，有利于实现物流合理化。

(2) 完善了运输及整个物流系统。在干线运输之后，往往都要辅以支线运输或短距离搬运，这种支线运输或短距离搬运成了物流的一个薄弱环节。这个环节和干线运输有许多不同点，如要求灵活性、适应性、服务性，往往导致运力利用不合理、成本过高等问题。采用配送方式，从范围来讲将支线运输及短距离搬运统一起来，加上上述的各种优点使运输过程得以优化和完善。

(3) 提高了末端物流的效益。采用配送方式，集中进货实现规模经济，又通过将用户的需求汇总后集中发货，代替分别向不同用户小批量发货来达到降低成本的目的，使末端物流经济效益提高。

(4) 通过集中库存使企业实现低库存或零库存。发展配送，生产企业可以实施集中库存、统一配送的生产经营方式，这样生产企业可以完全依靠配送而无须持有库存，或者只需持有少量安全库存而不必持有经常库存，从而实现“零库存”。采用这种方式，将降低整个生产系统的库存，发挥规模经济的优势，降低库存成本。

(5) 简化事务，方便用户。采用配送方式，可以将客户订购的多种货物统一配送，从而减少送货次数，减轻客户的工作量和负担，节省了事务开支。

(6) 提高供应保证程度。受到资金的限制，生产企业自己保持库存，维持生产，供应保证程度很难提高。采取配送方式，配送中心可以比任何单位企业的储备量更大，因而对每个企业而言，中断供应、影响生产的风险便相对缩小，使用户免去货物短缺之忧。

另外，配送为电子商务的发展提供了基础和支持。电子商务的发展，打破了消费的地域性限制，使得消费者足不出户就可以购买到任何想要的商品。电子商务之所以能够带给消费者这种快捷方便的服务，与物流配送服务的支持是分不开的。

三、配送的分类

(一)按实施配送的节点分类

按实施配送的节点分，配送可以分为配送中心配送、仓库配送和商店配送。

(1) 配送中心配送。配送中心配送的组织者是专职配送中心，配送中心具有经营规模较大，覆盖面较宽，货物配送能力强等特点，其设施和工艺结构是根据配送活动的特点和要求专门设计和设置的，故专业化、现代化程度很高，并配备有大规模实施配送的设施。但是，这种配送形式具有灵活性差、投资高等缺点。

【案例分析 6-2】

沃尔玛的配送策略

沃尔玛是世界上最大的零售企业之一，由美国零售业传奇人物山姆·沃尔顿先生于1962 年在阿肯色州成立。在短短几十年间，沃尔玛由一家小型折扣商店发展成为世界上的零售业巨头。

沃尔玛之所以能在如此短的时间内不断壮大，超越对手，在很大程度上依赖于沃尔玛物流体系所起的作用。经济学家斯通博士在研究美国零售业时发现：在美国的三大零售企业中，物流成本占销售额的比例在沃尔玛是 1.3%，在凯马特是 8.75%，在希尔斯则为 5%。以销售额 100 亿美元计算，沃尔玛的物流成本要比凯马特少 7.45 亿美元，比希尔斯少 3.7 亿美元，即沃尔玛的物流成本优势非常明显。

为降低配送成本，沃尔玛极力求最合适地点建立配送中心，配送中心一般设立在 100 多家零售店的中央位置。这样既可以让一个配送中心满足附近 100 多个销售网点的需求，同时运输的总距离也可以达到最短。每个配送中心负责区域内多家商场的送货，为了保证送货的及时性，从配送中心到各家商场的路程一般不会超过一天行程，商品从配送中心运到任何一家商店的时间不超过48小时，沃尔玛的分店货架平均一周可以补货2次，而其他同业商店平均两周才能补货1次。通过维持尽量少的存货，沃尔玛既节省了存储空间又降低了库存成本。

配送中心一般不设在城市里，而是在郊区，这样有利于降低成本。沃尔玛把货品送到门店的配送成本只相当于销售额的3%，而其竞争对手做同样的事情一般要付出5%。随着公司的发展壮大，沃尔玛配送中心的数量也在不断增加。如今，沃尔玛拥有110个配送中心，为全球近6000家商店提供配送服务。沃尔玛全球销售的8万多种商品中的85%都由这些配送中心供应，而其竞争对手只有50%～65%的商品集中配送。

配送中心除了负责配送之外，还负责收集和整理各分店的订单信息，然后向供应商订货。供应商可以把商品直接送到订货的商店，也可以送到配送中心。

在配送中心，计算机掌管着一切。供应商将商品送到配送中心后，先经过核对采购计划、商品检验等程序，分别送到货架的不同位置存放。当每一样商品储存进去的时候，计算机都会把它们的方位和数量记录下来；一旦商店提出要货计划，计算机就会查找出这些货物的存放位置，并打印出印有商店代号的标签贴到商品上。整包装的商品将被直接送上传送带，零散的商品由工作人员取出后，也会被送上传送带。商品在长达几公里的传送带上传送，通过激光辨别商品条形码，确定商品的目的地，传送带上一天输出的货物可达20万箱。对于零散的商品，传送带上有一些信号灯，工作人员根据信号灯的提示来确定商品将被送往的商店，来取这些商品，并将取到的商品放到一个箱子当中，以避免浪费空间。

配送中心的一端是装货平台，可供130辆卡车同时装货，在另一端是卸货平台，可同时停放135辆卡车。配送中心24小时不停地运转，平均每天接待的装卸货物的卡车超过200辆。沃尔玛用一种尽可能大的卡车运送货物，大约有16米加长的货柜，比集装箱运输卡车更长或者更高。在美国的公路上经常可以看到这样的车队，沃尔玛的卡车都是自己的，司机也是沃尔玛的员工，他们在美国的各个州之间的高速公路上运行，而且车中的每立方米都被填得满满的，这样非常有助于节约成本。

沃尔玛的所有运输卡车全部安装了卫星定位系统，每辆车在什么位置、装载什么货物、目的地是什么地方，总部都一目了然。因此，在任何时候，调度中心都可以知道这些车辆在什么地方，离商店还有多远，他们也可以了解到某个商品运输到了什么地方，还有多少时间才能运输到商店。对此，沃尔玛精确到小时。如果员工知道车队由于天气、修路等原因耽误了到达时间，装卸工人就可以不用再等待，而安排别的工作。

（资料来源：百度百科 http://baike.baidu.com/view/163695.htmfromID=9389）

思考题:

沃尔玛是如何通过配送取得竞争优势的？沃尔玛值得我国企业借鉴的地方有哪些？

(2) 仓库配送。仓库配送是以一般仓库为网点来进行配送。它可以把仓库完全改造成配送中心，也可以在保持仓库原功能前提下，以仓库原功能为主，再增加一部分配送职能。由于仓库通常不是按专业的配送中心设计和建立的，所以，仓库配送的规模较小，专业性较差。但是由于可以利用原仓库的设施设备、收发货场地、运输路线等，所以较容易利用现有条件而无须大量投资且上马较快。

(3) 商店配送。商店配送的组织者是商业的门市网点，由于其主要承担商品的零售，一般来讲规模不大，但货物种类较多。这种配送方式可以根据用户需求调整经营商品的种类，或代用户订购一部分商店日常不经营的商品，与商店日常经营的品种一起配齐后配送给用户。由于组织者实力有限，往往只是进行小范围、小批量、零星的货物配送。商店配送主要有兼营配送形式和专营配送形式两种。

(二)按配送货物的种类和数量分类

按配送货物的种类和数量的多少分，配送可以分为单(少)品种大批量配送、多品种少批量配送和配套成套配送。

(1) 单(少)品种大批量配送。当生产商或批发商需要的货物体积、重量或者数量较大，单独一个品种或几个品种就可达到较大的运输量，可以实行整车运输，进行单(少)品种大批量配送。

(2) 多品种少批量配送。多品种少批量配送是根据客户的要求，将所需的多种货物配备齐全，凑整装车后由配送点送达客户。这种配送作业水平要求高，配送中心设备要求复杂，配货、送货计划难度大，因此需要有高水平的组织工作保证和配合。

(3) 配套成套配送。配套成套配送是指根据企业的生产需要，尤其是装配型企业的生产需要，把生产单件产品所需要的全部零部件配齐，按照生产节奏定时送达生产企业，生产企业随即可将此成套零部件送入生产线以装配产品。

(三)按配送时间和数量分类

按配送时间和数量分，配送可以分为定时配送、定量配送、定时定量配送、定时定路线配送和即时配送。

(1) 定时配送。定时配送是按规定时间和时间间隔进行配送。配送的时间通过与用户协商确定，每次配送的货物品种及数量可按计划执行，也可在配送之前以商定的联络方式(电话、传真、计算机网络等)通知配送品种及数量。

【知识拓展 6-2】

定时配送主要有小时配、日配和准时—看板方式，小时配和日配是针对社会上不确定的、随机性的需求，向社会普遍承诺的一种配送服务方式，准时—看板方式则是根据生产节奏，在固定的时间将货送达，这种方式比前两种方式更为精密，要求更高。

(2) 定量配送。定量配送是指按规定的批量，在一个指定的时间范围内进行配送。这种方式由于每次配送的品种、数量固定，备货工作较为简单，可以根据托盘、集装箱及车辆的装载能力规定配送的数量，既能有效利用托盘、集装箱等集装方式，也可以做到整车配送，所以配送效率较高，成本较低。由于时间不严格限定，可以将不同用户所需货物凑整装车后配送。对用户来讲，每次接货都处理同样的货物，有利于调度人力、物力。

(3) 定时定量配送。定时定量配送是指按照规定的配送时间和配送数量进行配送。这种方式兼有定时、定量两种方式的特点，对配送企业的要求较高，管理和作业的难度较大，需要配送企业有较强的计划性和准确性。

(4) 定时定路线配送。定时定路线配送是指在预先确定的运行路线上制定到达时间表，按运行时间表进行配送；用户可在规定时间和地点接货，也可按规定时间及路线提出配送要求。采用这种方式便于事先安排车辆及司机，便于制定货物配装方案和配送路线，易于管理和控制配送成本。

(5) 即时配送。即时配送是指完全按照用户突然提出的时间和数量要求，随即进行配送的方式。这种方式是灵活性很高的一种应急配送方式，采用这种方式可以完全替代安全库存，实现零库存。

【案例分析 6-3】

北京笨熊造饭的配送

作为一个外卖品牌，笨熊造饭主打的是无店铺中央厨房餐饮O2O模式。笨熊造饭没有订餐官网和App，而是和饿了么、美团外卖等平台合作，产品全部自营。

笨熊造饭的外卖定位为“将就型产品”，使得客户群范围尽量地大。这类群体首先在意自己买不买得起，其次能否吃得饱，第三关注送餐时长，最后才考虑口味。因为中央厨房的大型机械架构，是按照原有菜品进行标准化精确设计的，重新调配会耗费较大成本，所以笨熊造饭主食仅16款，而且无增加菜品打算。

笨熊造饭中央厨房的面积有8000 多平方米，全部采用大型机械进行标准化生产，设有专门的洗菜间、炒菜间、冷藏储藏室等。这里无须要配备专业厨师，洗菜机把菜洗完后进行切配，再由机器人进行炒菜加工，最后高温杀毒并储藏，在规定时间点开始配送。对于最后的高温杀毒步骤，由于菜品从制作完成到送达消费者手中需要一段时间，笨熊造饭的菜品在配送过程中用密封保鲜膜覆盖，餐盒口上贴有备注标签“若有破损 请勿食用”，而不像一般的外卖打开餐盒即可食用。所以提前将菜品进行高温杀毒更有利于后期的冷链配送。

早期，笨熊造饭围绕中央厨房、加热中心和终端驿站三个环节布局配送体系。考虑到中央厨房建在郊区，菜品从郊区运到主城区需要花费较长时间，团队设立了加热中心作为菜品的中转仓。从中央厨房到加热中心由第三方服务商云鸟配送负责，从加热中心到终端驿站则由笨熊造饭自建的物流团队负责，从驿站到消费者手中则由服务商趣活美食送承担。不过从2016年4月起，笨熊造饭已取消和这两家服务商的合作，完全由自建物流团队配送，并撤除加热中心这一中转环节，由中央厨房直接面向终端驿站。此外，终端驿站的功能也在慢慢增加，原先只负责配送，现在也承担中转中心的加热功能。终端驿站内放有大型工业微波炉加热设备，可以大批量快速加热餐食。

中央厨房一般在8点前根据预估的数据将当天菜品制作完成，8点开始配送至终端驿站，终端驿站在10:30开始加热并送往消费者。笨熊造饭配备12辆车负责中央厨房到终端驿站的干线配送，并建立全职配送团队负责终端驿站到消费者的支线配送。每个终端驿站的配送员不固定，哪个终端驿站订单量多就会往哪个驿站调度。笨熊造饭建立总部系统用于管控订单，消费者下单后，订单会传到总部，由系统自动分配给有空闲的配送员，单次配送时间控制在35分钟以内。笨熊造饭目前主打午餐，除去外卖配送的高峰期，配送员基本处于空闲状态。笨熊造饭未来不排除做晚餐和夜宵的可能，但在其他时间，配送员将根据需求做推广和宣传。

出于快速建站、整合资源的考虑，笨熊造饭的大部分终端驿站采用与第三方合作的方式，也就是介入他人建立的成型站，仅有少数自建驿站。公司CEO表示，不管第三方站点原来是什么形式，只要能满足基本的配送功能和需求，就可以合作。目前，笨熊造饭在北京已建立158个终端驿站，每个站点覆盖周边3公里范围，面积平均在5平方米左右。未来可能会建立更多站点，将服务范围逐步缩小至2公里甚至1公里，从而减少配送时间，提升客户体验。

(资料来源：北京笨熊造饭:中央厨房模式的餐饮O2O[J]. 现代营销(经营版)，2016)

思考题：

笨熊造饭的配送属于什么类型？笨熊造饭是如何进行外卖配送的？

(四)按经营形式不同分类

按经营形式不同，配送可分为销售配送、供应配送、销售—供应一体化配送、代存代供配送和越库配送。

(1) 销售配送。销售配送是指配送企业是销售性企业，或销售企业作为销售战略一环进行的促销型配送，或和电子商务网站配套的销售型配送。这种配送的配送对象和用户均不固定，依赖于市场占有状况，配送的经营状况也取决于市场状况，配送随机性很强而计划性较差。采用配送方式进行销售是扩大销售数量和市场占有率、获取更高收益的重要方式。销售配送的经营模式主要有批发分销型销售配送和零售型销售配送。

【案例分析 6-4】

21cake 的蛋糕配送服务

21cake 是由廿一客食品有限公司创建的蛋糕品牌。21cake 抛弃了传统线下门店的运作流程，借助蛋糕研发、生产、销售、配送的一体化经营，形成了“网上/电话订购+中央工厂+自营冷链配送”的商业模式。目前，在北京、上海等城市的高端蛋糕市场中，21cake 赢得了一定市场份额。

21cake 遵循的是一种即时生产零库存的商业模式。据市场部经理吴星琪介绍，订单决定生产的模式，尤其是对于蛋糕这种对产品新鲜度要求极高的食品更是如此。而支撑这种选择的是，21cake 构建了一个大的生产车间、一个大库房，利用中央工厂的模式实现集中生产、分散配送的商业运营。

一般的蛋糕店需要顾客至少提前一天订购，但 21cake 把这个时间区间缩至 5 小时，其官网的订购帮助上明确写着“北京、上海提前 5 个小时订购，如若需要修改蛋糕品类或送货时间，送货时间将根据修改内容延后 5 小时内完成”，对 21cake 的系统而言，下订单的时间不是关键，关键是客户要求的送达时间。在 21cake 订单系统中，客户一旦下单，网络系统会自动将这个时间倒推 5 个小时，将订单下至工厂生产车间，接到订单后，生产车间的师傅就开始现场制作蛋糕。

当蛋糕开始进入生产流程时，配送团队也进入了待命状态，全市设立多个配送站，蛋糕制作完成后，由中央工厂发货到配送站，再由配送员送往订货地点。系统首先确定哪个配送点更便利，然后确定最佳路线方案，以避免意外因素导致无法及时送达，而前端生产环节往往会尽量压缩自己所占用的时间，给后端配送留足时间。为了满足客户的需求，21cake 对配送时间有着非常严格的规定，一方面，精确到每一小时，来满足顾客的送达时间要求；另一方面，所有的蛋糕配送时间都是分批进行控制的，如在北京是每天 5 批，按照 12 个小时的配送时间，则大约每隔 2.5 小时就会有一批蛋糕送出去，从中央工厂完工到送到顾客手上控制在 3 个小时左右，这样才能保持最好的口感。

(资料来源：马伊莎. 21cake：零库存模式的虚拟蛋糕店[N]. 中国经营报，2013(7))

思考题：

21cake配送的商品具有什么特点？21cake是如何进行蛋糕配送的？

(2) 供应配送。供应配送是用户为了自己的需求所采取的配送形式，往往由用户或用户集团组建配送网点，集中组织大批量进货，然后向本企业或向本企业集团的下属企业配送。这种以配送的形式组织本企业的供应，在大型企业、企业集团或联合公司采用较多。

(3) 销售—供应一体化配送。销售—供应一体化配送是指销售企业对基本固定的用户和基本确定的配送产品在自己销售的同时，承担供应者的职能，既作为销售者，又是用户的供应代理人。这种形式有利于形成稳定的供需关系：对销售者来说，这种配送方式能帮助其获得稳定的用户和销售渠道，有利于保持和扩大市场份额；对用户来说，能获得稳定的供应，可大大节约为组织供应所耗用的人力、物力、财力。

(4) 代存代供配送。代存代供配送是指用户将属于自己的货物委托配送企业代存、代供，有时还委托代订，然后组织对本身的配送。这种配送方式在实施时不发生货物所有权的转移，配送企业只是用户的委托代理人，货物所有权在配送前后都属于用户所有，所发生的仅仅是货物的空间位移。配送企业从代存代供中获取收益，而不能获得货物销售的经营权。

(5) 越库配送。越库配送(Cross Docking)，也称直接换装，是现代物流一种很新的配送方式，即物品在物流环节中，不经过中间仓库或站点存储，直接从一个运输工具换载到另一个运输工具。采用这种配送方式，可以节约场地、减少作业手续、减少物流时间和降低成本。

(五)按加工程度不同分类

按加工程度不同，配送可分为加工配送和集疏配送。

1. 加工配送

加工配送是指和流通加工相结合的配送。当现有的产品不能满足用户需求，或者用户根据本身的工艺要求，需要使用经过某种初加工的产品时，可以在配送中心经过加工后进行分拣、配货再送货到门。加工配送避免了流通加工的盲目性，使得配送企业不但可以依靠送货服务、销售经营取得收益，还可以通过加工增值取得收益。

2. 集疏配送

集疏配送是指只改变产品数量组成形态而不改变产品本身物理、化学形态的，是与采购、集货或干线运输相结合的一种配送方式。例如，大批量进货后的小批量、多批次发货，零星集货后以一定批量送货等。

【课外资料 6-2】

“牛奶取货(Milk Run)”配送方式

一、“牛奶取货”概述

“牛奶取货(Milk Run)”，也叫循环取货或集货配送，是一种制造商用同一货运车辆从多个供应处取零配件的操作模式。具体运作方式是，每天固定的时刻，卡车从制造企业工厂或者集货、配送中心出发，到第一个供应商处装上准备运发的原材料，然后按事先设计好的路线到第二家、第三家，以此类推，直到装完所有安排好的材料再返回。

二、上海通用的“牛奶取货”案例

国内最早实施“牛奶取货”的是东风和上海通用，随后广汽也开始实施“牛奶取货”的物流配送方式。其中上海通用实施“牛奶取货”具备较好优势。其一，上海通用的供应商大多集中在江、浙、沪一带，为循环取货的实施创造了有利条件；其二，零件供应商供给的车型较为平衡，稳定了“牛奶取货”的路线，并创造了较好的装载率。上海通用的“牛奶取货”采取的是外包管理的模式，外包公司将负责路线设计前数据的收集、路线规划设计、所有窗口时间的设定、运输物料数量与物料连接计划、操作程序与流程、路线网络重新设计和调整、项目的实施、物料运输状态追踪、每天对路线运作监控等日常管理、路线绩效分析和报告等。在完全实施循环取货方式后，上海通用每年节约零部件运输成本 300 万元人民币。2001 年 9 月份，上海通用开始试运行第二条路线，运输成本节约 30%，送货准时率、正确率都明显提高，没有因物料短缺的原因造成上海通用生产停线。

三、实施“牛奶取货”遭遇的问题

国内已声称应用“牛奶取货”模式的企业除了上海通用和大众外似乎都没有尝到甜头，他们大多碰到以下问题。

(1) 制造厂生产计划不连贯。在正常的情况下，制造厂根据市场需求和工厂实际制造能力制订出月/周/日生产计划，再将之转化为生产物料的需求或送货月/周/日计划，然后按计划去各供应商处取货。但是由于市场猜测不准确或生产内部的缺陷等导致无法制订连贯的生产计划，进而物料需求时间、数量和种类经常毫无规律地变化。

(2) 信息共享不充分。供给链的良好运行需要整体协作，制造商在生产预测、计划和组织上的变化或问题应及时通知供应商，以便其对自身的生产计划进行调整。同时制造商也需要了解供应商在生产制造方面的更多信息，以安排生产计划。第三方物流企业也须及时把握双方的信息，否则无法为客户进行适当的运输、仓储等物流规则。一方面，在国内，实施“牛奶取货”的制造企业要么信息化程度不高，要么自身的信息化基础尚好但其众多的供应商信息化建设没有跟上，信息的交互出现断层；另一方面国内企业之间往往缺乏信任，出于商业机密的考虑或担心信息过多透露导致在谈判中利益受损而对信息共享较为保守。

(3) 供应商不配合。“牛奶取货”支持下的JIT供给使得中心制造企业的库存可降至最低，而作为强势的制造企业往往会要求供应商抬高安全库存以保证每次顺利地取货。另外，供应商原先自行送货时很多都拥有自己的运输车队，运费都打在货物的价格里，无须要供应商承担，很多小供应商的自备车基本上是大制造商在供养。而制造企业实行“牛奶取货”后，运输作业由制造商委托第三方物流商或者制造商自己来执行，供应商自有车队的车辆设备及人员等的处置问题较为棘手，因此供应商对此的态度非常被动也不足为奇。

(4) 货物的质量检验问题。循环取货条件下，由于供货时间规定得较严格，而车辆配载的要求令制造商不可能派质检员去取货，同样供应商也不会派人随车入厂交付，因此货物品质检验和责任就经常出现纠纷，假如有第三方物流商参与的话这个问题就更加复杂。一旦出现质量有问题的物料，就很可能会供应商和物流作业方互相推卸责任，更重要的是，由于质量问题导致交货延迟会带来生产停顿的较大损失，同时既定的运输计划使不合格物料的回收或返修变得很难处理。

(5) 交通状况不佳。循环取货对取货、到货的时间要求得很严格，否则难以良好地支持制造企业的JIT计划。然而在国内，尤其是一些较大的城市，道路设计不合理，车辆遵规意识差，交通拥堵严重，这样的路况对于计算精确的到货时间来说比较困难，到货时间无论是早到还是晚到都会对生产及库存产生影响。

(资料来源：中国物流与采购网)

四、配送合理化

配送需要全面、综合的决策，在决策时要尽量避免不合理配送。不合理配送主要表现在以下几方面。

(1) 资源整合的不合理。配送是通过整合资源达到规模经济来降低成本，使得成本低于用户自身运营的成本，从而取得优势。如果不是整合多个用户的需求进行规模化运营，而仅仅是为某一两个用户代购代筹，对用户来讲，不仅不能降低运营费用，相反要向配送中心支付代理费用，因而是不合理的。资源整合的不合理还有其他表现形式，如配送量计划不准，仓储空间或运输车辆过多或过少等。

(2) 库存决策不合理。配送应充分利用集中库存总量低于用户分散库存的总量，从而降低用户实际平均分摊的库存成本。因此，配送企业必须科学合理地制定库存总量，否则就只是简单的库存转移，而未取得库存总量降低的效果；但是，库存总量不能太低，否则不能保证随机需求，失去了应有的市场。

(3) 价格不合理。只有配送的价格应低于用户自己进货时物流成本的总和，用户才会考虑将物流业务外包。如果配送的服务水平很高，价格稍高，用户也可以接受，但这不是普遍的原则。如果配送价格普遍高于用户自己进货成本，提高了用户的运营成本，就是一种不合理表现。但是如果价格过低，使配送企业无利可图或亏损经营，也是不合理的。

(4) 配送与直达的决策不合理。增加配送环节可以降低用户的平均库存水平，以此不但抵消了增加环节的支出，而且还取得了额外的效益。但是如果用户大批量进货，可以直接通过社会物流系统均衡批量进货，较之通过配送中转送货可能更节约费用，这种情况下，不直接进货而通过配送，就是不合理的。

(5) 送货中不合理运输。配送可以采用单车配载多个用户的货物，相比每个用户自提货物，可以节省运力和运费。如果不能利用这一优势，仍然是一户一送，而车辆不是满载运输，就属于不合理运输。此外，不合理运输的若干表现形式，在配送中都可能出现，都属于不合理配送的范畴。

(6) 经营理念的不合理。在配送实施中，经营理念不合理，会使配送优势无从发挥，损坏了配送企业的形象，这是开展配送时尤其需要克服的。例如，配送企业利用配送手段，向用户转嫁资金、库存困难；在库存过大时，强迫用户接货，以缓解自身库存压力；在资金紧张时，长期占用用户资金；在资源紧张时，将用户委托保管的资源挪作他用从中获利等。

【案例分析 6-5】

Kozmo 和 Webvan 的配送之痛

1997 年，在线仓储和送货服务商 Kozmo.com 在纽约成立。为了实现“一小时送达”的承诺，Kozmo 在纽约聘请了大批单车送货员。当时，其服务令消费者倍感新鲜：不管是一根雪糕，还是一张电影 DVD 碟片，只需要在线订购，Kozmo 肯定会在一小时内送货上门，且不收取快递费。这令它很快拥有了许多客户。

当年，Kozmo 获得了 2.8 亿美元的风投，并与星巴克签订了 1.5 亿美元的促销合同，就连金融巨头摩根大通都看好它，称为“消费者必不可少的一项资源”。在业务鼎盛时期，它扩展到美国 7 个城市，旗下快递员超过 1000 人。但是物流、客单价低等问题成了 Kozmo 的拦路虎。当许多客户只为订购售价不高的一包薯片或一瓶可乐而使用 Kozmo 时，它的日子开始难过了。虽然后期该网站作出最低消费的限制，但也无法阻止该公司在 2001 年的陨落。

Kozmo 的昙花一现似乎预示了后来者的命运。1999 年，比 Kozmo 稍晚成立的在线食品杂货店 Webvan，通过 IPO 筹集到了 3.75 亿美元巨资，高峰时其股价达 30 美元，市值 12 亿美元。但它的问题同样出现在物流上。扩展至 9 个城市后，食品杂货的薄利无法弥补建造仓库、配送中心及快递车队的庞大开支，Webvan 成立 18 个月就不得不和市场说“拜拜”。华尔街的投资人士指出，Webvan 不愁没有客户，但均单额无法提高使它无力支撑高昂的物流费用。

思考题：

Kozmo 和 Webvan 的优势是什么？但为什么会倒闭？

为了实现配送合理化，主要做法如下。

1. 推行一定综合程度的专业化配送

通过采用专业设施、设备及作业流程，提高配送的信息化和自动化水平，从而降低配送过分综合化的复杂程度及难度，达到良好的配送效果。

2. 推行共同配送

共同配送是由多个企业联合组织实施的配送活动，可以采用配送企业配送多家企业、一辆车混载多家企业的货物、多家企业联合设立配送接货场地等多种方式。共同配送有利于克服不同企业之间的重复配送或交叉配送，提高车辆使用效率，降低运输成本，减少城市交通拥堵和环境污染。

【案例分析 6-6】

北京朝批商贸有限公司的共同配送

在北京商业零售市场，北京朝批商贸有限公司是采取共同配送模式的代表。通过独特的市场定位和物流运作模式，占到了北京快速消费品配送市场 1/4 的市场份额。采取共同配送的优势主要体现在以下方面。

一、节省了固定成本投入

(1) 租库。如果生产厂家选择自营配送，就要面临选择合理地段租用库房的问题。目前，快消品库房日均租金在 0.4～0.9 元/平方米，同时，为了尽可能满足北京市货量的充裕，库房至少在 3000 平方米以上。为了防止旺季到来爆仓的问题，厂家通常多租用 30%的仓储面积；到了淡季，仓库的使用率得不到保证，这 30%将直接造成浪费。同时，厂商还要保证仓库内部的物流运作。如物料搬运系统设备、人工及支持性的信息系统这些方面均有可观的投入。此外，仅有仓库还不够，还需要租用或购置零担配送车辆，但全部采用外协车辆管理成本就会上升，同时配送质量难以保证，因此信誉风险会加大。

(2) 建库。一个大型超市公司要建立一个配送中心，包括土地、仓库、运输设备、物流机械和信息化投入约在1亿元。现实问题是，合理地段地价高，便宜地段配送半径长。

如果选择共同配送，所需的成本只是实际的货运量带来的变动成本，节省了固定投入。企业可以用节省下来的资金投资于自己的核心业务活动，如产品开发、市场营销及其他创收活动中。

二、商品周转率提高，避免流动资金占用

不采用共同配送，厂家所面对的可能是日配送点700～800家。每家客户的销售情况不同，合理库存也不同。如果厂家采用直供，为了保证供货的及时性通常会租用大吨位货车配送。以20吨货车为例，每吨费用根据运距从600～1000元/车不等，每车配送量约500～2000箱，运输时间为2～3天甚至更长；对于客户，增加了商品订货周期和在途库存量，延长了及时率，且不能保证供应。这种配送方式带来的库存周转期明显偏长，这将减少厂家可流动资金的周转；另外，也缩短了快消品的保质期，影响其销量，造成企业制造成本资金的占压，同时大量逆向物流也不可避免。厂家目前直供商品的损耗率高达3%～5%。

而如果采用共同配送，如北京朝批这样的企业，可以将200～300家上游厂商的商品存储在物流配送中心，根据各客户的订货情况进行统一市内配送，各客户可以参照合理库存小批量、多批次订货，不会占压资金，还可以提高商品的市场占有率。对于物流配送中心，将不同客户的订货量进行整合，一部车平均集合10～30个厂家，4～5个客户，运输费用分摊到三方(上下游、第三方)，极大程度地降低了上下游的库存成本与运输成本。同时，时效性和商品周转率都得到了保证。

三、规避缺货成本的发生

外埠厂家对于运输的考虑重点，是从费用和时间的关系决定选择什么样的运输工具，但在供货时间紧、单品需求量少的情况下，是没有多少选择余地的，供货不及时就会出现断货的问题，如果补货跟不上，影响的不仅是销售，而且品牌忠诚度也会损失。目前行业的补货时间平均为5天。倒是“计划安排”可以解决这样的问题，但一个厂家每日要面对数以百计的零售终端的供货问题，快速地从厂家计划补货显然并不现实，但为了保证市场，在时间紧的情况下，厂家只能选择高价的运输方式。事实上，如果选择将产品外包给第三方，采取共同配送的方式是完全可以避免这部分费用的发生的。

共同配送的计划性很强，同时信息平台具有缺货预警功能，使得厂家有足够的时间调配商品。由于运输时间充裕，在便利的条件下，可以选择最经济的船运，可以为厂家节省至少30%的干线运输成本。

四、降低订货成本

如果商业零售终端每下一次订单都需要传真到厂家，对于厂家来讲，只接受自己商品的订单，而对于商业零售终端来讲，它面对的是上百家厂商和上万类商品，对不同的厂家下订单，即使订货量很小也要发出一张传真订单，厂家再打印各种票据，这就造成了通信及纸张的资源浪费。

如果是共同配送的物流配送中心，由于它集合了众多厂家的商品代理，客户只要将自己的需求通过电子传输给物流配送中心即可，简化了客户的订货流程，减少了时间及成本的支付。

五、提高整体配送效率

城市配送目前状况是，货车是“流动仓库”。由于配送的主体过多，不计其数的货车排在零售店外，挤满了城市的核心要道，等着逐一验货。逢年过节，排队 48 小时的现象非常普遍。虽然道路上车很多，车厢里装载率却不到 50%，其消耗的等待成本，影响日配送周转至少一个往返。

如果采用共同配送，就可以统筹安排配送时间、次数、路线和货物数量，进行拼箱配送。以此减少物流时间、控制损耗、削减成本。通常一部货车就可以完成 4～5 家的送货工作，通过对车厢空间的充分利用，装载率得到了保证、节省了运力的重复运行；同时，商品响应速度提高，拉动企业销量增长。

(资料来源：共同配送的典型案例——北京朝批商贸[J]. 物流技术与应用(货运车辆)，2009(3))

思考题：

结合案例，分析共同配送具有什么好处？

3. 实行送取结合

配送企业与用户建立稳定、密切的协作关系。配送企业不仅成了用户的供应代理人，而且为用户提供储存网点，甚至成为产品代销人。在配送时，将用户所需的货物送达的同时，再将用户需要运输的产品运回，这种产品可以是配送中心需要配送的产品之一，也可以替用户代为保管，卸去了生产企业库存包袱。这种送取结合，使运力充分利用，也使配送企业功能有更大的发挥。

4. 推行加工配送

通过加工和配送结合，充分利用这一中转环节，无须再增加新的环节。同时，借助于配送，加工目的更明确，为用户提供了更好的服务。而且两者有机结合，在不增加太多投入的情况下，却可以追求两种优势、两种效益。

5. 推行准时制(JIT)配送系统

准时制配送是配送合理化的重要内容。配送做到了准时，用户才有资源使用，才可以放心地实施低库存或零库存策略，可以科学合理地计划接货的人力、物力，以追求最高效率的工作。另外，保证供应能力，也取决于准时供应。

6. 推行即时配送

即时配送是解决用户中断供应问题，大幅度提高供应保证能力的重要手段。即时配送体现了配送企业的快速应变能力。即时配送成本较高，但它是整个配送合理化的重要保证手段。此外，用户实行零库存，即时配送也是重要的保证手段。

【案例分析6-7】

每日优鲜：定义生鲜电商新模式

每日优鲜是一个围绕着老百姓餐桌的生鲜O2O电商平台，成立于2015年。2016年，每日优鲜获得了2.3亿元B+轮融资，B轮融资总额达到4.3亿元。

每日优鲜成立时的生鲜电商行业较多是沿袭了传统电商的业务模式，对于生鲜产品的特点和用户需求缺乏针对性的创新，在商品包装、库存量单位(Stock Keeping Unit，SKU)、页面设计、用户体验等方面，客户需求并没有得到很好的满足。以SKU来说，当时的生鲜电商都以箱为单位进行销售，客单价都在300元左右，但是客户真的想要花300块钱购买一整箱生鲜类的单品吗？平台创始人在进行市场调查后最终将每日优鲜的业务模式锁定为“全品类精选和两小时送达”，他们认为这是客户购买生鲜产品时真正需要的。

所谓“全品类”就是客户能够在一次消费过程中将需要的商品一站式购齐。每日优鲜经营有水果、水产、肉蛋、蔬菜、乳品、饮品、零食、轻食8个品类，但是所有产品加起来只有300款。这是在“精品”策略下每日优鲜为客户精挑细选出来的优质产品。每日优鲜有一支专业化的采购团队，都是农业生产一线有着十多年经验的买手，他们对于每个品类最好的产地和货源熟谙于心。

在全品类精选的基础上，每日优鲜凭借规模化的采购把成本降低，在零售环节将SKU尽量做小，很多SKU单价都是十几块、二十几块钱。平台创始人解释说：“我们认为人们在吃的方面有丰富性的需求，现在客户花一百块钱可以买到六七样商品，这样他们可以一次性购买更多食品，有肉有菜有水果有零食，这样营养更平衡、更丰富，购买也会更简单。”这样独特的销售理念为每日优鲜赢得了80%以上的复购率。

除了在产品的品质上追求极致之外，消费者最关心的就是配送的效率，这恰恰也是生鲜电商行业最大的痛点。为了打破这个困局，每日优鲜创立之初就决定要自建物流体系。对于一家初创公司来说这是一件很具挑战性的事情。每日优鲜在社区、写字楼附近建立了微仓，相当于直接把冷库建到了离客户最近的地方。微仓里面带有冷库系统——冷藏仓、冷冻仓、常温仓，每日优鲜把所有的商品都前置到微仓中去，每个微仓的覆盖半径 3 公里，客户下单之后，就能够非常快速地送达。到目前为止，在北京基本能做到客户下单后，半小时送达率 70%，一小时送达率 90%，两小时送达率 99.5%以上。在一些两小时极速达覆盖不到的地区，每日优鲜还在做次日达，从获取的数据来看，极速达客户的留存率比次日达的高出一倍，复购率也会高出非常多。

两小时“极速达”服务也让以前许多不可能的场景变成了可能。如很多公司上班族都要到下午四五点钟才确定晚上是否能回家吃饭，按照常规来说，除了下班去菜超市采购别无其他选择，而现在只要在每日优鲜下单，几乎菜品就可以和客户差不多时间到家，所有食材一应俱全，回家就可以开始做饭了。获取的数据也显示，每天下午四五点钟是一个销售的高峰期，大量的客户在这个时间点去订菜。

在每日优鲜公司内部有一个专门的数据团队去做大数据分析和测算，他们建造了一个模型，根据时间节点、社区属性、天气等因素，通过精细的算法，准确地掌握每个微仓、每款产品的补货时间和补货量，以确保货品的足量供应，最大限度地降低损耗。目前每日优鲜的损耗率已经由之前的 7 个点降低到目前的 1 个点。

为了给客户提供更好的用户体验，每日优鲜在产品设计上也下了很大工夫，移动端是每日优鲜唯一购买入口，用户可以通过每日优鲜的微信商城、App 客户端完成购买，从挑选商品到购物结算可在一个页面完成，平均一次购买行为可以在 65 秒内完成。

(资料来源：底洁. 每日优鲜：定义生鲜电商新模式[J]. IT 经理世界，2016(13))

思考题：

每日优鲜是如何进行商品配送的？配送在每日优鲜的成功中起到了什么作用？

习　　题

一、单选题

1. 配送是面向(　　)的服务。

   A. 终点用户　　B. 中间用户　　C. 始点厂家　　D. 中间厂家

2. 外卖属于典型的(　　)。

   A. 代存代供配送　　B. 定时定路线配送

   C. 即时配送　　D. 定时定量配送

3. 确定好运输车辆和运输线路后要按(　　)原则装车。

A. 先送先装　　　　B. 后送先装
C. 先轻件后重件　　D. 客户等级

二、简答题

1. 流通加工有哪几类？
2. 如何发展合理化流通加工？
3. 不合理配送主要表现有哪些？
4. 发展合理化配送有哪些措施？

三、案例分析题

1. 有一销售企业，主要对自己的销售点和大客户进行配送，配送方法为销售点和大客户有需求就立即组织装车送货，结果经常造成送货车辆空载率过高，同时往往出现所有车都派出去而其他用户需求满足不了的情况。所以销售经理一直要求增加送货车辆，由于资金原因一直没有购车。

(1) 如果你是公司决策人，你会买车解决送货效率低的问题吗？为什么？

(2) 请用配送的含义分析该案例，并提出解决办法。

2. 阿迪达斯公司在美国有一家超级市场，设立了组合式鞋店，摆放着的不是做好了的鞋，而是做鞋用的半成品，款式花色多样，有 6 种鞋跟、8 种鞋底，均为塑料制造的，鞋面的颜色以黑、白为主，搭带的颜色有 80 种，款式有百余种，顾客进来可任意挑选自己所喜欢的各个部位，交给职员当场进行组合。只要 10 分钟，一双崭新的鞋便唾手可得。这家鞋店昼夜营业，职员技术熟练，鞋子的售价与成批制造的价格差不多，有的还稍便宜些。所以顾客络绎不绝，销售金额比邻近的鞋店多 10 倍。

思考题：

阿迪达斯的流通加工属于哪种类型？流通加工对阿迪达斯起到了什么作用？

第七章　物流信息技术

【案例导入】

顺丰集团的信息化建设

顺丰集团是一家年均增长速度40%以上、自建航空公司、有飞机近30架、基层营业网点达4000余个、员工超15万人、服务网络已完成对中国版图的完整覆盖(含香港、澳门特区及台湾地区)并拓展至韩国、日本、新加坡、美国等海外市场的大型综合性速递企业。

顺丰陆续实施上线了HHT手持终端、全/半自动分拣系统、呼叫中心、营运核心平台系统、客户关系管理系统、GPS和航空管理系统等先进的软硬件设施设备，率先在国内实现了对货物从下单到派送的全程监控、跟踪及查询，并全部采用全自动与半自动机械化操作，优化快件的操作流程。

顺丰提出的快件生命周期包括5个组成部分：客户环节、收派环节、仓储环节、运输环节、报关环节。目前，顺丰各个环节的信息化应用已经取得显著成效。

在客户环节，呼叫中心已经能够做到每一通呼叫都可记录对应的通话原因，每个客户投诉都有完整的处理流程。通过呼叫中心系统数据记录统计，已整理100个左右的解决方案，普通座席人员可以很有信心地处理90%的客户来电，降低了呼叫中心员工的工作压力，帮助员工提高了工作绩效。

在收派环节，手持终端程序的最大优势就是减少人工操作中的差错和提高操作人员的工作效率，目前顺丰使用的第四代手持终端系统使收派员的工作效率提高了20%以上。

在仓储环节，顺丰的全自动分拣系统能连续、大批量地分拣货物，并不受时间、气候、人的体力等方面的限制，可以连续运行。自动分拣系统每小时可分拣7000件包装商品，而用人工每小时只能分拣150件左右，同时分拣人员也不能在这种劳动强度下连续工作8小时。另外，由于顺丰的全自动分拣系统采用条形码扫描输入，除非条形码的印刷本身有差错或损坏，否则不会出错，系统识别准确率高达99%，从而使系统具有极低的分拣误差率。

在运输环节，GPS对车辆的动态控制功能，完成了运输过程的透明化管理，可以对运输方案、车辆配置及时中止优化，使运输成本综合降低25%。

另外，在为电子商务客户服务方面，顺丰通过信息化与电子商务客户实现对接，同时以安全、快速的客户体验赢得了电子商务企业与个人客户的逐步信赖，深刻地改变着网购快递的使用习惯。近期，顺丰网购收入增长率就超过70%。

(资料来源：洪黎明. 从顺丰速运看快递业信息化管理[N]. 人民邮电，2013-01-28)

信息是决定企业生存和发展的关键因素，任何一个企业都要面对如何集成信息的问题。其中，伴随着物流活动，会有大量信息产生，如何保证信息通畅，使得物流环节能够协调工作，是物流管理所要解决的核心问题。

第一节　物流信息概述

一、定义

物流信息(Logistics Information)是指“反映物流各种活动内容的知识、资料、图像、数据文件的总称”(GB/T 18354—2006)。物流信息是物流活动中各个环节生成的信息，与物流过程中的运输、保管、装卸、包装等各种职能有机结合在一起，是整个物流活动顺利进行所不可缺少的，对物流的有效组织、控制、协调和管理具有非常重要的意义。

二、物流信息的特点

1. 广泛性

物流信息来源广泛，分布跨度大。不仅来源于企业内部，而且来源于供应链中的各企业和社会其他组织。物流信息的广泛性要求对其进行合理的配置，以便提高其利用效率。

2. 真实性

物流信息能否真实、准确地反映物流活动是非常重要的，是决定其使用价值大小的一个关键要素。物流信息的真实性要求对其进行准确的采集和传递。

3. 时效性

物流信息的时效性主要体现在其滞后性和超前性。由于物流活动总是处于不断变化之中，作为反映物流活动状态和方式的物流信息也在不断变化，如不能及时地使用最新的物流信息，其价值就会随其滞后使用的时差而减少。物流信息的超前性体现为在把握了物流活动规律的前提下，能够对其进行预测。物流信息的时效性要求对其进行及时的采集和合理的使用。

4. 共享性

物流信息不局限于企业自身使用，而且可以被供应链上的其他成员企业、社会其他组织和个人共享使用，其价值不会因为共享使用而减少，合理的共享反而会使其增值。物流信息的共享性要求对其进行有效共享和合理控制，发挥其最大效用。

三、物流信息的分类

(一)按物流管理层次分类

按物流管理层次分，物流信息可分为作业层信息、战术层信息和战略层信息。

(1) 作业层信息用来解决日常生产和运营的问题，它与组织的日常事务有关，并用以保证完成具体的任务。例如，下达运输任务单，打印出入库单等。

(2) 战术层信息与资源的分配和利用相关，如月配送计划、采购计划等。

(3) 战略层信息与发展定位、业务拓展有关。如物流设施选址、发展定位等。

(二)按不同物流功能分类

按不同物流功能分，物流信息可以分为仓储信息、运输信息、流通加工信息、包装信息、装卸信息、搬运信息、配送信息等。对于某个功能领域还可以进行进一步细化，例如，仓储信息分成入库信息、出库信息、库存信息、搬运信息等。

(三)按信息加工程度分类

按信息加工程度分，物流信息可分为原始信息和加工信息。

原始信息是指未加工的信息，是信息工作的基础，也是最有权威性的凭证性信息。加工信息是对原始信息进行各种方式和各个层次处理后的信息，这种信息是对原始信息的提炼、简化和综合，利用各种分析工作在海量数据中发现潜在的、有用的信息和知识。

第二节　物流信息技术

物流信息技术(Logistics Information Technology)是指“物流各环节中应用的信息技术，包括计算机、网络、信息分类编码、自动识别、电子数据交换、全球定位系统、地理信息系统等技术”(GB/T 18354—2006)。

一、条码技术

(一)定义

条码(Bar Code)是指“由一组规则排列的条、空及其对应字符组成的，用以表示一定信息的标识”(GB/T 18354—2006)。其中，条是指条码中反射率较低的部分，即黑色或深色的条形。空是指条码中反射率较高的部分，即指白色或浅色的条形。

(二)条码的特点

1. 可靠准确

用光电扫描装置识读条码的误读率极低，而且大多数条码具有自校验功能。实际应用中，条码输入的误读率约在百万分之一，CODE39 可以达到误读率在三百万分之一以下；如果使用校验码甚至可以达到一亿四千九百万分之一的高精度。

2. 输入速度快

条码的条、空容易识读，用光电扫描装置识读条码并将信息输入的方法比人工键盘输入的方法要快得多。键盘输入，对于操作员来说，输入速度慢而且烦琐，使用条码可以大大提高输入速度，实现“即时数据输入”。

3. 成本低廉

与其他自动识别技术相比较，推广应用条码技术，所需费用低。条码标签易于制作，对印刷技术设备和材料无特殊要求。对于量大的条码图形，可以通过印刷大量生产，对于量小的条码图形，则可以通过计算机自动生成，由打印机输出。条码符号的识读设备普遍采用光电技术，价格便宜，而且操作设备简单易学，无须专门训练。

4. 自由度大

条码通常在图形和编码上都有一定的纠错功能，这样即使标签有部分欠缺，仍可以从正常部分输入正确的信息。与磁条信息相比，条码信息不会受到电磁场的影响和干扰。识别装置与条码标签相对应位置的自由度要比光学字符识别 OCR(Optical Character Recognition)大得多。

5. 灵活实用

条码作为一种自动识别手段可以单独使用，也可以和有关设备组成识别系统实现自动化识别，还可和其他设备联系起来实现整个系统的自动化管理。

但条码也有缺点，如脏污后不容易读取、记录数据的密度低等，最大的缺点是不能够修改和替换。

(三)条码的分类

按照条码的长度分，条码可分为定长条码和非定长条码；按照排列方式分，条码可分为连续型条码和非连续型条码；按照校验方式分，条码可分为自校验型条码和非自校验型条码；按照维数的不同，条码可分为一维条码和二维条码。

1. 一维条码

一维条码按照应用可分为商品条码和物流条码。商品条码包括 EAN 码和 UPC 码，主要用于零售商品；物流条码是对在物流过程中的物品及其位置进行标识，主要包括 UCC/EAN-128 码、ITF-14 码、39 码、库德巴码等，主要用于非零售的物流单元。

一维条码一般只在水平方向上表达信息，垂直方向的高度通常是为了便于阅读器的对准。对于每一种商品，它的编码是唯一的，在使用过程中一维条码通常仅作为识别信息，是通过在计算机系统的数据库中提取相应的信息而实现的。

【知识拓展 7-1】

常见的一维条码

国际上约有 225 种以上的一维条码，每种一维条码都有自己的一套编码规格，被广泛使用的条码种类有 UPC 码、EAN 码、交叉 25 码、39 码、库德巴码、128 码、93 码等。

(1) UPC 码是美国统一代码委员会制定的一种商品条码。1973 年，美国率先在国内的商业系统中应用 UPC 码，之后加拿大也在商业系统中采用 UPC 码。UPC 码是一种长度固定的连续型数字式码制，其字符集为数字 0～9。它采用 4 种元素宽度，每个条或空是 1、2、3 或 4 倍单位元素宽度。UPC 码共有 5 种类型，最常用的是 UPC-A 码和 UPC-E 码，如图 7-1(a)、图 7-1(b)所示。UPC-A 码可以编码 12 位数据，其中包括 1 位校验码。另外，UPC 后面还可以跟上两位数或者五位数的附加编码，用于编码价格商家等信息。UPC-E 码是 UPC-A 码的简化形式，可以编码 6 位数(包括 1 位验证码)。

(2) EAN 码是当今世界上广为使用的商品条码，已成为电子数据交换(EDI)的基础。1977 年，欧洲经济共同体各国按照 UPC 码的标准制定了欧洲物品编码 EAN 码，与 UPC 码兼容，而且两者具有相同的符号体系。EAN 码的字符编号结构与 UPC 码相同，也是长度固定的、连续型的数字式码制，其字符集是数字 0～9。它采用 4 种元素宽度，每个条或空是 1、2、

3 或 4 倍单位元素宽度。如图 7-1(c)、图 7-1(d)所示，EAN 码有两种类型，即 EAN-13 码和 EAN-8 码。

(3) 交叉 25 码是一种长度可变的连续型自校验数字式码制，其字符集为数字 0～9。采用两种元素宽度，每个条和空是宽或窄元素。编码字符个数为偶数，所有奇数位置上的数据以条编码，偶数位置上的数据以空编码。如果为奇数个数据编码，则在数据前补 1 位 0，以使数据为偶数个数位，如图 7-1(e)所示。

(4) 39 码是第一个字母数字式码制，1974 年由 Intermec 公司推出，它是长度可比的离散型自校验字母数字式码制。39 码仅有两种单元宽度——分别为宽单元和窄单元。宽单元这宽度为窄单元的 1～3 倍，一般多选用 2 倍、2.5 倍或 3 倍。39 码的每一个条码字符由 9 个单元组成，其中有 3 个宽单元，其余是窄单元，因此称为 39 码，如图 7-1(f)所示。

(5) 库德巴码(Code Bar)出现于 1972 年，是一种长度可变的连续型自校验数字式码制。其字符集为数字 0～9 和 6 个特殊字符(-、:、/、.、+、¥)，共 16 个字符，如图 7-1(g)所示。常用于仓库、血库和航空快递包裹中。

(6) 128 码出现于 1981 年，是一种长度可变的连续型自校验数字式码制。它采用 4 种元素宽度，每个字符由 3 个条和 3 个空，共 11 个单元元素宽度，又称(11，3)码。它由 106 个不同条形码字符，每个条形码字符有 3 种含义不同的字符集，分别为 A、B、C。它使用这 3 个交替的字符集对 128 个 ASCII 码编码，如图 7-1(h)所示。

(7) 93 码是一种长度可变的连续型字母数字式码制。其字符集成为数字。0～9，26 个大写字母和 7 个特殊字符(-、.、Space、/、+、%、¥)及 4 个控制字符。每个字符由 3 个条和 3 个空，共 9 个元素宽度，如图 7-1(i)所示。93 码与 39 码类似，但密度较大，可用来替代 39 码。

(a) UPC-A 码　(b) UPC-E 码　(c) EAN-13 码　(d) EAN-8 码　(e) 交叉 25 码
(f) 39 码　(g) 库德巴码　(h) 128 码　(i) 93 码

图 7-1　常见的一维码

2. 二维条码

二维条码是在二维空间上由具有特殊结构的几何图形元素按一定规律和顺序组合成的

图形，利用构成计算机内部逻辑基础的 0、1 比特流的概念，使用若干个与二进制相对应的几何形体来表示文字数值信息。目前，国外先进发达国家已将此项技术广泛应用于国防、海关、税务、公共安全、交通运输等信息自动携带、传递和防伪领域。

(1) 二维条码的特点。二维条码除具有一维条码的优点以外，还具有如下特点。①编码范围更广。二维条码的信息容量比一维条码高几十倍以上，不仅可以保存英文、数字等符号信息，还可以保存中文、图片、声音、指纹、签字等多种数据类型。②保密性和纠错能力强。二维条码可加密，具有很高的保密性，且纠错能力很强，当纠错等级提高时，污损 50%依然可以完整读出信息。③读取更方便。二维条码可以用扫描仪扫描或用摄像头直接读取，无须后台数据库支持，使用起来十分方便。

另外，二维条码还具有条码符号形状大小可变的特点。

(2) 二维条码的分类。二维条码可分为堆叠式二维条码和矩阵式二维条码。

堆叠式二维条码形态上是由多行短截的一维条码堆叠而成，其编码原理是建立在一维条码基础之上，按需要将一维条码堆积成两行或多行。它在编码设计、校验原理、识读方式等方面继承了一维条码的一些特点，识读设备与条码印刷和一维条码技术兼容。但由于行数的增加，需要对行进行判定。

【知识拓展 7-2】

堆叠式二维条码

有代表性的堆叠式二维条码有：Code 16K、Code 49、PDF 417 等(见图 7-2)。

(a) Code 16K

(b) Code 49

(c) PDF 417 码

图 7-2　常见的堆叠式二维条码

(1) Code 16K 条码是一种多层、连续型可变长度的条码符号，可以表示全 ASCII 字符集的 128 个字符及扩展 ASCII 字符。如图 7-2(a)所示，采用 UPC 及 Code128 字符，一个 16 层的 Code 16K 符号，可以表示 77 个 ASCII 字符或 154 个数字字符。Code 16K 通过唯一的起始符/终止符标识层号，通过字符自校验及两个模 107 的校验字符进行错误校验。

(2) Code 49 是一种多层、连续型、可变长度的条码符号，它可以表示全部的 128 个 ASCII 字符。如图 7-2(b)所示，每个 Code 49 条码符号由 2～8 层组成，每层有 18 个条和 17 个空。层与层之间由一个层分隔条分开。每层包含一个层标识符，最后一层包含表示符号层数的信息。

(3) PDF 417 码是一种多层、可变长度、具有高容量和高纠错能力的二维条码，如图 7-2(c)所示。PDF(Portable Data File)意思是“便携数据文件”。因为组成条码的每一个条码字符都是由 4 个条和 4 个空共 17 个模块构成，故称为 PDF 417 码。PDF 417 码的条码符号是一个多行结构，符号的四周为空白区，上下空白区之间为多行结构，每行数据符号字符数相同，行与行左右对齐直接衔接。其最小行数为 3，最大行数为 90。

矩阵式二维码是在一个矩形空间通过黑、白像素在矩阵中的不同分布进行编码，是建立在计算机图像处理技术、组合编码原理等基础上的一种新型图形符号自动识读处理码制。在矩阵相应元素位置上，用点(方点、圆点或其他形状)的出现表示二进制“1”，点不出现表示二进制的“0”，点的排列组合确定了矩阵式二维条码所代表的意义。

【知识拓展 7-3】

矩阵式二维条码

比较有代表性的矩阵式二维条码有：QR Code、Data Matrix、Maxi Code、汉信码等(见图 7-3)。

(1) QR Code 是由日本公司研制的一种矩阵式二维条码，除具有信息量大、可靠性高、可表示图像及多种文字信息、保密防伪性强等优点外，还具有高速全方位识读、有效表示汉字等特点。每个 QR 码符号由名义上的正方形模块构成，组成一个正方形阵列，如图 7-3(a)所示。它由编码区和包括寻像图形、分隔符、定位图形和校正图形在内的功能图形组成。符号四周有空白区包围。

(2) Data Matrix 条码有两种类型，即 ECC000-140 和 ECC200。ECC000-140 具有多种不同等级的错误纠正功能，而 ECC200 则通过 Reed-Solomon 算法利用生成多项式计算错误纠正码，不同尺寸的 ECC200 符号应用不同数量的错误纠正码。现在的 Data Matrix 码主要以对 ECC200 码的研究与应用为主，ECC000-140 的应用很少。

(3) Maxi Code 码最初又称为 UPS Code，是由美国 UPS 快递公司专门为邮件系统设计的专用二维条码，后由美国自动识别协会制定了统一的符号规格，改名为 Maxi Code，也称 USS-Maxi Code(Uniform Symbology Specification-Maxi Code)。Maxi Code 码是一种固定尺寸、具有高容量和纠错能力的矩阵式二维条码，共有 7 种模式(包括两种作废模式)，可表示全部 ASCII 字符和扩展 ASCII 字符。Maxi Code 符号由紧密相连的多个六边形模块和位于符号中央位置的定位图形(三个黑色同心圆)组成，每个符号由 884 个六边形模块组成，分 33 层围绕着中央定位图形，每一层最多包含 30 个模块，如图 7-3(c)所示。

(4) 汉信码是由我国物品编码中心牵头，于 2005 年研发完成的拥有完全自主知识产权的新型二维条码。汉信码是目前汉字编码效率最高的二维条码，且支持全部 GB18030 字符集汉字及未来的扩展。此外，它还具有信息容量大、密度高、抗畸变、抗污损能力强等特点，达到了国际先进水平。每个汉信码符号是由正方形模块组成的一个正方形阵列构成，包括信息编码区和功能图形区，其中功能图形区包括寻像图形、寻像图形分隔区与校正图形，如图 7-3(d)所示。

(a) QR Code

(b) Data Matrix

(c) Maxi Code

(d) 汉信码

图 7-3 常见的矩阵式二维码

(四)条码识读设备

条码识读设备是用于读取条码所包含信息的阅读设备，利用光学原理，把条形码的内容解码后通过数据线或者无线的方式传输到计算机或者别的设备。

1. 工作原理

条码识读的基本工作原理为：由光源发出的光线经过光学系统照射到条码符号上面，被反射回来的光经过光学系统成像在光电转换器上，使之产生电信号，信号经过电路放大后产生一模拟电压，它与照射到条码符号上被反射回来的光成正比，再经过滤波、整形，形成与模拟信号对应的方波信号，经译码器解释为计算机可以直接接受的数字信号。

2. 条码识读设备的分类

条码识读设备由条码扫描和译码两部分组成。现在大多将这两部分集成为一体。根据不同的用途和需要设计了各种类型的扫描器。

(1) 按条码识读的扫描方式来分类。条码识读设备从扫描方式上可分为接触式和非接触式两种条码扫描器。接触式识读设备包括光笔与卡槽式条码扫描器；非接触式识读设备包括 CCD 扫描器、激光扫描器。

【知识拓展 7-4】

光笔和卡槽式条码扫描器是接触式扫描器，要接触到条码纸才能正常识读，所以，只能用来扫描、识读一般的一维码。

【知识拓展 7-5】

CCD(Charge Couple Device)扫描器利用光电耦合(CCD)原理，对条码印刷图案进行成像，然后再译码，可以对一维码和在二维空间内表达信息的二维码进行扫描解码，获取物品信息。它操作方便，便于使用，对于表面不平的商品上的条码也可以方便地进行识读。

【知识拓展 7-6】

激光式扫描器是利用激光二极管作为光源的单线式扫描器，是现在运用最广泛的一种条码识读设备。它可以扫描一维码和只在水平方向上(堆叠式)表示信息的二维码，如 PDF 417 码；可以在适当的距离内识读条码，具有一定的穿透力，识读精度和速度都比较高，但对扫描角度有一定要求。

(2) 按操作方式来分类。条码识读设备从操作方式上可分为手持式和固定式两种条码扫描器。

【知识拓展 7-7】

手持式条码扫描器应用于许多领域，这类条码扫描器特别适用于条码尺寸多样、识读场合复杂、条码形状不规整的应用场合。在这类扫描器中有光笔、激光枪、手持式全向扫描器、手持式 CCD 扫描器和手持式图像扫描器。

【知识拓展 7-8】

固定式扫描器扫描识读不用人手把持，适用于省力、人手劳动强度大(如超市的扫描结算台)或无人操作的自动识别应用。固定式扫描器有卡槽式扫描器、固定式单线、单方向多线式(栅栏式)扫描器、固定式全向扫描器和固定式 CCD 扫描器。

(3) 按条码识读的扫描方向分类。条码扫描设备从扫描方向上可分为单向和全向条码扫描器。其中，全向条码扫描器又分为平台式和悬挂式。

3. 条码扫描器的选择原则

不同的应用场合对条码识读设备有着不同的要求，需综合考虑条码符号相匹配、分辨率、工作空间、接口要求和性价比等因素，以达到最佳的应用效果。

二、射频识别技术

(一)定义

射频识别(Radio Frequency Identification，RFID)是指“通过射频信号识别目标对象并获取相关数据信息的一种非接触式的自动识别技术”(GB/T 18354—2006)。

(二)射频识别技术的特点

与目前广泛使用的条码、磁卡、IC 卡等自动识别技术相比，RFID 技术具有以下几个特点。

(1) 快速扫描。条形码一次只能有一个条形码受到扫描，RFID 识读设备可同时识别读取多个 RFID 标签。

(2) 体积小型化、形状多样化。RFID 在读取上并不受尺寸大小与形状的限制，无须为了读取精确度而配合纸张的固定尺寸和印刷品质。

(3) 不受环境限制。传统的条形码、磁卡容易受到脏污会看不清，但 RFID 经封装处理后对水、油和化学药品等具有强力的抗污性。此外，条码容易受到折损，磁卡容易出现消磁，IC 卡的金属片容易被腐蚀或磨损，RFID 标签是将数据存在芯片中，因此可以免受污染损伤。RFID 在黑暗或强光环境之中，也可以读取数据。

(4) 可重复使用。由于 RFID 标签内存储的是电子数据，可以反复被复写，方便信息的增加、删除和更新，因此可以回收标签重复使用。如被动式 RFID 标签，无须要电池就可以使用，没有维护保养的需要。

(5) 穿透性和无屏障阅读。RFID 标签在被纸张、木材和塑料等非金属或非透明的材质包覆的情况下，可以进行穿透性通信；而条码扫描机必须在近距离而且没有物体阻挡的情况下才可以阅读，磁卡和 IC 卡需要接触才能识别。

(6) 数据记忆容量大。一维条形码的容量是 50 字节，二维条形码的容量是 2～3000 字，RFID 最大的容量则有数兆字节。

(7) 安全性。由于 RFID 承载的是电子式信息，其数据内容可经由密码保护，使其内容不易被伪造及篡改。

【课外资料 7-1】

全球 RFID 应用之四大成功案例

案例之一：沃尔玛的“新式武器”

2003 年 6 月 19 日，在美国芝加哥召开的“零售业系统展览会”上，沃尔玛宣布将采用

RFID 技术以最终取代目前广泛使用的条形码，成为第一个公布正式采用该技术时间表的企业。

如果 RFID 计划实施成功，沃尔玛闻名于世的供应链管理又将领先一大步。一方面，可以即时获得准确的信息流，完善物流过程中的监控，减少物流过程中不必要的环节及损失，降低在供应链各个环节上的安全存货量和运营资本；另一方面，通过对最终销售实现监控，把消费者的消费偏好及时地报告出来，以帮助沃尔玛优化商品结构，进而获得更高的顾客满意度和忠诚度。

成功案例之二：铁道部的调度利器

铁道部在中国铁路车号自动识别系统建设中，推出了完全拥有自主知识产权的远距离自动识别系统。

过去，国内铁路车头的调度都是靠手工统计、手工进行，费人力、费时还不够准确，造成资源极大浪费。铁道部在采用 RFID 技术以后，实现了统计的实时化、自动化，降低了管理成本，提高了资源利用率。据统计，每年的直接经济效益可以达到 3 亿多元。

成功案例之三：寻找遗失的物品

美国华盛顿大学的科研人员和工程师们研制出了一种手表式的原型机：它能够提醒主人在出门时不要遗忘了重要的文件、钥匙链、雨伞或是其他一些需要随身携带的物品。在工作时，这种手表还会监视各种物品(如文件袋和试验材料)的摆放是否正确及它们在房屋中所处的位置。总而言之，这种设备可以用来提醒那些健忘的人，帮助他们规整自己物品的摆放，指明所需物品当前所处的位置等。将射频识别技术和其他一些产品有机地结合在一起，不但可以用来寻找遗失的物品，而且可以追踪它们在一天当中的运动轨迹。

成功案例之四：将 RFID 用于医院防止手术失误

美国政府同意将无线射频电子标签像绷带一样贴到病人手术处，以确保医生对适当的病人进行适当的手术。由 SurgiChip 公司生产的这种标签，目的是为了防止出现失误手术。

病人的名字和手术位置被打印在 SurgiChip 的标签上。其内置的芯片还编码记录了手术的类型、手术日期和手术的名称。在实施手术之前，先对标签进行扫描，然后对病人进行询问来证实标签上的信息是否真实。到了手术日，在对病人实施麻醉之前，再次对标签进行扫描，并再次对病人进行验证。通过一种黏合剂将标签贴到病人实施手术的附近，医院手术室工作人员再次对标签进行扫描，并与病人名册上的信息进行比较。在手术后，该标签将被取下。

(资料来源：http://news.rfidworld.com.cn/2013_03/b202a061240ded8f.html，RFID 世界网)

(三)射频识别系统的组成

射频识别系统至少应包括读写器、电子标签(或称射频卡、应答器)、天线和主机等。在具体的应用过程中，根据不同的应用目的和应用环境，系统的组成会有所不同，但从 RFID 系统的工作原理来看，系统一般由信号发射机、信号接收机、编程器与天线几部分组成，如图 7-4 所示。

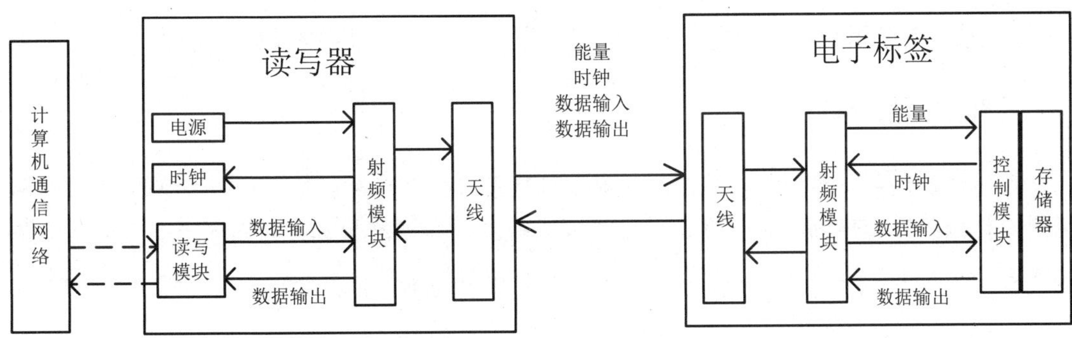

图 7-4　RFID 系统的组成

1. 信号发射机

在 RFID 系统中，信号发射机为了不同的应用目的，会以不同的形式存在，典型的形式是标签(TAG)。标签相当于条码技术中的条码符号，用来存储需要识别传输的信息。与条码不同的是，标签必须能够自动或在外力的作用下，把存储的信息主动发射出去。

(1) 按照供电方式分，标签可分为有源射频标签(主动式标签)、半无源标签和无源射频标签(被动式标签)三种。

【知识拓展 7-9】

供电方式不同的标签

有源射频标签内部自带电池进行供电，电能充足、工作可靠性高、信号传送的距离远。

无源射频标签内部不带电池，要靠外界提供能量，具有永久的使用期，支持长时间的数据传输和永久性的数据存储，但数据传输的距离比有源射频标签近。

半无源标签内装有电池，但电池仅对标签内要求供电维持数据的电路或标签晶片工作所需的电压作辅助支援；标签未进入工作状态时，一直处于休眠状态，相当于无源标签。

(2) 按照内部使用存储器类型分，标签可分为只读标签和可读可写标签。

【知识拓展 7-10】

只读标签内部有只读存储器 ROM(Read Only Memory)和随机存储器 RAM(Random Access Memory)。可读可写标签内部的存储器除了 ROM、RAM 和缓冲存储器之外，还有非活动可编程记忆存储器。

(3) 按照存储器数据存储能力分，标签可分为标识标签与便携式数据文件。

【知识拓展 7-11】

标识标签中存储的知识标识号码，用于对特定的标识项目，如人、物、地点进行标识，关于被标识项目的详细特定信息，只能在与系统相连接的数据库中进行查找。便携式数据文件是指标签中存储的数据非常大，可以看作一个数据文件，且一般都是用户可编程的。

(4) 按照应用频率分，标签可以分为低频(LF)、高频(HF)、超高频(UHF)和微波(MW)，其频率范围分别为 9～135kHz，13.56～433MHz，860～960MHz 和 2.45～5.8GHz。

2. 信号接收机

在 RFID 系统中，信号接收机一般叫作阅读器。根据支持的标签类型与完成的功能不同，阅读器的复杂程度也显著不同。阅读器的基本功能是提供与标签进行数据传输的途径。另外，阅读器还具有相当复杂的信号状态控制、奇偶错误校验与更正功能等。

3. 编程器

编程器是向标签写入数据的装置，只有可读可写标签系统才需要编程器。一般来说，编程器写入数据是离线完成的，即预先在标签中写入数据，等到开始应用时直接把标签粘附在被标识项目上。也有一些 RFID 应用系统，写数据是在线完成的，尤其是在生产环境中作为交互式便携数据文件来处理时。

4. 天线

天线是标签与阅读器之间传输数据的发射、接收装置。在实际应用中，除了系统功率，天线的形状和相对位置也会影响数据的发射和接收，需要专业人员对系统的天线进行设计、安装。

【课外资料 7-2】

RFID 的研究趋势

目前，RFID 的研究主要围绕技术标准、标签成本、关键技术和系统应用等方面展开。

(1) 技术标准。为了规范标签及读写器的开发、设计和批量生产，解决 RFID 系统的互联和兼容问题，必须对 RFID 技术进行规范。RFID 的标准化是当前急需解决的重要问题，各国及相关国际组织都在积极推进 RFID 技术标准的制定。

(2) 标签成本。标签成本是 RFID 技术商业应用能否取得成功的关键。RFID 标签主要由 IC 芯片、天线和封装等几部分构成。据调查，2003 年，被动式高频段标签的平均价格为 91 美分，超高频段标签的平均价格为 57 美分。随着集成电路技术的进步和应用规模扩大，RFID 标签的成本将不断降低。

(3) 关键技术。RFID 关键技术的研究主要集中在频率选择、封装技术、定位与跟踪技术、防碰撞技术与安全技术等。

① 频率选择：工作频率的选择是 RFID 技术中的一个关键问题。工作频率的选择既要适应各种应用需求，还需要考虑各国对无线电频段使用和发射功率的规定。

② 封装技术：由于 RFID 标签中需要安装天线、芯片和其他特殊部件，为确保标签的大小、厚度、柔韧性和高温高压工艺中芯片电路的安全性，需要特殊的封装技术和专门设备。标签的封装不但不受标准形状和尺寸的限制，而且其构成也是千差万别，甚至需要根据各种不同要求进行特殊的设计。

③ 定位与跟踪技术：RFID 技术的发展为空间定位与跟踪服务提供了一种新的解决方案。RFID 定位与跟踪系统主要利用标签对物体的唯一标识特性，依据读写器与标签之间射频信号的强度来测量物品的空间位置，主要应用于 GPS 系统难以应用的室内定位领域。

④ 防冲撞技术：随着有源标签的出现和 RFID 技术在高速移动物体中的应用，迫切需要读写器在有限时间内高效快速地识别大量标签。防碰撞算法分为读写器和标签防碰撞算法两种，其中标签防碰撞算法就是要解决在读写器有效通信范围内，多个标签同时与读写器进行通信的问题。

⑤ 安全技术：随着 RFID 技术的发展及其在军事、安全和金融领域中的应用，RFID 相关安全技术对于保护信息安全和用户隐私变得更加重要。由于 RFID 设备的特殊性，如有限的计算能力、有限的存储空间和电源供给等问题，为 RFID 系统的安全设计提出了特殊的要求。

(4) 系统应用。RFID 的技术优势使其具有广泛的应用前景。目前典型应用包括：物流管理、门禁控制、航空包裹识别、文档追踪管理、畜牧业、后勤管理、移动商务、产品防伪、运动计时、票证管理、车辆防盗、停车场管制、生产线自动化、物料管理等。

三、全球定位系统

(一)定义

全球定位系统(Global Positioning System，GPS)是指“由美国建设和控制的一组卫星组成的，24小时提供高精度的全球范围的定位和导航信息的系统”(GB/T 18354—2006)。

(二)全球定位系统的特点

(1) 全球、全天候定位。GPS能为用户提供连续、实时的三维位置、三维速度和精密时间，不受天气的影响。GPS卫星的数目较多，且分布均匀，保证了地球上任何地方任何时间至少可以同时观测到4颗GPS卫星，确保实现全球全天候连续的导航定位服务。

(2) 定位精度高。随着GPS接收机和数据处理软件性能的不断提高，GPS定位的精度远远超过了传统测量方法的精度。例如，用载波相位观测量进行静态相对定位，在小于50千米的基线上精度可达10^{-6}米，在100～500千米的基线上精度为10^{-7}米，在大于1000千米的基线上精度可达10^{-9}米。

【知识拓展7-12】

载波相位(Carrier Phase)是指在接受时刻接收的卫星信号的相位相对于接收机产生的载波信号相位的测量值。

(3) 观测时间短。随着GPS的不断完善，软件的不断更新，目前，20千米以内相对静态定位，仅需15～20分钟；快速静态相对定位测量时，当每个流动站与基准站相距在15千米以内时，流动站观测时间只需1～2分钟，然后可随时定位，每站观测只需几秒钟。

(4) 测站间无须通视。用传统的测量方法测定点位，测站间必须通视，迫使测量人员将点位选在能满足通视要求而在工程建设中使用价值不大的制高点上。GPS定位是由星站距离确定点位的，只需测量点与空间的卫星通视即可。这样，测量人员就可以将测量点位选在工程建设最需要的位置。

(5) 仪器操作简便。用于静态相对定位的GPS接收机，开机后就能自动观测。观测时测量人员的工作是将接收机在点位上进行对中整平，量取天线高，观察接收机的工作状态即可，操作十分简便。

(6) 提供三维坐标。传统测量方法是将平面测量与高程测量分开进行的，而 GPS 测量可同时测得点的三维坐标。

【知识拓展 7-13】

高程(Elevation)指的是某点沿铅垂线方向到绝对基面的距离。通视指两导线间没有任何障碍物。

(7) 应用广泛。GPS 系统不仅可用于测量、导航，还可用于测速、测时，测速的精度可达 0.1 米/秒，测时的精度可达几十毫微秒。

(三)GPS 的组成

目前，全球定位系统是美国第二代卫星导航系统，是在子午仪卫星导航系统的基础上发展起来的，主要由空间部分(GPS 卫星星座)、地面控制部分(地面监控系统)和用户接收系统(GPS 信号接收机)组成。

(1) GPS 的空间部分是由 21 颗工作卫星和 3 颗在轨备用卫星组成的。卫星位于距地表 20 200 千米的上空，均匀分布在 6 个轨道面上(每个轨道面 4 颗)，轨道倾角为 55°，各轨道平面之间的夹角为 60°。卫星的分布使得在全球任何地方、任何时间都可观测到 4 颗以上的卫星，并能保持良好的定位解算精度的集合图像，这就提供了在时间上连续的全球导航能力。

(2) 地面控制部分由 1 个主控站、3 个地面控制站和 5 个监测站所组成。主控制站位于美国科罗拉多州春田市的联合空间执行中心，3 个地面控制站分别设在大西洋、印度洋和太平洋的 3 个美国军事基地上，5 个监测站设在主控站和 3 个地面控制站及夏威夷岛。

(3) 用户接收系统能够捕获到按一定卫星截止角所选择的待测卫星，并跟踪这些卫星的运行。当接收机捕获到跟踪的卫星信号后，就可测量出接收天线至卫星的伪距离和距离的变化率，解调出卫星轨道参数等数据。根据这些数据，接收机中的微处理计算机就可按定位解算方法进行定位计算，计算出用户所在地理位置的经纬度、高度、速度、时间等信息。

【课外资料 7-3】

GPS 在现实中的应用

一、GPS 应用于农业

当前，发达国家已经开始把 GPS 技术引入农业生产，即所谓的“精准农业耕作”。该方法利用 GPS 进行农田信息定位获取，包括产量监测、土样采集等，计算机系统通过对数据的分析处理，决策出农田地块的管理措施，把产量和土壤状态信息装入带有 GPS 设备的喷施器中，从而精确地给农田地块施肥、喷药。通过实施精准耕作，可在尽量不减产的情况下，降低农业生产成本，有效避免资源浪费，降低因施肥除虫对环境造成的污染。

二、GPS 应用于交通

出租车、租车服务、物流配送等行业利用 GPS 技术对车辆进行跟踪、调度管理，合理分布车辆，以最快的速度响应用户的乘车或输送请求，降低能源消耗，节省运行成本。GPS 在车辆导航方面发挥了重要的作用，在城市中建立数字化交通电台，实时发布城市交通信息，车载设备通过 GPS 进行精确定位，结合电子地图及实时的交通状况，自动匹配最优路径，并实行车辆的自动导航。民航运输通过 GPS 接收设备，使驾驶员着陆时能准确对准跑道，同时，还能使飞机紧凑排列，提高机场利用率，引导飞机安全进离场。GPS 在物流领域的应用主要是在汽车自动定位、跟踪调度及铁路运输等方面。在汽车自动定位和跟踪调度方面，物流管理部门可以利用 GPS 的计算机信息管理系统，通过 GPS 和计算机网络实时、全程地收集汽车所运货物的动态信息，从而实现汽车、货物跟踪管理，并及时地进行汽车的调度管理。

三、GPS 应用于军事

军事是 GPS 技术最早的应用领域，GPS 主要为各种军事活动提供定位导航。在现代战争中，不仅陆、海、空三军，而且许多高科技武器弹药等，也都开始采用 GPS 技术进行定位导航。目前精确制导武器复合制导的重要技术手段。装备 GPS 制导系统之前，美军 BGM-10C“战斧”巡航导弹误差约为 9 米；在其“惯性和地形匹配”制导系统中加入 GPS 后，误差降至 3 米，制导精度大大提高。

四、地理信息系统

(一)定义

地理信息系统(Geographical Information System, GIS)是指“由计算机软硬件环境、地理空间数据、系统维护和使用人员四部分组成的空间信息系统，可对整个或部分地球表面(包括大气层)空间中有关地理分布数据进行采集、储存、管理、运算、分析显示和描述”(GB/T 18354—2006)。

(二)地理信息系统的特点

与一般的管理信息系统相比，地理信息系统具有以下特点。

(1) 地理信息系统在分析处理问题中使用了空间数据与属性数据，并通过数据库管理系统将两者联系在一起共同管理、分析和应用，从而提供了认识地理现象的一种新的思维方法；而管理信息系统只对属性数据库管理，即使存储了图形，也往往以文件等机械形式存储，不能进行有关空间数据的操作，如空间查询、检索、相邻分析等，更无法进行复杂的空间分析。

(2) 地理信息系统强调空间分析，通过利用空间解析式模型来分析空间数据，地理信息系统的成功应用依赖于空间分析模型的研究与设计。

(三)地理信息系统的分类

(1) 按照应用领域分，地理信息系统可分为地形信息系统、土地资源信息系统、地籍信息系统、人口信息系统、军事指挥信息系统、消防信息系统等。

(2) 按照使用的数据模型分，地理信息系统可分为矢量型地理信息系统、栅格型地理信息系统、混合型地理信息系统和面向对象型地理信息系统。

(3) 按照服务对象分，地理信息系统可分为专题地理信息系统和区域地理信息系统等。

(4) 按照用户硬件配置分，地理信息系统可分为大型机地理信息系统、工作站地理信息系统和微机地理信息系统。

(5) 按照软件组成分，地理信息系统可分为构件式地理信息系统、开放式地理信息系统、网络式地理信息系统、服务器/客户式地理信息系统和虚拟地理信息系统。

(四)地理信息系统的组成

地理信息系统由硬件、软件、数据、人员和方法五部分组成。硬件和软件为地理信息系统建设提供环境，数据是 GIS 的重要内容，方法为 GIS 建设提供解决方案，人员是系统建设中的关键和能动性因素，直接影响和协调其他几个组成部分。

(1) 硬件是指操作 GIS 所需的一切计算机资源。今天，GIS 软件可以在很多类型的硬件上运行，从中央计算机服务器到个人计算机，从单机到网络环境等。一个典型的 GIS 硬件系统除计算机外，还应包括数字化仪、扫描仪、绘图仪、磁带机等外部设备。

(2) 软件是指 GIS 运行所必需的各种程序，主要包括计算机系统软件和地理信息系统软件两部分。地理信息系统软件提供所需的存储、分析和显示地理信息的功能和工具，主要的软件部件有：输入和处理地理信息的工具，数据库管理系统，支持地理查询、分析和视觉化的工具，容易使用这些工具的图形用户界面(GUI)。

(3) 数据是 GIS 中最重要的部件。空间数据是 GIS 的操作对象，是现实世界经过模型抽象的实质性内容。一个 GIS 应用系统必须建立在准确合理的地理数据基础上。地理数据和相关的表格数据可以自己采集或者从商业数据提供者处购买。GIS 不但可以把空间数据和其他数据源的数据集成在一起，而且可以使用那些被大多数公司用来组织和保存数据的数据库管理系统来管理空间数据。

(4) 人员是地理信息系统中重要的构成要素。如果 GIS 技术没有人来管理系统和制订计划并应用于实际问题，就没有价值。GIS 不同于一幅地图，它是一个动态的地理模型，仅有的系统软硬件和数据还不能构成完整的地理信息系统，需要人员进行系统组织、管理、维护和数据更新、系统扩充完善及应用程序开发，并采用空间分析模型提取多种信息。因此，GIS 应用的关键是提高实施 GIS 来解决现实问题的人员素质。

(5) 方法主要是指空间信息的综合分析方法，即应用模型。它是在对专业领域的具体对象与过程进行大量研究的基础上总结出的规律的表示。GIS 应用就是利用这些模型对大量空间数据进行分析综合来解决实际问题的，如基于 GIS 的矿产资源评价模型、灾害评价模型等。

(五)地理信息系统的基本功能

GIS 主要有数据获取、数据预处理、数据存储与组织、数据查询与分析、图形展示与交互等基本功能。

(1) 数据获取应保证 GIS 数据库中的数据在内容与空间上的完整性、数值逻辑一致性和正确性等。一般而言，GIS 数据库的建设占整个系统建设投资的 70%或更多，并且这个比例会有所改变。因此，信息共享和自动化数据输入成为 GIS 研究的重要内容。可用于 GIS 数据采集的方法和技术很多，有些仅用于 GIS，如手持跟踪数字化仪。

(2) 数据预处理主要包括数据格式化、转换和概括。数据格式化是指不同数据结构的数据间的交换，是一种耗时、易错、需要大量计算量的工作。数据转换包括数据格式转换、数据比例尺变换等。在数据格式的转换方式上，矢量到栅格的转换要比其逆运算快速且简单。数据比例尺的变换涉及数据比例尺缩放、平移和旋转等方面，其中最为重要的是投影转换。数据概括，也称制图综合，包括数据平滑、特征集结等。

(3) 数据存储与组织是建立 GIS 数据库的关键步骤，它涉及空间数据和属性数据的组织。栅格模型、矢量模型或栅格/矢量混合模型是常用的空间数据组织方法。空间数据结构的选择在一定程度上决定了系统的数据与分析功能。在地理数据组织与管理中，最为关键的是如何将空间数据与属性数据融合为一体。

(4) 数据查询与分析包括空间查询、空间分析和模型分析。空间查询是 GIS 及许多其他自动化地理数据处理系统应具备的最基本的分析功能；空间分析是 GIS 的核心功能，也是 GIS 与其他计算机系统的根本区别；模型分析是在 GIS 支持下，分析和解决现实世界中与空间相关的问题，它是 GIS 应用深化的重要标志。

(5) 图形展示与交互。GIS 为用户提供了许多用于地理数据表现的工具，其形式既可以是计算机屏幕显示，也可以是诸如报告、表格、地图等硬拷贝图件，尤其要强调的是其地图输出功能。

【课外资料 7-4】

GIS 技术在物流信息管理中的应用

GIS 技术主要应用于物流分析，即利用 GIS 强大的地理数据功能来完善物流分析技术。完整的 GIS 物流分析软件集成了车辆路线模型、最短路线模型、网络物流模型、分配集合模型和设施定位模型等。

(1) 车辆路线模型主要用于一个起始点、多个终点的货物运输中。它解决的是如何降低物流作业费用并同时保证运输服务质量，以及如何决定使用多少车辆，每辆车的路线等问题。

(2) 最短路线模型用于确定行车的最短路线，选择最优路径。

(3) 网络物流模型主要用于解决最有效的分配货物路径问题，即物流网点布局问题。如将货物从 N 个仓库运往 M 个商店，每个商店都有固定的需求量，因此需要解决由哪个仓库发货给哪个商店，所花费的运输代价最小。

(4) 分配集合模型是根据各个要素的相似点把同一层上的所有或者部分要素分成几组，主要用以确定服务范围、销售市场范围等。如一个公司要设立 X 个分销点，要求这些分销点覆盖一定的市场区域，而且要求每个分销点的顾客人数大致相等。

(5) 设施定位模型主要用于确定一个或多个物流设施的位置。在物流系统中，物流中心、仓库和运输线路共同组成了物流网络，物流中心和仓库处于网络的节点上，节点决定着路线。根据供求的实际需要结合经济效益等原则，企业要决定在既定区域内设立设施节点的个数及相应位置、规模及节点间的关系等，运用设施定位模型可以很好地解决以上问题。

【案例分析 7-1】

白沙集团的 GIS 配送优化系统

白沙烟草物流配送 GIS 及线路优化系统是集成了国际上发展成熟的网络数据库、Web/GIS 中间件、GPS、GPRS 通信技术，采用地图引擎中间件产品为核心开发的技术平台，结合白沙物流的实际，开发设计的集烟草配送线路优化、烟草配送和烟草稽查车辆安全监控、烟草业务(访销、CRM 等)可视化分析、烟草电子地图查询于一体的物流 Web/GIS 综合管理信息系统。白沙烟草物流开发使用 GIS 线路优化系统后，可以实现六大应用功能。

(1) 烟草配送线路优化。选择订单日期和配送区域后自动完成订单数据的抽取，根据送货车辆的装载量、客户分布、配送订单明细、送货线路交通状况、司机对送货区域的熟悉程度等因素设定计算条件，系统进行送货线路的自动优化处理，形成最佳送货路线，保证送货成本及送货效率最佳。线路优化后，允许业务人员根据业务具体情况进行临时线路的合并和调整，以适应送货管理的实际需要。

(2) 烟草综合地图查询。能够基于电子地图实现客户分布的模糊查询、行政区域查询和任意区域查询，查询结果实时在电子地图上标注出来。可通过使用图形操作工具如放大、缩小、漫游、测距等，来具体查看每一客户的详细情况。

(3) 烟草业务地图数据远程维护。可提供基于地图方式的烟草业务地图数据维护功能，还可以根据采集的新变化的道路信息等地理数据及时更新地图。具有对零售点的增、删、改，对路段和客户数据的综合初始化，对地图图层的维护，对地图服务器系统的运行故障修复和负载均衡等功能。

(4) 烟草业务分析。实现对选定区域、选定时间段的烟草订单访销区域分布的复合条件查询；实现在选定时间段内的各种品牌香烟的销量统计、地理情况及烟草访销区域分布的查询；实现配送车组送货区域地图分布的查询。在各种查询统计、分析现有客户分布规律的基础上，可通过空间数据密度计算，挖掘潜在客户；通过配送业务的互动分析，扩展配送业务(如第三方物流)。

(5) 烟草物流 GPS 车辆监控管理。通过对烟草送货车辆的导航跟踪，提高车辆运作效率，降低车辆管理费用，抵抗风险。其中，车辆跟踪功能是对任一车辆进行实时的动态跟踪监控，提供准确的车辆位置及运行状态、车组编号及当天的行车线路查询。报警功能是当司机在送货途中遇到被抢被盗或其他紧急情况时，按下车上的 GPS 报警装置向公司的信息中心报警。轨迹回放功能是根据所保存的数据，将车辆在某一历史时间段的实际行车过程重现于电子地图上，以便查看行车速度、行驶时间、位置信息等，为事后处理客户投诉、路上事故提供有力证据。

(6) 烟草配送车辆信息维护。根据车组和烟草配送人员的变动，可及时在这一模块中进行车辆、司机、送货员信息的维护操作，包括添加车辆和对现有车辆信息的编辑。

(资料来源：中国物流与采购联合会. 白沙烟草物流的 GIS 配送优化系统[J]. 信息与电脑，2006(11))

思考题：

1. 白沙烟草物流的 GIS 配送优化系统都具有哪些功能？
2. 采用 GIS 配送优化系统对白沙烟草提高竞争力有什么帮助？

五、电子数据交换技术

(一)定义

电子数据交换技术(Electronic Data Interchange，EDI)被定义为“采用标准化的格式，利用计算机网络进行业务数据的传输和处理”(GB/T 18354—2006)。

(二)EDI 的特点

根据 EDI 的定义可以看出，作为企业自动化管理的工具之一，EDI 通过计算机将商务文件如订单、发票、货运单、报关单等按照统一的标准，编制成计算机能够识别和处理的数据格式，在计算机之间进行传输。它具有以下几个特点。

(1) EDI 的使用对象是不同的组织，EDI 传输的是企业间的报文，是企业间信息交流的一种方式；企业采用 EDI 可以更快速、更便宜地传送发票、采购订单、传输通知和其他商业单证，提高快速交换单证的能力，加快了商业业务的处理速度，更重要的是，这些过程可以被监督，从而为企业提供了跟踪管理和审计这些操作的能力。

(2) 数据传输由收送双方的计算机系统直接传送、交换资料，无须要人工介入操作；避免了人工录入的错误，提高了总体质量，降低了数据对人的依赖性，减少了处理时间。

(3) EDI 能更快、更精确地填写订单，以便减少库存，实现零库存管理，EDI 传输的报文是格式化的，是符合国际标准的。

(4) EDI 所传送的资料是一般业务资料，如发票、订单等，而不是一般性的通知，并且 EDI 存储了完备的交易信息和审计记录，为管理决策者提供了更准确的信息和数据，进而为企业提高效率和减少成本提供了更大的可能性。

(5) 尽管电子邮件和传真也可以用来传输数据，但和 EDI 相比，仍有着本质区别。其主要区别是：传真与电子邮件，需要人工的阅读判断处理才能进入计算机系统，既浪费人力资源，也容易发生错误，而 EDI 无须要再将有关资料人工重复输入系统；另外，EDI 的传输内容为格式化的标准文件并有格式校验功能，而传真和电子邮件为非格式化的。

(三)EDI 系统的组成

EDI 系统主要由 EDI 软件和硬件、通信网络和数据标准化三个要素组成。

一个部门或企业要实现 EDI，首先必须有一套计算机数据处理系统；其次，为使本企业内部数据比较容易地转换为 EDI 标准格式，须采用 EDI 标准；另外，通信网络的优劣也是关系到 EDI 成败的重要因素之一。EDI 标准是整个 EDI 最关键的部分，由于 EDI 是以商定的报文格式形式进行数据传输和信息交换，因此，制定统一的 EDI 标准至关重要。

(四)EDI 系统的工作原理

EDI 系统的工作原理如图 7-5 所示。

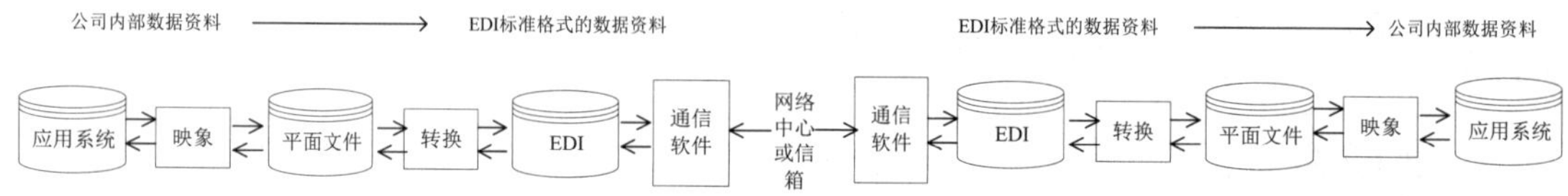

图 7-5　EDI 系统工作原理

EDI 用户的计算机系统将接收到的通信交换信封打开，将 EDI 标准格式文件通过翻译软件转换成平面文件，平面文件是 EDI 标准格式与客户端用户数据格式间的对照性文件，然后通过 EDI 转换软件将平面文件转换为客户端用户数据格式，继而用户的计算机系统能够对解析的信息进行编辑和处理。

第三节　物　联　网

一、定义

物联网(Internet of Things，IOT)的概念最初来源于美国麻省理工学院(MIT)在 1999 年建立的自动识别中心。该中心首次提出了网络无线射频识别系统，可把所有物品通过射频识别等信息传感设备与互联网连接起来，实现智能化识别和管理。早期的物联网是以物流系统为背景提出的，以射频识别技术作为条码识别的替代品，实现对物流系统的智能化管理。随着技术和应用的发展，物联网的内涵也发生了较大变化。

作为新一代信息技术的重要组成部分，物联网的广义定义就是“物物相连的互联网”。该定义具有两层意思：第一，物联网的核心和基础仍然是互联网，是在互联网基础上的延伸和扩展的网络；第二，其用户端延伸和扩展到了任何物体与物体之间，进行信息交换和通信。

从狭义上来看，物联网可以定义为：通过 RFID、红外感应器、全球定位系统、激光扫描器等信息传感设备，按约定的协议，把任何物体与互联网相连接，进行信息交换和通信，以实现对物体的智能化识别、定位、跟踪、监控和管理的一种网络。

二、物联网的特点

和传统的互联网相比，物联网有其鲜明的特点。

(1) 物联网是各种感知技术的广泛应用。物联网上部署了海量的多种类型传感器，每个传感器都是一个信息源，不同类别的传感器所捕获的信息内容和信息格式不同。传感器获得的数据具有实时性，按一定的频率周期性地采集环境信息，不断更新数据。

(2) 物联网是一种建立在互联网上的泛在网络。物联网技术的重要基础和核心仍旧是互联网，通过各种有线和无线网络与互联网融合，将物体的信息实时准确地传递出去。在物联网上的传感器定时采集的信息需要通过网络传输，由于其数量极其庞大，形成了海量信息，在传输过程中，为了保障数据的正确性和及时性，必须适应各种异构网络和协议。

(3) 物联网不仅提供了传感器的连接，其本身也具有智能处理的能力，能够对物体实施智能控制。物联网将传感器和智能处理相结合，利用云计算、模式识别等各种智能技术，扩充其应用领域。从传感器获得的海量信息中分析、加工和处理出有意义的数据，以适应不同用户的不同需求，发现新的应用领域和应用模式。

三、物联网的关键技术

物联网的关键技术包括 RFID 技术、传感技术、无线网络技术、人工智能和云计算技术。

(1) RFID 技术是物联网中让物品“开口说话”的关键技术，RFID 标签上存储着规范而具有互用性的信息，通过无线数据通信网络把它们自动采集到中央信息系统，实现物品的识别。

(2) 传感技术主要负责接收物品“讲话”的内容。传感技术是一种从自然信源获取信息，并对之进行处理、变换和识别的多学科交叉的现代科学与工程技术，它涉及传感器、信息处理和识别的规划设计、开发、制造、测试、应用及评价改进等活动。

(3) 无线网络技术为物联网中物品与人的无障碍交流提供数据传输媒介。无线网络既包括远距离无线连接的全球语音和数据网络，也包括近距离的蓝牙技术和红外技术。

(4) 人工智能是研究使计算机来模拟人的某些思维过程和智能行为(如学习、推理、思考、规划等)的技术。在物联网中，人工智能技术主要负责将物品“讲话”的内容进行分析，从而实现计算机自动处理。

(5) 物联网的发展离不开云计算技术的支持。物联网中的终端的计算和存储能力有限，云计算平台可以作为物联网的“大脑”，实现对海量数据的存储、计算。

【课外资料 7-5】

物联网在物流领域的应用

物流领域是物联网相关技术最有现实意义的应用领域之一。物联网的建设，会进一步提升物流智能化、信息化和自动化水平，推动物流功能整合，对物流服务各环节运作将产生积极影响。物联网在物流的各个环节均有广泛应用。

(1) 生产物流环节。物联网可以实现整个生产线上的原材料、零部件、半成品和产成品的全程识别与跟踪，减少人工识别成本和出错率。通过应用产品电子代码(Electronic Product Code，EPC)技术，就能利用识别电子标签来快速从种类繁多的库存中准确地找出工位所需的原材料和零部件，并能自动预先形成详细补货信息，从而实现流水线均衡、稳步生产。

(2) 运输环节。物联网能够使物品在运输过程中的管理更透明，可视化程度更高。通过给在途运输的货物和车辆贴上 EPC 标签，在运输路线的一些检查点上安装上 RFID 接收转发装置，企业能实时了解货物目前所处的位置和状态，实现运输货物、线路、时间的可视化跟踪管理，并能帮助实现智能化调度，提前预测和安排最优的行车路线，缩短运输时间，提高运输效率。

(3) 仓储环节。物联网技术可实现仓库的存货、盘点、取货的自动化操作，从而提高作业效率，降低作业成本。入库储存的商品可以实现自由放置，提高了仓库的空间利用率；通过实时盘点，能快速、准确地掌握库存情况，及时进行补货，提高了库存管理能力，降低了库存水平；同时，按指令准确高效地拣取多样化的货物，减少了出库作业时间。

(4) 配送环节。在配送环节，采用 EPC 技术能准确了解货物存放位置，大大缩短拣选时间，提高拣选效率，加快配送速度。通过读取 EPC 标签，与拣货单进行核对，提高了拣货的准确性。此外，可确切了解目前有多少货箱处于转运途中、转运的始发地和目的地，以及预期到达时间等信息。

(5) 销售物流环节。当贴有 EPC 标签的货物被客户提取，智能货架会自动识别并向系统报告。通过物联网络，物流企业可以实现敏捷反应，并通过历史记录预测物流需求和服务时机，从而使物流企业更好地开展主动营销和主动式服务。

(资料来源：孙克武. 基于物联网的物流产业发展研究[J]. 河北企业，2010)

【案例分析 7-2】

基于物联网的生猪质量安全追溯技术的研究与应用

一、东莞生猪质量安全追溯系统建设的必要性

(一)建设背景

东莞市是生猪消费大市，每年的生猪需求量大约为 400 万头，日需生猪达 1 万～1.2 万头。其中有 95%依靠从外地调入，而 80%以上来自生猪定点基地。目前，全市生猪完全实现全部由定点基地供应，累计认定 5 批 176 个供莞生猪基地，共 5000 多家生猪养殖场，生猪年供应能力达 800 多万头。

为了解决供莞基地养殖场数量多而零散、生猪来源复杂、生猪质量参差不齐及难以监管等问题，广东省、东莞市各级政府投入大量资金建设生猪质量安全监管体系，初步形成了东莞生猪安全监控基础平台，解决了远程监控信息的数据采集和管理问题。

(二)面对的难题与需求

东莞已建立生猪安全监控基础平台，但目前主要存在以下几方面的问题。

(1) 远程视频监控只能实时看到生猪检疫视频，而不能调用视频中所见的生猪信息。

(2) 由于生猪信息上传非常有限，一旦检疫或禁用药物抽检发现问题生猪，只能处理已调入的同一批次的问题生猪，而不能及时紧急禁止调运问题生猪产地的养殖场生猪。

(3) 产品质量安全涉及生猪养殖、屠宰、加工、批发、零售、消费等多个环节和多个监管部门，生猪监管链条很长，质量控制难度高。

二、东莞生猪质量安全追溯系统建设情况

(一)关键技术突破

(1) 基于电子射频与远程监控相结合的生猪质量安全监控。采用电子射频与远程监控结合的方式对养殖、检疫、屠宰各环节质量安全信息进行管理；保障质量安全信息的可信，实现监管部门对供莞基地、定点屠宰场等生猪质量安全信息的互联网同步查询；实现对生猪信息的获取与跟踪，以及对问题生猪产地、批次、数量等信息的溯源监控视频的查证。

(2) 追溯数据与视频数据的对接。通过利用基于物联网的生猪质量安全监控关键技术，研究追溯技术与视频技术相结合的生猪质量安全信息管理技术，通过视频终端数据库提供数据对接接口，为消费者进行视频信息查询提供视频资源，解决生猪产、运、销电子射频追溯信息与远程视频监控信息的数据管理与对接问题。

(3) 基于物联网的质量安全监控技术集成。在已有远程监控视频数据库的基础上，开发基于物联网的生猪质量安全追溯平台，实现生猪信息的获取与跟踪。通过物联网技术建立了质量安全数据库、动态跟踪数据库、视频数据库，对养殖、检疫、屠宰各环节质量安全

信息(包括追溯信息、视频信息)进行管理，完成动态跟踪和识别，保证运输到每一个环节的安全性。

(二)生猪质量安全追溯系统的构建

东莞生猪质量安全追溯系统基于物联网技术总体设计，将生猪的养殖、检疫、运输、屠宰、销售等生猪流通的每一环节融入其中，每一环节均可通过物联网技术获取生猪的详细信息，进行动态跟踪管理；为已有的视频数据库提供数据交换接口，实现追溯数据与视频数据的对接及生猪质量安全预警。消费者通过系统平台，能够查询到所购买猪肉产品从养殖到屠宰的全程信息。

(三)应用效果

示范点的应用效果如表 7-1 所示。

表 7-1　示范点的应用效果

平台应用的特性	平台应用取得的效果	平台应用实施的具体效果
可塑性	通过应用物联网技术，实现生猪信息的获取与跟踪	在 1～2 个养殖规模 5000 头以上定点养殖场、屠宰场为示范点进行推广试用，实现了生猪质量安全从源头、运输到屠宰的全程可追溯、获得成功
可共享性	解决追溯信息与远程视频监控信息的数据对接问题	实现对问题生猪产地、批次、数量等信息的溯源及监控视频的查证，建立了快速、高效、全面的监控系统
可管理性	促进生猪销售 节俭示范点开支	通过项目平台的推广应用，示范点中问题生猪在流入市场前就已被拦截，降低问题生猪在市场出现的概率，减少了对生猪产业的负面冲击 每年为养殖场、屠宰场增收支节俭 400 万元以上
可查询性	实现生猪质量安全信息公开 增强消费者对生猪产品的消费信心	通过生猪质量安全追溯平台，满足生猪消费者对生猪质量安全信息公开的追切需求，改善生猪供应供需矛盾，扩大生猪养殖规模

(资料来源：罗卫强，郑业鲁，王永等. 基于物联网的生猪质量安全追溯技术研究与应用[J]. 农业网络信息，2011(12))

思考题:

东莞是如何借助物联网技术构建生猪追溯系统的？取得的效果如何？

第四节　大 数 据

一、定义

大数据是相对于小数据的一个概念，目前还没有明确的定义。维基百科的描述为：大数据(Big Data)是指无法使用传统和常用的软件技术和工具在一定时间内完成获取、管理和处理的数据集。麦肯锡咨询公司给出的定义为：大数据指的是在大小超出常规的数据库工具获取、存储、管理和分析能力的数据集。

这些定义都无一例外地突出了大数据数据规模的“大”。《大数据时代的历史机遇》一书强调了大数据具有深度的价值，指出“大数据是在多样的或者大量的数据中迅速获取信息的能力”。大数据的核心价值通常被认为是预测，而预测能力来自数据挖掘，数据挖掘技术的成熟又是基于云计算、人工智能、移动互动网等高新科技的技术进步。通过大数据的应用可以帮助企业提高预测力或洞察力，有关大数据价值的核心逻辑是：在商业、经济、政府及其他领域中，将逐步使用数据和分析做出决策行为，而不是基于经验和直觉。

二、大数据的特点

相比于传统处理的小数据，大数据具有以下特点。

(1) 数据规模大(Volume)：可从数百 TB 到数十、数百 PB 乃至 EB 的规模。

(2) 数据多样性(Variety)；大数据包括结构化、半结构化/非结构化等各种格式，以及数值、文本、图形、图像、流媒体等多种形态的数据。

(3) 数据处理时效性(Velocity)：很多大数据应用需要进行及时处理，满足一定的响应性能要求。

(4) 结果准确性(Veracity)；处理的结果要保证一定的准确性，不能因为大规模数据处理的时效性而牺牲处理结果的准确性。

(5) 深度价值(Value)：大数据蕴含很多深度的价值，需要对大数据进行分析挖掘出其巨大的价值。

【案例分析 7-3】

去亚马逊探寻大数据的秘密

中国的企业物流有六大痛点：网络覆盖散、跨境能力不足、时效无保证、库存管理弱、运营成本高以及服务体验差。物流痛点已经成为制约中国电子商务蓬勃发展的壁垒，因此电商产业升级亟待更高效的物流支撑，各家电商企业都纷纷采用大数据物流，提升物流竞争力。

仅仅有了网络能力和自动化设备，并不代表就做到了大数据智能物流。作为全球领先的电商企业，亚马逊同时还是业内公认的、全球最高效的物流公司。亚马逊在业内率先使用了大数据、人工智能和云技术进行仓储物流的管理，把运营中心打造成了全世界最灵活的商品运输网络，通过强大的智能系统和云技术将全球所有仓库联系在一起，做到快速响应，同时确保精细化的运营。

如果在亚马逊运营中心的货架上看到洗发水和杯子在一起，不要奇怪，这是亚马逊独特的“随机上架、见缝插针”的摆放制度——所有的“百货”都按照节省空间的原则随机摆放，同类商品有可能分散在不同的货架上。这样，不仅提高了货物上架的效率，还能够最大限度地利用存储空间。摆放“随机而不随意”，依赖的就是亚马逊强大的数据系统和Cubi Scan测量仪。Cubi Scan测量仪的底盘是一个称重的电子秤，上面伸出三条手臂一样的卡尺，分别测量长、宽、高。每件新商品第一次进门前，都要通过Cubi Scan测量仪留下各种参数后进入系统。数据系统清楚地记录着货架的利用率，哪里还有多余的空间，结合商品的物理参数为员工自动推荐上货区域。

系统会根据员工的每一步操作以及货架上是否有空间自动计算出行走路线，指引员工进行上架的操作。这样做的好处是，系统可以通过大数据快速计算出拣货的最短路径，优化拣货效率。亚马逊先进的系统还会在高峰期根据所有商品尺寸进行最优的货架设计，并自动发出整理货位的任务，释放每一寸空闲的存储空间。通过分析季节性、销售数据、价格、促销、客户点击、客户评价、销售配对、区域、天气预报数据等信息，亚马逊的供应链系统能够实现对千万级SKU 365 天单日销量的智慧预测。

在客户浏览订单时，亚马逊的系统会自动运算出几百种可能的交付路径，并以毫秒级速度为客户计算最快的交付时间。订单下达后，亚马逊先进的系统会通过复杂的模型计算推荐最优交付方案。为了能够精准配送，亚马逊可以做到经纬度级别定义客户的收货地址，并结合快递员配送时效与效率等各种因素，推荐最合理的快递员数量与路线规划，从而准确地把包裹分配给相应的快递员。此外，全程可视化运输系统确保了干线运输过程的安全和准确性，智能配送结合末端自有配送及三方落地配送公司，实现亚马逊“当日达”“次日达”的优势。

亚马逊数据和系统的优势实现了供应链管理自动化，针对何时采购、采购数量等采购决策问题全程自动化生成，并可根据库存情况进行库存分配、库存调拨、逆向物流等，优化库存管理流程，提高本地库存水平。整个库房运营全部依靠大数据系统智能管理，使亚马逊得以在优化效率的同时，还能达成 99.99%以上的库存准确率、100% 的准时发货率以及 98% 以上送达准时率。

思考题：

在亚马逊大数据是如何应用的？取得了什么效果？

(资料来源：石丹. 看亚马逊如何用科技驱动高效物流[J]. 商学院，2016(9))

习　题

一、判断题

1. GIS 的核心是一个地理数据库。（　）

2. EDI 传输的报文是格式化的，是符合国际标准的，这是计算机能够自动处理报文的基础。（　）

二、多选题

1. 物流信息的特点有(　　)。

A. 广泛性　B. 真实性　C. 时效性　D. 共享性

2. 按物流管理层次分，物流信息可分为(　　)。

A. 作业层信息　B. 战术层信息　C. 仓储信息　D. 战略层信息

3. 全球定位系统主要由(　　)组成。

A. 地面控制部分　B. 用户接收系统　C. 监控部分　D. 空间部分

4. GIS 应用系统中有(　　)。

A. 时间数据　B. 高度数据　C. 属性数据　D. 空间数据

5. 大数据的特点主要有(　　)。

A. 数据规模大　B. 数据多样性　C. 数据处理时效性　D. 结果准确性

三、简答题

1. 射频识别系统由哪几部分组成？

2. 物联网有哪些特点？

第二篇 供应链管理

第八章 供应链管理概述

【案例导入】

沃尔玛与宝洁：供应链协同的双赢模式

沃尔玛和宝洁为零售商与制造商的紧密合作提供了样板。贝恩公司的一项研究显示：2004 年宝洁 514 亿美元的销售额中，8%是来自沃尔玛；而沃尔玛 2560 亿美元销售额中，3.5%要归功于宝洁。

但是，20 世纪 80 年代，在沃尔玛与宝洁合作之前，宝洁总是试图控制沃尔玛对其产品的销售价格和销售条件，而沃尔玛则威胁要终止宝洁产品的销售，或把最差的货架留给它。不过沃尔玛和宝洁很快意识到深度合作的好处，进而确立供应链协同管理模式。

一、沃尔玛—宝洁模式

追溯到 1987 年，为了寻求更好的手段以保证沃尔玛分店里“帮宝适”婴儿纸尿裤的销售，宝洁副总裁 Ralph Drayer 和沃尔玛老板 Sam Walton 坐到了一起。那一时刻，被认为是协同商业流程革命的开始。

最开始时，宝洁开发并给沃尔玛安装了一套“持续补货系统”，具体形式是：双方通过 EDI 和卫星通信实现联网，借助于信息系统，宝洁能迅速知道沃尔玛物流中心内的纸尿裤的销售量、库存量、价格等数据。这样不仅能使宝洁及时制定出符合市场需求的生产和研发计划，同时也能对沃尔玛的库存进行单品管理，做到连续补货，防止滞销商品库存过多，或畅销商品断货。而沃尔玛则从原来繁重的物流作业中解放出来，在通过 EDI 从宝洁获得信息的基础上，及时决策商品的货架和进货数量，并由 MMI(制造商管理库存)系统实行自动进货。沃尔玛将物流中心或者仓库的管理权交给宝洁代为实施，这样沃尔玛不仅不用从事具体的物流活动，而且由于双方不用就每笔交易的条件(如配送、价格问题)等进行谈判，大大缩短了商品从订货、进货、保管、分拣到补货销售的整个业务流程的时间。与整个商品前置时间缩短相适应，两家企业之间的结算也采用了 EFT(电子基金转换)系统，使双方财务结算无须要传统的支票来进行，而是通过计算机以及 POS 终端等电子设备来完成。

二、供应链管理如何双赢

在持续补货的基础上，宝洁又和沃尔玛合力启动了 CPFR(协同计划、预测与补货)流程。它从双方共同的商业计划开始，到市场推广、销售预测、订单预测和市场活动的评估总结，构成了一个可持续提高的循环。流程实施后沃尔玛分店中的宝洁产品利润增长了 48%，存货接近于零；而宝洁在沃尔玛的销售收入和利润也增长了 50% 以上。

宝洁和沃尔玛接下来在信息管理系统、物流仓储体系、客户关系管理、供应链预测与合作体系、零售商联系平台以及人员培训等方面进行了全面、持续、深入而有效的合作。它们开始共享最终顾客的信息和会员卡上的资料。宝洁可以更好地了解沃尔玛和最终客户的产品需求，从而更有效地制造产品。对双方而言，供应链协同管理模式大大降低了整条供应链的运营成本，并且提高了对顾客需求的反应速度，更好地保持了顾客的忠诚度。

(资料来源：杨俊锋. 沃尔玛与宝洁：供应链协同的双赢模式[J]. 经理人，2007(7))

第一节　供应链概述

杰克·韦尔奇曾说过，如果在供应链运作上不具备竞争优势，那么干脆不要竞争。著名物流专家马丁·克里斯多夫曾说："市场上只有供应链没有企业，真正的竞争不是企业与企业之间的竞争，而是供应链和供应链之间的竞争。"供应链已经成为企业的生命线，只有对供应链不断地整合优化，才能使得企业在激烈的市场竞争中居于不败之地。

一、供应链的定义

目前，供应链尚未形成统一的定义，各国相关研究机构和学者对供应链的表述不尽相同。

供应链的概念经历了一个发展的过程，早期的观点认为供应链是生产制造企业中的一个内部过程，主要包含采购、生产制造、销售等环节。传统的供应链概念仅局限于企业的内部操作层上，注重企业自身的利益目标。随着企业经营的进一步发展，供应链的概念考虑了与其他企业的联系，扩大到供应链的外部环境，认为供应链应当是一个通过链中不同企业的制造、组装、分销、零售等过程将原材料转换成产品，再到最终用户的转换过程。这是更大范围、更为系统的概念。例如，美国的史迪文斯(Stevens)认为："通过增值过程和分销渠道控制从供应商的供应商到用户的流就是供应链，它开始于供应的原点，结束于消费的终点。"马丁·克里斯多夫认为："供应链是指涉及将产品或服务提供给最终消费者的过程和活动的上游及下游企业组织所构成的网络。"

我国国家标准《物流术语》(GB/T 18354—2006)对供应链(Supply Chain)的定义为：“生产及流通过程中，涉及将产品或服务提供给最终用户所形成的网链结构。”

通过上述的分析，可以给供应链一个比较确切的定义：供应链是围绕核心企业，通过对信息流、物流和资金流的控制，从采购原材料开始，制成中间产品以及最终产品，最后由销售网络把产品送到消费者手中的将供应商、制造商、分销商、零售商直到最终用户连成一个整体的功能网链结构和模式。它是一个范围更广的企业结构模式，包含所有加盟的节点企业，从原材料的供应开始，经过链中不同企业的制造加工、组装、分销等过程直到最终用户(见图 8-1)。

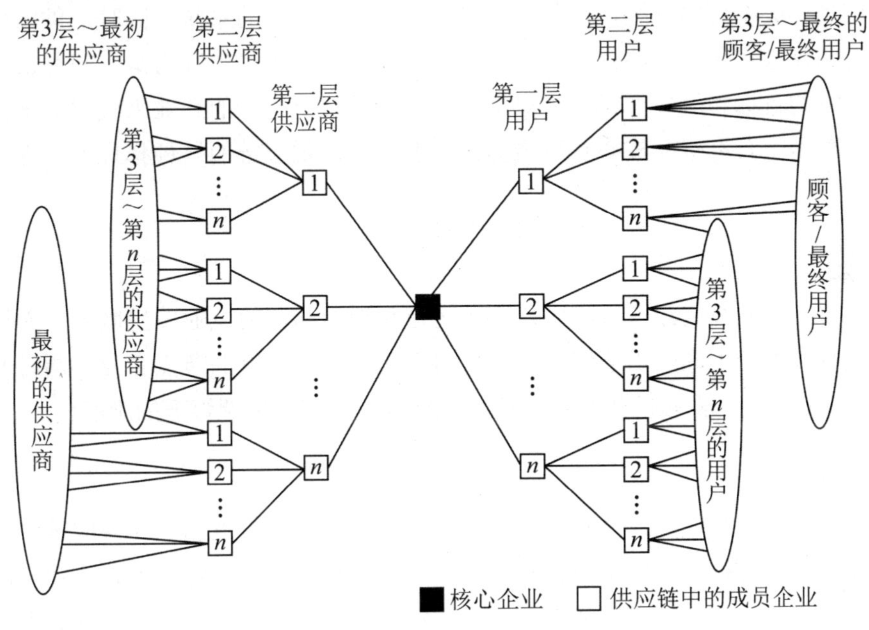

图 8-1　供应链系统的分层结构

二、供应链的特征

从供应链的分层结构模型可以看出，供应链是一个网链结构，由围绕核心企业的供应商、供应商的供应商、用户和用户的用户组成。节点企业和节点企业之间是一种供应与需求关系。供应链主要具有以下特征。

1. 复杂性

供应链节点企业组成的跨度(层次)不同，供应链往往由多个、多类型甚至多个不同国家的企业构成，网链结构也更加复杂，所以供应链结构模式比单个企业的结构模式更为复杂。

2. 面向客户需求

供应链的形成、存在和重构，都是基于市场需求产生的，并且在供应链的运作过程中，用户的需求是供应链中信息流、物流、资金流运作的驱动源，因此，供应链也被称作需求链。

3. 动态性

随着全球经济一体化和信息技术的发展，消费者需求日趋个性化和多元化，产品的生命周期日益缩短，加上政治、经济、社会环境等的变化，使得整个市场的不确定因素增多，供应链不再是一成不变的系统，而是需随时择优、不断优化的系统；同时，供应链各节点企业以自己的核心竞争能力的优势进入供应链，不断地遭到“优胜劣汰”的冲击，不断更新，当供应链的目标和服务方式发生改变，将可能选择更适合的企业来代替原来企业，以保持供应链总是由具有强大核心竞争能力的企业组成，供应链的这种择优性，也决定了其动态性。

4. 交叉性

供应链节点企业在其经营过程中，都不可避免地要和其他企业发生联系，而这些相互联系的企业往往处于不同的供应链上，它们可以是这个供应链的节点企业，同时又是另一个供应链的节点企业，众多的供应链形成交叉结构，增加了协调管理的难度。

5. 层次性

供应链中各节点企业的地位不同，作用也不相同。按照节点企业在供应链中地位的重要性分类，可以分为核心主体企业、非核心主体企业和非主体企业。主体企业一般是行业中实力较强的企业，拥有决定性资源，在供应链中起到主导作用，它的进入和退出直接影响供应链的存在状态。它是整个供应链的核心和供应链业务运作的关键。

三、供应链的分类

1. 按供应链的业务范围分类

按供应链的业务范围分，供应链可以分为内部供应链和外部供应链。

(1) 内部供应链是指企业内部产品生产和流通过程中所涉及的采购部门、生产部门、仓储部门、销售部门等组成的供需网络。

(2) 外部供应链是指企业外部的，与企业相关的产品生产和流通过程中涉及的原材料供应商、生产厂商、第三方物流提供商、零售商以及最终消费者组成的供需网络。

2. 按供应链的网状结构分类

按供应链的网状结构分，供应链可以分为 V 形供应链、A 形供应链和介于上述两种模式之间的 T 形供应链。

(1) V 形供应链，又称发散型供应链，是供应链网状结构中最基础的结构。在 V 形供应链中，原材料比较单一，但采购批量较大，经过企业加工后转化为中间产品，提供给其他企业作为原材料。石油、化工、钢铁和纺织行业的供应链是典型的 V 形供应链。V 形供应链如图 8-2 所示。

(2) A 形供应链，又称会聚型供应链，在这种供应链中，核心企业往往为供应链的最终用户服务，业务本质上是围绕订单和客户驱动展开的。在制造、组装和总装时，A 形供应链遇到一个与 V 形供应链相反的问题，即为了满足相对少数的客户需求和客户订单时，需要从大量的供应商手中采购原材料。这是一种典型的会聚型的供应链网络，即形成“A”字形状。航空制造及汽车制造等行业的供应链是典型的 A 形供应链。A 形供应链如图 8-3 所示。

(3) T 形供应链介于 V 形供应链和 A 形供应链之间。T 形供应链的企业根据现存的订单确定通用件，并通过对通用件的制造标准化来减少复杂程度。这种情形在接近最终用户的行业中普遍存在，如医药保健品、汽车备件、电子产品、食品和饮料等；在那些为总装配提供零部件的公司也同样存在，如为汽车、电子器械和飞机主机厂商提供零部件的企业。这些企业从与它们情形相似的供应商处采购大量的物料和给大量的最终用户和合作伙伴提供构件和套件。T 形供应链如图 8-4 所示。

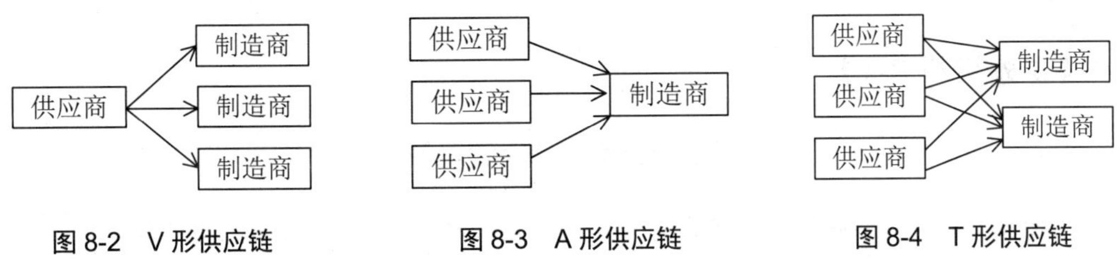

图 8-2　V 形供应链　　图 8-3　A 形供应链　　图 8-4　T 形供应链

3. 按供应链存在的稳定性分类

按供应链存在的稳定性分，供应链可以分为稳定的供应链和动态的供应链。

基于相对稳定、单一的市场需求而组成的供应链稳定性较强，而基于相对频繁变化、复杂的需求而组成的供应链动态性较高。在实际管理运作中，需要根据不断变化的需求，相应地改变供应链的组成。

第二节　供应链管理

供应链管理对企业资源管理的影响，可以说是一种资源配置的创新。供应链中的节点企业扮演着不同的角色，既相互合作，谋求共同的利益，同时又是相互独立的法人，在利益分配上是相互竞争和冲突的。要使得供应链获得良好的整体绩效，实现供应链节点企业双赢或多赢，在市场竞争中获得优势，就必须对供应链进行有效的管理，对供应链节点企业进行有效的组织和协调，尽可能减少供应链节点企业间的矛盾和冲突。

一、供应链管理的定义

在国际上，供应链管理目前尚未形成统一的定义，关于供应链管理的定义有许多，比较有代表性的有：

美国供应链管理专业协会(Council of Supply Chain Management Professionals，CSCMP)将供应链管理定义为："供应链管理包括了对涉及外包、采购、转化等过程的全部计划和管理活动及全部物流管理活动。它也包括了与渠道其他成员之间的协调和协作，主要涉及供应商、中间商、第三方服务供应商和客户。供应链管理是企业内部和企业之间的供给和需求管理的集成。

供应链管理(Supply Chain Management)是指"对供应链涉及的全部活动进行计划、组织、协调与控制"(GB/T 18354—2006)。

【课外资料 8-1】

供应链管理产生的背景

20 世纪 90 年代，供应链管理成为经济管理领域的一个常用词汇。《华尔街日报》《商业周刊》《福布斯》《财富》等报纸杂志和其他一些商业出版物均涉及供应链管理的概念。

20 世纪 90 年代以前，企业出于管理和控制上的目的，对与产品制造有关的活动和资源主要采取自行投资和兼并的"纵向一体化"模式，这种经营方式使得许多企业拥有从原材料生产到产品制造，从运输到销售的所有设备及组织机构。但是，随着科技的发展，市场竞争的日趋激烈，顾客个性化需求的变化，纵向一体化的发展模式增加了企业的投资负担，而且企业也不得不从事并不擅长的业务活动，使得企业面临更大的行业风险。进入 20 世纪 90 年代后，有许多企业认识到"纵向一体化"模式的弊端，为了节约投资，提高资源的利用率，转而把企业的非主营业务外包出去，加之一些知名公司在供应链实践领域取得的巨大成就，供应链管理越来越被坚信是适应全球化竞争的一种有效途径。

(一)市场环境的变化

供应链管理思想、方法兴起的原因很多，主要原因在于企业所面临的市场环境发生的巨大转变：从过去供应商主导的、静态的、简单的市场环境变成了当前消费者主导的、动态的、复杂的市场环境。企业的生存与发展不再仅仅取决于供应链中各组织部门本身，更重要的是取决于用户，所以，顾客满意应放在首位。

在传统的管理思想指导下，供应链中的各职能部门以及各组织通常只追求本部门的利益，而且各部门、各组织之间缺少有效的信息沟通与交流，其后果是通常会出现 Forrester 教授在 20 世纪五六十年代首先发现的一种现象，现代管理学家将这种现象称为“牛鞭效应”，即向供应商订货量的波动程度会大于向其顾客销售量的波动程度，并且这种波动程度沿着供应链向上游不断扩大。这种现象将会给企业造成严重的后果，产品库存积压严重、服务水平不高、产品成本过高及质量低劣等问题。

(二)供货时间不断缩短的压力

当前，企业与企业之间已不再仅仅是从价格和质量方面展开竞争，供货时间已经成为另一个重要的竞争因素。然而，随着先进制造技术在 20 世纪七八十年代的迅速发展以及对传统制造系统的不断改进，制造周期已经大大缩短，因而非制造时间在总供货时间中所占比例就有显著的增加，要进一步缩短供货时间，就必须考虑对供应链的改进。

(三)日本企业的崛起

东亚企业，尤其是日本企业，取得成功的一个主要原因在于将供应链中的各环节进行协调、集成。例如，在企业内部，采用 TQM(全面质量管理)、JIT(准时制管理)，强调各部门合作来降低成本、提高质量。在企业外部，采用外包制并减少零部件供应商数目，并与它们建立合作伙伴关系以达到共同提高质量、降低成本；另外，将顾客需求纳入企业管理系统内部，采用柔性制造系统，提高企业应变能力和服务水平。

(四)信息技术的发展

另外一个推动供应链管理的关键因素是近 30 多年来信息技术的飞速发展。各国的工商组织在全球范围之内获取资源并销售产品，加上产品生命周期在不断缩短，供应链管理的作用就更加突出，迫切需要更加有效的管理理念和协调技术。而 EDI、PDI(产品数据交换)、Internet、Intranet 及各种信息系统应用的发展，极大地促进了现代供应链管理理念的实现以及组织结构的转变。

(五)业务流程重构的开展

20 世纪 80 年代中后期许多企业所开展的业务流程重构(Business Process

Re-engineering，BPR)也极大地促进了供应链管理的发展。业务流程重构强调的是对采购、生产、销售等职能部门进行横向集成，形成一个管理良好的业务流程，以创造更多的价值。许多企业认识到，仅仅进行内部业务流程重构其效果十分有限，所以还需要考虑促进供应链中其他成员的业务流程的改进，并通过它们来增强竞争优势。从某种程度上，供应链管理实际上是将业务流程重构的思想在企业网络之间进行推广。

近几年人们对供应链管理在企业生存发展中的作用和地位有了新的认识。麻省理工学院斯隆管理学院的查尔斯·法恩教授得出过这样的结论：在今天比拼竞争力的战场上，一家企业最根本、最核心的竞争力在于对供应链的设计。总之，现代供应链管理理论与方法是在现代科学技术条件下产生的，是当今激烈的全球市场竞争中生存与发展的一个重要武器，是赢得市场竞争优势的一种最新的手段。

(资料来源：沈厚才，陶青，陈煌波. 供应链管理理论与方法[J]. 中国管理科学，2000(1))

【案例分析 8-1】

优菜网遭遇供应链短板

创立于 2010 年的优菜网是我国最早一批尝试生鲜产品 B2C 模式的电商企业，优菜网这一曾被业内看好的细分领域电商模式在不到 3 年的时间内，却经历了从辉煌到凋零的过程。原因何在？

一、像送牛奶一样送生鲜

2010 年 8 月，丁景涛创办了优菜网，并以北京世纪城小区为试点，探索通过电子商务来销售生鲜产品。优菜网的配送模式被丁景涛称为“像送牛奶一样送生鲜”。

每到下午 4 点多，家住北京市西四环北路世纪城小区的居民便会收到前一天从优菜网订购的蔬菜、水果等新鲜农产品。如同北京消费者习惯订购的三元牛奶一样，优菜网配送人员会将打包好的生鲜商品放进客户家门口专用的小箱子里。

“当时看来，我们这种模式是成功的。优菜网创办 3 个月就实现了盈利。”丁景涛透露，当时仅世纪城小区，优菜网每天便能实现 100 单交易，平均每笔交易客单价为 60～70 元。

优菜网与北京一家有机蔬菜生产商签订合同，由该蔬菜商为优菜网提供有机食品。每天上午，生鲜供应商将当日生鲜商品送到优菜网的加工车间，经过简单的分拣、加工和包装之后，优菜网的厢式货车将商品运输到小区指定卸货地点。而此时，负责该小区配送的小三轮车早已待命，将货车上自己负责单元所订购的商品分拣到小车上，并挨家挨户进行配送。厢式货车 3 点左右到达小区门口，小三轮利用一个多小时，便可将蔬菜送到消费者门口。

为了降低配送成本，增强“最后一公里”配送灵活度，优菜网还与一些快递三轮车和小区居民的个人三轮车进行合作。

二、供应链短板显现

在世纪城尝试获得成功之后，优菜网得到了某天使基金 200 万元的投资，并且开始由世纪城向北京其他居民小区的扩张。优菜网后来基本上可以覆盖北京二环以内的所有小区以及东四环大郊亭附近的一些小区。随着配送区域的扩张，优菜网的订单量也由当初的 100 单迅速增长为每天 500 单。然而，丁景涛发现：一直以来密切合作的蔬菜供应商提供的是假冒的有机蔬菜。由于发现无法给消费者提供货真价实的有机产品，优菜网改变经营策略，将有机蔬菜改变为普通蔬菜。

这一改变直接影响到了优菜网的客单价和毛利率。优菜网的客单价由之前的 60～70 元下降为 30 元左右，客单价的下滑进而直接影响到了毛利率。

在与之前的蔬菜供应商解除合同之后，优菜网便从北京新发地蔬果批发市场采购商品。“蔬菜与其他商品不一样的地方在于，它的季节性明显，而且容易受到天气、气候等因素的影响，缺货的情况经常发生。”与标准化工业产品不一样，农产品由于产地和种植时机不同，即便同一种产品，其口感也差异很大。举例来说，有一次优菜网采到了一批非常好吃的苹果，消费者品尝之后就觉得优菜网的苹果好，但下一批采购的苹果不是前一批苹果同一产地的。虽然看起来大小、颜色差不多，但口感相差实在悬殊。这样的例子时有发生，使得优菜网流失了不少客户。

农产品的标准化是电商面临的难题，这反映出 B2C 电商经营生鲜的供应链短板。由于电商企业生鲜的起步销量小，很难实现与产地直接对接，从而无法在源头把控产品的质量和价格。另外，电商渠道无法供消费者进行实物的挑选。因此，买到不满意的商品，用户就会立刻流失。

优菜网于 2011 年 5 月购买了冷库，并将生鲜保存在冷库中。由于冷库的温度没有得到很好的控制，一些蔬菜在冷库中已经被悄然“冻死”。不同的蔬菜对保存温度要求不同，由于缺乏专业的人才进行操作，“冷冻蔬菜”事件使得优菜网在半个月时间内，订单量由 500 单迅速下降到 200 单，也使得优菜网陷入亏损的边缘。

（资料来源：赵向阳. 优菜网“卖身”内幕：生鲜电商遭遇供应链短板[N]. 中国经营报，2013-01-21）

思考题：

通过案例，分析优菜网失败的原因及供应链管理的重要性。

二、供应链管理的关键业务过程

供应链管理的最终目标是为了满足顾客需求和实现利润最大化，为了达到这一目标，供应链需要协调传统的各职能领域，而传统的职能部门一般都倾向于保持自己的职能优势，这样的组织结构阻碍了供应链一体化的发展与成功。因此，供应链管理一体化的关键就在于：要完成一个转变，即从管理个别职能到把不同的活动整合成供应链关键业务过程的转变。供应链管理有以下七大关键业务过程。

(1) 客户关系管理。顾客是供应链管理的核心和基本出发点。客户关系管理就是使以客户为中心的包括销售、市场营销和客户服务的业务流程自动化并得以重组。这里的客户关系管理不仅要使这些业务流程自动化，而且要确保客户服务系统能够改进客户满意度、增加客户忠诚度，以达到使企业获利的最终目的。供应链管理的第一步就是识别对企业经营起至关重要作用的关键客户，并与他们建立战略性合作伙伴关系。

(2) 客户服务管理。服务是获取客户信息的唯一来源，同时，也能为客户提供实时、在线的产品和价格信息，并支持客户对交货期和货物状态的查询。

(3) 需求管理。需求管理主要涉及企业内部与企业之间物料供应与需求管理，通过对产品与服务的流程进行预测，正确地预测客户需求，改善客户服务，降低不正确预测需求所产生的成本。一个好的需求管理系统利用销售终端协调(Point of Sale，POS)和关键客户数据来提高供应链效率和减少不确定性，并平衡客户需求和企业供应能力。

(4) 完成订单。要高效地完成顾客订单，需要将企业的采购、制造、分销、运输和配送计划综合在一起。

(5) 生产流管理。供应链是典型的“拉式”生产，企业要进行柔性生产以适应频繁的市场需求变化。生产流管理主要包括产品工程、产品技术保证、生产控制、库存控制、仓储管理、分销管理等。生产流的管理的改进可以缩短生产周期、提高客户响应速度。

(6) 采购管理。采购管理与供应商发展长期合作关系，以支持企业生产和新产品开发工作。

【案例分析 8-2】

火灾引发的供应链危机

2000 年 3 月 17 日晚，位于美国新墨西哥州的飞利浦工厂发生火灾，致使已准备生产的数百万个手机芯片被粉尘破坏。由于该芯片工厂是爱立信唯一的芯片供应商，因此导致爱立信新型手机无法按时推出，手机业务急速萎缩，2000 年爱立信手机部出现高达 17 亿美元的巨额亏损。最后，爱立信不得不退出手机业务，在随后的 2001—2003 年开始艰难的战略转型。直至 2003 年第三季度，爱立信才终于实现公司的再次盈利。利用火灾给爱立信公司带来的困难，诺基亚公司奠定了在欧洲市场的主导地位，扩大了在全球手机市场的市场份额。当时，诺基亚的市场份额已经达到 30%，而一年以前还只是 27%，爱立信的市场份额为 9%，一年以前则是 17%。从一定意义上讲，正是这场危机使诺基亚从爱立信的手中抢夺了 3%的市场份额。也是在这次火灾之后，爱立信才充分意识到不仅要管理好企业内部的风险，而且要管理好供应链上各成员企业的风险。

思考题：

爱立信为什么会失去竞争优势？

(7) 产品研发与推广。要让顾客和供应商参与到新产品研发过程中，以便在更短的时间内，以更低的成本，开发出客户需要的产品。

在某些类型的供应链中，还包括另一个关键业务过程，即回收(物流)过程。

三、供应链管理的特征

1. 以满足客户需求为根本出发点

供应链的首要目的是满足顾客需求，并在满足顾客需求的过程中为企业创造利润。在供应链管理中，满足客户需求目标优先于其他所有目标，这就要求供应链管理以客户需求为中心，把客户服务作为管理的出发点，并贯穿供应链的全过程，把改善客户服务质量、实现客户满意作为实现利润、创造竞争优势的根本手段。

2. 以共同价值观为战略基础

供应链管理首先要解决的是供应链伙伴之间信息的可靠性问题。如何管理和分配信息取决于供应链成员之间对业务过程一体化的共识程度。供应链管理是在供应链合作伙伴之间形成一种相互信任、相互依赖、互惠互利和共同发展的价值观和依赖关系。供应链战略需要供应链上的企业从供应链整体出发，实现供应链信息的共享，加快供应链信息传递，减少相关操作，简化相关环节，提高供应链的效率，降低供应链成本，在保证合作伙伴合理利润的基础上，提升企业竞争能力和盈利能力，实现合作伙伴间的双赢或多赢。

3. 以提升供应链竞争能力为主要竞争方式

在激烈的市场竞争中，企业单纯依靠自身的资源已不足以赢得竞争优势，需要通过与供应链其他成员进行跨部门、跨职能和跨企业的合作，建立共同利益的合作伙伴关系，实现双赢或多赢。供应链管理是跨企业的合作伙伴之间密切合作，共享利益和共担风险。同时，信息时代的到来使信息资源的获得更具有开放性，这就迫使企业间打破原有界限，寻求建立一种超越企业界限的新的合作关系。因此，加强企业间的合作已成必然趋势，供应链管理的出现迎合了这种趋势，顺应了新的竞争环境的需要，改变了企业的竞争方式，将企业之间的竞争转变为供应链之间的竞争。

4. 以广泛应用信息技术为主要手段

信息流的管理是影响供应链效益和效率的一个关键因素。信息技术在供应链管理中的广泛应用，大大减少了供应链运营过程中的不增值活动，提高了供应链的运营绩效。供应链管理应用信息技术，重新组织和安排业务流程，进行集成化管理，实现信息共享。只有通过集成化管理，供应链才能实现动态平衡，才能进行协调、同步、和谐运营。

5. 以物流的一体化管理为突破口

供应链管理把从供应商开始到最终消费者的物流活动作为一个整体进行统一管理，始终从整体和全局上把握物流的各项活动，使得供应链整体库存水平最低，实现供应链整体物流最优。物流一体化管理能最大限度地发挥企业能力，降低库存水平，从而降低供应链的总成本。因此，要实现供应链管理的整体目标，为企业创造价值，为供应链企业赢得竞争优势和提高收益率，供应链管理必须以物流的一体化管理为突破口。

6. 以非核心业务外包为主要经营策略

供应链管理是在自身核心业务基础上，通过协作的方式来整合外部资源以获得最佳的总体运营效益。企业在保留核心业务的同时，对非核心业务采取外包的方式，借此优化各种资源，既可提高企业的核心竞争能力，又可参与供应链，依靠建立完善的供应链管理体系，充分发挥供应链上合作伙伴的资源和优势。

四、供应链管理与物流管理的区别和联系

供应链管理起初主要强调在物流管理过程中，在减少企业内部库存的同时，也应考虑减少整个供应链上的库存。随着供应链管理研究和实践的深入，其视角逐渐被拓宽，不再仅仅着眼于降低库存，而是扩展到了企业内外的各个环节、各个方面。供应链管理曾一度被认为是集成化的物流管理。目前，被广泛接受的观点是，供应链管理包含了从源头供应商提供产品、服务和信息以增加客户价值，到终端客户的所有流程的集成，它不仅仅是集成化物流的另一种称呼。供应链管理涵盖了物流中没有包含的要素，如信息系统集成、计划与控制活动的协调等。

(一)供应链管理与物流管理的区别

供应链管理与物流管理的区别主要有以下几方面。

1. 存在基础和管理模式不同

任何单个企业或供应链，只要存在物的流动，就存在物流管理；而供应链管理必须以

供应链导向为前提，以信任和承诺为基础。物流管理主要以企业内部物流管理和企业间物流管理这两种形式出现，主要表现为一种职能化管理模式；供应链管理则以流程管理为表现形式，它不是对多个企业的简单集合管理，而是对多个企业所构成的流程进行管理，是一种流程化的价值链管理模式。

2. 导向目标不同

物流管理的目标是以最低的成本产出最优质的物流服务，在单个企业战略目标框架下实现物流管理目标；在供应链管理环境下，物流管理指供应链物流管理，以供应链目标为指导，实现企业内部物流和接口物流的同步优化。而供应链管理是以供应链为导向，目标是提升客户价值和客户满意度，获取供应链整体竞争优势。

3. 管理层次不同

物流管理对运输、仓储、配送、流通加工及相关信息等功能进行协调与管理，通过职能的计划与管理达到降低物流成本、优化物流服务的目标，属于运作层次的管理；而供应链管理聚焦于关键流程的战略管理，这些关键流程跨越供应链上所有成员企业及其内部的传统业务功能，供应链管理站在战略层次的高度设计、整合与重构关键业务流程，并做出各种战略决策，包括战略伙伴关系、信息共享、合作与协调等决策。

4. 管理手段不同

物流管理与供应链管理的存在基础、管理模式、导向目标、管理层次等方面都存在较大的差别，管理手段自然也不相同。物流管理以信息技术为支撑，主要通过行政指令或指导，运用战术决策和计划协调管理各物流功能；供应链管理则以信任和承诺为基础，以资本运营为纽带，以合同与协议为手段，建立战略伙伴关系，运用现代化的信息技术，通过流程化管理，实现信息共享、风险共担和利益共存。

(二)供应链管理与物流管理的联系

供应链管理与物流管理的联系体现在以下两方面。

1. 物流管理是供应链管理的一个子集或子系统

物流管理主要对产品从供应地到需求地的物流全过程进行计划、组织、协调与控制，包含了企业内部和企业间物流、正向和逆向物流的管理。而供应链管理的对象涵盖了产品从供应地到需求地传递过程中的所有活动，既包括商流、信息流、资金流的管理，也包括物流管理，涉及的内容更多。从这个意义上讲，物流管理是供应链管理的一种职能，即对供应链上产品的实体流动进行计划、组织、协调与控制。也就是说，物流管理可以看作供应链管理的一个子集或子系统，而供应链管理则将许多物流管理以外的功能跨越企业间的界限整合起来。

2．物流管理是供应链管理的核心内容

物流贯穿整个供应链，是供应链的载体、具体形态或表现形式，它衔接供应链节点企业，是企业间相互合作的纽带；没有物流，供应链中生产的产品的使用价值就无法得以实现，供应链也就失去了存在的价值。在各种类型的产品和行业中，物流价值都占到了整个供应链价值的一半以上。因此，物流管理是供应链管理的核心，做好物流管理，对于提高供应链的竞争力具有举足轻重的作用。

【课外资料 8-2】

新时期供应链管理面临的挑战

在社会分工高度专业化的今天，一个企业的经营活动与供应链中上下游企业之间的关系变得尤为重要。作为错综复杂供应链中的一环，考虑到终端顾客的个性化需求以及国家和社会对环境、产品质量、节能等方面的“绿色”要求，企业需要调整和重新设计自身的供应链战略，并采取有效的供应链运营策略。因此，相对传统的供应链管理而言，这些特征对新时期的供应链管理带来了更多的挑战。主要体现在如下方面。

(1) 多文化性。全球供应链的发展为不同文化的碰撞与融合提供了一个很好的舞台。首先，企业在全球范围进行资源配置的过程中，不同国家和地区的文化特征(如国家的法律法规、工作语言、工作习惯等)成了一个重要的考虑方面；其次，在为不同市场顾客设计有针对性的产品和服务的过程中，顾客偏好以及选择行为是企业经营管理决策中必须重点关注的要素；最后，管理决策者自身的多文化性以及决策偏好等也直接影响到决策制定的过程和结果。

(2) 高风险性。供应链的全球性在扩大企业资源配置范围的同时，也给企业的供应链管理带来了极高的风险。国内外非常规的重大突发性事件(例如，“9・11 事件”、中国的“非典”、地震等)、国际要素市场的波动(如钢铁原材料的价格大幅波动、汇率的波动等)都极大地增加了企业生产经营活动的不确定性。新时期下如何采用合适的战略和应对策略，以对全球供应链风险进行有效的管理，以降低不确定性事件给企业经营活动带来的负面影响，保证经济的平稳运行和快速增长，是摆在企业界和学术界的一个重大议题。

(3) 协同性。供应链中上下游企业的协调运作是优化社会资源配置、提高供应链整体绩效的关键。在绿色供应链中，供应链的“绿色水平”(如产品的无公害性等)只能在整个供应

链的层面上进行度量，这决定了保持供应链的绿色性是供应链中全体企业应尽的共同责任。因此，从产品的研发设计、原材料的采购、产品的(代工)加工、到产成品的物流运输和销售以及回收再制造等环节，都必须充分考虑到自身可能对环境造成的影响，做到协同运作。

(4) 个性化。个性化是买方市场的一个显著特征，即顾客不仅高度关注产品/服务的质量、价格等因素，也追求在产品和服务中彰显个性化的风格与特色。在竞争日渐激烈的市场中，只有比竞争对手更快地响应顾客个性化和多样化的需求，企业(尤其是服务型企业)才能得到可持续的发展。因此，如何在需求驱动的市场中前瞻性地把握顾客的个性化需求，并采用合理的供应链模式来匹配顾客的多样化的需求，是当今企业制胜的基本出发点之一。

(5) 无形性。服务区别于有形产品的一个重要特征在于服务的无形性以及不可储存性，一方面，无形性给顾客对服务的定量评价带来了较大的挑战，这直接影响到企业对顾客选择偏好和选择行为的把握。另一方面，服务的不可储存性导致企业不能像制造型企业那样，通过保存适当的库存来应对不确定性需求所带来的风险。因此，在企业的服务能力相对固定的情况下，如何采用适当的策略来提高服务能力的灵活性，是企业在服务供应链管理中增加的一类新的管理问题。

(资料来源：陈剑，肖勇波. 供应链管理研究的新发展[J]. 上海理工大学学报，2011(6))

【案例分析 8-3】

从戴尔的 BTO 透视供应链管理

戴尔(DELL)电脑公司经营管理的核心就是按订单生产(Build-To-Order，BTO)。按订单生产给戴尔带来了一系列超越竞争对手的优势，如低库存成本、零中间商成本、即时生产最新技术的产品。传统观点认为企业需要维持一定库存以满足顾客的各种需求，企业需要中间商来减轻分销工作的复杂度、消除顾客的购买烦恼。与之相反，戴尔只在顾客订单发出后组织生产。传统观念认为这样做要么成本很高，要么生产周期很长，但是戴尔有能力保证在订单发出后 5～7 天到货。最终，戴尔成功地实现了个人电脑的直销。

一、时代背景

20 世纪末，DELL 趁着 Internet 和电子商务的浪潮，在信息集成、同步计划和协作工作流方面进行了重大改良，并结合自身的优势，推行 BTO 生产经营模式，成功实现了网络直销，使这个 1995 年还在亏损的小公司，在 1997 年第一季度便取得了 10 万美元的日销售额。1999 年更是将一直是全球第一的 Compaq 公司从美国第一的宝座上拉了下来。2004 年 5 月以高达 26.9%的市场占有率夺得了全球个人计算机老大的称号。

DELL 率先采用了建立在全体供应链成员的共同合作之上的、以客户为导向的直销模式，使得顾客可以获得高质量、低价格、新技术的产品。直销模式使 DELL 提高了企业的流动性、获益性和成长性。在使顾客得到满意的产品与服务的同时，也使战略合作伙伴的产品在市场率先得到推广，使从供应商到最终客户整个供应链都获益。

二、DELL 的供应链管理

供应链就如同企业体内错综复杂的血管分布，输送着企业生存发展所必需的新鲜血液，一条强有力的供应链可以保证企业获得足够的生产资源、产品快速送达客户及在瞬息万变的市场中立于不败之地。

(1) 订单完成、采购与生产流程的管理。DELL 的经营系统与供应链有效地结合在一起，订单生成的同时便引发了供应链中的订货、补货、生产系统和运输系统。工厂运用 FP 系统，根据顾客要求的订单送达时间及库存情况、原材料送达时间进行排序，生成可以完成订单流。同时触发补货系统，两小时内物料便送至生产线，迅速组织生产，产品完成后直接交由第三方物流运输至客户。

(2) 供应商管理。DELL 与供应商在供应链管理的环境下，处于一种战略合作关系，提倡双赢机制。DELL 非常善于利用供应商的专业效益，与 Intel 和 Microsoft 结成战略合作伙伴，加快企业推出最新、品质最好的产品。DELL 拥有一套自己的供应商管理机制，如“供应商积分卡”，即在卡上标明标准：每 100 万件能容忍的瑕疵品比率、市场表现、生产线废品率、运送及时性、交易容易度等，以此来衡量评估供应商。

(3) 物流管理。DELL 将物流业务外包给第三方物流公司，如联邦快递、伯灵顿和豪顿等各地区物流业的翘楚。通过信息的整合，工厂、供应商和物流公司有效快捷地联系在一起，为物流的快速准确运送提供了基础。并且在产品设计上，DELL 为尽量减少存储和运输空间，专门设计了一种称为多层包装的包装箱。

(4) 产品研发管理。DELL 针对不同细分市场顾客的不同需求，设计了不同的产品线。DELL 将订单中的客户需求引入新品开发的立项和论证上，并使供应商参与产品开发，完成供应链中的新品开发，加速产品周期，快速抢占市场，获取利润。

(资料来源：中国物流与采购联合会)

思考题：

DELL 公司是如何通过供应链管理提高自身竞争力的？

第三节　供应链管理的发展趋势

随着市场环境、经济全球化和科学技术的发展，供应链管理的发展趋势也将明显地呈现出全球化、敏捷化和绿色化。

一、供应链全球化

1991年，美国里海大学在《21世纪制造企业的战略》报告中首次提出了虚拟企业 (Virtual Organization)的概念。虚拟企业的提出人之一 Rick Dove 教授就曾指出“敏捷也可和虚拟企业联系在一起表示畅通的供应链和各种方式的联系”，即提出全球虚拟企业的最初旨意也是暗含了基于供应链这个前提的。随着采购、生产和销售关系的复杂化，该过程涉及的不同地域的厂家将越来越多，最终呈现全球性。正是基于这样的理论渊源和现实需求，全球供应链应势而生。全球供应链管理的形成，将使得物流、信息流和资金流变得更加畅通，因此它不仅将增大整个供应链的总体效益，还能使单个企业借助庞大供应链的整体优势，在竞争中更主动、更有发言权。

【案例分析 8-4】

日本震灾撼动全球制造业供应链

距离日本东部海域发生 9 级强烈地震已过半个月余，但大地震的破坏力仍在蔓延，设备损坏和电力不足对日本企业迅速恢复生产造成莫大障碍，其影响也正迅速波及以日本为重要节点的全球制造业产业链。

日本大地震导致灾区众多企业设备受损，加上日本采取计划停电措施以应对严重受挫的供电能力，企业恢复生产遭遇困境。零部件无法按时交货，成品组装成无米之炊，不仅影响日本国内生产，也令有 10%关键部件仰赖从日本进口的日本海外工厂面临困境，而与日本企业有供求关系的众多国际企业也不可避免地受到连累。

据美国调查公司 HIS 25 日发布的调查数据，由于日本企业生产锐减，从日本进口的零件无法按时交货，预计世界范围内汽车生产量到 3 月底减产 60 万辆。如果日本企业生产无法尽快恢复正常，地震两个月后，世界范围内汽车生产量可能下降 30%之多。

据日本《朝日新闻》报道，由于从日本进口零件遇到麻烦，美国通用汽车公司不得不面对一番连锁效应。其位于路易斯安那州一家小型卡车厂 21 日被迫停产，随后为之提供发动机的一家纽约工厂不得不裁员 59 人。通用汽车公司位于西班牙和德国的部分工厂也暂时停产。

另据日本共同社和《日本经济新闻》等媒体报道，美国福特汽车公司 25 日已全面停止黑色和红色乘用车订货，原因在于从日本进口涂料出现困难。由于从日立公司进口的电子零件出现障碍，法国标志雪铁龙集团在欧洲的柴油发动机生产线也受到直接影响。

日本近邻韩国 2010 年对日本的进口额为 643 亿美元，主要是进口零件和原材料。由于从日本进口的变速箱库存锐减，雷诺三星汽车公司位于釜山的工厂自 18 日起取消加班，星期六则停产。同样受日本大地震影响，中国东风汽车有限公司旗下的东风日产乘用车公司目前大幅减产。位于襄樊的工厂 26 日所安排的生产计划已不及平时 1/3，陷入半停产状态。日本大地震发生后，由于日本本土生产的发动机、变速箱等关键零部件产品供应不上，东风日产只能靠库存维持生产。

除了汽车业之外，日本地震对其他制造业供应链的影响也在逐渐显现。据《朝日新闻》报道，美国苹果公司平板电脑 iPad2 至少有 5 种电子零部件由日本厂家生产，受到地震影响难以按时交货，特别是其显示屏只能采用日本进口的产品，因此减产可能性很大。

此外，世界第一大手机生产厂商诺基亚也因日本进口零件短缺，部分生产线可能暂停生产。韩国现代重工、三星重工等造船公司急需厚板钢材，在日本进口“断粮”情况下，不得不要求本国钢铁公司紧急增产，以解燃眉之急。

(资料来源：何德功. 日本震灾撼动全球制造业供应链[N]. 新华每日电讯，2011-03-28)

思考题：

企业该如何应对供应链危机?

二、供应链敏捷化

敏捷制造是一种面向 21 世纪的制造战略和现代生产模式。敏捷化是供应链和管理科学面向制造活动的必然趋势。基于 Internet/Intranet 的全球动态联盟、虚拟企业和敏捷制造已成为制造业变革的大趋势，敏捷供应链(Agile Supply Chain) 以企业增强对变幻莫测的市场需求的适应能力为向导，以动态联盟的快速重构(Re-Engineering)为基本着眼点，以促进企业间的合作和企业生产模式的转变，提高大型企业集团的综合管理水平和经济效益为主要目标，着重致力于支持供应链的迅速结盟、优化联盟运行和联盟平稳解体。供应的敏捷性强调从整个供应链的角度综合考虑、决策和进行效绩评价，使生产企业与合作者共同降低产品的市场价格，并应该能够快速了解市场变化锁定客户的需求，快速安排生产满足客户需求，并加速物流的实施过程，提高供应链各环节的边际效益，实现利益共享的双赢目标。

【案例分析 8-5】

戴姆勒-克莱斯勒公司的敏捷供应链

传真、电话、存储数千张数据的活页夹、书呆子气十足的质量专家，以前的戴姆勒-克莱斯勒公司用这种方法来跟踪开发进展，解决与数千家为克莱斯勒集团制造的轿车、卡车和商用车设计零部件的公司之间出现的质量问题。问题是，如果传动装置长了 1/8 英寸，或者某个小部件宽了半厘米，就有可能要花 3 个星期的时间来通知供应商解决这一问题，并把修改过的零部件合并到设计过程当中去。

戴姆勒-克莱斯勒公司的供应链管理软件是 Powerway，这是一种 Web 驱动的质量管理系统及供应链协作网络。Powerway 的处理过程快捷、准确，能帮助克莱斯勒识别潜在的理论设计与实际工程的冲突，并改进设计。

戴姆勒-克莱斯勒公司由梅赛德斯、Smart Passenger 小汽车集团、克莱斯勒集团以及商务汽车公司组成，拥有庞大的全球供应链——在 37 个国家拥有 104 家工厂、在 200 个国家拥有 14000 个供应商和 13000 个销售网点。戴姆勒-克莱斯勒公司使用 IT 技术管理供应链，不仅效率高，而且敏捷和富有预见性。

戴姆勒-克莱斯勒公司及其下属拥有敏捷的供应链的公司提出了以下 4 点建议。

一、供应链不能只盯着车间

那些努力使自己更灵活的公司不能只盯着车间，必须看得更远，以使其供应链更加敏捷。例如，克莱斯勒会把车辆生产与销售的每一个步骤作为其供应链的一部分来考虑，从车辆设计的第一阶段开始至其服务和维修结束。全球供应门户为供应商与戴姆勒-克莱斯勒公司全部所属公司之间交易提供了单一的入口和基础设施。另一个系统——总体数量计划系统则负责收集销售数据，并把这些数据传送回生产计划应用，然后从那里再传送给供应商。在新的零部件被确认可以用于生产线之前，通过 9 个质量控制“关”对这些新的零部件进行跟踪。

二、实现数据共享

公司通过从尽可能广泛的渠道收集数据并把这些数据及时有效地投入使用而变得更为敏捷。全球供应商门户由汽车行业电子商务技术供应商 Covisint 承建，它为供应商与戴姆勒-克莱斯勒公司所有所属公司之间进行的每一种交互提供统一的接口和基础设施。6000 家注册使用该门户的供应商获得了公用用户接口和口令以便与戴姆勒-克莱斯勒公司的许多不同的业务小组进行交互。使用全球供应商门户在各业务部门之间共享信息可以帮助所有部门进行更快的沟通，更快地识别和解决问题，并在竞争当中保持敏捷性。

三、及时把数据用起来

敏捷的公司还可以通过建立能够进行监控并在事件刚发生之际对那些数据做出反应的供应链系统而走得更远。ABF 发货系统使用一系列名为 NetLink 的自产无线应用来管理货物在网络中流动。驾驶员和其他人员携带着手持装置，这些装置与每秒钟都发送发货数据的无线网络相连接，从而可以避免一些瓶颈问题，如飓风或卡车轮胎爆胎之类的突发事件做出更好的反应。

类似地，克莱斯勒集团使用其生产控制系统和 PC 门户，对影响其制造过程的大约 40 万个事件进行逐秒设定。例如，PC 门户可以告诉汽车座椅供应商克莱斯勒装配线需要座椅的准确时间，以及发货延迟的准确时间。

四、尽可能贴近合作伙伴

为了做到敏捷，公司有必要知道在其公司之外都发生了些什么。公司有必要通过网络接近足够多的合作伙伴，以弄清楚什么时候会出现缺货或过剩。

(资料来源：戴姆勒-克莱斯勒. 灵动的供应链[N]. 计算机世界，2004-09-13)

思考题：

戴姆勒-克莱斯勒公司是如何构建敏捷供应链的？

三、供应链绿色化

20 世纪 90 年代，绿色供应链开始引起学术界的关注。绿色供应链是绿色制造和供应链的学科交叉，是实现可持续制造和绿色制造的重要手段，其目的是使整个供应链对环境的负面影响最小，资源效率最高。

【课外资料 8-3】

纺织业供应链“中毒”

一、“时尚背后的污染”再度引发环保 NGO 的关注

继国际 NGO 绿色和平 2011 年发布《时尚之毒——全球服装品牌的中国水污染调查》报告之后，国内第二份关注纺织行业水污染的报告《为时尚清污——绿色选择纺织品牌供应链污染》(简称《纺织供应链污染》)调研报告在 2012 年 4 月发布。报告指出，包括 ZARA、GAP、LEVI'S、HUGO 等一批大型纺织品牌和服装零售商的在华供应链存在严重环境违规行为，对中国的水环境造成严重影响。

二、纺织业年排废水约 25 亿吨

《中国环境统计年报》显示，2010 年纺织废水排放量达到 24.55 亿吨，在当年统计的 39 个工业行业中位于第三位，占重点调查统计企业废水排放量的 11.6%。其中，COD 排放量约为 30.06 万吨，污染贡献率占 8.2%；氨氮排放量 1.74 万吨，占重点调查统计企业氨氮排放量的 7.1%。

在纺织行业中，染整(印染和后处理)废水占 80%以上，化纤生产废水量约占 12%，另外 8%是其他纺织废水，从区域来看，浙江、江苏、山东、广东和福建 5 省的染整废水总量约占全国染整废水排放总量的 90%。

“纺织行业不但排放量大，而且用水效率低下。”《纺织供应链污染》指出。根据《2008年重点行业工业污染防治报告》，在生产同类单位产品的情况下，我国印染废水中污染物平均含量是国外的 2～3 倍，用水量则高达 3～4 倍；同时，印染废水不仅是行业主要污染物，印染废水所产生的污泥处理起来也存在一些问题。这与我国印染企业采用的生产工艺落后有关。我国大多数印染企业(尤其是中小企业)的生产工艺处于 20 世纪 80 年代初的水平，能源、资源消耗以单位产品计高出发达国家几倍，如先进国家吨纤维印染用水量约 100 吨，而我国一般为 300～400 吨。

大部分印染企业采用的单级好氧处理工艺，尽管除去了部分污染物，但大量有毒有害物质(如氰化物等)排入河流、湖泊，给水体造成污染。由于水资源费过低(平均 0.05 元/立方米)，水的平均回用率仅为 7%，加剧了我国水资源的短缺，也加大了污染治理的难度。

三、46 个品牌供应链违规

《纺织供应链污染》指出，在中国污染地图数据库的企业监管记录中输入“纺织”“印染”“染整”“印花”等关键字，可以搜索到约 6000 余条记录，这些记录包括私设暗管、未经处理直排污染物、不正常使用污水处理设施、超标超总量排放污染物、擅自动用被查封的生产设施、因环境问题突出被挂牌督办等。

在违规排污的企业当中，一批纺织企业是国际、国内品牌的供应链组成部分。这些品牌既包括品牌商，也包括国内外的大型零售商，在调研的 48 个知名品牌中，有 46 个品牌的供应链存在违规排放问题。其中，既包括国内外知名品牌，如耐克、H&M、Levi's、阿迪达斯、Burberry Esprit、Calvin Klein、Armani、安踏、雅戈尔等，也包括零售商，如乐购、沃尔玛、家乐福、梅西百货、塔吉特等。

(资料来源：王尔德. 耐克等 46 个服装品牌供应链“中毒”[N]. 21 世纪经济报道，2012-04-10，22 版)

习　　题

一、判断题

1. 顾客是供应链管理的核心和基本出发点。　　(　　)
2. 物流管理是供应链管理的核心内容。　　(　　)

二、多选题

1. 供应链的特征有(　　)。

A. 复杂性　B. 敏捷性　C. 动态性　D. 层次性

2. 供应链管理的发展趋势有（　）。

A. 敏捷化　B. 全球化　C. 效率化　D. 绿色化

3. 供应链管理与物流管理的区别有(　)。

A. 存在基础和管理模式不同　B. 导向目标不同

C. 管理层次和手段不同　D. 战略地位不同

第九章　供应链环境下的采购管理

【案例导入】

宜家的采购策略

宜家家居种类繁多，购物环境优美，宜家不只是零售商，同时也是一家中间商，从各地的生产厂家采购货物，“宜家”只是销售店面的品牌。宜家实行多种采购策略，全球化的采购模式、本土化的发展、产品的环保要求等，都为宜家的低价打下了基础。

一、全球化的采购模式

宜家采用全球化的采购模式。宜家的产品从各贸易区域采购后运抵全球26个分销中心，再送货至宜家全球的商场。它在全球设立了 16 个采购贸易区域，46 个贸易代表处分布于32个国家。其中 3 个贸易区域在中国大陆，分别为华南区、华中区和华北区。宜家在16个采购贸易区设立了贸易代表处，贸易代表处的工作人员根据宜家的采购理念评估供应商，在总部及供应商之间协调，实施产品采购计划，监控产品质量，关注供应商的环境保护，社会保障体系和安全工作条件。如今，宜家在53个国家有大约1300个供应商。

宜家瑞典总部的研究中心负责宜家所有产品的设计和研发，宜家世界各地的数千家供货商负责生产加工。根据全球 259 家宜家商场的要求，经过当地的采购中心集中采购完成进货。在我国，生产厂家被宜家选中后，其产品设计、生产、包装等都必须按照宜家的要求进行安排。很多生产出来的家居产品在国内市场上很少见，但精湛的工艺和富有创意的设计受到消费者的青睐。原来，很多家居产品供应商制造的产品不在国内销售，基本上走纯外贸路线，主要是这类产品多数专门针对国际消费者，在国内缺乏需求。

二、采购产品必须“绿色”

宜家的采购理念及对供应商的评估主要包括 4 个方面：持续的价格改进、严格的供货表现和服务水平、质量好且健康的产品、环保及社会责任。随着人们对环保要求的提升，其产品在绿色环保和认证方面的一举一动颇受消费者的关注。因此，宜家在采购产品时把环保和社会责任作为一项重要的评估条件。环保及社会责任主要包括对供应商有关环境保护、工作条件、童工和森林资源方面的考核。

为了做到这一点，宜家不仅从自身角度出发，还从采购渠道上把紧关口，严格监督供货厂商，要求其产品必须达到相应的认证标准。同时，宜家还把产品和公益事业进行联姻。宜家集团开始有计划地参与环保事宜，涉及的方面包括材料和产品、森林、供货商、运输和商场环境等。现在，宜家率先通过森林认证，这是国际上流行的生态环保认证，包括森林经营认证和产销监管链审核。

三、本土化采购降低成本

低价是宜家理想、商业理念和概念的基石。宜家不断力求将每一件事情做得更好、更简单、更有效率和始终更具有成本效益。为了更大程度地降低产品的成本，2003 年以来，宜家不断加大“本土化采购”的力度，先后建立了哈尔滨、青岛、上海、广州和云南 5 个采购中心，这使得宜家在中国的采购量不断攀升，占到了其全球采购总量的 20%以上。中国已超过波兰，成为宜家在全球最大的采购国。

与此同时，宜家不断完善物流体系，在上海奉贤区设了物流分拨中心，仓储容量超过 30 万立方米，该基地成为宜家整个亚太地区的战略采购中心和最大的物流枢纽，也是迄今为止我国最大的外资仓库。经过本土化采购、完善物流体系等一系列举措，宜家在中国的产品价格一降再降，平均降幅达到 46%以上。在供应链上，宜家自己操持着上游的研发设计及下游的分销，而把中间利润微薄的制造外包出去，这是它能在世界家居市场上保持低价而又无法被简单复制的根本原因。

四、拥有全球的竞价系统

跨国公司钟情于全球采购的理由是显而易见的，如可以集中化管理供应商、通过大批量采购增强议价能力。宜家采购运作中的厉害之处在于：它最大范围地鼓励内外部成员之间的自由竞争。例如，对于同样一种规格的家具，如果上海的采购部获得的价位、质量等条件比深圳的好，那么就会由上海方面负责该订单，同时获得相应的奖励。

然而，相对供应商而言，各采购办事处又是相互合作共同开发产品的一个团队。采购部有一项重要的职责：鼓励供应商之间的竞争，从而导致后者互相压价，并努力使自己的产品质量达到最好。当然宜家控股的制造公司也存在这种竞争压力，他们也必须角逐“价低质优”的竞争游戏。为了得到宜家的大额订单，供应商都会考虑怎样提高自己的竞争力，这其中包括购买最先进的家具生产设备，降低自己的生产成本等。

五、控制原材料采购与使用

控制原材料的采购有不可忽视的作用。例如，宜家与某一塑料供应商签订战略性的供货协议，由他们向全中国区域的供应商供应某塑胶原材料，这样宜家得到很好的原材料价格，既保证产品低价，又能控制成品的质量、可追溯性等。宜家推进原材料采购的本地化，价格也更加透明化。除了控制原材料采购外，宜家也控制各种标准件的采购，如螺丝、配套家具安装工具、灯饰的电器零件等。比如，宜家有几百种型号的螺丝，由螺丝采购小组专门负责。

采购的产品发往宜家商场和其他产品的供货商。通过这种物料控制可以更好地掌握产品的成本核算，也更有效地进行供应价值链的管理。

(资料来源：刘坤. 宜家：多种采购策略打响品牌[J]. 进出口经理人，2011(3))

第一节　采购概述

一、采购

(一)定义

采购是日常生活中频繁发生的一种经济活动，是社会化分工和经济发展的必然产物。采购有广义和狭义之分。

狭义的采购是指企业根据生产需求提出采购计划，审核计划，选择供应商，经过商务谈判确定价格、交货及相关条件，最终签订合同并按要求收货付款的过程。

广义的采购是指实施者除了以购买的方式占有物品之外，还可以用各种途径取得物品的使用权，以达到满足需求的目的，如租赁、借贷、交换、征收。

(二)采购的分类

按照采购主体分，采购可分为个人采购和集团采购。

(1) 个人采购主要指个人生活用品的采购，一般是单一品种、单个决策、随机发生的，有很大的主观性和随意性的采购活动。

(2) 集团采购主要指两人或两人以上公用物品的采购。集团采购具有多品种、大批量、大金额、多批次甚至持续进行等特点。集团采购主要包括政府采购、企业采购、事业单位采购、军队采购等。

按采购主体完成采购任务的途径分，采购可分为直接采购和间接采购。

(1) 直接采购是指采购主体自己直接向产品供应单位进行采购的方式。这种采购方式环节少，时间短，手续简便，意图表达明确，信息反馈快，易于供需双方交流、支持、合作及售后服务与改进。绝大多数企业均使用此类采购方式。

(2) 间接采购是指通过中间商实施采购的方式，主要包括委托流通企业采购、调拨采购等。间接采购适合核心业务规模大，盈利水平高的企业；规模过小，缺乏能力、资格和渠道进行直接采购的企业及没有适合采购需要的机构、人员、仓储设施的企业。

【知识拓展 9-1】

委托流通企业采购是最常用的间接采购方式，一般依靠有资源渠道的贸易公司、物资公司等流通企业实施，或依靠专门的采购中介组织执行。

【知识拓展 9-2】

调拨采购是计划经济时代常用的间接采购方式，由上级机关组织完成的采购活动。目前除非物资紧急调拨或执行救灾任务、军事任务，否则一般不采用。

按采购的价格决定方式分，采购可分为招标采购、询价采购、比价采购、议价采购、定价采购和公开市场采购。

(1) 招标采购是指通过招标的方式，邀请所有潜在的供应商参加投标，采购单位通过某种事先确定并公布的标准从所有投标中评选出中标供应商，并与之签订合同的一种采购形式。

【知识拓展 9-3】

招标采购可分为公开招标采购和邀请招标采购。公开招标采购是通过在媒体上公开刊登公告，吸引所有有兴趣的供应商参加投标；邀请招标采购则是通过向潜在投标人发出招标书，邀请供应商参加投标，然后按规定的程序选定中标人的一种采购方式。

(2) 询价现购是指采购人员选择信用可靠的供应商，说明采购条件，并询问价格或发出询价单，促请对方报价，比较后现价采购。

(3) 比价采购是指采购人员请数家供应商提供价格后，对报价加以比较，然后决定供应商进行采购。

(4) 议价采购是指采购人员与供应商经过讨价还价，议定价格进行采购。一般来说，询价、比价、议价是结合使用的，很少单独使用。

(5) 当购买货物数量巨大，几家供应商不能满足全部需求，如糖厂采购甘蔗、棉纺厂采购棉花等；或当市场上该物资匮乏时，则可制定价格现款收购。

(6) 公开市场采购是指采购人员在公开交易或拍卖时随时机动的采购。

按照采购规模分，采购可分为集中采购、分散采购和集中与分散相结合的采购。

(1) 集中采购是指企业在核心管理层建立专门的采购机构，统一组织企业所需物品的采购方式。

【知识拓展 9-4】

采用集中采购可以形成规模效益，提高与供应商的谈判能力，获得更好的价格、付款条件以及交货条件；同时，集中采购可以精减人员，实行专业化采购。但集中采购的审批和执行流程过长，时效性较差，难以适应企业量少、急需的要求；集中采购的过程与需求的分离，容易产生沟通误解，有时难以准确了解内部需求，降低采购绩效。

(2) 分散采购由企业下属各单位(如子公司、分厂、车间或分店)实施的满足自身生产经营需要的采购。

【知识拓展 9-5】

分散采购灵活、快速，但是，分散采购采购量小，谈判中处于弱势地位，难以获得较好的服务，不利于建立长期、稳定、双赢的供求关系；对内不便于公司集中监管，不利于信息共享和工作效率的提高，缺乏规模效益，增加总成本。

(3) 集中与分散相结合的采购方式兼取集中采购和分散采购的优点而成。一般情况下，凡属共同性物料，采购金额比较大，进口产品等，均采取集中采购的方式；小额，因地制宜、临时性的采购，则采取分散采购的方式。

【案例分析 9-1】

采购权力下放的漏洞

家乐福是一家大型连锁超市，商品齐全丰富，价格公道，购物环境舒适便利，深受北京百姓的欢迎。但最近发生的一些事情，让京城百姓大吃一惊，大大损害了百姓的信任感，造成了不信任危机。

一、北京家乐福的“毒菜毒果”曝光

2004 年，北京市质量技术监督局公布二季度水果、蔬菜农药及有害金属监督抽查结果表明：北京家乐福商业有限公司中关村广场店销售的芥蓝检测到农药残留。除了食品，家乐福的假酒事件更是在一段时间内让家乐福“声名大噪”。杭州家乐福的假酒被贵州茅台酒厂打假办人员发现，500 毫升、53 度的茅台酒“不仅商标颜色不对，标号也是假的”。

二、采购本土化的优势

“与所在地的周围环境融为一体”和“按照当地的民情民意办店”是家乐福的一贯宗旨。每开一家分店，家乐福都要对当地的生活方式、消费水平、人口增长、都市化水平、居住条件、兴趣爱好、传统习俗、储蓄情况、宗教信仰、意识形态、中产阶级比例等因素进行详细而严格的调查与论证。

此外，家乐福十分注重强调采购的本土化。家乐福 90%以上的商品是从当地供应商那里购买的。而进入中国市场以来，家乐福已在北京、上海、天津、武汉、广州、大连和宁波等 11 个制造业发达的城市建立了采购基地。这样不但节约了大量运输成本和配送费用，还能因此备受当地政府青睐。另外，家乐福在选择伙伴方面也有独到之处。每到一处，它都会积极寻找当地有经验的零售商并与之建立良好的合作关系，以期能够借此获得进货、人力资源等方面的支持，并在短期内熟悉当地市场。

三、权力下放的漏洞

家乐福在中国一直坚持“以门店为中心、实行单店管理”模式，将权力尽可能下放到门店店长手中。家乐福各门店店长均具有较大的权力，主要体现在商品管理、人事管理、资产管理、顾客管理等方面。以商品管理权力为例，包括商品选择、定价、促销谈判、订货、商品陈列等均可以由单店灵活管理。单店管理模式的优点主要体现在两个方面：一方面，有利于单店形成快速的反应机制，根据市场需求、价格等因素在第一时间做出调整，增加自身的销售额；另一方面，有利于和当地政府、供应商之间形成良好的合作关系。

出现“毒菜毒果”等问题，主要是家乐福中国总部将原来中央集权的采购系统全线下放，除部分商品“中央”集体采购外，大部分商品采购的自主权下放到地区甚至分店。这就造成了分店店长的权力空前强大，这同时也是家乐福企业过度本地化发展的结果。因此，对进店的企业要建立必要的严格监督和管理，从严把关，稍有疏忽将造成非常严重的结果。发现的毒果毒菜农药残留过高，正是把关不严造成的。

思考题：

1. 家乐福采取了什么采购模式？

2. 家乐福的采购模式具有哪些弊端？应当如何克服这些弊端？

按照采购地域分，采购可分为国内采购和国外采购。

(1) 国内采购是指向国内的供应商采购商品，一般无须要动用外汇。

(2) 国外采购是指向国外供应商采购商品，通常采取直接与国外供应商联系或通过本地的代理商来采购商品。

二、采购管理

(一)定义

采购管理，就是指为保障企业物资供应而对企业采购进货活动所进行的管理活动。

需要注意的是，采购管理与采购并不相同。采购只是指具体的采购业务活动，是作业活动；而采购管理是对整个企业采购活动的计划、组织、指挥、协调和控制活动，是管理活动。

(二)目标

采购是企业经营活动的起点，采购的成本和效率对企业的经营成本和响应速度具有非常重要的影响，采购管理应达到如下目标。

(1) 适当的供应商(Right Supplier)。选择供应商是采购管理的首要目标。选择的供应商是否合适，会直接影响采购方的利益，同时，对建立双方互相信任的长期合作关系，实现供需双方的“双赢”战略也具有重要的影响。

(2) 适当的质量(Right Quality)。采购的目的是为了满足生产需要，因此，为了保证生产的产品的质量，首先应保证所采购原材料的质量能够满足企业生产的要求。如果采购的原材料质量过高，会加大采购成本，同时造成最终产品的功能过剩；如果采购的原材料质量过低，就不能满足企业生产的需求，影响最终产品的质量，甚至危害到使用者的安全。

(3) 适当的时间(Right Time)。采购管理对采购时间有严格的要求，即要选择适当的采购时间，一方面保证供应不间断，库存合理；另一方面又不能过早采购而出现库存积压，占用仓库资源，增加库存成本。

(4) 适当的数量(Right Quantity)。在采购中要防止超量采购和少量采购。如果采购量过大，易出现积压现象；如果采购量过小，可能出现供应中断，而且造成采购次数增多，使得采购成本增大。因此，采购数量一定要适当。

(5) 适当的价格(Right Price)。采购价格是影响采购成本的主要因素。因此，采购应做到以适当的价格完成采购任务。采购价格要做到公平合理。如果采购价格过高会增加采购成本，产品成本随着增加，企业会失去市场竞争力；如果采购价格过低，供应商利润空间小，影响供应商的积极性，甚至出现以次充好，影响产品质量。

三、传统采购的局限性

在传统的观点下，企业通常更加关注生产环节和销售环节，采购的目标往往是以最低的价格购买所需的原材料。虽然质量、交货期也是重要的考虑因素，但通常是通过货到验收等事后把关的办法进行控制；交易过程的重点放在价格谈判上。随着市场环境的变化，传统采购的局限性越来越突显出来。具体地，传统的采购局限性主要体现在如下几个方面。

1. 信息不对称的博弈过程

选择供应商是传统采购活动的首要任务。在采购过程中，采购方为了能够从多个竞争的供应商中选择出最佳的供应商，往往会保留私有信息。因为如果提供给供应商的信息多，在谈判中供应商的筹码就大，这样对采购方不利。因此采购方会尽量保留私有信息，而供应商也和其他的供应商竞争中隐瞒自己的信息。这样，供需双方无法进行有效的信息沟通，这就是信息不对称的博弈过程，而博弈的结果对于双方而言必定不是最优的。

2. 质量控制的难度大

除了交易价格，质量与交货期是采购方需要考虑的两个重要因素，但是在传统的采购模式下，要有效控制质量和交货期只能通过事后把关的办法。因为采购方很难参与供应商的生产组织过程和有关质量控制活动，相互的工作是不透明的。因此需要依据各种有关标准如国际标准、国家标准等，进行检查验收。缺乏合作的质量控制会导致采购方对采购物品质量控制的难度增加。

3. 临时的或短时期的合作关系，竞争多于合作

在传统的采购模式中，供应与需求之间的关系是临时性的，或者短时间的合作，而且竞争多于合作。由于缺乏合作与协调，采购过程中各种抱怨和扯皮比较多，很多时间消耗在解决日常问题上，没有更多的时间用来做长期性预测与计划工作，供应与需求之间这种缺乏合作的气氛增加了许多运作中的不确定性。

4. 响应能力迟钝

由于供应与采购双方在信息的沟通方面缺乏及时的信息反馈，在市场需求发生变化的情况下，采购方也不能改变已有的订货合同，因此采购方在需求减少时库存增加，需求增加时，出现供不应求。重新订货需要增加谈判过程，因此供需之间对用户需求的响应没有同步进行，缺乏应付需求变化的能力。

四、供应链环境下的采购

(一)供应链环境下采购的地位和作用

在供应链环境下，采购的地位发生了巨大的变化。采购是连接节点企业的纽带，它在供应链节点企业之间，为原材料、半成品和产成品的生产合作交流架起一座桥梁，沟通生产需求和物资供应，是提高供应链节点企业同步化运营的关键环节，同时也是提高供应链竞争力的重要途径和手段。

供应链环境下的采购模式对供应和采购双方是典型的“双赢”，对于采购方来说，可以在获得稳定且具有竞争力的价格的同时，提高产品质量和降低库存水平，还能与供应商共同进行产品设计开发，提高对市场需求变化的响应速度；对于供应商来说，在保证有稳定

的市场需求的同时，由于同需求方的长期合作伙伴关系，能更好地了解需求方的需求，改善产品生产流程，提高运作质量，降低生产成本，获得比传统模式下更高的利润。

(二)供应链环境下采购的特点

在供应链管理的环境下，企业的采购方式和传统的采购方式有所不同，主要体现在如下几个方面。

1. 为订单而采购

在传统的采购模式中，采购的目的就是为了补充库存。采购方并不关心企业的生产过程，不了解生产进度和产品需求的变化，因此采购过程缺乏主动性，采购部门制订的采购计划很难适应制造需求的变化。在供应链环境下，采购活动是以订单驱动方式进行的；生产计划的制订是在用户需求订单的驱动下产生的。然后，制造订单驱动采购订单，采购订单再驱动供应商。这种准时化的订单驱动模式，使供应链系统得以快速响应用户的需求，从而降低库存成本，提高物流的速度和库存周转率。

2. 外部资源管理

传统采购管理的不足之处，就在于与供应商之间缺乏合作，缺乏柔性和对需求快速响应的能力。供应链管理思想出现以后，采购已经不再是去市场简单购买所需的原材料，而是把企业的生产制造能力扩展到外部资源——供应商，通过与供应商建立一种新型的供需合作模式，把采购的事后控制转变为事中控制，实现管理的延伸，从而将对企业内部的采购职能管理转变为对外部资源的管理。

3. 战略协作伙伴关系

在传统的采购模式中，供应商与需求企业之间是一种简单的买卖关系，因此无法解决一些涉及全局性、战略性的供应链问题，而基于战略伙伴关系的采购方式为解决这些问题创造了条件。这些问题如下。

(1) 库存问题。在传统的采购模式下，供应链的各级企业都无法共享库存信息，各级节点企业都独立地采用订货点技术进行库存决策，不可避免地产生需求信息的扭曲现象，因此供应链的整体效率得不到充分提高。但在供应链管理模式下，通过双方的合作关系，供需双方可以共享库存数据，因此采购的决策过程变得透明多了，减少了需求信息的失真现象。

(2) 风险问题。供需双方通过战略性合作关系，可以降低由于不可预测的需求变化带来的风险，如运输过程中的风险、信用的风险、产品质量的风险等。

(3) 采购流程问题。合作关系可以为双方共同解决问题提供便利条件。通过合作关系，双方可以为制订战略性的采购供应计划共同协商，不必为日常琐事而消耗时间与精力。

(4) 降低采购成本问题。通过合作关系，供需双方都从降低交易成本中获得好处。由于避免了许多不必要的手续和谈判过程，信息的共享避免了信息不对称决策可能造成的成本损失。

(5) 组织障碍问题。战略性的伙伴关系消除了供应过程的组织障碍，为实现准时化采购创造了条件。

第二节　供应链环境下的供应商管理

供应商管理是供应链采购中的重要问题，加强供应商管理是大幅度降低采购成本的绝佳途径，同时，能够从源头把握产品质量，对产品质量的提高具有显著的影响；供应商管理还能促进产品和流程设计，并有助于将新技术更快地应用于产品和服务。

【课外资料 9-1】

美国密歇根州立大学一项全球范围内的采购与供应链研究结果表明：在所有的降低采购成本的方式中，供应商参与产品开发最具潜力，成本的降低可达 42%，利用供应商的技术与工艺则可降低成本 40%，利用供应商开展即时生产可降低成本 20%，供应商改进质量可降低成本 14%，而通过改进采购过程以及价格谈判等仅可达到 11%。欧洲某专业机构的另一项调查也得出类似结果。在采购过程中通过价格谈判降低成本的幅度一般在 3%～5%，通过采购市场调研比较、优化供应商平均可降低成本 3%～10%，通过发展伙伴型供应商并对供应商进行综合改进可降低成本 10%～25%，而供应商早期参与产品开发成本降低可达 10%～50%。

供应商管理主要包括供应商选择、供应商评价、供应商联盟和供应商绩效管理，其中，供应商选择与供应商评价是供应商管理的核心。

一、供应商的基本类型

对供应商进行分类是开展供应商管理的基础，而恰当的分类原则是分类的关键。

(一)按供应商的关系分类

按供应商的关系分，供应商可分为短期目标型供应商、长期目标型供应商、渗透型供应商、联盟型供应商和纵向集成型供应商。

1. 短期目标型供应商

采购方和供应商之间的关系仅停留在一单单的交易上，双方仅局限于短期的交易合同处理，各自关注的是如何进行价格谈判和提高自身的谈判技巧，从而保证自己获利。当买卖完成时，双方关系也终止了。

2. 长期目标型供应商

采购方与供应商之间保持长期的关系，双方有可能为了共同利益对改进各自的工作感兴趣，并在此基础上建立超越买卖关系的合作。双方将建立一种合作伙伴关系，工作重点是从长远利益出发，相互配合，不断改进产品质量与服务质量，共同降低成本，提高供应链的竞争力。合作的范围通常遍及各公司内的多个部门。

3. 渗透型供应商

渗透型供应商是在长期目标型供应商基础上发展起来的，其基本思想是把供应商看成自己公司的延伸。为了能够参与供应商的业务活动，有时会在产权关系上采取适当的措施，如互相投资、参股等，以保证双方利益的一致性。在组织上也采取相应措施，双方互派工作人员加入对方，供应商可以了解自己的产品在对方是怎样起作用的，容易发现改进的方向，而采购方也可以知道供应商是如何制造的，对此可以提出相应的改进要求。

4. 联盟型供应商

联盟型供应商是从供应链角度提出的，它的特点是从更长的纵向链条上管理成员之间的关系，在难度提高的前提下，要求也相应提高。另外，由于成员增加，往往需要一个处于供应链上核心地位的企业出面协调各成员之间的关系。

5. 纵向集成型供应商

纵向集成型供应商关系是供应商关系分类中最复杂的关系类型，即把供应链上的成员整合起来，像一个企业一样，但是成员是独立的法人公司，具有独立决策权。在这种关系中，要求每个企业在充分了解供应链的目标、要求，以便在充分掌握信息的条件下，自觉做出有利于供应链整体利益的决定。

(二)基于 ABC 分类法的供应商分类

在供应商管理中，并不是每个供应商都需要同等的管理关注。在资源有限的情况下，企业应该放在起关键作用的因素上，加强管理的针对性，提高管理效率。基于以上管理思想，依据供应商的重要性，依据一定的比例(见表9-1)，对供应商进行ABC分类，从而确定关键的少数供应商，进行重点管理。在保证供应方面，对这三类供应商的要求是一致的。A类供应商为公司提供了重要的物资，对采购方的运营具有非常重要的影响，是降低采购成本的关键点所在，因此要集中人力进行重点战略管理，采购时必须签订严格的合同，必须和供应商、潜在的供应商保持密切联系。而对于B类、C类供应商，因其所提供的物资比重小，不是降低采购成本的重点，可以实施一般管理。

表9-1 ABC分类标准

类 别	供应商占该类物资供应商数量的比例	物资价值占该类物资价值的比例
A类	10%	60%～70%
B类	20%	20%
C类	70%	10%～20%

二、供应链环境下供应商的选择

供应商的选择是整个供应链管理的开始，供应商的好坏直接关系到供应链管理的成败。所以对供应商选择的研究具有非常重要的意义。供应商的选择包括对供应商的分类，潜在供应商的开发，供应商的评选等。

(一)供应商选择的原则

供应商选择应综合考虑供应商的业绩、设备管理、人力资源开发、质量控制、成本控制、技术开发、用户满意度、交货协议等因素，建立和使用全面的供应商综合评价指标体系。一般来说，供应商选择应遵循以下几个原则。

1. 目标定位原则

这个原则要求注重考察供应商的广度和深度，应依据所采购商品的品质特征和采购数量去选择供应商，使建立的采购渠道能够保证品质要求，减少采购风险，并有利于自己的产品打入目标市场，让客户对企业生产的产品充满信心。选择的供应商的规模、层次和采购商相当。而且采购时的购买数量不超过供应商产能的50%，反对全额供货的供应商，最好使同类物料的供应商数量为2～3家，并有主次供应商之分。

2. 优势互补原则

每个企业都有自身的优势和劣势，选择的供应商除了应当在经营和技术能力方面符合企业预期的要求水平，供应商在某些领域应具有比采购方更强的优势，在日后的配合中才能在一定程度上优势互补。尤其在选择关键、重要零部件的供应商时，更需要对供应商的生产能力、技术水平、优势所在、长期供货能力等方面有一个清楚的把握，只有那些在经营理念和技术水平符合规定要求的供应商才能真正成为企业生产经营和长远发展的忠实、坚强的合作伙伴。

3. 择优录用原则

在选择供应商时，通常先考虑报价、质量以及相应的交货条件，但是在相同的报价及相同的交货承诺下，毫无疑问要选择那些企业形象好，可以给世界驰名企业供货的厂家作为供应商，信誉好的企业更有可能兑现曾许下的承诺。在此必须提醒的是综合考察、平衡利弊后择优录用。

4. 共同发展原则

如今市场竞争越来越激烈，如果供应商不全力配合企业的发展规划，企业在实际运作中必然会受到影响。若供应商能以荣辱与共的精神来支持企业的发展，把双方的利益捆绑在一起，这样就能对市场的风云变幻做出更快、更有效的反应，并能以更具竞争力的价位争夺更大的市场份额。因此，与重要供应商发展供应链战略合作关系也是值得考虑的一种方法。

(二)供应商选择的步骤

(1) 建立工作小组。企业必须建立一个小组以控制和实施供应商选择的过程。组员以来自采购、质量、生产、工程等与供应链合作关系密切的部门为主，组员必须有团队合作精神、具有一定的专业技能，同时工作小组必须得到制造商企业和供应商企业最高领导层的支持。

(2) 分析市场环境。市场需求是企业一切活动的驱动源。要与供应商建立相互信任、合作密切、开放性交流的长期合作关系，就需要先了解市场竞争环境。企业需要先了解客户的需求，知道他们需要怎样的产品及产品类型以后，才能决定是否要建立合作伙伴关系。如果已经建立合作伙伴关系，就要关注市场的变化，从而确定是否要对合作伙伴关系进行调整。

(3) 确立备选供应商。在了解市场环境之后就要确定一个备选供应商名单。确定这一名单主要有以下三种方式：与企业有交易往来的供应商；新的传统供应商，也就是现有供应商的竞争对手，提供的产品、服务和与企业有往来的供应商类似；新的非传统的供应商，这种供应商是以前没有而现在有，销售的是类似的产品或服务。

在经济全球化的大环境下，供应商的选择范围更加广泛，不应仅局限于周边地区。备选供应商的资料应包括名称、地址、营业额等基本信息。

(4) 对供应商进行分类以明确合作策略。

(5) 对供应商进行粗选。从供应商评价指标中挑选出最重要的指标，并设定指标的可接受范围，根据这一标准对供应商进行筛选，供应商只要有一项指标不在所设范围就将其剔除。

【知识拓展 9-6】

粗选的作用：对备选供应商进行过滤，使得经过粗选后需要进行综合评价的供应商数量得到一定控制，从而提高选择的效率；粗选之后，普通交易关系的供应商数量大大降低。也就是说通过粗选提高了选择效率与效果。

(6) 供应商评价选择。供应商的评价是供应商选择的基础，也是供应商选择的核心工作。在对供应商明确了采购策略以后，在对供应商粗选的基础上，对待选供应商进行更加综合全面的评价，并确定最终供应商。

(7) 建立供应链合作关系。在建立合作伙伴关系时，企业要十分关注市场需求的变化。如果市场需求发生了变化，企业就应及时调整供应商的选择评价指标和标准，如果需要还需重新对供应商进行评价。

【案例分析 9-2】

上海福喜事件分析

2014 年东方卫视新闻报道，记者卧底发现上海福喜食品有限公司通过过期食品回锅重做、更改保质期标引等手段加工过期劣质肉类，再将生产的麦乐鸡块、牛排、汉堡肉等售给肯德基、麦当劳、必胜客等快餐连锁企业。此次丑闻再次击中中国消费者对食品安全的脆弱信心：不仅小作坊食品令人生疑，就是国际大型快餐连锁巨头也不值得信任。

事件发生后，麦当劳立即停用并封存由上海福喜提供的所有肉类食品，同时也放弃了与河南福喜的合作，宣布暂停所有福喜中国的食品供应。由于麦当劳中国 85%的产品都由福喜集团供应，麦当劳与整个福喜集团断绝关系，相当于绝了打仗的“军粮”，直接导致部分餐厅出现产品断货。

麦当劳的供应商分为一级和二级(下游供应商)，一级供应商做深加工，二级供应商是基础原料供应。麦当劳不直接面对原料商，而是通过管理一级供应商来控制上游，这样管理更集中，同时提高了质量门槛。在中国，麦当劳有五家一级供应商，包括薯条供应商辛普劳、面包供应商怡斯宝特、两家肉类供应商铭基和福喜，以及生菜供应商上海莱迪士食品有限公司。这5家一级供应商，都是美国企业或有美资背景。其中铭基是由4家专业生产肉制品的公司组建的中外合资企业，福喜与莱迪士则都隶属于美国福喜集团。上海福喜事件发生后，一名业内人士称“麦当劳连汉堡里的生菜也没了”。

一级供应商以下，有上百家中国本土的二级供应商负责为麦当劳提供原材料。在麦当劳的供应链中，虽然餐饮企业和供应商关系密切，尤其可因采购数量优势拥有一定议价能力，但风险过大，当供应商遭遇自然因素或者食品安全事件时，会面临原材料严重不足的问题。与麦当劳不同，肯德基隶属的百胜集团，在中国仅禽肉供应商就不下10家。一位行业资深人士分析：“肯德基和德克士都不是单一供应商，在事件影响下销售额可能会下降，但供应链不会断，所受的影响也没有麦当劳大。”不过，上述人士也指出，相对于麦当劳“鸡蛋放在一个篮子里”，肯德基的“鸡蛋分开放”也未必毫无风险，此前的苏丹红和药残鸡事件，也给后者敲响了严格落实供应商管理的警钟。

丑闻的爆发，也令很多业内人士对“洋快餐”的供应链管理产生质疑。作为500强企业，食品追溯是否存在、供应链是否全程可视、供应商质量控制标准是否落实，都不能简单地以“被供应商骗了”来敷衍公众。从技术上来说，检测过期肉早已不是难事。如果“洋快餐”真的严格检测，上海福喜的过期肉就不会一直检测不出来，而现实就是过期肉真的一直“安全并鲜美”着。对于上海福喜来说，违规生产的动机可能包括漠视食品安全，或出于成本压力等；而对于各大“洋快餐”，没有阻止供应商的违规行为，不管是由于无力监管或者监管不到位，都没有抱怨“躺着中枪”的资格，而是必须为此担责。

(资料来源：底真真. 福喜事件引发麦当劳供应链“蝴蝶效应”[J]. 农村.农业.农民，2014(8))

思考题：

1. 麦当劳的供应链出了什么问题？
2. 麦当劳应当如何改进自己的供应商管理？

三、供应链环境下供应商的评价

(一)供应商评价指标

供应商评价指标是指供应商选择的依据和准则，最早也最具有影响的评价指标是美国学者Dickson于1966年设定的(见表9-2)。

表 9-2　Dickson 的供应商评价指标

序　号	指标(Factor)	权重(Mean)	百分比(Relative Performance)
1	质量(Quality)	3.508	极其重要 (Extremely Importance)
2	准时送货(Delivery)	3.417	相当重要 (Considerable Importance)
3	历史绩效(Performance History)	2.998	
4	担保与赔偿(Warranties and Claims Policies)	2.849	
5	生产设施与供应能力(Production Facility and Capacity)	2.775	
6	价格(Price)	2.758	
7	技术能力(Technical Capability)	2.545	
8	财务状况(Financial Position)	2.514	
9	遵循报价程序(Procedural Compliance)	2.488	重要(Importance)
10	沟通系统(Communication System)	2.426	
11	声誉和行业地位(Reputation & Position in Industry)	2.412	
12	业务预测(Desire for Business)	2.256	
13	管理与组织(Management and Organization)	2.216	
14	运作控制(Operating Controls)	2.211	
15	售后服务(Repair Service)	2.187	
16	态度(Attitude)	2.210	
17	印象(Impression)	2.054	
18	包装能力(Packaging Ability)	2.009	
19	劳务关系记录(Labor Relations Record)	2.003	
20	历史业务量(Amount of Past Business)	1.597	
21	地理位置(Geographical Location)	1.872	
22	培训帮助(Training Aids)	1.537	
23	互惠安排(Reciprocal Arrangement)	0.610	不太重要(Slight Importance)

根据 Dickson 的统计分析，质量、准时送货和历史绩效是三个最重要的供应商选择指标。

另一位对供应商评价指标研究比较有影响力的学者是美国的 Weber，1991 年，Weber 选取 1967 年到 1990 年间发表的 74 篇关于供应商评价指标的文献，根据 Dickson 提出的 23 项指标进行统计分析，得到这样一个结果，见表 9-3。

表 9-3　供应商评价指标统计结果

指标(Factor)	论文数量(Number of Papers)	百分比(Percentage)
价格(Price)	61	80%
准时送货(Delivery)	44	58%
质量(Quality)	40	53%
生产设施与供应能力(Production Facility and Capacity)	23	30%
地理位置(Geographical Location)	16	21%
技术能力(Technical Capability)	15	20%
管理与组织(Management and Organization)	10	13%
声誉和行业地位(Reputation & Position in Industry)	8	11%
财务状况(Financial Position)	7	9%
历史绩效(Performance History)	7	9%
售后服务(Repair Service)	7	9%
态度(Attitude)	6	8%
运作控制(Operating Controls)	3	4%
包装能力(Packaging Ability)	3	4%
沟通系统(Communication System)	2	3%
培训帮助(Training Aids)	2	3%
遵循报价程序(Procedural Compliance)	2	3%
劳务关系记录(Labor Relations Record)	2	3%
互惠安排 Reciprocal Arrangement	2	3%
印象(Impression)	2	3%
交易的迫切性(Desire for Business)	1	1%
历史业务量(Amount of Past Business)	1	1%
担保与赔偿(Warranties and Claims Policies)	0	0%

通过表 9-3 不难看出，价格这一指标在进行供应商评价时使用率最高，达到 80%，准时送货和质量分布名列第二位和第三位。

供应商选择是一个典型的多目标规划问题，通常没有一个供应商能够在所有采购目标上均优于其他供应商。因此，科学合理的评价指标体系对选择供应商具有重要的意义。根据所处行业和采购物品不同，在选择供应商时考虑的因素和侧重点也会有所不同，反映到供应商评价指标体系中，就意味着选取的指标和指标相应的权重会有所不同。在现实中，应根据实际情况，科学合理地选择指标并确定权重，结合合适的评价方法，最终选择出最佳的供应商。

(二)评价方法

供应商评价的方法有很多，主要有定性分析、定量分析、定性与定量相结合的方法。定性分析法主要是根据以往的经验和专家知识来评价供应商。定量分析法则是通过对供应商的相应数据进行比较来评价供应商。为了保证供应商评价的客观性和科学性，评价时应尽量采用定量分析的方法，但是在评价过程中有些指标难以量化，多采用定性与定量相结合的评价法。目前，经常采用的方法有以下几种。

1. 直观判断法

直观判断法根据征询和调查所得资料并结合人的分析判断，对供应商进行分析和评价。这种方法比较直观，简单易行，但是，主观性较强，选择的结果缺乏科学性，不适合选择企业的战略供应商。

2. 采购成本法

采购成本法是通过计算分析各个候选供应商的采购成本，选择采购成本较低的供应商的方法。一般是在质量和交货期都能满足企业需求的条件下，单纯地比较采购成本的一种方法。这种方法非常简单，操作性非常强，只需要去比较各个供应商的报价就可以进行决策。

3. 数据包络分析法

数据包络分析(Data Envelopment Analysis，DEA)是首次出现的能够处理多输入、多输出决策问题的非参数理想方法，最终结果是评价对象的相对效率即有效性。数据包络分析法适用于多投入多产出的决策问题，能够考察较多的指标。而且，该方法是一种非参数统计方法，它无须要预先估计参数，能够有效避免主观因素，同时简化运算，减少误差。如果某一个供应商在少数几个重要的指标方面表现较好，而在其他指标上表现较差，他仍有可能是相对有效的供应商。如果某个供应商是无效的，说明他在各个指标上都表现较差。

4. 逼近理想解法

逼近理想解法(Technique for Order Preference by Similarity to Ideal Solution，TOPSIS 法)是一种简单易行的多指标评价方法。它先在评价问题中找出各个指标虚拟的理想解和负理想解，然后将实际备选方案与虚拟值比较，距离理想解最近并同时距离负理想解最远的，就是最好的方案。

5. 线性加权法

线性加权法(Linear Weighting Models)是一种广泛应用于解决单资源问题的方法。它的基本原理是给每个评价准则分配一个权重，权重大小表示它的相对重要程度。各项指标得分与指标权重的乘积就是最后的判断结果，得分最高的就是最终要选择的供应商。线性加权法比较简单，操作容易。

6. 层次分析法

层次分析法是将与决策有关的要素划分为几个层次，一般情况下包括目标层、准则层、方案层等；它根据各个层次的评价指标和约束条件来进行评价，通过两两比较确定出评价判断矩阵，然后综合给出各方案的权重，以此判断方案的优劣程度。

7. 模糊综合评价方法

在供应商评价中，有一些指标，如销售人员的服务态度、供应商企业文化等，很难给出一个确定的分数，而模糊数学克服了这些困难，很容易将定性指标量化，而且模糊综合分析法具有层次分析法的框架特点，非常适合用来选择供应商。

四、供应商的激励机制

要想保持长久的双赢关系，对供应商的激励是非常重要的，所以必须选择合适的激励方式。从激励理论的角度，激励可以分为正激励和负激励两类。

【知识拓展 9-7】

正激励是指一般意义上的正向强化，正向激励，是鼓励人们采取某种行为。

【知识拓展 9-8】

负激励则是指一般意义上的负强化，是一种约束，一种惩罚，阻止人们采取某种行为。

在供应链环境下，主要的激励机制有以下几种。

1. 价格激励

在供应链的环境下，虽然各企业在战略上是相互合作关系，但是并不能忽略各个企业自身的利益。供应链的各企业间的利益分配主要体现在价格上。价格激励包含供应链利润的分配、供应链优化后产生的额外收益或损失在所有企业间的均衡。一般来说，供应链优化所产生的额外收益或损失大多数时候是由相应企业承担的，但是在许多时候并不能辨别谁应当承担及承担多少，因而必须对额外收益或损失进行均衡。这个均衡通过价格来反映。高的价格能增强供应商的积极性，不合理的低价会挫伤供应商的积极性。供应链利润的合理分配有利于供应链企业间合作的稳定和运行的顺畅。但是，价格激励也隐含一定的风险，当企业在挑选供应商时，由于过分强调低价格的谈判，它们往往选择了报价低的企业，而将一些整体水平较好的企业排除在外。因此，在使用价格激励机制时，要结合科学合理的供应商评价指标体系，不可过于强调低价策略。

2. 订单激励

获得更多的订单对企业来说是一种极大的激励，供应链节点企业同样需要订单激励。例如，一个拥有多个供应商的零售商，供应商将为了得到零售商的订单进行竞争，更多的订单意味着获得更多的利润。因此，订单对供应商是一种有效激励。零售商将订单给哪家供应商，会对供应商会产生一种引导，如果零售商选择报价低但在交货期、质量等方面较差的供应商，那么，供应商就会只追求低报价而忽视交货期与产品质量；反之，零售商综合考虑价格、质量和交货期等因素，就会引导供应商向供应链可持续发展的方向努力。

3. 商誉激励

商誉是企业的无形资产，对于企业极其重要。商誉来自供应链内其他企业的评价和在公众中的声誉，反映企业的社会地位(包括经济地位、政治地位和文化地位)。商誉对供应商是一种隐性的约束力，即使没有显性的激励合同，供应商也会积极努力工作，因为这样做可以提高自己的声誉，从而提高未来收入。为什么外资企业和合资企业看重自身的声誉，而且拥有比较高的商业信誉，是因为声誉是他们的无形资产，是企业竞争力的根本。

4. 信息激励

在信息时代里，信息对企业意味着生存。企业获得更多的信息意味着企业拥有更多的机会、更多的资源，因而信息对供应链的激励实质属于一种间接的激励模式，但是它的激励作用不可低估。如果能够获取下游企业的需求信息，供应商能够主动采取措施提供优质服务，从而获得更高的服务满意度。这对供应链企业间建立起信任有着非常重要的作用。因此，供应商在信息不断更新的条件下，要始终拥有获取信息的动机，关注合作双方的运行状况，不断探求解决新问题的方法，这样就达到了对供应链企业激励的目的。信息激励机制的提出，也在某种程度上克服了由于信息不对称而使供应链中的企业相互猜忌的弊端，消除了由此带来的风险。

5. 淘汰激励

淘汰激励是一种负激励。为了使供应链的整体竞争力保持在一个较高的水平，供应链必须建立对成员企业的淘汰机制，同时供应链自身也面临淘汰。保持淘汰机制对于优秀企业或供应链来讲，淘汰弱者可使其获得更优秀的业绩；对业绩较差者，为避免被淘汰的危险则更需要求上进。淘汰激励是在供应链系统内形成的一种危机激励机制，让所有合作企业都有一种危机感。如此一来，供应链成员企业为了能在供应链中获得群体优势，又能自身获得发展，就必须承担一定的责任和义务；对自己承担的各项任务，从成本、质量、交货期等各方面负责。

6. 新产品/新技术的共同开发

传统管理模式下，制造商独立进行产品的研究与开发，只将零部件的最后设计结果交给供应商制造。这种合作方式最理想的结果也就是供应商按期、按量、按质交货，不可能使供应商积极主动关心供应链管理。因此，供应链管理实施好的企业，都将供应商、零售商甚至用户结合到产品的研究开发工作中来，按照团队的工作方式(Team Work)展开全面合作。在这种环境下，合作企业也成为整个产品开发中的一分子，其成败不仅影响制造商，而且也影响供应商和零售商。因此，每个成员都会关心产品的开发工作，这就形成了一种激励机制，对供应链中企业起到激励作用。

7. 组织激励

在一个良好的供应链环境下，企业之间合作愉快，供应链运作通畅，少有争执。也就是说，一个组织良好的供应链对企业及供应链都是一种激励。减少供应商的数量，并与主要的供应商保持长期稳定的合作关系是供应链下游企业采取组织激励的主要措施。但有些企业对供应商的态度忽冷忽热，产品供不应求时，对供应商态度冷淡傲慢，而产品供过于求时，往往企图将损失转嫁给供应商；因此，得不到供应商的信任与合作。产生这种现象的根本原因，就是由于企业管理者的头脑中没有建立与供应商长期战略合作的意识，目光过于短视。如果不能从组织上保证供应链管理系统的运行环境，供应链的绩效也会受到影响。

【案例分析 9-3】

康师傅与家乐福的冲突

在通胀压力加剧的背景下，康师傅与家乐福两大巨头围绕涨价问题发生剧烈冲突，造成双方合作中断。

2010 年 11 月初，康师傅对外宣布，“受限于原材料价格飙涨，我公司于 11 月起不得已将部分袋面价格小幅上调。”随后其袋面系列涨价 10%。据了解，下游的零售商家乐福就此曾与康师傅私下沟通，表示零售价涨价可以，但是必须双方对涨幅部分进行五五分成，但家乐福的提议遭到康师傅的拒绝。随即，家乐福对外表示，出于控制物价的考虑，不同意康师傅提出的涨价要求。于是导致双方合作破裂，产生断货。

近年来，家乐福屡屡与供应商爆发冲突。2003 年，上海、南京两地的炒货行业协会曾联手抵制家乐福，抗议其收取高额进场费；2005 年，澳柯玛与家乐福谈判进驻问题，终因超市方采购费用高等诸多潜规则导致合作破裂；2006 年，乳制品大户蒙牛爆出要从家乐福撤柜的消息，原因是家乐福方面开出的促销费、返利费等费用过高，使蒙牛不堪重负；2009年，青岛一家食品公司因讨要货款无效将家乐福告上法庭，而家乐福仍以促销费、海报费、卡夹费等名目以期抵偿欠款。

两强相争，和则双赢、斗则双输。康师傅退出家乐福，毫无疑问导致了两败俱伤。对于康师傅，它不可能冒着风险完全退出家乐福，这对康师傅的宣传形象不利；而对于家乐福，它也不可能将康师傅逼到墙角。所以双方都需要做一定的妥协与让步，才可能将谈判继续进行下去，并重新修复与合作。

康师傅方便面品牌一直占据着国内该市场 50%的份额。其中，在中高端产品上，康师傅在容器面、高价袋面、中价袋面的市场份额近 70%。家乐福方面坦言，康师傅在其卖场内的方便面类产品中销量是第一位的，康师傅退出的影响不言而喻。正因为如此，家乐福此次并未表露出过分强硬的姿态，家乐福中国区总部表示，家乐福不希望与供应商进行口舌之争，而是希望尽快找到一个解决方案。似乎家乐福比康师傅更期盼早日找到台阶下。

(资料来源：卢斐. 康师傅与家乐福的 PK 站[J]. 经理人，2011(199))

思考题：

家乐福应当如何改进自身的供应商管理方式？

第三节　供应链环境下的采购方式

一、准时采购

(一)准时采购的基本思想

准时采购(Just In Time Procurement)，也叫 JIT 采购法，是一种基于供应链管理思想的先进的采购管理模式。它的基本思想是：在恰当的时间、恰当的地点、以恰当的数量、恰当的质量提供恰当的物品。

准时采购是从准时生产发展而来的，是为了消除库存和不必要的浪费而进行的持续性改进。准时化生产最早起源于日本的丰田汽车公司，目的是为了减少公司库存和降低成本，在生产控制中采用基于订单流的准时化生产模式，实现生产过程的几个“零”化管理：零缺陷、零库存、零交货期、零故障、零(无)纸文书、零废料、零事故、零人力资源浪费。要进行准时化生产必须有准时的供应，因此准时化采购是准时化生产管理模式的必然要求。它和传统的采购方法在质量控制、供需关系、供应商的数目、交货期的管理等方面有许多不同，其中选择供应商(数量与关系)、质量控制是其核心内容。

(二)准时采购的原理

日本丰田公司的大野耐一创造准时化生产方式是在美国参观超级市场时，受超级市场供货方式的启发而萌生的想法。而实际上超级市场模式本来就是一种采购供应的模式。有一个供应商和一个用户，双方形成了一个供需“节点”，需方是采购方，供方是供应商，供方按照需方的要求给需方进行准时化供货，它们之间的采购供应关系，就是一种准时采购模式，采购的主要原理主要表现在以下几个方面。

(1) 与传统采购面向库存不同，准时采购是一种直接面向需求的采购模式，它的采购送货是直接送到需求点上。

(2) 用户需要什么，就送什么，品种规格符合客户需要。

(3) 用户需要什么质量，就送什么质量，品种质量符合客户需要，拒绝次品和废品。

(4) 用户需要多少就送多少，不少送，也不多送。

(5) 用户什么时候需要，就什么时候送货，不晚送，也不早送，非常准时。

(6) 用户在什么地点需要，就送到什么地点。

以上几条，即是准时采购的原理，它既做到了满足企业运营的需求，又使得企业的库存量最小，只要在生产线旁有一点临时的库存，一天工作干完，这些临时库存就消失了，库存完全为零。依据准时采购的原理，一个企业中的所有活动只有当需要进行的时候接受服务才是最合算的。

(三)准时采购的特点

和传统的采购方式相比，准时采购具有许多不同之处，主要表现在如下几个方面。

1. 供应商数量较少

传统采购模式中企业一般是采取多头采购，供应商的数目相对较多。准时采购模式中的供应商数量较少，甚至采取单一供应商。这种变化一方面可以使供应商获得长期订货和内部规模经济效益，从而降低产品的价格；另一方面有利于供需双方建立长期稳定的战略合作关系，保证产品质量的可靠稳定。但是，采用单一的供应商也有风险，如供应商可能因意外原因中断交货，以及供应商缺乏竞争意识等。

2. 综合评价供应商

在传统采购模式中，供应商是通过价格竞争而确定的，供需双方是短期合作关系，一旦发现供应商不符合要求，可以通过市场招标的方式重新选择。但在准时采购模式中，供需双方是长期战略合作关系，因而对供应商的选择要更加慎重，需要对供应商进行综合评价。在选择供应商时，价格不再是主要的因素，质量则成为最重要的标准，这里的质量不仅包括产品质量，还包括交货质量、技术质量、售后服务等。

3. 小批量采购

小批量采购是准时化采购的一个基本特征。准时采购和传统采购模式的一个重要不同之处在于：准时化生产需要减少生产批量，因此采购物资也应采用小批量办法。小批量采购势必会增加配送次数和物流成本，对供应商来说，这是很为难的事情，特别是供应商距离较远的情况下，实施准时采购的难度就更大。解决的办法可以通过混合运输、代理运输等方式，或尽量使供应商靠近用户等。

4. 有效的信息交流

只有供需双方进行可靠而迅速的双向信息交流，才能保证所需的原材料和外购件的准时供应，同时充分的信息交流可以增强供应商的应变能力。所以，实施准时采购就要求上下游企业间进行有效的信息交流。信息交流的内容包括生产作业计划、产品设计、工程数据、质量、成本、交货期等。现代信息技术的发展，如 EDI、电子商务等，为有效的信息交换提供了强有力的支持。

5. 交货具有准时性

交货准时是实施准时生产的前提条件，其能力取决于供应商的生产与运输条件。作为供应商来说，要做到交货准时，首先应当不断改进生产条件，提高生产的可靠性和稳定性，减少延迟交货或误点现象。为此，供应商同样应当采用准时生产模式，提高生产过程的准时性；其次应当改进运输系统，因为运输问题决定了交货准时的可能性。特别是全球的供应链系统，运输路线长，而且可能要先后经过不同的运输工具，需要中转运输等。因此要通过有效的运输计划与管理，使运输过程准确无误。

(四)准时采购实施的要点

准时采购需注意以下几点。

1. 选择最佳的供应商，并对供应商进行有效的管理是准时采购成功的基石

好的合作伙伴是影响准时采购的重要因素，如何选择合适的供应商、选择供应商是否合适就成了影响准时采购的重要条件。在传统的采购模式下，企业之间的关系不稳定，具有一定的风险，影响了合作目标的实现。供应链管理模式下的企业是合作性战略伙伴，因此为准时采购奠定了基础。

2. 供应商与用户的紧密合作是准时采购成功的钥匙

因为准时采购成功与否的关键在于和供应商的关系，而最困难的问题也是缺乏供应商的合作。供应链管理所倡导的战略伙伴关系为实施准时采购提供了基础性条件，因此在供应链环境下实施准时采购比传统管理模式下实施准时采购更加有现实意义和可能性。但是在实际运作中要保证供应商与企业的合作，成功实施准时采购，必须建立完善、有效的供应商激励机制，使供应商和用户分享准时采购的好处。

3. 卓有成效的质量控制是准时采购成功的保证

产品的质量问题关乎企业的生命，而其中采购环节的质量控制是关键一步，它是准时采购的质量保证。这包括了企业按照双方协定的标准和程序对供应商质量保证能力的监控、对供应物资定期不定期的抽查检验以及建立相应的奖惩机制激励约束供应商等。

(五)准时采购实施的步骤

实施准时采购要经过以下几步。

1. 创建准时采购团队

专业化的高素质采购队伍对实施准时采购至关重要，准时采购团队应当承担寻找货源、商定价格、发展与供应商的合作关系并不断改进的责任。为此，应成立两个采购团队，一个是专门处理供应商事务的团队，负责认定和评估供应商的信誉、能力，或与供应商谈判签订准时化订货合同，向供应商发放免检签证等；同时要负责供应商的培训与教育。另外一个团队是专门从事消除采购过程中浪费的团队。

2. 制订计划

要制定采购策略，改进当前的采购方式，减少供应商的数量、科学评价供应商、给予供应商适当的激励等。在这个过程中，要与供应商一起商定准时采购的目标和有关措施，保持经常性的信息沟通。

3. 选择供应商，建立合作伙伴关系

供应商和企业之间互利的伙伴关系，意味着双方充满了一种紧密合作、主动交流、相互信赖的气氛，共同承担长期合作的义务。企业可以选择少数几个最佳供应商作为合作对象，加强业务方面的合作。选择供应商应从这几个方面考虑：产品质量、供货情况、应变能力、地理位置、企业规模、财务状况、技术能力、价格和其他供应商的可替代性等。

4. 进行试点工作

企业可以先从某种产品或某条生产线开始试点，对准时采购进行摸索和实践。在试点过程中，取得企业各个部门的支持是很重要的，特别是生产部门的支持。通过试点，总结经验，为正式实施准时采购打下基础。

5. 培训供应商，确定共同目标

准时采购是供需双方共同的业务活动，单靠需方的努力是不够的，需要供应商的配合；只有供应商也对准时采购的策略和运作方法有了认识和理解，才会愿意支持和配合，因此需要对供应商进行教育培训。通过培训，大家取得一致的目标，相互之间就能够很好地协调，做好采购的准时化工作。

6. 向供应商颁发产品免检合格证书

准时采购与传统的采购方式的不同在于买方无须要对采购产品进行比较多的检验手续。当供应商的产品百分之百合格时，便可核发免检证书。

7. 实现配合生产节拍的交货方式

准时采购的最终目标是实现企业的生产准时化。为此，要实现从预测的交货方式向准时化适时交货方式转变，最终达到当生产线恰好需要某种物资时，该物资恰好到货并运至生产线。

8. 持续改进，扩大成果

准时采购是一个不断完善和改进的过程，需要在实施过程中不断总结经验教训，从降低运输成本、提高交货的准确性和产品的质量、降低供应商库存等各个方面进行改进，不断提高准时采购的运作绩效。

【案例分析 9-4】

施乐欧洲公司与一汽的准时采购

一、施乐欧洲公司实施准时制采购得到显著成效

从 20 世纪 80 年代起，施乐欧洲公司开始实施准时制采购。作为准时制采购计划的一部分，公司还实施自动化物料和采购信息的处理系统，修正了生产流程，取得了一系列显著的成效。

供应商数量从 3000 个减少到了 300 个；入库交货的准时率高达 98%，其中有 79% 是在需要时 1 小时内送达；仓库库存从 3 个月的供给下降到半个月；整体物料成本减少了约 40%；由于供应商物料质量的提高，绝大多数入库产品质检站被相应地撤销了；因产品质量不佳而被拒收的水平从 17%骤降到 0.8%；由于标准化的包装，40 多个负责重新包装的职位被取消了；财务数据统计，运输和配送总成本减少了 40%；仓库给生产线的物料配送准时率提高了 28%。

由于针对准时采购模式而构建出的供应链系统，在战略管理方面也取得了重大突破：形成了完整的采购绩效评估体系；在企业组织架构中修正了权属关系，对有关战略物流和采购的决策权进行了有效的分配；采购业务更加及时和敏捷，企业内部各部门之间物流的协调性逐渐增强；公司启用了专业的物流采购经理人，从而使得采购业务更趋于专业化；通过准时采购所体现出的高效率，也带动性地改进了企业内部其他部门的绩效。

二、中国第一汽车制造厂的准时采购策略

早在 1982 年，中国第一汽车制造厂(以下简称一汽)就用看板管理监控零部件送货，且送货量达到总数的 43%。在此基础上，一汽又进一步实行了零部件直送工位制度。一汽与周边 15 个协作厂，就 2000 种原材料签订了直送工位的协议，这一举措改变了厂内层层设库储备的老办法，直接取消 15 个中间仓库，大大减少了库存成本。例如，刹车碲片的进料过去是由石棉厂每月分 4 次送往供应处总仓库，再由总仓库分发到分库，再从分库发到生产现场。而今改为直送生产现场，减少了重复劳动，实施当年就节约了流动资金 15 万元。过去，橡胶协作厂供应的轮胎采用集中发货方式，最多时一次发货 20 个火车皮，一汽作为接受方轮胎库存竟高达 2 万套。现在要求橡胶协作厂实行多频次、小批量的按需发货，使一汽轮胎储备从过去的 15 天降到现在的 2 天，由此直接节省出流动资金高达 190 万元。而且由于实施了小批量、及时化的采购策略，杜绝了采购人员吃拿回扣的可能性。在一汽生产线中也配套使用了看板管理生产，轴承座生产线的 7 道工序，简化为现在的 1 个人操作，把装在生产线第一道工序上的信号灯作为看板，每当后一道生产线取走一个零件时，信号

灯显示为绿色，工人即按步骤进行生产。该生产线 7 道工序，除了工序上加工的工件外，只有一个待加工工件，工序件的在制品库存基本为零。

推崇看板管理，追求所得即所需，是准时采购的精髓。中国第一汽车制造厂不但利用看板对其生产作业进行调整，而且也实施了准时采购策略，从而实现了在制品零库存的极限。

(资料来源：邹鸿驰. 准时采购在制造型企业中的实用性分析[J]. 现代商业，2007(24))

思考题：

结合案例，分析准时采购策略应当如何实施？实行准时采购的好处是什么？

二、全球采购

(一)定义

全球采购(Global Sourcing)是指利用全球的资源，在全世界范围内寻找供应商，寻求质量好，价格合理的产品。

【知识拓展 9-9】

全球采购主要有贸易代理、在当地合资和独资的外商投资企业及建立全球采购中心或采购办事处三种模式。

(二)全球采购的优势与风险

1. 全球采购的优势

全球采购的显著优势就是供应商的选择范围大，不仅是“货比三家”而是“货比多家”，可以集中化管理供应商，通过批量采购增加议价能力等，可以选择到质量优良、价格合理的产品。这有助于提高企业的产品质量、控制产品成本，从而提高企业竞争力和顾客满意度。

2. 全球采购的风险

尽管采购地域范围的扩大可以使企业获得价位更低、质量更好的物资，但同时也使企业供应链链条延长，不确定因素大幅增加，这些必将给企业带来风险。具体体现在以下几个方面。

(1) 如果对运输费用、保管费用、关税、产品过时、库存、机会成本、市场保护等因素加以综合考虑，总成本可能比预计的要多，从而影响到净收益的增长。

(2) 链条的延长可能使得企业对市场需求变化的反应速度比本地采购要慢，因此造成销售机会的丧失。

(3) 由于距离远，可能存在质量和执行方面的问题。另外，产品在运抵目的地的过程中，要经过多次交接，当中的不确定因素很可能导致服务水平降低，产生更大的成本负担。

(4) 长远的供需关系的不透明，可能对市场的获利产生误导。

【案例分析 9-5】

洋码头的海外买手模式

随着电商与物流等产业的发展，海淘渐渐火爆，各大海淘平台层出不穷，中国消费者不再困守于中国市场购买商品，全球购时代来临了。

2015 年，上海市消保委受理的跨境电商投诉达 1059 件，同比上升 368.6%。投诉主要集中在配送、支付、售后三个方面。在配送环节中，不按约定时间发货、配送周期长、物品丢失是主要反映的问题。在支付环节中，资金安全是消费者最为关注的。除国际信用卡直接支付外，支付宝、快钱、财付通是目前普遍使用的支付平台，主要问题是交易被取消后资金退还周期过长。在售后环节，存在商品质量难以保证，订单随意变更或取消，实物与网页介绍不符，以及难退货等问题。

2009 年成立的洋码头是中国海外购物平台，满足了中国消费者不出国门就能购买到全球商品的需求。洋码头建立了业内独一无二的买手制，集结了来自美、日、澳、法、英等多地的认证买手，覆盖全球 40 多个国家，他们扫购 2 万多个海外知名品牌产品，相比主打单品、爆款的跨境电商网站，覆盖全品类是洋码头目前的发力点。

洋码头自建的贝海物流为海外买手模式提供了物流保证。为了给用户提供极致的物流体验，贝海物流在口岸清关、海外站、关务等诸多环节下了功夫。其中，在口岸清关方面，实现了全面的系统优化，清关速度大幅提升；在遍布全球的国际物流中心，严格监控每个航班的起飞，保证当天包裹当天出货；在关务方面，更是 24 小时安排专人监控提高处理效率。如消费者通过洋码头订购了一双某品牌鞋子，海外入驻洋码头的买手在三天内找到最便宜的渠道将鞋子买好，并送到洋码头旗下贝海物流在当地的中转站，贝海物流会立即打包发货进入海外端物流，经过清关进入国内端物流体系送入消费者手中，这个时间一般要七到十天。而正常海淘物流渠道则平均需要半个月。

对于假货问题，洋码头对买手有严格审核，对买手是否确实在海外居住以及个人信誉有一套审核机制，如果的确是海外买手的话，一般不大会售假货，要知道，海外非常看重信誉问题，销售假货是违法的，不仅会带来信誉损失，而且还可能面临牢狱之灾；其次，洋码头的物流体系也能够让产品在运输过程中不被掉包减少损坏率；再次，洋码头通过支付宝等支付体系可以让消费者验货后再确认付款；最后，洋码头也支持退换货业务。

思考题：

结合案例，全球采购会面临哪些风险？洋码头是如何进行全球采购的？

三、联合采购

(一)定义

联合采购(Joint Procurement)是指对同一产品或服务有需求的许多买方，在相互合作的条件下合并各自需求，以一个购买商的形式向供应商统一订货，用以扩大采购批量，达到降低采购价格或者降低采购成本的目的。

(二)联合采购模式

联合采购的模式有很多种，但主要有合作型联合采购和第三方联合采购两种。

(1) 合作型联合采购。合作型联合采购是指联合采购参与者之间通过达成的各种协议(包括成本分担、利益分配、权利约束等)，由联盟中的部分或者全部企业完成在协议范围内的采购活动。

(2) 第三方联合采购。第三方联合采购是指所有联合采购参与者都不直接控制联盟采购权利，而是将所有的采购活动委托给第三方进行。

(三)联合采购的优势和不足

1. 联合采购的优势

(1) 降低采购成本和其他环节成本。通过联合多家企业有选择地向供应商进货，可以扩大采购规模，实现批量采购，获得较大的议价能力或数量折扣，从而降低采购成本。另外，由于现代通信技术的发展，企业可以通过电子商务平台进行订货，提高采购效率，节省人工和通信费用，可以降低间接采购成本。

在采购过程中，为了保证采购质量，企业需要在采购前后进行大量的工作，包括供应商的选择、评价、管理和控制，采购标准的制定，入库检验工作程序的制定和实施等。在各企业独立采购的情况下，每个企业都要重复这些工作，而实施联合采购以后，对生产同类产品或采购相同原料的企业，可以将这些管理工作统一实施，再将相关费用分摊到各个企业，这样可以有效避免低水平的重复工作，为企业减少大量成本。

在联合采购下，通过实施各企业库存资源的共享和统一调配，可以实现以下目标：①各用物质由各企业分别储存改为共同储存，所需资金由各企业分摊，以大幅减少备用物资的积压和资金占用；②增加各企业已有积压物资的利用机会，以逐渐减少各企业物资积压，盘活资产；③提高各企业紧急需求满足率，减少因物品供应短缺而造成的生产停顿损失。

可以一定程度上减弱供应链上的牛鞭效应。在联合采购模式下，上级供应商订单处理次数减少且更加集中，增加其对需求预测的确定性，一定程度上有利于减弱牛鞭效应。

企业在运输环节的联合，可通过合并小批量的货物运输，使单次运量加大，从而可以降低运输费率，减少运输费用。

(2) 提高市场透明度。市场透明度关系到企业的有效采购，它包括产品透明度(可以采购何种产品代替现有产品)，供应商透明度(哪家供应商可以取代现在的供应商)和价格透明度(此产品在市场上的价格是多少)。

(3) 有利于创造协同效应。每个企业的资源和能力都是有限的，并且资源在各企业之间的分布又是不均衡的。因此，通过合作走联合发展之路，围绕共同目标，合理使用资源，发展各自的优势，弥补各自的劣势，可以产生良好的协同效应。

(4) 避免无谓的竞争。传统的竞争方式是一种零和博弈，一方的获利必然意味着另一方失利，最终往往导致“双输”的局面。联合采购通过同行的竞争合作，可以改变企业之间相互替代的横向竞争关系，减少恶性竞争，改变“双输”的局面。

(5) 有利于降低采购风险。随着市场经济的不断发展，企业环境更趋国际化、社会化、复杂化。单一的企业面对多变的市场，生存和发展的难度愈来愈大，难以独自承担来自各方面的采购风险，而如果几个企业联合起来，在采购领域进行合作，就能减少诸如资本不够雄厚、信息不对称等带来的风险。

(6) 有利于实现规模经济。在多数企业中，实现有竞争力的规模经济非单一企业所能做到的，它不仅难度大，时间也长。通过联合采购，能够迅速扩大成员企业的采购规模，实现规模经济。

2. 联合采购的不足

(1) 为了与联合采购协调一致需要改变企业本身原有的采购周期，偏离企业经济订购批量，会产生额外成本。

(2) 为配合联合采购需改变企业原有的采购流程。

(3) 为实现信息共享，可能会泄露企业产品设计等重要信息，使企业失去竞争优势。

(4) 协调成本过大或难以协调，可能会影响到企业正常生产，反而会得不偿失。

四、电子采购

(一)定义

电子采购(E-Procurement)，又称网上采购、在线采购，是以互联网等现代信息技术为手段，实现从寻找供应商、洽谈、签约到付款等业务网络化的采购活动，它通过信息技术来增强采购及日常采购的管理能力。

电子采购既是电子商务的重要形式，也是采购发展的必然，它不仅是形式上和技术上的改变，更重要的是传统采购业务的处理方式上的改变，它优化了采购过程，提高了采购效率，降低了采购成本。

(二)电子采购模式

1. 卖方电子采购模式

卖方电子采购模式是指供应商在互联网上发布其产品的在线目录，采购方则通过浏览来取得所需的商品信息，以做出采购决策，并下订单及确定付款和交付选择。

2. 买方电子采购模式

买方电子采购模式是指采购方在互联网上发布所需采购产品的信息，供应商在采购方的网站上登录自己的产品信息，供采购方评估，并通过采购方网站双方进行进一步信息沟通，完成采购的全过程。目前企业的电子采购一般都是买方模式，这种模式广泛存在于由少数几家大型购买方主导的行业，如航天、汽车、零售等行业。

【课外资料 9-2】

买方电子采购模式的一种演进形式为网上联合采购模式。这种模式既有电子化的快捷高效、方便、透明，又有着联合采购的价格折扣和成本下降的优点。在应用电子联合采购模式时，联合的各个企业都必须在采购中信息共享、风险分担、渠道共用、运作一致。典型的例子就是，美国三大汽车厂商，通用汽车、福特、克莱斯勒合作，运营 B2B 网上采购的商务网站，该网站面向所有的汽车零配件供应商，它的网上交易额将达到 6000 亿美元；美国零售业第二的 Sears 和欧洲第一的家乐福联合成立 B2B 网上采购公司，共同在全球采购连锁商品，目的是与沃尔玛竞争，预计网上的交易额将达到 3000 亿美元。

3. 第三方模式

第三方模式是指供应商和采购方通过第三方设立的网站进行采购业务的过程。在这个模式里，无论是供应商还是采购方都只需在第三方网站上发布并描绘自己提供或需要的产品信息，第三方网站则负责产品信息的归纳和整理，以便于用户使用。

(三)电子采购的优势和劣势

1. 电子采购的优势

在电子化采购的整个流程中，人工参与因素越来越少，信息的传递基本依赖网络进行，从而保证了采购过程的公正、高效，对克服采购过程中的“暗箱操作”十分有效。具体而言，电子采购具有以下优势。

(1) 缩短采购周期。采购方企业通过电子采购交易平台可以最大化地找出所有采购事件的公共属性，各环节可以像生产流水线一样流转，同时，供需双方企业间信息的传递是以电子脉冲的速度进行的，很多环节可以在线进行，网上竞价、网上设定交易时间和交易方式等，从而大大地缩短采购周期。

(2) 节约采购成本。美国全国采购管理协会统计数据显示，传统方式生成一份订单所需要的平均费用为 150 美元，同种情况下电子采购解决方案减少到 30 美元。IBM 采用电子采购后，平均每年能节省 20 亿美元。这是因为电子采购使企业间通过互联网传递信息，这就减少了文件处理、通信和对面交易程序的交易成本，避免了纸质传递过程中的繁冗和复杂，节省了人力成本。

(3) 优化采购管理。电子采购是在对业务流程进行优化的基础上按软件规定的标准流程进行的，可以规范采购行为和采购市场，有利于建立一种比较良好的经济环境和社会环境，减少采购过程的随意性；同时，网上采购实现了企业采购行为集中统一，既能降低采购价格，又能使采购活动统一决策，协调运作；另外，电子化采购是一种“即时性”采购，使企业由“为库存而采购”转变为“为订单而采购”，提高物流速度和库存周转率，实现采购管理向供应链管理的转变，达到逐步由高库存生产向低库存生产的目的，直至实现零库存生产。

(4) 降低安全库存。采购周期缩短后，相应的安全库存也会减少。海尔集团采用电子采购平台后，采购周期缩短，释放约 7 亿元库存资金，库存资金周转从 30 天降低到了 12 天内。

(5) 实现信息共享。供需双方的交易活动都会记录在这样一个电子采购平台上，包括过往的价格信息、交货记录、履约情况，买方得以更清楚地把握市场，货比三家，获得最合适的需求产品，同时这样的数据积累也督促供应商提供更完善的产品质量和服务，增进双方对彼此的了解，从而促进整个供应链的和谐发展。

(6) 增进交易透明度。在传统的采购活动中，交易透明度常常因为采购信息的不充分受到影响，有的交易是由人为原因造成的“暗箱操作”，不仅给企业造成损失，也使不少人犯错。电子采购可提高供应商、采购商品及采购价格的透明度，对提高交易的透明度，减少“暗箱操作”将起到重要的作用。

2. 电子采购的风险

电子采购需要借助网络完成，因此，如何防止网络攻击，避免敏感的或私有的信息被盗或被泄露是企业及供应商要解决的问题。

【案例分析 9-6】

IBM 的华丽转身

20 世纪 80 年代，IT 行业的龙头企业 IBM 陷入对市场的迟缓反应和自身发展的停滞当中。严峻的现实，使 IBM 不得不实行全球集中采购和电子采购。

一、改革前的状况

IBM 过去采用“土办法”采购：员工填单子、领导审批、投入采购收集箱、采购部定期取单子。不同地区的分公司、不同的业务部门的采购大都各自为政，实施采购的主体严重分散。由于没有统一的采购标准，重复采购严重，也失去了大批量采购的价格优势；由于各子公司各自为政，采购员难以找到最优秀的供应商，进而使采购商品的质量难以保障。

二、体制改革“六脉神剑”

措施之一：设立全球采购部门。IBM 设立全球首席采购官，下设采购战略、供应源选择、物流采购、采购外包业务、物料与供应保障等部门，同时根据全球每个地区供应商的不同状况，分别在不同国家和地区设立采购部门，如主要负责 CPU 采购的美国罗利采购部门，负责存储设备采购的匈牙利采购部门，负责办卡和机械类的中国采购公司。通过设立全球采购部门，IBM 将整个公司的物资需求汇聚至此，形成了大批量的采购，在获得价格优势的同时也减少了各个分公司物资采购之间的竞争和冲突，最大限度地避免了物资的重复采购。

措施之二：采购物品类别化。IBM 公司将全部的采购物资按照不同的性质进行分类，生产性的分为 17 个大类，非生产性的分为 12 个大类。每一类成立一个产品委员会。这样，统一了全球的需求，形成大的采购订单，通过寻找最合适的供应商，谈判、压价并形成统一的合同条款。不同国家和地区的分支机构所产生的采购，只需通过合同在线系统，查找相应的现有合同执行就可以。

措施之三：规范采购流程。采购流程也进行了更新。不同国家和地区存在不同的法律制度、社会文化、风俗习惯，必须因地制宜地规范采购流程。这就需要律师们合理制定合同，统一全球采购流程，使合同从法律角度审查时，确保设计流程更可靠而且合法，既能最大限度地保护 IBM 公司的利益，又能保持对供应商的公平，还要对不同国家的法律和税收制度留有足够的空间，适应本地化的工作。

措施之四：采用电子采购模式。通过电子采购，IBM 与供应商之间的日常数据交换、事物处理变得更加容易，供应商的反馈信息，一旦通过互联网，传送到 IBM 的服务器上，该数据相关的全球人员，就可以在数据库进行查找和分析信息，极大地保证了供应的顺利进行。这样，大大降低了采购成本，缩短了采购周期，并且使采购流程透明化，实现了阳光采购，杜绝了采购流程中的暗箱操作。

措施之五：统一物资标准。每当新的采购任务出现时，IBM 都会组织专业的工程师组成全球采购管理员，负责每一类产品的全球采购及供应商管理工作。在制定流程时，首先遇到的问题是如何对采购物资进行分类，才能形成一张完整而清晰的查询目录。同种物资汇总全球各地所采购该类物资的类别都会有千差万别的类型达上万种。对此，就需要采购工程师们长时间地细致工作。

措施之六："过渡方案"为改革护航。IBM 公司的电子采购系统在推广过程中并不是一帆风顺的。由于传统势力很顽固，在电子采购变革刚刚开始阶段，60%员工不满意新的采购流程，原因是平均长达 40 页的订单合同，需要 30 天的处理时间。于是，仍有 1/3 的员工忙于"独立采购"，以绕过标准的采购流程，避免遇到官僚作风，而后者往往导致更高的成本。

三、中央采购系统平稳运转

(1) 采购成本显著降低。当电子采购系统在 IBM 公司内部平稳运转后，效果立竿见影。以 2000 年第 3 季度为例，IBM 公司通过网络采购了价值 277 亿美元的物资和服务，降低成本 2.66 亿美元。集中采购实施后，给 IBM 带来的不仅仅是成本的降低，在保证生产顺利进行的基础上，最大限度地降低了物资库存占有率。

(2) 采购效率大幅度提高。基于电子采购，IBM 公司降低了采购的复杂程度，采购订单的处理时间已经降低到 1 天，合同的平均长度减少到 6 页，内部员工的满意度提升了 45%，"独立采购"也减少到 2%。订单处理时间的降低，合同长度的减少，最大可能为采购人员取得物资争取了时间。

(3) 供应商满意度提升。集中采购实施后，近 2 万家 IBM 供应商对 IBM 公司的电子采购表示满意。供应商更喜欢通过这种简便快捷的网络方式与 IBM 公司进行商业往来，与 IBM 公司一起分享电子商务的优越性，从而达到一起降低成本和增强竞争力的双赢效果。

(4) 人力资源得到优化。现在 IBM 公司全球的采购都集中在该中央系统之中，而该部门只有 300 人。这样采购部人员总体成本也降低了。而且在员工中出现了分流：负责供应商管理、合同谈判的高级采购的员工逐渐增多，执行采购的人员逐渐电子化、集中化。

科技在发展，时代在进步，负责采购的人员也要与时俱进，才能应对企业不断发展的采购形式。

（资料来源：王倩．“蓝色巨人”的华丽转身[J]．石油石化物资采购，2012(7)）

思考题：

1. IBM 采购改革方面采取了什么措施，最终取得了哪些成果？
2. IBM 的采购模式有哪些启示？

习　　题

一、单选题

1. (　　)是供应商管理的核心。

   A. 供应商选择与评价　　B. 供应商联盟与绩效管理

   C. 供应商绩效管理与评价　　D. 供应商选择与绩效管理评价

2. 相关采购企业联合将所有的采购活动委托给第三方进行属于(　　)。

   A. 合作型联合采购　　B. 买方电子采购模式

   C. 准时采购　　D. 第三方联合采购

二、多选题

1. 按照采购规模分，采购可分为(　　)。

   A. 分散采购　　B. 集中采购

   C. 批量采购　　D. 集中与分散相结合的采购

2. 采购的目标包括(　　)。

   A. 适当的供应商　B. 适当的质量　C. 适当的时间　D. 适当的价格

3. 供应商管理主要包括(　　)等方面。

   A. 供应商选择　B. 供应商联盟　C. 供应商绩效管理　D. 供应商评价

三、简答题

1. 选择供应商应遵循哪些原则？
2. 准时采购的特点是什么？
3. 简述供应商的激励机制。
4. 全球采购的风险有哪些？

第十章　供应链环境下的库存控制

【案例导入】

美的：供应链双向挤压控制成本

一、零库存梦想

美的虽多年名列空调产业的“三甲”之位，但是不无一朝城门失守之忧。自2000年来，在降低市场费用、裁员、压低采购价格等方面，美的频繁变招，其路数始终围绕着成本与效率。

美的较为稳定的供应商有300多家，其零配件(出口、内销产品)加起来一共有3万多种。从2002年中期，利用信息系统，美的集团在全国范围内实现了产销信息的共享。有了信息平台做保障，美的原有的100多个仓库精简为8个区域仓，在8小时可以运到的地方，全靠配送。这样美的流通环节的成本降低了15%～20%。运输距离长(运货时间3～5天的)的外地供应商，一般都会在美的的仓库里租赁一个片区(仓库所有权归美的)，并把其零配件放到片区里面储备。

在美的需要用到这些零配件的时候，它就会通知供应商，然后再进行资金划拨、取货等工作。这时，零配件的所有权才由供应商转移到美的手上；而在此之前，相关库存成本由供应商承担。此外，美的在ERP基础上与供应商建立了直接的交货平台。供应商在自己的办公地点，通过互联网络就可登录到美的公司页面，看到美的的订单内容：品种、型号、数量和交货时间等，然后由供应商确认信息，这样一张采购订单就已经合法化了。

实施VMI后，供应商无须要像以前一样疲于应付美的的订单，而只需做一些适当的库存即可。供应商则不用备很多货，一般有能满足3天的需求即可。其零部件库存也由原来平均的5~7天存货水平，大幅降低为3天左右，而且这3天的库存也是由供应商管理并承担相应成本。库存周转率提高后，一系列相关的财务“风向标”也随之“由阴转晴”，让美的“欣喜不已”：资金占用降低、资金利用率提高、资金风险下降、库存成本直线下降。

二、消解分销链存货

在供应体系优化的同时，美的也对前端销售体系的管理进行渗透。在经销商管理环节，美的利用销售管理系统可以统计到经销商的销售信息(分公司、代理商、型号、数量、日期等)，而近年来则公开了与经销商的部分电子化往来，以前半年一次的手工性的繁杂对账，现在需进行业务往来的实时对账和审核。

在前端销售环节，美的作为经销商的供应商，为经销商管理库存。这样的结果是，经销商不用备货了，即使备也是五台十台这种概念。经销商缺货，美的立刻就会自动送过去，而无须经销商提醒。经销商的库存“实际是美的自己的库存”。这种存货管理上的前移，美的可以有效地削减和精准地控制销售渠道上昂贵的存货，而不是任其堵塞在渠道中，让其占用经销商的大量资金。

美的以空调为核心对整条供应链资源进行整合，更多的优秀供应商被纳入美的空调的供应体系，美的空调供应体系的整体素质有所提升。依照企业经营战略和重心的转变，为满足制造模式“柔性”和“速度”的要求，美的对供应资源布局进行了结构性调整，供应链布局得到优化。通过厂商的共同努力，整体供应链在成本、品质、响应期等方面的专业化能力得到了不同程度的发育，供应链能力得到提升。

目前，美的空调成品的年库存周转率大约是接近10次，而美的的短期目标是将成品空调的库存周转率提高1.5~2次。目前，美的空调成品的年库存周转率不仅远低于戴尔等电脑厂商，也低于年周转率大于10次的韩国厂商。库存周转率提高一次，可以直接为美的空调节省超过2000万元人民币的费用，因而保证了在激烈的市场竞争下维持了相当的利润。

(资料来源：成本控制案例：美的—供应链双向挤压[J]. 中外物流，2008(2))

第一节　库存与库存控制

一、库存的定义

库存(Stock)是指“储存作为今后按预定的目的使用而处于闲置或非生产状态的物品”(GB/T 18354—2006)。

广义的库存还包括处于制造加工状态和运输状态的物品。

二、库存的分类

(一)按照经营过程分类

(1) 经常库存(Cycle Stock)又称周转库存，是指为满足企业生产和客户日常需求而建立的库存。

(2) 安全库存(Safety Stock)是指用于应对不确定性因素(如大量突发性订货、交货期突然延期等)而准备的缓冲库存。

(3) 在途库存(In-transit Stock)是指处于运输状态(在途)或为了运输的目的(待运)而暂时

处于储存状态的商品。

(4) 投机性库存(Speculative Stock)是指为了避免因物价上涨造成的损失或者为了从商品价格上涨中获利而建立的库存，具有投机性质。

(5) 季节性库存(Seasonal Stock)是指为了满足特定季节中出现的特定需求而建立的库存，或指对季节性生产的商品在出产的季节大量收储所建立的库存。

(6) 积压库存(Obsolete Stock)，又称沉淀库存，是指因商品品质变坏或损坏，或者是因没有市场而滞销的商品库存，还包括超额储存的库存。

(7) 促销库存(Promotional Stock)是指为了应付企业的促销活动产生的预期销售增加而建立的库存。

(二)按库存的需求特性分类

(1) 独立需求库存(Independent Demand Inventory)是指企业的最终产品库存，其需求是随机的、由市场决定的；企业对该库存物品的需求与其他种类的库存无关。

(2) 相关需求库存(Dependent Demand Inventory)是指将被用于生产的零部件库存，其需求量取决于企业最终产品的需求；一旦企业最终产品的需求确定，就可以精确计算非独立需求库存的需求量和需求时间。

三、库存的作用和弊端

(一)库存的作用

库存的作用主要表现为以下几个方面。

(1) 满足不确定的顾客需求。消费者对产品的需求在时间与空间上均有不确定性，库存可以满足不确定的市场需求。

(2) 平滑对生产能力的要求。当需求与生产能力不平衡时，企业可以利用库存来调节需求的变化。例如，可以在淡季时持有库存，供旺季时使用，通过预先库存使生产能力保持均衡，更好地利用生产能力。

(3) 分离生产过程中的作业。库存使生产过程中密切相关的加工阶段、作业活动相对独立，使生产效率不同的各加工阶段、作业活动可以更独立和经济地运行，而且不会因为生产过程中某加工阶段或作业活动的中断，导致整个生产过程停止。

(4) 降低单位订购费用与生产准备费用。批量订购或生产，会使单位产品的订购费用或生产准备费用降低，同时能够充分利用生产能力。

(5) 利用数量折扣。供应商为了增加销量，通常会对达到一定采购量的客户提供价格优惠，通过提高采购量可以享受到优惠的价格，从而降低采购成本。

(6) 避免价格上涨。原材料的价格可能会发生波动，在价格上涨之前进行采购，可以降低企业的运营成本。

(二)库存的弊端

虽然库存在企业经营中具有非常积极的作用，但是，库存太多也存在诸多弊端。

(1) 库存的增加会占用企业大量资金。通常情况下库存会达到企业总资产的 20%～40%，库存管理不当会形成大量资金的沉淀。

(2) 产生库存成本。库存材料的成本增加直接增加了产品成本，而相关库存设施、管理人员的增加也加大了企业的管理成本。

(3) 库存掩盖生产或运作过程当中发生的问题，如计划不周、采购不力、生产不均衡、产品质量不稳定及市场销售不力等。

【案例分析 10-1】

库存重压运动品牌深陷困局

耐克 2013 财年第二季度财报显示，继第一财季净利润下滑 12%后，耐克 2013 财年第二季度净收入再度下滑 18%，至 3.84 亿美元。其中，销售额为 5.77 亿元的中国市场拖累了其在全球市场的表现，出现了 11%的下跌，居其全球市场之首。业绩下滑的同时，其库存包袱却越来越重。截至 2012 年 5 月，耐克库存达 33.5 亿美元，和 2011 年同期的 27.15 亿美元相比，增长了 23.39%。

2012 年，在宣布以 2.25 亿美元出售旗下品牌 Umbro(茵宝)之后，耐克再次计划将旗下鞋包品牌 Cole Haan 剥离，以 5 亿美元出售给私募股权基金公司 Apax Partners。之前，耐克已经相继关闭在华唯一的自有鞋厂，停止对亚洲多家运动鞋代工厂下单，而且终止与数家亚洲服饰代工厂合作，眼下瘦身还在继续。耐克一系列的“瘦身”之举引发行业关注，甩卖茵宝及 Cole Haan 等，有利于其集中资源做好核心品牌。但在同时，也让其渐渐失去了向时尚休闲领域转型的空间。

据投行估计，中国市场为耐克贡献了 30%的运营利润。因此，中国市场的业绩不断下滑，是耐克难以接受的。

耐克所面临的高库存是当前中国运动品牌普遍存在的大问题，在 2012 年的订货会上，耐克的订单和销售收入就出现大幅下降。据悉，在 2012 财年四季度，耐克大中国区包括鞋类、衣服、配件在内的产品销售总收入为 6.67 亿美元，相比第三财季下降了 389%。摩根士丹利报告显示，2012 财年第四财季，耐克全球未来订单增长情况从 18%减速至 12%，中国的订单增长从 20%大幅减至 2%。

(资料来源：刘杰. 库存重压运动品牌深陷困局[N]. 中国联合商报，2013-01-02)

思考题：

结合案例，分析高库存有哪些危害？

第二节　传统的库存控制方法

库存控制(Inventory Control)，又称为存货控制，是指在保障供应的前提下，为使得库存物品的数量合理所进行的有效管理的技术经济措施。

一、概述

一个完整的库存过程包括订货、进货、保管和销售(供应)四个环节。从库存控制的角度，在库存过程的四个环节中，能影响库存量大小的有订货、进货和销售(供应)三个环节。订货和进货使库存量增加，销售(供应)环节使库存量减少。库存控制既要控制订货、进货环节，也要控制销售(供应)环节，以达到库存控制的目的。

【知识拓展 10-1】

通过控制销售(供应)环节控制库存，意味着对客户的需求进行限制性的供应，这样将影响到客户的满足度。因此，这种库存控制方式很少使用，一般仅在物资紧缺，即供不应求时采用，虽然这一做法比较被动，但对于紧缺物资只能采用这种方法。通过对订货、进货过程的控制来控制库存，在保证客户需求的情况下，通过控制订货、进货的批量和频次达到控制库存的目的。这种库存控制方式更加可行、主动，可以在保障客户需要的前提下，尽可能降低库存成本，因此这种库存控制方式更加常见。

不管是独立需求库存控制还是相关需求库存控制，都要回答这些问题：如何优化库存成本？怎样平衡生产与销售计划，来满足一定的交货要求？怎样避免浪费，避免不必要的库存？怎样避免缺货损失和利润损失？归根结底，库存控制要解决三个主要问题：确定库存检查周期、订货点(订货时间)、订货量。一般地，独立需求与相关需求的库存控制原理是不同的。

【知识拓展 10-2】

订货点是指库存量降至某一数量时，应立即予以补充的点或界限。

【知识拓展 10-3】

在独立需求情况下，有两种基本的订货策略：①连续检查订货策略，即每次取货后都对库存水平进行检查，看其是否低于事先设定的订货点，一旦低于订货点就发出订货；②定期检查订货策略，即每隔一段固定的时期对库存水平进行一次检查，然后发出订单，将存货补充到预先设定的目标库存水平。

二、库存成本的构成

在决定持有的库存量时，必须确定每一具体决策对成本的影响。在库存控制中涉及的成本主要有订货成本、库存持有成本和缺货成本三类，即：库存总成本=订货成本+存储成本+缺货成本。

1. 订货成本

订货成本(Ordering Costs)是指由于向供应商发出订单购买物品而发生的成本。这种成本主要包括内部人员的费用和管理费用，前者主要包括如采购、财务、原材料控制与存储人员的工资等，后者主要包括如办公用品、电话、计算机系统等的应用费用。订购成本的主要特征是与采购次数有关，而与订货量的大小无关。

2. 存储成本

存储成本(Holding or Carrying Costs)，又称持有成本，是因一段时间内存储或持有商品而导致的，一般与所持有的平均库存量成正比，其中包括存储设施成本、装卸搬运费、保险费、过时损失、折旧费、税金及资金的机会成本等。

3. 缺货成本

如果订货时没有客户所需要的物品可供发货，就可能失去销售的机会或可能增加额外的费用，通常称这种费用为缺货成本(Stockout Costs)。

三、常用的库存控制方法

传统的库存控制方法主要有 ABC 分类法、定量订货法、定期订货法。

(一)ABC 分类法

ABC 分类法基于 20-80 律，是一种重点管理法。这种方法简单易行，在管理中得到广泛的应用。

1. ABC 分类法的基本原理

ABC 分类法的基本原理是将库存物资按品种和占用资金的多少分为特别重要的库存(A 类)、一般重要的库存(B 类)和不重要的库存(C 类)三个等级，然后针对不同重要等级分别进行管理与控制。ABC 分类法的核心是“分清主次，抓住重点”，对占用大量资金的少数物资，加强对它们的控制与管理；对占少量资金的大多数物资，则施以较松的控制和管理。这样，只用 20%左右的精力就控制了 80%左右的资金。

2. ABC 分类的步骤

(1) 收集数据。确定一个合适的统计期，按分析对象和分析内容，收集有关数据，主要包括：库存物资的种类、每种物资的平均库存量和购买单价等。

(2) 绘制 ABC 分类汇总表。绘制 ABC 分类汇总表有以下步骤。

- 计算每种物资的平均资金占用额，即：购买单价×平均库存量，并按计算结果降序排序；
- 将库存物资按其平均资金占用额的大小顺序排列；
- 计算平均库存累计和平均库存累计百分比；
- 计算平均资金占用额累计和其累计百分比；
- 将以上计算结果汇总，填入表 10-1。

表 10-1　ABC 分类汇总表

库存物资	购买单价	平均库存	平均库存累计	平均库存累计百分比	平均资金占用额	平均资金占用额累计	平均资金占用额累计百分比	分类结果

(3) 确定物资 ABC 分类。按照分类标准，依据汇总表中平均库存累计百分比和平均资金占用额累计百分比，对库存物资进行 A、B、C 分类。

平均库存累计百分比约为 10%，而平均资金占用额累计百分比约为 70%的前几种物资，确定为 A 类；平均库存累计百分比约为 20%，而平均资金占用额累计百分比也约为 20%的物资，确定为 B 类；其余均为 C 类，其平均库存累计百分比约为 70%，平均资金占用额累计百分比仅约为 10%。上面的分类标准仅为参考比例，现实中根据实际问题可做适当调整。

例 10-1 某公司对上一季度10种库存物资统计了平均库存和平均购买单价(见表10-2)。为了对库存物资进行有效的控制，公司决定采用ABC分类法进行库存管理。

表 10-2 库存物资平均库存和平均购买单价

序号	库存物资名称	平均库存	平均购买单价(元)	序号	库存物资名称	平均库存	平均购买单价(元)
1	GC	21	19.2	6	GZ	20	135.96
2	YL	14	249.2	7	DQ	64	2.88
3	SN	45	1.28	8	BZ	15	46.08
4	TJ	30	24	9	WJ	56	1.8
5	WJ	72	0.56	10	LB	36	1.8

解：第一步，将库存物资按平均资金占用额的大小顺序进行排列，并计算平均库存累计百分比和平均资金占用额累计百分比，填入ABC分类汇总表。

第二步，在第一步基础上，按照分类标准，确定ABC类物资，并填入ABC分类汇总表，如表10-3所示。

表 10-3 某公司库存物资 ABC 分类汇总表

序号	物品名称	平均库存(件)	平均库存累计(件)	平均库存累计百分比(%)	平均资金占用额(元)	平均资金占用额累计(元)	平均资金占用额累计百分比(%)	分类结果
2	YL	14	14	3.75	3488.8	3488.8	41.2	A
6	GZ	20	34	9.11	2719.2	6208	73.3	A
4	TJ	30	64	17.16	720	6928	81.8	B
8	BZ	15	79	21.18	691.2	7619.2	90.0	B
1	GC	21	100	26.80	403.2	8022.4	94.7	B
7	DQ	64	164	43.97	184.32	8206.72	96.9	C
9	WJ	56	220	58.98	100.8	8307.52	98.1	C
10	LB	36	256	68.63	64.8	8372.32	98.8	C
3	SN	45	301	80.70	57.6	8429.92	99.5	C
5	WJ	72	373	100.0	40.32	8470.24	100.0	C

3. ABC 分类法的应用

ABC分类法通过对ABC类物资分别实施不同的库存管理策略，从而达到降低库存总量和资金占用、节约成本和使库存结构合理化等目的。

A 类物资，应实行严格的控制，包括最完整、精确的记录，最高的作业优先权，高层管理人员经常检查，小心精确地确定订货量和订货点，制定紧密的跟踪措施以使库存时间最短。

B 类物资，应实行正常的控制，包括做记录和固定时间检查，只有在紧急情况下，才赋予较高的优先权；可按经济批量订货。

C 类物资，只需进行简单的控制，设立简单的记录甚至可以不设立记录，可通过半年或一年一次的盘点来补充大量的库存，给予最低的优先作业次序等。

(二)定量订货法

定量订货法是指当物资的库存量下降到事先预定的最低库存数量(订货点)时，按规定数量(一般以经济批量)进行订货补充的一种库存控制方式。

1. 定量订货法的原理

在图 10-1 中，Q 是每次的订货量，LT_k 为订货提前期，Q_R 为订货点，Q_s 为安全库存量，其中，订货提前期是指从发出订货到收到所订货物的整个时间阶段。当库存量下降到预先设定的订货点 Q_R 时，立即按预先确定的订货量 Q 发出订单，在经过 LT_k 的时间后，将收到所订货物，使得库存水平上升。

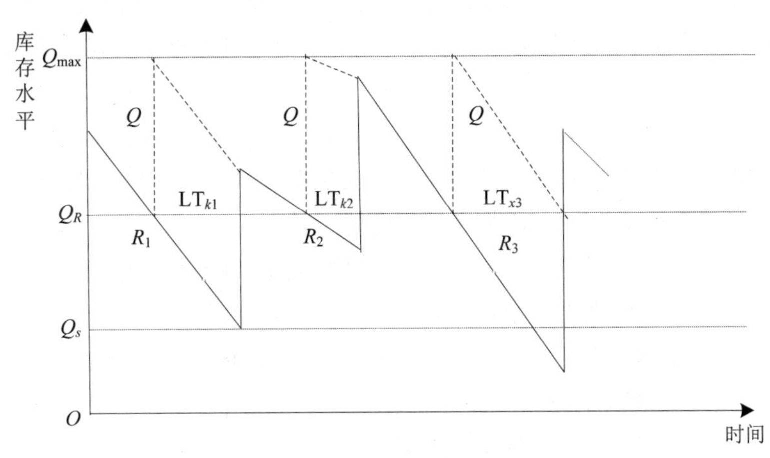

图 10-1　定量订货模型

2. 定量订货法控制参数的确定

采用定量订货法需要解决两个关键问题：确定订货点和订货批量，即解决什么时候订货和一次订多少的问题。

1) 订货点的确定

在定量订货法中，当库存下降到订货点时就发出订货信息。订货点的高低对库存运营具有非常重要的影响，如果订货点过高，库存量过大，占用资金就大，导致成本上升；如果订货点过低，则可能导致缺货，导致客户的服务水平下降。

订货点主要由需求率 R 和订货提前期 LT 这两个要素确定，可以定义为：$Q_R=D_L$。其中，D_L 是一个随机变量，为订货提前期内的需求量，即在整个订货提前期内出库的货物总量。

【知识拓展 10-4】

需求率是指单位时间的需求量，也就是每天(或周、月、年等)仓库物资的出库消耗量，也是每天(或周、月、年等)库存物资减少的数量，或库存下降的速率。

(1) 在订货提前期 LT_k 和需求率 R 均固定不变的情况下，订货提前期内的需求量保持不变，通常没有必要设安全库存 Q_s，订货点由以下公式确定：$Q_R=\mathrm{LT}_k\times R$。

(2) 通常情况下，需求和订货提前期均为随机变量，此时，D_L 是一个随机变量。此时，确定订货点需要借助一定的概率论方法。

如果订货提前期内的需求量 D_L、需求率 R 和订货提前期 LT_k 均服从正态分布，即：

$D_L \sim N(\bar{D}_L,\sigma_D)$，$R \sim N(\bar{R},\sigma_R)$，$\mathrm{LT}_k \sim N(\bar{T}_k,\sigma_T)$，

根据概率论知识，订货点满足：$Q_R=\bar{D}_L+\alpha\sigma_D=\bar{D}_L+Q_s=\bar{R}\bar{T}_k+\alpha\sqrt{\bar{T}_k\sigma_R^2+\bar{R}^2\sigma_T^2}$ (10-1)

其中，α 为安全系数，表示标准差的个数，安全系数可以根据库存满足率或缺货率查安全系数表查出来。

在实际运用时，也可以采取一些简单的办法。通常把订货点看成是由两部分构成的：一部分是平均订货提前期的需求量，另一部分是安全库存量。其计算公式为：

订货点=平均订货提前期的需求量+安全库存量 (10-2)

平均订货提前期的需求量=平均订货提前期的天数×日平均需求量 (10-3)

安全库存量=(预计日最大需求量−日正常需求量)×平均订货提前期的天数 (10-4)

例 10-2 某公司某项零件过去 6 个订货提前期消耗量(单位：吨)分别为 112、132、126、136、129、139，安全系数为 1.95，求订货点 Q_R。

解：$\bar{D}_L=\dfrac{112+132+126+136+129+139}{6}=129$ (吨)，$\sigma_D=\sqrt{\sum_{i=1}^{6}\dfrac{1}{6}(D_{L_i}-129)^2}=8.72$，

$Q_R=D_L=\bar{D}_L+Q_s=129+1.95\times 8.72=146.004$ (吨)。

2) 订货批量

经济订货批量(Economic Order Quantity，EOQ)模型是解决独立需求库存订货批量的基

本模型，主要通过平衡订货成本和库存持有成本，以确定使库存总成本最低的经济订货批量。它是在一系列假设的基础上建立的，其假设条件主要有如下几个。

- 市场需求已知，且具有均匀和连续特征；
- 成本已知且不变；
- 不允许出现缺货；
- 不考虑订货提前期，即货物从下订单到收到货物的时间间隔忽略不计。

当年需求量为 D，单位购买价格为 P，每次订货成本为 S，单位产品库存持有成本为 H。若每次订货批量为 Q，则年订货次数为$\dfrac{D}{Q}$，平均库存量为$\dfrac{Q}{2}$，相应地，年库存总成本TC为：

$$\text{TC}=DP+\frac{D}{Q}S+\frac{Q}{2}H \tag{10-5}$$

通过对式(10-5)求导，可得经济订货批量为：

$$Q^*=\sqrt{\frac{2DS}{H}} \tag{10-6}$$

例 10-3　已知某种商品年需求量 D=10 000 件，订购成本为 40 元/次，存储成本为 20 元/年，订货提前期为 5 天，产品单价为 125 元/件。求经济订货批量、订货点和年库存总成本。

解：经济订货批量：$Q^*=\sqrt{\dfrac{2DS}{H}}=\sqrt{\dfrac{2\times10000\times40}{20}}=200$ (件)

订货点：$Q_R=R\times\text{LT}_k=\dfrac{10000}{365}\times5=137$ (件)

年库存总成本：$\text{TC}=DP+\dfrac{D}{Q}S+\dfrac{Q}{2}H=10000\times125+\dfrac{10000}{200}\times40+\dfrac{200}{2}\times20=1252500$(元)

3. 定量订货法的应用

定量订货法特别适合于需求均匀稳定的物资的订货，在这种情况下既能最好地满足需求，又能使得总费用最省。

(1) 定量订货法的优点。

- 实际操作简单易行。实践中常常采用双堆法(双箱法)进行库存控制。
- 随时掌握库存动态。由于平时要详细检查和盘点库存，看是否降低到订购点，因此可以随时了解库存的动态。
- 充分发挥了经济订货批量的作用，可降低库存量和库存成本，有利于节约费用，提高经济效益。

【知识拓展 10-5】

双堆法，就是将货物分成两堆，一堆为订货点库存，另一堆为经常库存。平时使用经常库存，当消耗完就开始订货；订货期间则使用订货点库存，直到所订货物到达。双堆法省去了随时检查库存的工作，简化和方便包装、装卸搬运和运输，实施起来简单方便。

(2) 定量订货法的缺点。

- 增加了库存保管费用，需要经常对库存进行详细检查和盘点，工作量大且需花费较多的时间、人力和物力。
- 订货模式过于机械，缺乏灵活性。
- 订货时间不能预先确定，所以难以严格管理，也难以做出较精确的人员、资金、工作等计划安排。

(三)定期订货法

定期订货法是指按照预先设定的订货间隔时间进行订货补充库存的一种库存管理方式。相邻两次订货之间的时间间隔称为订货周期。定期订货法主要靠设定订货周期和最高库存量以达到控制库存的目的，每次订货批量均不相同。

1. 定期订货法的原理

按照预先确定的时间周期 T 和一个最高库存量 $Q_{\max}$，周期性地检查库存，随后发出订货，将库存补充到目标水平 $Q_{\max}$，如图 10-2 所示。根据检查时刻的实际库存量 Q_{ki}，在途库存量 I_i 及已发出出库通知还没有出库的延迟出库库存量 B_i，计算出每次订货量 Q，使得订货后的“名义库存量”等于最高库存量 $Q_{\max}$。

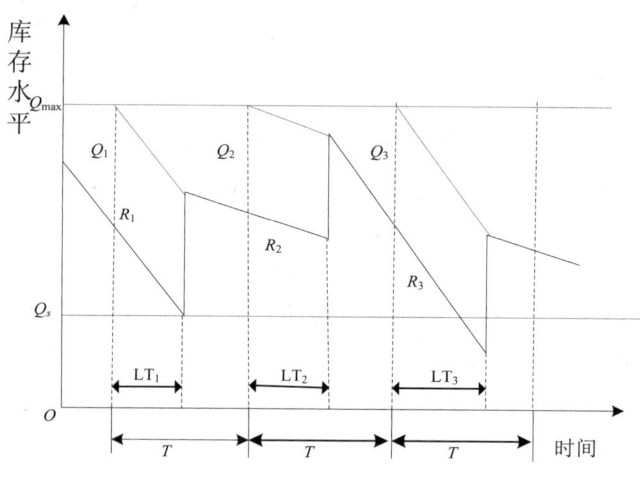

图 10-2　定期订货模型

2. 定期订货法控制参数的确定

(1) 订货周期的确定。定期订货法是一种基于时间控制的订货方法。订货周期对库存总成本具有重要影响。订货周期太长，会使库存持有成本上升；订货周期太短，会增加订货次数，使得订货成本增加。

一般情况下，从费用角度出发，如果要使库存总成本最低，可以采用经济订货周期作为订货周期 T。

已知年需求量为 D，单位购买价格为 P，每次订货成本为 S，单位产品库存持有成本为 H。若订货周期为 T，则平均库存量为 $\frac{DT}{2}$，相应地，年库存总费用为：

$$\mathrm{TC}=PD+mS+H\frac{D}{2m}=PD+\frac{S}{T}+H\frac{DT}{2} \tag{10-7}$$

其中，$m=\frac{1}{T}$ 为一年的订货次数。

通过对式(10-7)求导，可得经济订货周期为：$T^{*}=\sqrt{\frac{2S}{DH}}$。

(2) 订货量的确定。定期订货法中的订货量是变化的，它取决于很多因素，关键是预先确定最高库存量 $Q_{\max}$。

① $Q_{\max}$ 的确定。在定期订货法中，把订货周期 T 和其后一个订货提前期 LT_k 结合在一起，即 $T+\mathrm{LT}_k$ 的长度为一个时间单元，把 $T+LT_k$ 期间内的需求量 D_{T+LT_k} 作为制定 $Q_{\max}$ 的依据。

如果订货提前期内的需求量 D_{T+LT_k}、需求率 R 和订货提前期 LT_k 均服从正态分布，即：

$$D_{T+LT_k}\sim N(\bar{D}_{T+LT_k},\sigma_{T+LT_k}),\quad R\sim N(\bar{R},\sigma_R),\quad LT_k\sim N(\bar{T}_k,\sigma_T)$$

根据概率论知识，可知：

$$Q_{\max}=\bar{D}_L+Q_s=D_{T+LT_k}+\alpha\sigma_{T+LT_k}=\bar{R}(T+\bar{T}_k)+\alpha\sqrt{(T+\bar{T}_k)\sigma_R^2+\bar{R}^2\sigma_T^2} \tag{10-8}$$

② 每次订货量的确定。在定期订货法中，每次的订货量均不相同，取决于当时的实际库存量。具体的，订货量的确定方法如下：

订货量(Q)=最高库存量($Q_{\max}$)−现有库存量(Q_{ki})−在途库存量(I_i)+延迟出库库存量(B_i)　(10-9)

在实际运用时，也可以采取一些简单办法计算每次订货的订货量，计算公式为：

订货量(Q)=需求率(R)×(订货提前期 $\bar{T}_k$ +订货周期 T)+安全库存量(Q_s)−
现有库存量(Q_{ki})−在途库存量(I_i)+延迟出库库存量(B_i)　(10-10)

例 10-4　某种物资月需求量 D 服从正态分布 N(20，3)，订购成本 S=40 元，存储成本 H=2 元/件·月，平均订货提前期为 T_k=1 月。采用定期订货法，盘点得到 Q_0=21，在途库存量为5，已经售出但尚未发货的库存为5。如果要使得库存满足率达到97.7%，求订货周期T和最高库存量$Q_{\max}$。

解：订货周期为：$T=\sqrt{\dfrac{2S}{HR}}=\sqrt{\dfrac{2\times 40}{1\times 20}}=2\,(月)$

要使得库存满足率要达到97.7%，则安全系数α=2，

则最高库存量为：$Q_{\max}=\overline{D}_{k+T_k}+\alpha D_{T+T_k}=\overline{R}(T+T_k)+\alpha\sigma_R\sqrt{T+T_k}$

$$=20\times(2+2)+2\times 3\times\sqrt{2+2}=92\,(件)$$

订货量为：$Q=Q_{\max}-Q_0-I+B=92-21-5+5=71\,(件)$

3. 定期订货法的应用

(1) 定期订货法的优点。

- 可以合并订货与进货，减少订货管理费与物料运输费。
- 周期盘点比较彻底、精确，无须要每天检查和盘点库存，减少了工作量，节省了管理费用，提高了工作效率。
- 库存管理的计划性强，能预先制订订货计划和工作计划，有利于实行计划管理。

(2) 定期订货法的缺点。

- 需要较大的安全库存量来保证物料需求。由于不能及时监测库存动态，为避免突发生的大量物料需求引起缺货而带来的损失，需要制定较高的安全库存量。
- 每次订货的批量不固定，无法确定经济订货批量，不能发挥经济订货批量的优越性，因而运营成本较高，经济性较差。
- 手续麻烦，每次订货都得检查储备量和订货合同，并要计算出订货量。

【课外资料10-1】

定量订货法与定期订货法的比较

定期订货法与定量订货法都是针对独立需求库存控制的重要方法。两者各有所长，它们的基本区别是：定量订货法采用“事件驱动”的控制方法；而定期订货法采用“时间驱动”的控制方法。在定量订货法中，必须连续监控剩余库存量。两种方法的比较见表10-4。

表10-4　定量订货法与定期订货法的比较

特　征	定量订货模型	定期订货模型
订货量	每次订货量相同	每次订货量不同
订货时间	随机(库存量降到订货点时)	随机(订货间隔期相同)

续表

特　征	定量订货模型	定期订货模型
库存量大小	小，安全库存也小	大，安全库存也大
库存记录	每次出库都需记录	只在盘点期记录
库存控制要求	较松	严格
库存控制品种数	同时控制多种物资	较少
物资类型	昂贵、关键或重要物资	不太重要的物资

第三节　供应链环境下的库存问题

一、供应链环境下存在的库存控制问题

供应链环境下的库存问题和传统的企业库存问题有许多不同点。传统的库存管理仅从单一的优化库存成本的角度做出决策，但从供应链整体的角度看，这种方法显然是不够的。供应链管理环境下的库存控制存在的主要问题有三大类：信息类问题、供应链的运作问题、供应链的战略与规划问题。这些问题具体表现为以下几个方面的内容。

(一)缺乏供应链整体观念

虽然供应链的整体绩效取决于各个供应链的节点绩效，但是由于各个节点都是独立的行为主体，因此都有各自独立的目标。有些目标和供应链的整体目标是不相干的，甚至是冲突的。因此，整体观念的缺乏使供应链上企业各行其道，这必然导致供应链的整体效率的低下。

(二)对用户服务的理解与定义不恰当

供应链是以用户需求为驱动的，目的是为了给用户提供更好的产品或服务。因此，供应链管理的绩效好坏应该由用户来评价，或者由对用户的反应能力来评价。但是，供应链各节点企业对用户服务的理解与定义的不同，导致用户服务水平的差异。

(三)交货状态数据不及时、不准确

当用户下订单时，通常希望获悉准确的交货时间。在等待交货过程中，企业也可能会对订单交货状态进行修改，特别是当交货时间被推迟以后。这并非否定一次性交货的重要性，但必须看到，许多企业并没有及时、准确地把订单推迟交货的数据提供给用户，其结

果当然会引起用户的不满。交货状态数据不及时、不准确的主要原因是信息传递的问题，这就是下面要谈的另外一个问题。

(四)信息传递效率低

供应链节点企业的需求预测、库存状态、生产计划等都是供应链管理的重要数据，这些数据分布在不同的供应链组织之间，要做到快速响应用户需求，必须实时地传递。为此需要集成供应链信息，使得供应链中的库存数据能够实时、快速地传递。但是很多企业的信息系统并没有很好地集成起来，使得供应商获得的往往是延迟的和不准确的用户需求信息。由于延迟引起误差和影响库存量的精确度，短期生产计划的实施也会遇到困难。

(五)轻视不确定性对库存的影响

供应链运作中存在诸多的不确定因素，如订货提前期、货物运输状况、原材料的质量、生产过程的时间、运输时间、需求变化等。为了减少不确定性对供应链的影响，首先应了解不确定性的来源和影响程度。很多企业对这个问题并不重视，导致错误估计供应链中物料的流动时间(提前期)，造成库存过量或库存缺库的现象。

(六)库存控制策略简单

在实际运行中，许多企业对所有物品均采用统一的库存控制策略，物品的分类没有反映供应与需求中的不确定性。对于传统的库存控制策略，多数是面向单一企业，采用的信息基本上来自企业内部，其库存控制没有体现供应链管理的思想。因此，如何建立有效的库存控制方法，并能体现供应链管理的思想，是供应链库存管理的重要内容。

(七)缺乏合作与协调性

协调的目的是使满足一定服务质量要求的信息可以无缝地、流畅地在供应链中传递，从而使整个供应链能够根据用户的要求步调一致，形成更为合理的供需关系，适应复杂多变的市场环境。

为了应付不确定性，供应链各节点企业都设有一定的安全库存。问题在于，许多供应链特别是全球化的供应链，组织的协调涉及众多的利益群体，相互之间的信息透明度不高。在这种情况下，企业不得不维持一个较高的安全库存，为此付出了较高的代价。

在企业内部一般有各种各样的激励机制加强部门之间的合作与协调，但是当涉及企业之间的激励时，困难就大得多。问题还不止如此，信任风险的存在更加深了问题的严重性，相互之间缺乏有效的监督机制和激励机制是供应链企业之间合作性不稳固的原因。

(八)产品的过程设计没有充分考虑供应链上库存的影响

科学技术的进步，使得生产效率大幅度提高，企业的运营成本大幅降低。但是供应链库存的复杂性却被没有得到重视，使得节省的成本都被供应链的分销与库存成本给抵消了。一方面在引进新产品时，如果不合理规划供应链，也会造成运输时间过长、库存成本过高，而使得供应链无法获得成功。另一方面，在供应链的结构设计中，同样需要考虑库存的影响。要在供应链中增加或减少一个工厂或分销中心，一般是先考虑固定成本与相关的物流成本，至于网络变化对运作的影响因素，如库存投资、订单响应时间等常是放在第二位的。

二、供应链中的牛鞭效应

(一)概述

“牛鞭效应(Bullwhip Effect)”现象首先由著名的宝洁公司所发现。1995 年，宝洁公司管理人员在考察婴儿一次性纸尿裤的订单分布规律时曾惊奇地发现，虽然婴儿对产品的消费比较稳定，零售商那里销售波动也不大，但厂家从经销商那里得到的订单却出现大幅波动，同一时期厂家向原材料供应商的订货量波动幅度就更大。同样，惠普、通用、福特和克莱斯勒等许多企业也发生这种供应链上最终用户的需求沿供应链向上游前进过程中波动程度逐级放大的现象。

这种信息扭曲的放大作用在图形显示上很像一根甩起的赶牛鞭，最下游的客户端相当于鞭子的根部，而最上游的供应商端相当于鞭子的梢部，在根部一端只要有一个轻微的抖动，传递到末梢端就会出现很大的波动，因此被形象地称为“牛鞭效应”，也即需求变异放大效应。“牛鞭效应”扭曲了供应链上的市场需求信息，每个环节对于需求的估计不同，因此导致了供应链的失调。供应链上各节点企业的订货量如图 10-3 所示。

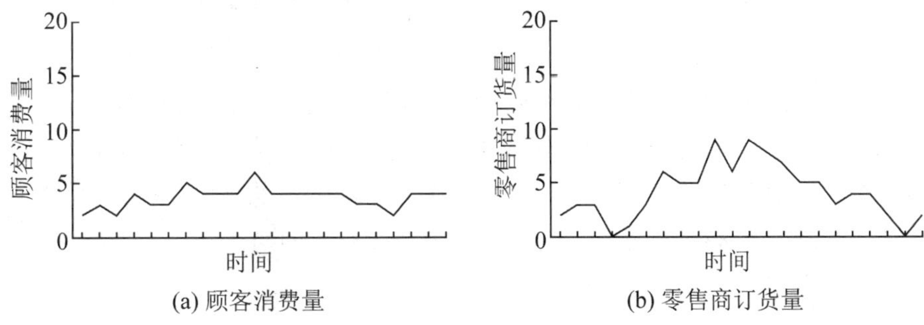

(a) 顾客消费量　　(b) 零售商订货量

图 10-3　供应链各节点企业的订货量

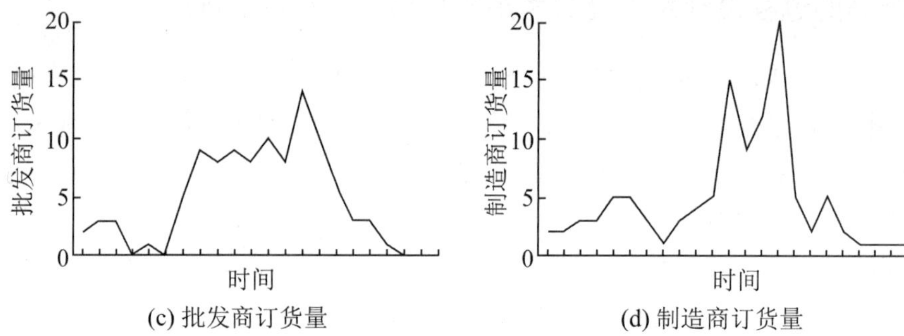

(c) 批发商订货量　　(d) 制造商订货量

图 10-3　供应链各节点企业的订货量(续)

(二)牛鞭效应的危害

(1) “牛鞭效应”导致各节点企业拥有过量的库存，库存成本增加。由于“牛鞭效应”的存在，上游企业的订单会在下游企业订单的基础上产生额外的波动，即使最终的顾客需求比较稳定，零售商、批发商、制造商、供应商的订购量波动幅度也会逐级增大，这就增加了供应链中需求的不确定性。供应链上的各节点企业通常会拥有大量的库存应付需求的不确定性，这势必增加企业的库存，增加库存成本，占用企业资金。

(2) “牛鞭效应”降低了产品供给水平，削弱了顾客的满意度。企业对市场需求的预测失真，往往会出现当前生产能力和库存不能满足订单的需求，造成供应过程中的缺货现象，使得顾客的有效需求得不到满足，这就大大削弱了顾客的满意度，降低了顾客服务水平，减少了销售额。同时，企业也可能过高地估计市场需求，导致过量生产，出现库存积压现象。

(3) “牛鞭效应”导致生产成本的增加。制造商通常以下游企业的订单进行产品预测和编制生产计划。由于“牛鞭效应”的存在，制造商面临的订单波动很大，这给生产计划带来了很多问题，导致生产的平稳性变差，有时处于停顿状态，有时为了满足突然出现的需求又必须加班加点。生产的不稳定性带来的直接后果就是导致生产成本的大大增加。

(4) “牛鞭效应”增加了企业的运输成本及相应的劳动力成本。企业的运输需求是与订单的大小密切相关的。由于“牛鞭效应”的存在，运输需求以及相应的劳动力需求会随着订单的波动而波动。在不同的阶段，供应链上的企业有不同的选择，或者持有剩余运力、劳动量；或者变动运力、劳动量，但是无论是哪种选择，都会增加运输成本及相应的劳动力成本。

(5) “牛鞭效应”会对企业之间的合作关系带来负面影响。供应链上的各企业会认为自己的计划、决策是正确的，一旦出现订单的波动，需求的不确定，总是将责任归咎于供应链上的其他企业，这就会损害供应链上节点企业间的合作关系，引起彼此之间的不信任，增加供应链协调的难度。

(三)产生“牛鞭效应”的成因

“牛鞭效应”产生的根本原因在于供应链节点企业间缺乏沟通和信任机制，而每一个企业又都是理性人，有各自的利益，由此造成需求信息在传递过程中不断的扭曲。“牛鞭效应”的主要成因有如下几方面。

1. 需求预测修正(Demand Signal)

供应链节点企业会采用各自不同的预测方法预测自身需求，依此向上游企业订货。当供应链的成员企业直接采用下游订货数据作为需求信息时，就会产生需求放大。零售商通常采用指数平滑法来预测平均需求及其方差，按顾客需求预测订货，确定订货点和安全库存，观察的数据越多，其对预测值的修正也就越多，增大了需求的变动性。同样，批发商按零售商的订货数量来预测需求。这样，连续对未来需求进行修正，最后到达上游供应商手中的订货数量已经是经过多次修正的库存补给量，变动更大了，这样产生了需求的虚增。需求预测修正是引发“牛鞭效应”的直接原因。

2. 批量订货方式(Order Batching)

在供应链中，每个零售商都会向上游企业订货，并且会对库存进行一定程度的监控。由于从订货到收货有一定的时间间隔，入库的物料在耗尽以后，零售商不能马上从其供应商那里获得及时补给，因此，会采用批量订购方式，并保持一定的安全库存。供应商也通常采用数量折扣的方法鼓励零售商批量订货。同时，零售商向供应商订货时，也会倾向于大批量订货，以降低单位运输成本。

如果所有客户的订购时间均匀分布，那么“牛鞭效应”的影响就会最小。然而不幸的是，这种理想状态极少存在。订单通常都是随机分布的，甚至是相互重叠的。当顾客的订货时间重叠时，需求高度集中，从而导致“牛鞭效应”高峰的出现。

3. 短缺博弈(Shortage Game)

当潜在的需求超过制造商生产能力时，制造商会根据下游零售商的订货数量按照一定的分配制度进行限量供应。在这种情况下，为了避免缺货，零售商会夸大实际需求量。当供不应求情况得到缓解时，零售商会取消大部分订单，销售量会远远小于订货量，这样就产生了“牛鞭效应”。这是零售商们在考虑自身利益的前提下多方博弈的结果。这种情况下，一方面，供应商无法区分这些增长中有多少是由于市场真实需求增加而增加的，多少是零售商害怕限量供给而增加的，因而不能从零售商的订单中得到有关产品需求的真实信息。另一方面，只要零售商认为可能会有短缺现象发生时，就会产生这种现象。

4. 价格波动(Fluctuation Prices)

供应链中的价格波动一般是由企业的促销策略引起的。企业经常会采取价格折扣、数量折扣等方式来增加销量。折扣往往会刺激购买者以低价大量购入产品，而这个购入量大于实际的需求量，因此引发了需求的不确定性，当这个不能真实反映顾客需求的信息沿供应链向上游传递时，就会对整个供应链的需求产生影响。除此之外，价格波动还可能是由竞争对手的恶性竞争、供不应求、通货膨胀、自然灾害和社会动荡等经济环境突变引起，这类因素使许多零售商预先采购的订货量大于实际的需求量，因为如果库存成本小于由于价格折扣所获得的利益，零售商当然愿意预先多买，这样订货并不反映真实的需求变化，从而产生“牛鞭效应”。

5. 库存责任失衡

供应商需要在销售商(批发商、零售商)结算之前按照销售商的订货量负责将货物运至销售商指定的地方，而销售商并不承担货物搬运费用；在发生货物毁损或者供给过剩时，供应商还需承担调换、退货及其他相关损失；在销售商资金周转不畅时，销售商会利用这些存货与其他供应商易货，或者不顾供应商的价格规定，低价出货，加速资金回笼；最后，销售商掌握大数量的库存也可以作为与供应商进行博弈的筹码。因此，销售商普遍倾向于加大订货量掌握主动权，这样也必然会导致“牛鞭效应”。

6. 应付环境变化

自然环境、人文环境、政策环境和社会环境时刻都在变化，销售商为了应对这些变化就要保持库存，并且随着环境的变化库存量也会随之变化。当对不确定性的预测被人为渲染，或者形成一种较普遍认识时，为了保持有应付这些不确定性的安全库存，销售商会加大订货，将不确定性风险转移给供应商，这样也会导致“牛鞭效应”。

(四)“牛鞭效应”的缓解方法

“牛鞭效应”导致需求信息失真，扭曲的信息使供应链中的成员对市场需求的预测出现偏差，如果不能缓解“牛鞭效应”，很可能导致企业领导者决策失误。常用的缓解“牛鞭效应”的办法有以下几个。

(1) 共享信息，避免多次预测需求。

(2) 增强合作，减少订货批量。

(3) 采用新的分配机制，消除短缺时的博弈行为。

(4) 稳定价格控制。

【案例分析 10-2】

福特汽车消除供应链上“牛鞭效应”的秘诀

在 2007 年全球业绩溃败的大背景下，根据销售报告显示，长安福特在 2008 年上半年中国地区的销售量达到 172411 辆，业绩上升了近 21%。此期间是蒙迪欧、福克斯、S-MAX、马自达 2、马自达 3 集中上市的阶段，快速反应、多样化的新产品战略，是提高长安福特销量快速提升的根本。这些傲人销售成绩的背后很大原因来自长安福特在供应链管理上的成功实践。

“市场变化后，销售部门通知生产部门减少产量，但生产部门不知道应该减产多少，为什么减产。”“市场要求变化的信息没有及时反馈到计划部、产品设计部，产品过时，老产品库存积压。”需求不明确、供给不稳定造成了供应缺乏、库存居高不下、成本过高等现象，引起这些问题的根源有许多，但主要原因之一是“牛鞭效应”。在汽车供应链上，这种效应越往上游，变化就越大，距最终客户越远，影响就越大。而且，由于汽车属于制造行业中最顶端、最复杂的产品，最终成品有几万个零件构成，相关供应商有数千家，这种信息扭曲如果和制造过程中的不确定因素叠加在一起，会导致上下游巨大经济损失。事实上，长安福特在处理供应链上的牛鞭效应做得非常成功，其成功的关键在于全程供应链的有效管理和 IT 支持。

一方面，长安福特依靠出色的全程供应链管理(设计、采购、生产、配送和终端销售)，引进六西格玛完善供应链，解决以往的顽症。通过全球化资源组合开发，快速地推出新车型，以实现快速设计、快速生产、快速出售、快速更新的目标。同时，福特汽车公司要求其供应商在生产计划变化的时候能迅速反应，总装厂也尽量保证生产计划的稳定性，降低短期计划调整的频率。2006 年，长安福特又开始主动减少直接与之交易的供应商的数目。公司不再致力于强调供应商提供的零配件的价格竞争性，而是转向和那些有潜力的能够为福特公司提供完整的汽车生产子组件的供应商保持一种长期的关系。目前，福特汽车公司的供应链周转时间比原来规划减少了 45%，各个装配厂和生产厂获得零配件和原料所需的平均时间以及联系供应商所需的人数都有大幅度下降，从而使整个供应链以一个既快速又可以预测的节奏运行，大大消除了需求预测更新、限量供应和短缺博弈等产生“牛鞭效应”的因素，进而从供应链的根源处来消除牛鞭效应。这种供应链管理革新方式为福特汽车公司每年减少数以亿计的成本。

另一方面，供应链全程管理顺利进行需要一套强有力IT支持系统来保障。长安福特新的战略要求公司利用技术来克服由于区域的限制而带来的信息流的不顺畅。原来，长安福特采购订货用于生产和售后服务的零部件用手工填写订单，用传真通知供应商，因为和供应商关系不错，有时订单修改采用电话方式通知供应商，往来信息经常不准确。现在，长安福特使用最新的信息技术工具和目视化平台来促进一些非正式的交流。特定的经销商数据库用于支持专卖店和重庆或南京总装厂之间的联系，其中既包括像订单和销售趋势那样的硬数据，也包括顾客反馈和针对某个零部件、可选项产品、新款反响等软信息，从而避免“闭门造车”之类的错误。

同时，长安福特与福特全球共用供应商数据平台SIM和IMS订单系统，及时了解供应商出货和产品在途运输的数量，在末端收货以条形码扫描为准，避免了人为操作的错误和波动，实现物流运作的可视化和数字化。福特汽车公司还建立了日报交货系统，专门应用于它在中国的四个分厂，该系统反映各厂每天大致的原材料需求量。

(资料来源：沈广宇. 福特汽车消除供应链上牛鞭效应的秘诀[J]. 才智，2009(3))

思考题：

长安福特是如何处理“牛鞭效应”的？

第四节　供应链管理下的库存控制方法

一、供应商管理库存

在传统的库存管理理论中，为了降低缺货风险，各企业不得不持有一定量的库存，这就造成整个供应链的库存成本增加、市场需求扭曲、上下游关系恶化、不利于合作与沟通等问题。供应商管理库存突破了传统的条块分割的库存管理模式，以系统的、集成的管理思想进行库存管理，使供应链系统能够获得同步化的运作。

(一)定义

供应商管理库存(Vendor Managed Inventory，VMI)的定义为“按照双方达成的协议，由供应链的上游企业根据下游企业的物料需求计划、销售信息和库存量，主动对下游企业的库存进行管理和控制的库存管理方式”(GB/T 18354—2006)。

(二)VMI的实施条件

要实现VMI，关键是对供应商保持库存状态的透明性。供应商必须对其下游企业的库存状况实时跟踪和检查，务必做到了如指掌，从而加快供应链上的信息传递和实时处理速度，并对自身的供应(生产)状态做出相应的调整。因此，供应商要想对其用户实施 VMI，必须参照如下几个关键条件进行一些有关 VMI 的硬件和软件支持建设。

(1) 建立用户情报信息系统。通过建立用户信息库，供应商能够实时掌握需求变化的情况，快速了解市场需求动态和商品的需求信息，以便有针对性地及时进行商品补给，从而有效地管理用户的库存。

(2) 建立销售网络管理系统。供应商通过构建完善的销售网络管理系统，能够保证自己产品的需求信息和物流畅通。只有实现了供应商的产品信息标准化，以及商品储存和运输过程中的有效识别，才能既加快用户需求的响应速度，又降低用户的库存水平。

(3) 建立供应商与用户的合作框架协议。建立供应商与用户之间的合作框架协议使双方订单处理的业务流程标准化。供应商应当和用户通过协商来确定库存检查周期、库存水平、订货点等库存控制的关键参数，以及合作双方之间如何进行信息的交流和传递的方式等问题。

(4) 建立适应 VMI 运作模式的组织机构。因为 VMI 策略改变了供应商的组织运作模式，尤其是与订单处理相关的流程。所以，需要专人负责处理供应商与用户之间的订货业务、控制用户的库存和服务水平及协调处理其他的相关业务活动。

【案例分析 10-3】

VMI 管理为何还能被盗卖材料？

宋某是东莞市某容器公司设立在某电脑公司的驻厂仓库员工。他违规获得了采购部的账号密码，在对方发出了采购单之后，他擅自修改系统数据和单据，将套取的材料卖给废品收购站获利。

从 2005 年起，被害单位电脑公司向容器公司采购包装材料，容器公司在电脑公司厂区内设置驻厂仓库(VMI 仓库)，并派员工宋某到该仓库工作。从 2011 年 4 月开始，每当电脑公司领料员携带系统开具的纸质用料生产工单(一式三联)到宋某管理的仓库领料时，宋某在生产工单上签名确认后，就按照生产工单上的数量发放包装材料给电脑公司领料员，之后将纸质生产工单(白联)上的数值做加大修改，再将该生产工单(白联)交到电脑公司资材部(ERP)入账结算。同时，宋某又进入系统对电子生产工单做相应的加大修改，使电脑公司财务未能发现数据异常，按照被加大修改后的需货量向容器公司结算货款。当容器公司派司机配送包装材料到仓库时，宋某安排司机将其改单多出来的包装材料运到废品站卖掉。从 2011 年 4 月至 2013 年 7 月，共导致电脑公司损失包装材料货款 85.6 万余元。

(资料来源：钱熙俊，陈皓，高垚. 先进的 VMI 管理为何还能被盗卖材料？[N]. 财会信报，2015)

思考题:

试分析容器公司与电脑公司的VMI实施过程中存在哪些问题?应当如何改进?

(三)供应商管理库存的优点和缺点

1. 供应商管理库存的优点

实施VMI的好处主要体现在两方面,一是成本的缩减,二是服务水平的改善。

具体地,对于供应商而言,通过信息共享,能够更准确了解需求市场信息,简化配送预测工作,可以实现及时补货以避免缺货,同时结合需求信息进行有效的预测可以使生产商更好地安排生产计划。对于需求方而言,VMI提高了供货速度,减少了缺货;将计划和订货工作转移给供应方,降低了运营费用;在恰当的时间适量补货,提升了总体物流绩效。除此之外,VMI还为双方带来了共同利益,如通过计算机互联通信,减少了数据差错;提高了供应链整体处理速度;从各自角度,各方更专注于提供更优质的用户服务,使所有供应链成员受益;真正意义上的供应链合作伙伴关系得以确立等。

2. 供应商管理库存的缺点

VMI尽管可以为供需双方带来成本缩减、服务改善的优势,但在实施中,它也存在许多局限。

(1) VMI中供应商和零售商协作水平有限。作为独立的经济个体,供应商和零售商的合作原则还是基于自身利益的最大化,因此在VMI实施过程中,双方的协作水平会受限制。

(2) VMI对于企业间的信任要求较高。要真正实施VMI,就要求供需双方充分信任,从而实现信息共享、密切合作。但在现实中,这种充分的信任是很难实现的。

(3) VMI中的框架协议虽然是双方协定,但VMI是将需方库存决策权代理给供应商,因此供应商是处于主导地位的。在决策过程中如果缺乏足够的协商,很容易造成失误。

(4) VMI的实施减少了库存总费用,但在VMI系统中,库存费用、运输费用和意外损失(如物品毁坏)不是由用户承担,而是由供应商承担。

综上可知,VMI实际上是对传统库存控制策略进行"责任倒置"的一种库存管理方法,这无疑加大了供应商的风险。

二、联合库存管理

联合库存管理,是一种在VMI基础上发展起来的,让供应链上游企业与下游企业共同参与和决策,将VMI中供应商的权责转化为供应链各节点企业之间的责任分摊,实现风险共担、利润共享，从而提高供应链的同步化程度和运作效率的一种库存管理模式。

(一)联合库存管理的定义

联合库存管理(Joint Managed Inventory，JMI)定义为“供应链成员企业共同制订库存计划，并实施库存控制的供应链库存管理方式”(GB/T 18354—2006)。

(二)JMI 的实施

1. 建立供需协调管理机制

为了发挥 JMI 的作用，供需双方应当秉着合作的态度，建立供需协调管理的机制，明确各自的目标和责任，建立合作沟通的渠道，为 JMI 的实施提供有效的机制。建立供需协调管理机制，要从以下几个方面着手。

(1) 建立共同的合作目标。要建立 JMI 模式，首先供需双方要坚持互惠互利的原则，建立共同的合作目标。为此，通过协商形成共同的目标，如提高服务质量、利润共同增长和降低风险等，要在理解双方的共同之处和冲突点的基础上，建立联合库存的协调控制方法。而联合库存管理中心担负着协调供需双方利益的角色，起协调控制器的作用，其中需要对库存优化的方法进行明确确定。主要控制点包括：库存如何在多个需求方之间调节和分配、库存的最大量、最低库存水平、安全库存的确定、需求的预测等。

(2) 建立一种信息沟通的渠道或系统。为了提高供应链需求信息的一致性和稳定性，减少由于多重预测导致的需求信息扭曲，供应链各方应增加对需求信息获得的及时性和透明性。为此应建立一种信息沟通的渠道或系统，以保证需求信息在供应链中的畅通和准确性。要将条码技术、扫描技术、POS 系统和 EDI 集成起来，同时充分利用互联网的优势，在供需双方之间建立一个畅通的信息沟通桥梁和联系纽带。

(3) 建立利益的分配、激励机制。要有效运行基于协调中心的库存管理，必须建立一种公平的利益分配制度，并对参与协调库存管理中心的各个企业进行有效的激励，以增加协作性和协调性。

2. 发挥两种资源计划系统的作用

为了发挥联合库存管理模式的作用，在供应链库存管理中应充分利用目前比较成熟的两种资源管理系统：MRPⅡ和 DRP。原材料库存协调管理中心应采用制造资源计划系统 MRPⅡ，产品联合库存协调管理中心则应采用物资配送计划 DRP。这样，在供应链系统中把两种资源计划很好地结合起来。

3. 发挥第三方物流的作用

第三方物流是供应链集成的一种技术手段。通过把库存管理的部分功能代理给第三方，可以使企业更加集中精力于自己的核心业务，第三方物流起到了连接供应商和用户的作用，这样可以降低企业成本，使企业集中于核心业务，获得更多的市场信息和一流的物流咨询，改进服务的质量，快速进入国际市场。

(三)联合库存管理的优点和缺点

联合库存管理的优点主要有：为实现供应链的同步化运作提供了条件和保证；减少了供应链中的需求扭曲现象，降低了库存的不确定性，提高了供应链的稳定性；库存作为供需双方信息交流和协调的纽带，可以暴露供应链管理中的缺陷，为改进供应链管理水平提供依据；为实现零库存管理、准时采购以及精细供应链管理创造了条件；进一步体现了供应链管理的资源共享和风险分担的原则。

联合库存管理的缺点主要体现在：由于联合库存管理过度以客户为中心，使得供应链的建立和维护费用都很高。

【案例分析 10-4】

美国通用汽车售后零件运作公司的联合库存管理实践

美国通用汽车售后零件运作公司，早在21世纪初期更着力于改进和优化“联合库存管理”的概念，其特点是与经销商和零售商一起分担库存的风险。

美国通用汽车售后零件运作公司(土星分部)采用了一种基于需求的方法来推动售后零件在供应链上的流动，这种方法考虑到了售后零件消耗的概率特点。公司将所有的售后零件都集中存放在一个配送中心里，经销商存放一部分，不同的经销商可以存放不同数量的不同售后零件。售后零件的需求来自车辆维修、事故、定期保养和车主的自行维修，这些需求可以是事前计划好的，也会是完全的突发事件。在确定了需要哪些零件以后，经销商就会在仓库查找是否有这些零件，然后发货给维修点。如果缺货，经销商就会向售后零件共享团体(美国通用汽车售后零件运作公司组织起来的实现零件共享的经销商团体)的成员发出请求，看其他成员是否有该零件。美国通用汽车售后零件运作公司为此提供了一套信息系统，帮助经销商进行这种查询。如果在售后零件共享团体中也没有，那么就只能从配送中心或供应商处订货。经销商可以实时查询零件在全美国各地点的库存情况。

在每天的工作快结束的时候，经销商会收到美国通用汽车售后零件运作公司发来的关于零件目标库存的水平的建议。经销商可以选择是或者否，也可以调高或调低目标库存水平，然后根据经销商反馈的结果，公司会自动地为经销商补货。所有的补货订单都会发到中央配送中心，然后根据发运计划安排发货。如果配送中心有货，响应时间为 3 天或者更短；如果缺货，配送中心就会将补货订单设为未结订单，或者直接从工厂的生产库存中采购。

土星分部零件供应链的一个重要的特点是“基于目标库存的拉动系统”。由于土星分部采用的是一对一的补库策略(在目标库存水平上，经销商用掉一个，土星分部就补充一个)，因此土星分部并不会根据需求预测值来安排库存。除了上述业务流程以外，美国通用汽车售后零件运作公司(土星分部)还提供了一套专门的财务制度，包括给那些将自己的零件拿出来共享的经销商以合理的补偿，并且土星分部会在 3 天内或者更少的时间内自动补货。对于经销商根据土星分部的建议购入的零件，如果在 9 个月内都没有卖掉，土星分部将负责将这些零件取回并退款。

每一家经销商的库存系统都直接与土星分部的管理系统相连。经销商当天的零件交易会传送给土星的中央系统。根据每天晚上收到的记录，土星的中央系统就可以立即做出零件库存决策，确定对每一个库存单元需要补库的数量。

通过联合库存管理，美国通用汽车售后零件运作公司(土星分部)显著地提高了库存管理水平并确保能够在非常短的时间内为每一家经销商进行供货，此种订货和库存管理方法迅速地在美国通用汽车售后零件运作公司的各品牌分部推广开来。

(资料来源：杨轶珺. 中国通用汽车售后零件的物流运作管理[D]. 上海交通大学工程硕士学位论文，2010)

思考题：

美国通用汽车售后零件运作公司是如何进行联合库存管理的？

习　　题

一、单选题

1. 每年情人节，商家都会提前预订大量的玫瑰花，这属于(　　)。

   A. 经常库存　　B. 安全库存　　C. 季节性库存　　D. 促销库存

2. 为了防止由于不确定因素影响的订货需求而准备的缓冲库存称为(　　)。

   A. 安全库存　　B. 促销库存　　C. 季节性库存　　D. 经常库存

二、多选题

1. 库存的成本包括(　　)。

A. 订货成本　　B. 持有成本　　C. 检验成本　　D. 缺货成本

2. 传统的库存控制方法主要有(　　)。

A. ABC 管理法　B. 定量订货法　C. 定期订货法　　D. 即时订货法

三、计算题

某零售企业对某一种日用品的年需求量为 40000 件，每订购一次订货费用为 80 元，单位产品库存年保管费用为 40 元，该产品的订货提前期为 36.5 天，日用品的单位采购价格为 10 元。问：企业应该如何组织进货？一年进货几次？隔多久需要订一次货？每次进货量为多少？并计算该企业的年库存总费用(1 年以 365 天计)。

第十一章　农产品供应链管理

【案例导入】

三鹿奶粉的供应链之痛

“三鹿婴幼儿配方奶粉事件”是一起典型的严重食品质量安全危机事件。据事后估算，需要召回的问题奶粉总量超过 10000 吨，涉及退赔金额 7 亿元以上，而患者的索赔评估在 39 亿元左右。2007 年年底三鹿在全国的销售额达到 100 亿元，品牌价值 149 亿元，总资产 16.19 亿元，负债 3.95 亿元。问题奶粉事件后，品牌价值荡然无存，算上退赔金额，三鹿集团已经严重资不抵债。2008 年，三鹿集团宣布破产。“三鹿事件”后，许多国家限制对中国乳制品的进口，这直接导致我国乳制品出口量的骤降。与此同时，进口奶粉利用消费者对国产奶粉的信任危机，以低价倾销的方式大量涌入国内市场。

三鹿集团在供应链管理方面的失败原因主要有以下方面。

(1) 不合理的产业链结构无法建立有效的质量追溯系统。奶牛养殖是整个奶业产业链的基础和核心环节。由于养殖场发展投资规模大，见效周期长，三鹿集团把奶牛卖给农民，农民再把奶卖给三鹿。为了解决收奶问题，在奶农和乳企之间出现了大小不同的奶站，奶农的奶都通过奶站最终被集中至三鹿各家工厂。这些奶站或者由乳企直属，或以加盟形式存在，位置比较分散。这样形成了“奶农—奶站—乳企”的奶源供应模式，但这种模式失去了奶源的品质保障。一方面，由于当时养牛利润远高于种地，养牛农户的激增使得供应链前端迅速膨胀，而相应的配套信息管理措施却没有建立起来。另一方面，奶牛由奶农散养的这种家庭作坊式的养殖方式，不但造成了奶源的分散，而且各个农户由于受生产方式、经济因素等的制约，缺乏对奶牛的健康状况，产奶的卫生指标及饲料的安全控制，导致原奶质量参差不齐。另外，三鹿集团在企业运营上采用所谓的“产品联合”模式，即全国各地以加盟经营或者分部形式，建立分厂，这使得产能和规模迅速扩张。产品监察上，三鹿仅仅是派驻厂人员监控。这种监督方式并不能掌管工厂生产，所以作用有限，甚至可能有驻厂监督人员与分厂利益联合导致产品质量下降的风险。这种模式使三鹿迅速扩大了规模和占领市场，付出的代价就是无法控制的产品质量。

(2) 畸形的利润分配无法保证信息的透明。虽然奶业形成了完整的产业链条，但并没有合理的产业链利润分配机制和风险共担机制。奶源供应环节的投入约占整个奶业产业链的 70%，加工环节占 20%，流通环节占 10%。而从利润分配来看这三个环节的利润分配比例为 1∶3.5∶5.5。奶牛养殖环节的投入和利润分配严重倒置。与国外奶农自建加工厂、上下游利益一体的模式不同，中国乳企与奶农分属两个利益体，彼此之间的直接利益连接机制并没有真正形成，加之“农户＋奶企”这种松散的结构，无法使农户避免“机会主义倾向”，难以控制农户在短期利益驱使下的不规范行为。由于信息不对称，奶站或乳品公司很难及时发现奶牛或牛奶的问题。

(3) 检测标准滞后，产品名目繁杂。分散家庭养殖的生产方式使奶业供应链上的原料供给难以做到数量与质量上的标准化与规模化。同时中间环节过多，加上企业展开的争夺奶源行动，客观上降低了原奶的监测标准。我国乳品国家标准涵盖从奶牛饲养、防疫与检验、产品加工等近 250 项，其中相当一部分是近 10 年制定的，但是还有一些沿用了近 20 年没有更新。这些长期没有得到更新的标准，监测指标少，检查方法落后，跟不上形势的发展。如三鹿事件中的三聚氰胺就未列入国家标准的常规监测。另外由于奶源建设的不足，原料奶短缺，为了占有市场，降低成本，迎合消费者感官需求，企业从自身利益出发不断“创新”奶产品，过度使用食品添加剂甚至向食品中非法添加化工原料来掩盖风味的不足。

(4) 产业链缺乏时效性。由于乳品的易腐性和不耐储藏性决定产品在流通销售中需要全程的冷藏，除了超高温处理的产品和奶粉外，乳品都需要低温冷藏。目前大型的乳品加工企业一般由奶站来收购鲜牛奶，从原料奶被挤出到运往奶制品生产车间的多个环节，其质量控制几乎完全依赖奶站。农户与奶站、大型奶站与小型奶站、奶站和乳企之间却没有严格的专供契约关系，合同定制也较为简单，只规定了原料奶价格和质量。中间环节的增多，延长了集奶中转的过程，势必影响牛奶的新鲜度和质量水平。

(5) 信任危机。对于农产品供应链来说，信任是建立合作关系的基础，也是获得质量可靠食品的重要保障，从整个奶业供应链内部来说，整合程度低，奶农与乳品加工企业只是单纯的买卖关系，缺乏必要的利益联结机制。此外，奶源基地多数是地方政府和奶农投资建设，乳品加工企业投资较少或没有投资，在这种松散的利益联结机制下，一旦奶业终端产品价格低迷，乳品加工企业就会把市场风险转嫁给奶源基地和奶农，损害奶农利益。另外，乳企大多都十分重视品牌建设，其营销策略依靠巨额广告和外包装投入。重广告、包装而轻奶源的销售收入的分流结构，虽然可以短期内提升企业形象，更深层次意味着消费者为牛奶支付的钱很少用到改善奶源上。品牌不等于信任，信任来自对整个供应链条每个环节的风险严格控制。依靠广告和包装换来的信任，在危机面前不堪一击，三鹿近 150 亿元的品牌价值瞬间蒸发。

（资料来源：张煜，汪寿阳. 农产品供应链质量安全管理模式研究——三鹿奶粉事件案例分析[J]. 管理评论，2010，22(10)）

我国是一个农业大国，农业的发展关乎国计民生。但近年来，我国食品安全事件频发，极大地打击了我国消费者的信心，影响到我国农业在国际市场上的竞争力。案例中提到的“三鹿奶粉事件”，因为没有对供应链管理引起足够重视，使得供应链各成员只顾自身利益，不能为了供应链整体目标共同合作，最终出现了安全漏洞，导致整个供应链的消亡。

第一节 农产品供应链概述

一、定义

有关农产品供应链的研究起始于 20 世纪 90 年代初，是从研究危机中的美国杂货店开始的。目前，农产品供应链还没有统一的称呼和定义。

国外研究通常采用“Agricultural Supply Chain”“Agri-Supply Chain”和“Agro-Supply Chain”等来描述农产品供应链，也有些专家学者采用其他描述，例如，澳大利亚昆士兰大学的 Peter Nicholas 教授使用“Agribusiness Supply Chain”，美国华盛顿州立大学 Kenneth Cassavant 使用“Food and Agriculture Supply Chains”。国内使用较多的称呼有“农业供应链”“农产品供应链”“涉农供应链”“食品供应链”“食用农产品供应链”等。

结合供应链的定义，可以把农产品供应链看作围绕核心企业，通过对信息流、资金流、物流的控制，从采购农产品生产所需的原材料开始，到农产品成熟后经由销售网络把农产品送到消费者手中的将供应商、农户(农场)、批发商、零售商直到最终用户连成一个整体的网链结构。

二、农产品供应链的特点

农产品供应链主要有以下特点。

(1) 农产品供应链的安全运营要求条件相对较高。农产品自身的生化特性和特殊重要性决定了它在基础设施、仓储条件、运输工具、技术手段等方面具有相对独立的特性。在农产品储运过程中，为使农产品的使用价值得到保证，需采取低温、防潮、烘干、防虫害等一系列技术措施。农产品物流中的发货、收货及中转环节都需要进行严格的质量控制，以确保农产品品质、质量达到规定要求。另外，农产品流通加工技术和物流各环节的信息处理技术也是制约农产品物流发展的重要因素。

(2) 农产品供应链交易具有很强的随机性。与其他行业的供应链相比，农产品供应链在节点连接上随机性强，不易建立稳定的供应链结构。由于农产品供应链系统要素众多且产品具有季节性、地域性特点，造成了供应链组成节点企业的多变，进而改变供应链的层级和宽度。产业结构调整、农户行为方式变化、价格信号作用、自然灾害等因素常常导致农产品供应链频繁的重组。

(3) 市场不确定性较大。农产品生产和消费的分散性，使得经营者难以取得垄断地位，市场信息极为分散，很难全面把握市场供求信息及竞争者、合作者的信息；此外农产品的鲜活易腐性限制了农产品在跨区域间和跨季节间的及时调节，这使农产品供应链具有更多的风险。

第二节　农产品供应链的主要模式

近年来，我国在农产品供应链整合方面已经有了一些尝试，目前主要的模式有：以批发市场为核心的农产品供应链、龙头企业带动型农产品供应链、“农户+公司+协会+零售商”农产品供应链、以专业合作组织为核心的农产品供应链(农民专业合作组织)，以及政府积极倡导的“农超对接”农产品供应链模式。

一、以批发市场为核心的农产品供应链

以农产品批发市场为核心的农产品供应链是一种传统的农产品供应链模式，也是目前我国主要的模式。在这种模式下，农产品的供求通过市场机制来实现，生产者同需求者之间仅存在买与卖的关系。该模式的主导是农产品批发市场，参与者主要是农户、中介组织(也称为批发商)和零售商。农户将生产出的农产品运到当地的批发市场进行销售，中介组织在产地进行收购，达到一定的数量后，运送到销地批发市场进行分销，城市的零售商从批发市场上把产品批发回来，在零售市场或其他形式的零售终端进行销售。

【知识拓展 11-1】

农产品批发市场是在集市贸易基础上建立和发展起来的，它有两个层次：一是作为农产品集散地分布在农村乡镇的产地批发市场，其主要功能是为农户和中介组织建立一个交易平台；二是作为农产品批发零售点、分布在城市的销地批发市场，其主要功能是为农产品批发商和分销商、零售商建立一个交易平台。

从供应链管理的角度来看，批发市场是整个供应链的核心。在批发市场上供求双方的交易既可以是一次性的，也可以是重复性的，有较大的不确定性，现代化的供应链管理手段难以实施，信息链在批发市场处容易断裂，效率相对较低，农产品流通基本上还处在时间长、消耗大、效率低、效益差的低层次状况，食品安全管理难度很大。

【课外资料 11-1】

日本农产品批发市场建设与运作管理模式

一、批发市场在生鲜农产品流通中居主导地位

目前，日本全国有农产品批发市场 1300 多家，其中中央批发市场 80 多家，基本覆盖了日本城乡。近些年由农协与连锁超市直接挂钩销售生鲜农产品的市场份额逐步增加，但经由中央批发市场和地方批发市场流通的蔬菜、水果和水产品仍分别占其流通总量的 65%左右。日本建立了完善的农产品批发市场拍卖制度，批发市场的批发业者(一级代理批发商)接受卖方即农协的委托，专职从事农产品批发拍卖业务，中间批发商和配送销售商等采购者是买方，通过竞价拍卖实现交易。农协在产地将农户送来的产品进行验收、精选分级、规格化包装并贴上农协标识，然后根据农林水产省批发市场信息网络中心提供的农产品供求与价格信息，适时把农产品送到批发市场，委托在市场上具有专门经营资质的批发业者销售；批发业者接受委托后，视农产品的新鲜度、质量、外形规格及包装等进行竞拍，通过电子显示屏发布产品的产地、品种、数量、质量等信息，中间批发商和配送销售商等买方经过激烈竞争，出价最高者买取某一商品。随后，中间批发商等再将竞买采购得到的商品运到自己的店里或仓库，进行分门别类的挑选、加工、陈列，进行再批发或配送、零售。农产品拍卖成交后，批发市场的计算机系统自动结算货款，并通过银行系统进行转账，不存在现金交易。

二、政府高度重视扶持农产品批发市场建设

日本人多地少，农户家庭小规模经营的收入与其他产业相比，相对较低。为了稳定农业、稳定农民，政府当局均强调农产品批发市场的公益性。日本的中央农产品批发市场和地方农产品批发市场建设所需资金分别由中央和地方财政负担。

三、相关法律法规制度健全完善

日本早在 1923 年制定了《中央批发市场法》，规范农产品批发市场的建设和管理。中央批发市场和地方批发市场在开设、投资以及运营上严格受《批发市场法》的约束。对新建批发市场的位置、面积、库房以及停车场等硬件设施也有明确的要求和规定。市场交易必须坚持公平、公正、公开的原则。法律规定到达批发市场的农产品必须以当天上市、全量出售为准则，批发商必须无条件接受委托、代理拍卖，禁止批发商、中间批发商和采购商在批发市场外开展批发业务。

四、农民合作组织是农户连接农产品批发市场的重要桥梁和纽带

日本农协在组建产地批发市场和集配中心、组织物流配送等方面发挥着重要作用。日

本全国农协系统共有 2800 多个基层集配中心(集货场)，同时建立了众多农产品运输联合会等合作组织，确保生鲜农产品快速运到批发市场。

(资料来源：http://www.scs.moa.gov.cn/sclt/201106/t20110606_2008211.htm)

二、龙头企业带动型农产品供应链

龙头企业带动型农产品供应链可简单表示为“农户(基地)→龙头企业→批发商→零售商→消费者”，其核心环节是龙头企业(食品加工企业或者流通企业)。

龙头企业可以充分利用自身具有的资源，集中人、财、物，把企业不断做大做强，形成强有力的辐射带动能力，向上游带动基地与农户，向下游建立稳定的客户关系，形成一个完整的农产品供应链。企业与上游农户后向一体化的建立，一方面可以通过订单的方式与农户签订长期合同，形成长期合作关系。另一方面，企业可以建立自己的生产基地，自然形成后向一体化。通过土地有偿租赁的形式把农民的耕地经营权租赁给公司，这样基地相当于一个车间，农民相当于这个车间的工人。农民除了定期向企业收取租金外，还当起了企业的“产业工人”，不仅有效解决了结构调整中资金、技术和信息短缺的困难，还避免了自然灾害风险、自主经营的市场风险及生产上的技术风险。

【案例分析 11-1】

别具一格的温氏模式

广东温氏食品集团有限公司创立于 1983 年，由 7 户农民集资 8000 元起步，现已发展成一家以养鸡业、养猪业为主导、兼营食品加工的多元化、跨行业、跨地区发展的现代大型畜牧企业集团，目前已在全国 22 个省(市、自治区)建成 140 多家一体化公司。

“温氏养猪模式”，即由公司向合作农户统一供应猪苗、统一供应饲料、统一供应兽药、统一技术服务、实行保护价收购，并免费为之办理生猪保险。农民和温氏公司合作养猪，除了需要自己投资 8 万元建造猪舍外，其余的诸如苗猪、饲料、兽药等，全部先由该公司提供，实行记账赊欠，待出售肥猪时一次性扣除。

从该公司肉猪委托养殖合同上看到，加盟的农户养猪每次至少达到 100 头，120 天育成肥猪后，回收价 6.6 元/斤。不管市场行情如何变化，公司确保农民每头肥猪获取纯利润 100～150 元。饲养期间，公司派技术人员上门巡回指导。如果公司违反合同，每延迟一天收购，每头给予 1 元补助；延迟支付结算款的，按照延迟款总额的每天万分之三赔偿养殖户。拒收养殖户交付符合标准的猪，每头赔偿养殖户 80 元。

温氏始于1986年与农户的合作，也由此开创了我国龙头企业带动型农产品供应链模式的先河。从而实现了农产品的规模化生产、标准化管理、产业化经营，确保了产品质量。这种模式将农户的土地，劳动力和公司的市场、资金、管理经验和技术等农业产业化经营所需要的各种要素实现了有机结合。

温氏模式核心内容是以一个技术先进、产权明晰的现代农业企业为龙头，以专业化农户为生产基础，由龙头企业组织现代农业产业生产经营，把农户生产纳入现代农业产业链经营中，利用契约和全员股权占有等形式缔结成利益共生体，通过创建“一体化养殖公司”形式，实现种苗、饲料、饲养、疫病防治、销售等环节的产业链一体化经营。

在产业链中，温氏公司购进的是玉米、豆粕等饲料原料，产出的是活猪，整个运营过程分为5大环节：饲料原料采购、饲料生产环节，种苗生产环节，生猪饲养环节，技术配套环节，销售、加工环节。具体的分工为：公司负责统一的计划制订，负责承担市场风险，并对内部各环节的利益进行平衡，实行综合经营；各地分公司负责技术配套、销售、加工环节；基地负责饲料原料采购、饲料生产、种苗生产、药物生产环节，农户负责肉鸡、肉猪的饲养管理环节，公司为养殖户提供种苗、饲料、药物、技术、销售等一条龙服务。对农户的管理可分为申请入户、交付定金(合作互助金)、领取鸡苗和生产资料、技术指导和相关服务、统一回收、结算6个环节。

(资料来源：王筱. 温氏模式：分享之魅[J]. 农经，2012(10)：24-28)

思考题：

1. 温氏食品有限公司是如何和农民合作的？
2. 结合案例分析，龙头企业带动型农产品供应链成功的关键是什么？

虽然龙头企业带动型农产品供应链可以利用龙头企业的资金优势、技术优势、市场优势、信息优势和管理优势，带动一大批农户，有效推动市场农业的发展，但与此同时，这种模式也凸显出一些问题，主要有：订单的履约率低、合约的制定不够完善、行政干预多、农民的谈判地位低、公司与农户的交易成本过高等。

【案例分析11-2】

为何奶贱奶贵都伤农

2007年9月，H省J市养牛户兼收奶站站长因不满当地企业低价收奶行为，在准备把鲜奶卖给出价高的外地企业遭到阻拦时，一怒之下将自己的9吨鲜牛奶倒进壕沟。这一事件如石击水，掀起层层舆论涟漪。

一、市场垄断，克扣奶农没商量

不管国内外市场奶价多高，牛奶始终卖不上价钱。当市场奶价低时，奶农更是“受气”。当地养牛户往企业送奶一直被克扣，卖一次奶得被莫名其妙地扣掉 2 斤，企业的奶站不说什么原因就扣秤。因为怕奶站不收奶，所以奶农都敢怒而不敢言。公司质量检测不透明，某养牛户送奶遭拒，只能把一周的牛奶全部冻成冰棍，7 头奶牛全部卖给了屠宰场。

二、“公司+农户”，奶农变“长工”

20 世纪 90 年代末，H 省奶业企业竞相崛起，一些奶业企业在养牛户相对较多又有发展前景的地方扎根落户，并逐渐形成龙头企业带动农户增收的农产品供应链。但近几年来，这种模式越来越暴露出弊端。在这种模式中，公司和奶农处于不平等的单位，奶农处于弱势地位，加工企业压等、压价，检测过程不透明，有的甚至存在盘剥奶农现象。奶价高时奶农卖不上高价，奶价低时奶农又被克扣，而企业在高价低价时都能赚到钱，造成奶农就是企业的“长工”。

H 省畜牧局一位负责人指出，因为企业是有组织的，农民是松散的，所以农户无法与企业平等对话。“现在全球乳制品的价格都在涨，乳品企业赚了钱，有的地方企业垄断着奶源，而又给当地奶农那么低的价格，这和地方政府的行为有直接的关系。”

(资料来源：高广志，程子龙. 为何奶贱奶贵都伤农[J]. 农家参谋，2008(2)：7-7)

思考题：

龙头企业带动型农产品供应链在实际运营过程中存在哪些弊端？

三、“农户+公司+协会+零售商”农产品供应链

“农户+公司+协会+零售商”模式是把分散的小农户转向规模生产的一种有效方式。在协会的统一规划下，公司向农户发放订单，实现“四统一”：统一标准、统一包装、统一品牌、统一调运，使农产品生产、加工、销售等环节有机结合、相互促进、井然有序，推动农业走上以质量和效益为中心的轨道，向专业化、市场化和现代化转变。

协会一般由农户自发组织或由政府协调组成，是一种自下而上的农民自己的经济组织。它能够维护农民的利益，与农民之间的关系比较稳固，与其他组织(如龙头企业)相比，在农村更有影响力。这类组织的存在与规范运行，对帮助农民组织起来进入市场，解决分散的小农生产和大市场的矛盾，实现农业生产的标准化，增强农户在整体上的市场竞争和讨价还价能力，降低交易成本，具有重要作用。同时，这种合作组织将通过市场信息网络获得的全面、准确的食品安全信息、政策、法律、法规、标准等，及时传递给农民，可以帮助农民按照市场需求进行农业生产决策和调整农产品结构，避免盲目生产带来的损失。

四、以专业合作组织为核心的农产品供应链

农民专业合作组织是市场经济发展的产物，是在市场竞争中处于不利地位的广大小规模农户在坚持家庭承包经营、保持各自财产所有权不变的前提下，按照自愿原则建立起来的经济互助组织。发展较为成熟、规模较大的合作组织能够承担起农产品产销一体化管理的责任，实现上连农户下接农产品批发市场、连锁店、超市等零售终端，形成完整的农产品供应链。加入合作组织的农户通过在农产品销售、技术、信息服务及农产品加工等某个环节上展开合作经营，降低各自分散经营的成本，实现规模经济，提高市场议价能力，增强市场风险的能力，最终达到增加经营收入的目标。

【知识拓展 11-2】

农民专业合作组织的发展类型

(1) 从组织的功能角度，可把其划分为 4 种类型。一是农产品营销型，主要解决农产品销售难题，打造农产品品牌，搞活农产品流通。二是农业生产资料供应型，主要为农民及时提供质优价廉的农业生产资料，减少农户购买生产资料的中间环节，确保农用生产资料的质量。三是产加销一体化经营型，主要是解决农民生产与农产品加工、销售脱节及利益分割问题，联结生产、加工和销售于一体，增加农民的经营收益，抵御市场风险。四是技术服务型，主要是解决生产中的技术问题，开展技术引进和推广，提高农业生产的科技含量和水平。

(2) 从组织的合作程度和运行机制角度，可把其划分为三种类型。一是专业协会，它是由从事专项农产品生产、销售、加工的农民，按照自愿互利的原则，以产品和技术为纽带联合组建起来的社团性合作经济组织，主要包括技术协会和研究会。其合作关系一般比较松散，大多数专业协会是非实体性的，不直接为会员销售产品，不以营利为日的。专业协会每年向会员收取一定数量的会费，以提供技术和信息服务为主。二是专业合作社，它是合作经济组织的典型形式，是由从事同类产品生产的农户或农民自愿按照合作制原则组成的经济组织。其合作关系一般比较紧密，多数专业合作社是实体性的，其内部制度比较健全，管理比较规范。专业合作社多数在工商管理部门登记为企业法人。成员一般交纳一定数量的股金，只吸纳身份股，年底按银行存款利率进行股金分红，并按照为社员销售的产品数量返还利润。三是股份合作社，它是在合作制基础上实行股份制的一种新型合作经济组织。一般由企业、农技推广单位、基层供销社等出资作为股东，再吸收少量的社员股金组建成股份合作社。这类组织也是实体性和紧密型的，采取劳动与资本联合的方式，从事

某种专业生产，实行按劳分配与按股分红相结合。目前，在农民专业合作组织中，专业协会所占的比重最大，专业合作社次之，股份合作社最小。

（资料来源：侯保疆．我国农民专业合作组织的发展轨迹及其特点[J]．农村经济，2007(3)）

【课外资料 11-2】

法国农民合作社的发展

法国是欧洲最大的农业生产和农产品出口国，但在 20 世纪 70 年代前却是一个农产品及食品净进口的国家。从 1971 年起农产品及食品贸易开始转为顺差，此后迅速发展成为仅次于美国的世界第二大农产品净出口大国和第一大食品加工出口国。法国农业快速发展的外部条件是得益于欧盟共同农业政策，内部动因则是通过大力兴办农村合作经济组织并予以多方面的政策扶持，不断进行农业生产和经营组织的创新。法国农业部官员称："今天法国农民的富裕，很大程度上是合作社带来的。"

农业合作社是法国农业生产体系最基本的组织形式，是农业发展的主要推动组织，在法国农村经济中占有举足轻重的地位。目前，法国有农业合作社 6500 余个，入社社员 130 万人，90%的农民加入了农业合作社。全法农业合作社有雇员 12 万人，年营业额 1650 亿欧元，占相关行业的全国市场份额分别是：粮油收购 75%、餐用葡萄酒收购 60%、鲜奶收购 47%，羊奶奶酪生产 61%、牛肉生产 38%、猪肉生产 89%、羊肉生产 49%、谷物出口 45%、鲜果出口 80%、家禽出口 40%等。农业合作社成为广大农户与全球化大市场联系的桥梁。

法国合作社联盟是合作社的最高组织机构，成员主体是 14 个行业合作社联合会，22 个大区的区域性合作社联盟和少量大型的专业合作社。全国的合作社联盟和区域合作社联盟的主要任务是组织协调和为社员服务，作为协会性组织，与政府、议会对话，开展对外联络和交流，保护合作社的利益。联盟的经费主要是成员社上交的会费，同时通过提供专业的法律等事务性服务收取少量服务费。

（资料来源：农馨．法国合作社[J]．农产品市场周刊，2012(6)）

五、"农超对接"农产品供应链

"农超对接"是国外普遍采用的一种农产品生产销售模式，"农超对接"指的是农户和零售商签订意向性协议书，由农户向超市、菜市场和便民店直供农产品的新型流通方式。

相比传统的农产品供应链组织模式，农超对接使农户生产的产品直接面对消费者，减少了中间的流通环节，流通环节的减少势必减少运营费用，除了能有效地降低农产品物流运输成本外，还可以降低对农产品供应链运营的监管难度，有效保证食品安全。

【案例分析 11-3】

家家悦的“农超对接”模式

家家悦于 1998 年进军现代化零售业，从一开始就非常重视生鲜农产品的营销。为了促进农民参与到家家悦的农超对接项目中来，家家悦采用了多种合作模式。

第一种模式是通过村干部来组织农户。乡村干部在农村具有巨大的影响力和号召力，家家悦联系优质农产品产区或已经实施了“一村一品”村庄的干部，请他们出面来为家家悦组织超市所需要的农产品。

第二种模式是与种植大户合作。种植大户具有规模大、技术高等特点，因此家家悦选择具有稳定产量和质量的种植大户，让他们把产品直接送到销售门店或者物流配送中心。

第三种模式是同农民专业合作社合作。从 2007 年以来，山东省农民专业合作社发展的速度非常快，这些由能人或者乡村干部组织的合作社能够对社员农户的生产进行管理和提供技术支持。因此，家家悦非常重视同农民专业合作社的合作。除了已经成立的农民专业合作社外，在一些农产品的主产区，如果农民有意向，但还没有成立合作社，家家悦会帮助农民成立专业合作社，并为新成立的合作社提供有利的采购条件，支持新生合作社的发展。如山里红果蔬专业合作社在村委会的组织下，种桃农户开始与家家悦建立了直接采购关系。2008 年，在家家悦和地方政府的支持下，姜家疃村 117 户桃农共同成立了合作社，村书记被大家推选为社长。合作社成立后，社员被分成种植组、打药组等多个小组，每个小组都有专人负责。合作社为社员提供农产品生产、技术、销售一条龙服务。桃子的整个生产过程必须严格按照家家悦的标准，统一购买并使用化肥、有机肥、农药等。

此外，合作社与家家悦签订采购意向书，家家悦除了收购合作社社员生产的合格桃子外，还通过自己敏锐的市场触觉指导生产者生产适销对路的农产品，一旦家家悦发现市场对某种农产品有需求，但尚未有农民生产的话，他们就会组织有兴趣的合作社来生产。合作中，家家悦为合作社提供免费种子，专门聘请有种植经验的农民对社员进行技术指导，并邀请一家农资公司参加这个项目。农资公司通过赊账的方式向合作社提供农药、化肥，并必须保证出售农药的安全。

截至 2010 年 6 月，家家悦超市通过农民专业合作社采购的生鲜农产品已经占到其采购总量的 40%，涉及 60 多家合作社，基地面积超过了 25 万亩，使大量的农户和消费者从中受益。

(资料来源：胡定寰. 几种成熟的农超对接模式[J]. 农产品加工，2011(12)：20-22)

思考题：

家家悦是如何实施农超对接模式的？实施农超对接有什么好处？

在实际运营过程中，“农超对接”的农产品供应链模式面临着诸多挑战。采购成本和运输成本，是超市在农超对接中盈利的关键。大批量的采购才能降低采购成本和运输成本，所以只有达到一定规模的农村合作社，才有可能与大型超市对接，但是，由于大型超市对农产品品质要求苛刻，使得极少有合作社能达到要求，超市往往无法达到规模运营。另外，由于合作社在与超市谈判过程中，地位并不对等，不能保证农户的利益，农户所得的利益往往并不比以批发市场为核心的模式多；同时，超市对供应商的货款结算，一般采用银行结算的支付方式，并且有结算周期，农户更趋向于传统模式下的现金交易，因此，农超对接模式在我国全面推广仍有一定难度。

【案例分析 11-4】

“农超对接”缘何H市遇冷

H 市本地蔬菜生产即将进入高产期，农产品“卖难买贵”现象日渐突显。为破解本地菜“卖难买贵”的难题，H 市相关部门积极开展多种形式的产销对接，缩短“菜园子”和“菜篮子”的距离，降低流通费用。但治标难治本，小生产和大市场之间的矛盾依然存在。

H 市开展“农超对接”已经有多年，这本是一件一举多得的好事，然而近年来却遭到农民和超市的冷遇。

富强晨光蔬菜专业合作社2008年成立，已经由最初的7户农民，发展到现在的100余户，种植面积达到2000余亩。现在合作社已经创出了自己的品牌，销售途径也更广了，一点儿也不愁卖。合作社现在可以将产品销往农贸市场，或将蔬菜制成礼品包装，走高端精品路线销售等多种销售途径。

多家曾寄希望于“农超对接”的合作社，现在也敬而远之。一位合作社负责人指出：“虽然超市和合作社之间实行提前预报蔬菜价格，但价格的最终制定权还是掌握在超市手中；进超市特别是大型连锁超市的门槛费高，资金回笼期长；另外，进入超市的蔬菜所产生的损耗都要合作社自己承担，这些都增加了农户的负担。”

一家规模较小的合作社负责人说：“如果超市需要 10 样蔬菜，而我们的地里只有两样菜，那剩下的 8 样菜，只能从批发市场配货，但是价格肯定高，这就失去了‘农超对接’的意义；另外H市产的菜有季节性，不能终年供应，根本无法满足超市需要。”

不只是合作社对“农超对接”不积极，超市也不十分情愿。一位不愿透露姓名的超市负责人说："我们把它作为一项配合政府的'公益活动'，利润少点但只要不赔本就行。"

(资料来源：李天池."农超对接"缘何哈尔滨遇冷[N]. 农民日报，2013-07-09)

思考题:

农超对接在H市实施过程中为什么没有得到积极响应？

第三节　农产品供应链中的违约问题

一、订单农业概述

(一)定义

农业产业化经营是继家庭承包制后，我国农村产业组织制度的又一创新。在农业产业化的发展中，最为人们称道的模式是所谓的订单农业。

订单农业(Contract Farming)是指农产品订购合同、协议，也叫合同农业或契约农业，签约的一方为企业或中介组织，包括经纪人和运销户，另一方为农民或农民群体代表。订单中规定了农产品收购数量、质量和最低保护价，使双方都有相应的权利、义务和约束力，不能单方面毁约。因为订单是在农产品种养前签订的，是一种期货贸易，所以也叫期货农业，在一定程度上有利于解决小生产与大市场的矛盾，也在一定程度上让农民规避了生产经营中的风险。

我国订单农业主要形式有：农户与科研、种子生产单位签订合同，农户与生产加工型龙头企业签订购销合同，农户与专业批发市场签订合同，农户与专业经济组织、专业协会签订合同，农户与流通企业签订合同。

(二)订单农业的作用

从企业的角度来说，为了满足消费者的需求，企业在收购农产品时，会要求农产品具有优质、优价的特性；在下订单时，会对农户生产的产品提出高标准的要求，以实现自身最大的利益。具体地说，企业必定会根据消费者需求，在生产、加工、包装等环节，为农民提供技术、信息、设备、人员等多方面的服务。有的企业甚至协助农民建立一个高标准的生产基地，引导农民实行专业化、区域化、多样化、标准化的生产，以保证农产品的高品质。

对于农民来说，为了达到企业的要求，履行契约，获得收入，农民会在生产中避免不利因素，以最大限度地做到最好。在农产品较为丰富的今天，农民面临着激烈竞争下的“卖难”问题，农民面对的是产品相对过剩的市场和激烈的竞争，因此一旦有了订单的合作者，主观上自然会给予足够的重视。如果生产的农产品品质达不到企业的要求，按照订单合同的规定，企业有权利单方终止合同，而这对于农民来说，损失是不可估量的。

二、订单农业违约问题分析

订单农业在农业产业化推广和食品安全保障中发挥了积极的作用，在发达国家已经被验证是成功的。但是，由于订单履约有一段农业生产过程，可能受到市场、自然和人为因素等的影响，因此，具有一定的风险性。在实践过程中，诸多问题渐渐暴露出来，其中，最为严重的问题就是频发的违约行为，农户违约现象和龙头企业违约现象都存在，农业订单的履约率一直比较低下。调查显示，我国的订单农业履约率仅为20%。

【课外资料 11-3】

订单农业早在第二次世界大战以前就已在美国出现，在 20 世纪 50 年代时在欧美地区迅速发展起来，到了 20 世纪末，订单农业已成为发达国家现代农业的基本特征之一。以美国为例，早在 1997 年，美国国内的农作物和畜产品就有约 1/3 是通过合同生产和交易的；2001 年，肉猪总产量中的合同销售份额占到 72%；活牛销售在集中上市期间全部是通过合同来定价销售的；棉花和大米销售的 30%以上采用合同销售；2002 年，美国 79%的烤烟通过合同销售，至 2003 年几乎所有的烟草公司和烟叶经销商都与生产者签订了合同。

【知识拓展 11-3】

订单农业中的违约可分为显性违约和隐性违约。显性违约是指那些违约事实清楚的违约事件，例如，明显的欺诈行为，对于这类违约，法庭可以容易地加以裁决。隐性违约是指那些违约事实不太清晰、有关信息难以收集或证实的违约事件；例如，基于信息不对称的逆向选择、道德风险和“敲竹杠”行为。对于这类违约，法庭不容易解决甚至根本无能为力。

违约现象屡屡发生的原因是由于合同失去了约束力，违约行为得不到有效的惩罚，违约现象的出现与当前我国农业现状及订单农业具有其自身无法克服的弱点是直接相关的。

(1) 在现实中，无论是龙头企业违约还是农户违约，受害一方诉诸法律，都是得不偿失的。由于农户小规模经营的现状造成了农户与龙头企业之间的交易量小，而且胜诉的收益也小，而诉讼及执行的成本却很高，这样，法律便彻底失去了威慑力。

(2) 由于外部环境的复杂性和多变性及人的有限理性，在签订订单时，双方很难预见到未来可能发生的一切事件，因而很难确定详尽和精确的契约条款。为了降低交易费用，便签订了一个较为粗略的契约，这就为违约埋下了隐患。而且，由于缺乏规范统一的质量标准，当市场价格低于订单价格时，一些龙头企业为保证自身效益，在收购时对农产品质量标准、等级方面提出不合理的要求，压级压价收购，有意损害农户的利益，或者违约直接按市场价格收购。于是，在签约之后，便会出现契约执行问题，任何一方都很难阻止另一方的机会主义违约行为。

(3) 我国的信用机制不够健全与信息传播不流畅。信誉机制对小农户的约束作用是微弱的，因为小农户的生存经济特征和高风险规避倾向，使得小农户更注重眼前，而不看重未来，因而容易违约；同时，小农户是分散的经营个体，交易量小，在市场中大多属于“匿名交易者”，获悉其信用是非常困难和不经济的，因此，小农户的违约成本很低，无形之中助长了其违约行为。

与小农户相比较，企业虽然注意市场信誉所带来的长期利益，但在垄断和信息传播不畅的情况时，企业同样有违约倾向。一方面，不少地方只有一家龙头企业，局部垄断现象非常普遍，由于许多农产品不适合长途运输，农户只能选择就近销售。另一方面，农民普遍与外界交往少，信息闭塞，一些企业在一个地方违约之后，可以轻而易举地换个地方继续和农户签约。因而，只要存在这些情况，信誉机制对企业也没有多少约束作用。企业也具有很强的违约倾向。

【案例分析 11-5】

云南丽江瓦莎毕公司与农户利益冲突

一、公司发展现状

云南省丽江瓦莎毕实业有限公司属于创汇型农业龙头企业，也是云南省受扶持的农业龙头企业。公司采用“公司+基地+农户”的经营模式，现有三大基地：丽江县龙山、鲁甸、九河三个乡，挂钩农户 1500 多户。公司对其基地种植的山嵛菜在 70 亩以上的每个自然村都派出一个技术员负责技术指导，每个技术员需要服务 100 多户种植农户，由于农户现已掌握了育苗技术，公司技术员的育苗工作已结束，现已由农户自己育苗。

公司近年来一直负债经营，负债高达 3900 多万元(其中含银行利息 240 万元)，而公司向挂钩农户投入(即垫支款)1300 多万元至今收不回来。由于受外地商贩抢购山嵛菜原料的影响，受扶持的农户有一半甚至一半多的山嵛菜产品外流或外销，公司原料严重短缺，2002 年 1—8 月，一直处于停产状态。公司按 1000 吨设计的加工厂，2002 年仅加工、出口山嵛菜鲜冻品 200 多吨，规模效益未能发挥出来。

二、山嵛菜种植户发展概况

在公司的带动下，丽江山嵛菜产业得到了很快的发展。如龙山乡在公司技术指导服务下，受扶持的农户试种 103 亩，这也是丽江最早试种山嵛菜的乡镇，当时收购标准是一级品 80 元/公斤，二级品 40 元/公斤，等外品 20 元/公斤，由于品质达不到标准，加之错过收购期，公司及农户均亏损。由于第一期试种未成功，第二期种植面积削减至 75 亩，农户在这一期基本上能保本。第三期，种植面积继续削减至 30 亩左右，公司按统一价格 6 元/公斤收购，农户扣除成本每亩可获纯收入 2500 元，这是历年来效益最好的一期。第四期，种植面积增加至 100 亩。按毛利计算，即统一价格是 2～3 元/公斤，农户每亩纯收入高达 1000 元，一般都在 500～800 元/亩。第五期，种植面积增加到 400 亩左右，这时由于主要来自昆明、成都甚至台湾的外地商贩的介入，外地商贩趁机提高价格抢购农户种植的山嵛菜，农户交给公司，纯利在 1000 元/亩，而交给外地商贩，则可获纯利 2000～3000 元/亩；龙山乡 2002 年山嵛菜的种植面积扩大到 1000 余亩。

龙山乡的成功试验经验，现已推广到鲁甸、九河及龙幡等乡镇，以及大理州部分山区。丽江现有山嵛菜种植面积近 4000 多亩，其中鲁甸乡占 45%，近 2000 亩的基地；其次是龙山乡，1200 亩，占 30%；九河乡 800 亩，占 20%；龙幡乡种植面积有 200 亩左右。

三、公司与农户之间的利益冲突表现

(一)农户认为山嵛菜种植能为增收带来机遇

山嵛菜产业在丽江山区确实是一种可以为农户增收的、有巨大市场潜力的产业。龙山村五组 66 户中有 50 户种植山嵛菜，户均种植面积达 4 亩。2001 年，该村 95%的农户获得收益，其中 30%～40%的农户能获得 50%以上的高收益率。据估计，2002 年该村山嵛菜种植农户中能获得高收益率在 50%以上的农户占 70%～80%。

(二)农户不满公司压价收购其农产品

龙山乡龙山村村民和建军一家 7 口人，与公司挂钩种植山嵛菜 3.5 亩，亩产 0.8～1.2 吨，按协议向公司出售产品，一般亩产值达 3000 元左右，这与外地商贩收购价 8000 元/亩，相差 5000 元/亩。公司为农户提供的种苗是 1.5 元/苗，农户自己育苗，则每苗的成本仅 0.2～0.3 元；公司为农户提供的遮光棚 1500 元/亩，而农户自己投资则仅需 1000 元/亩，所以农户认为公司一方面压价收购产品，另一方面，在原料成本上，以高价提供给农户，所以农户不满公司的做法。另外，农户认为公司不按产销合同价收购产品，农户的利益得不到有效保障，为此曾几次自发组织到乡政府申诉、静坐，请求乡政府出面解决。

(三)公司认为受扶持的农户信用不好，存在“短视”行为及“搭便车”现象

五年来，公司前后投入和垫支共 1300 多万元，12 个技术员组成的服务队常年无偿为农户提供技术服务。丽江 4 个乡镇 1000 多农户种植近 4000 亩山嵛菜，初步形成种植基地。

但每逢山嵛菜收获时节，外地商贩便来丽江高价抢购，受扶持的一半甚至一半多农户贪图高价，同时为避免公司从销售的产品收入中扣除垫付款，纷纷将山嵛菜卖给外地商贩，少数农民还把质量好、卖价高的山嵛菜卖给外地商贩，而把商贩不要的次品卖给公司，使公司蒙受损失。目前公司面临日本客户订货的电话和传真不断，由于没有足够的货源，不得不拒绝大量的订单。尽管公司根据协议打官司全部胜诉，但没有一起官司能够执行，公司扶持农户的垫支款无法收回。

(资料来源：张体伟. 云南丽江瓦莎毕公司与农户利益冲突的调查报告. 农业经济问题[J]，2003(5))

思考题：

云南丽江瓦莎毕公司与农户之间冲突的根源在什么地方？应当如何解决？

习　　题

一、简答题

1. 农产品供应链的特点是什么？
2. 农超对接模式的优缺点分别是什么？
3. 我国农产品供应链主要有几种模式？

二、论述题

结合我国农业发展实际，分析我国应采用哪种农产品供应链模式。

第十二章　绿色供应链管理

【案例导入】

沃尔玛：从绿色供应链中掘金

“环保 360”项目是在 2007 年 2 月 1 日由沃尔玛 CEO 宣布的。沃尔玛希望通过该项目将环保从简单地减少公司本身对环境的损害扩展为员工、供应商、社区和顾客的共同参与及分享利益。

“环保 360”主要包含了包装、物流、供应商及店铺设计四大方面。

在沃尔玛已经进行的工作中，包装是成效最为明显的一环。沃尔玛与供应商一起努力以求达到目标：在 2013 年前减少 5%的包装用料，相当于每年从道路上减少 21.3 万辆卡车，节省 32.4 万吨煤和 6700 万加仑(1 加仑=3.785412 升)柴油，但对于沃尔玛及其伙伴来说，更重要的还在于这样做所能够获得商业利益：据沃尔玛测算，此举能为全球供应链节约 110 亿美元，仅沃尔玛自身的供应链就能节省 34 亿美元。

沃尔玛的绿色包装倡议实施措施很多，其中比较重要的包括：每吨包装材料的温室效应气体排放量平均减少 15%；通过精简产品包装，节约产品运输成本 10%；包装材料回收量提高 10%；节约能源提高 5%；此外，沃尔玛还规定，凡是产品包装材料超过 300 美元的须报沃尔玛分管部门核准，超过 500 美元的须获得沃尔玛总部批准，而对于超过 900 美元的，则必须由行业组织专家委员会审核批准。

此外，沃尔玛在包装环节操作中坚持“五个 R”：第一个是 Remove，即去掉无须要的包装；第二个是 Reduce，即去掉不必要的包装，使包装达到正确的尺寸；第三是 Reuse，即重复使用、重复利用一些包装材料，如包装箱和托盘，过去托盘都是木质的，现在沃尔玛已经逐步开始改用塑料托盘，这样就可以反复使用；第四个是 Renewable，即采用可回收利用、可降解的包装材料；第五个是 Recyclable，即可循环利用。“五个 R”项目自 2005 年实施以来，截至 2007 年年底，仅在沃尔玛的 16 个自有品牌的包装上就一共节省了 212600 立方米的纸，相当于减少砍伐 475200 棵树；此外，因为包装减少在物流环节节省了 102350 桶油、84000 个集装箱和 26400 吨柴油，还有成千上万吨的聚氯乙烯。

在运输方面，沃尔玛规定，凡是冷藏货运卡车在仓库、码头和堆场进行装卸货或者其他作业期间，必须停止发动机，改用现场电源帮助制冷。仅此一项，沃尔玛全球冷藏车队就可以减少排放二氧化碳 40 万吨，减少能耗 7500 万美元。

(资料来源：李炯. 沃尔玛：从绿色供应链中掘金[N]. 第一财经日报，2008-05-16)

随着人类社会文明的不断发展和经济的高度繁荣，我们在享受现代文明成果带来的便利的同时，资源枯竭、环境污染和生态失衡等一系列问题也相伴而生，不容忽视。这些问题如果不能得到妥善解决，将对人类社会的生存和发展造成严重威胁。绿色供应链是将绿色环保意识贯穿到产品整个生命周期中，在强调供应链中节点企业取得“共赢”的同时，进一步考虑最大限度地降低对环境的负面影响，从而提高资源利用率，增强核心竞争力。

第一节　绿色供应链概述

一、定义

在绿色供应链这一崭新的领域，各国研究机构和学者提出了各自对绿色供应链的认识。

1996 年，美国密歇根州立大学的制造研究协会在一项“环境负责制造(Environmental Resources Management)”的研究，最早正式提出绿色供应链概念。当时绿色供应链又称环境意识供应链(Environmentally Conscious Supply Chain，ECSC)或环境供应链(Environmentally Supply Chain，ESC)，其定义为：绿色供应链是以供应链技术和绿色制造理论为基础，涉及供应商、生产商、零售商和消费者，综合考虑资源效率和环境影响的现代管理模式，其目的是使产品从原材料采购、加工、包装、储存、运输、废弃物处理的整个过程中，达到对环境的影响最小以及资源效率最高的目的。

1998 年，Narasimhan 和 Carter 提出绿色供应链是“采购部门在废弃物减少、再循环、再使用和材料替代等活动中的努力”。

2000 年，我国学者但斌和刘飞提出，绿色供应链是“一种在整个供应链中综合考虑环境影响和资源效率的现代管理模式，它以绿色制造理论和供应链管理技术为基础，涉及供应商、生产厂、销售商和用户，其目的是使得产品从物料获取、加工、包装、仓储、运输、使用到报废处理的整个过程中，对环境的影响(副作用)最小，资源效率最高”。

2005 年，我国学者王能民等提出：“绿色供应链是指在以资源最优配置、增进福利、实现与环境相容为目标的以代际公平和代内公平为原则的从资源开发到产品的消费过程中包括物料获取、加工、包装、仓储、运输、销售、使用到报废处理、回收等一系列活动的集合，是由供应商、制造商、销售商、零售商、消费者、环境、规则及文化等要素组成的系统，是物流、信息流、资金流、知识流等运动的集成。”

二、绿色供应链的目标

绿色的本质特征直接体现在 5R 上，即节约资源、减少污染(Reduce)；绿色生活、环保选购(Reevaluate)；重复使用、多次利用(Reuse)；分类回收、循环再生(Recycle)；保护自然、万物共存(Rescue)。不难看出，绿色要求人类的一切经济活动应当与环境相容。

从供应链的成员来看，绿色供应链应由供应商、制造商、分销商、零售商及消费者共同组成。因此，绿色供应链可以分为两个子系统：生产系统与消费系统，前者主要包括供应商、制造商、销售商与零售商等企业的生产经营活动，后者主要包括消费者的消费活动。对于生产系统而言，其目标是提高其生产活动的效率或者说提高资源的配置效率，实现资源科学合理的利用；而对于消费系统而言，其基本的目标是最大化消费过程中的效用，具体在绿色的含义中表现为消费的安全性，即要求在消费过程中与消费后对消费者健康不会存在损害，因此消费系统的主要目标是提高消费者的福利。因此，绿色供应链的目标主要包括三个方面：充分实现资源的优化利用(生产系统的主要目标)、提高活动的社会福利(消费系统的主要目标)、供应链各成员的活动要与环境相容。

图12-1给出了绿色供应链的三维目标。

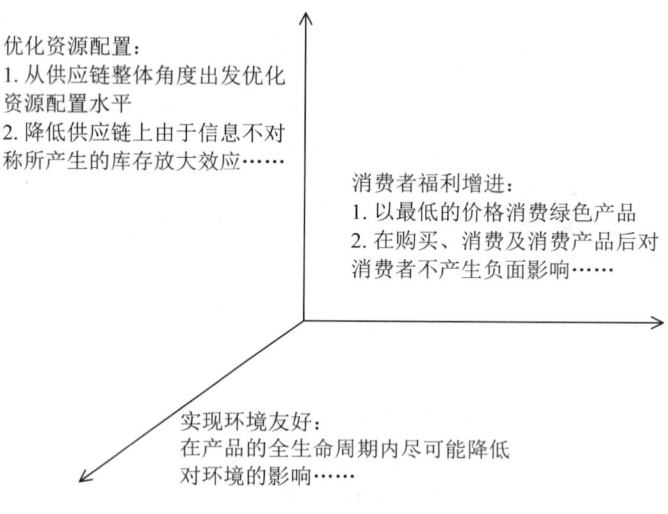

图12-1　绿色供应链的三维目标

【课外资料12-1】

影响绿色供应链运营的激励因素

影响绿色供应链运营的激励因素有三个方面。

(1) 市场压力。绿色供应链的源发动者是消费者，大多数企业并不关注环境给其带来的商业收益，但是市场迫使其改善环境管理绩效；其次，为了企业的可持续发展和树立企业形象，供应链的核心企业往往成为其所处的供应链实施绿色供应链的发动者和激励者。

(2) 市场份额。为了保持其市场份额有时甚至仅仅是为了生存，企业在与供应商进行谈判时强调环境因素，绿色供应链可以为企业提高顾客的忠诚度，甚至创造新的市场机会。

(3) 风险管理的需要。采取绿色供应链管理是可以避免因为规制等因素所导致的供应中断的风险、因为污染或废弃物产生的环境风险，以及因为市场竞争要素变化而失去竞争优势的风险等。

【课外资料 12-2】

阻碍绿色供应链运营的因素

阻碍绿色供应链运营的因素主要有以下几点。

(1) 成本。由于采取更有效的环保措施将使得成本上升。

(2) 环境意识缺乏。不明确的环境标准及供应链内成员间烦琐的报告要求而导致沟通的冲突。

(3) 企业具有竞争优势的技术及商业机密存在曝光的危险。

(4) 绿色供应链要求在供应链内快速转移知识、技术及环境管理实践经验，但由于对技术创新缺乏保护及供应链内成员间知识与技术水平的不一致而产生技术与知识障碍。

(5) 绿色供应链因为供应商数量的减少和组织文化的一致性会导致其柔性降低，使得整个供应链不能有效而快速地响应市场的变化。

第二节　绿色供应链的内涵和特征

一、绿色供应链的概念模型

华盛顿大学的 Benita M. Beamon 博士在其研究中提出了有关绿色供应链的概念模型，其核心思想是在原来一般供应链概念模型的基础上增加了再利用(Reuse)、再制造(Remanufacture)、再循环(Recycle)等活动流，同时也描述了在供应、制造、销售、消费等过程中产生的废物的运动方向。

【知识拓展 12-1】

概念模型(Conceptual Model)是指利用符号、图表等描述客观事物的性质、联系及逻辑关系的模型。

Tina Karlberg 等研究者提出的绿色供应链概念模型，将绿色供应链的组成成员由原来的供应商、制造商、分销商、顾客、运输商等的基础上增加了回收商。

英国的克兰菲尔德大学 Remko Ivan Hoek 也提出了有关绿色供应链的概念模型，其主要贡献是在绿色供应链中分析了各个环节中如何管理的问题，将绿色供应链的组成成员中增加了服务机构。

在分析已有成果不足的基础上，可以得到绿色供应链的概念模型，具体描述如图 12-2 所示。

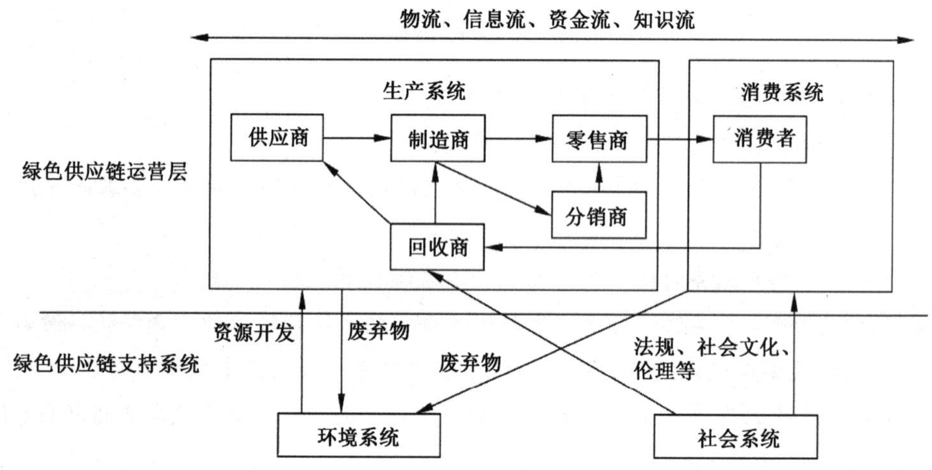

图 12-2　绿色供应链的概念模型

二、绿色供应链的内涵

从绿色供应链的概念模型中，可以反映绿色供应链区别于一般供应链的内涵，体现在以下三个方面。

(1) 概念模型系统地反映了绿色供应链的结构。绿色供应链由生产系统和消费系统组成，并与社会系统与环境系统发生联系。生产制造系统由供应商、制造商、分销商、零售商、回收商组成；消费系统则由消费者组成；社会系统由绿色供应链的运营的社会因素构成，具体包括法规、社会文化、伦理等；环境系统则由资源和生态等组成。

(2) 概念模型反映了绿色供应链的子系统之间的联系。从图 12-2 中来看，环境系统为生产系统和消费系统提供必需的生产资料和生活资料，生产系统与消费系统所产生的废弃物将进入环境系统；生产系统为消费者创造使用价值，而消费者则将消费过程中产生的可回收利用的废弃物通过回收商回收的方式为生产系统提供一部分资源；社会系统以法规、社会文化、伦理等方式来约束与影响生产系统及消费系统中各行为主体的活动，要求达到与环境相容的目标。

(3) 概念模型反映了绿色供应链中的活动。绿色供应链主要包括物流、信息流、资金流与知识流的运动。与一般供应链不同的是：一般供应链的物流与资金流的运动是单向运动，即物流从供应商→制造商→分销商→零售商→消费者，资金流则从消费者→零售商→分销商→制造商→供应商；而在绿色供应链中，由于回收商的参与，物流与资金流从原来的单向运动变为双向运动，因此，绿色供应链是封闭的供应链。另外，一般供应链强调的是物流、信息流与资金流的运动，而绿色供应链除了以上因素，更多强调知识流运动在绿色供应链的运作过程中的重要性。

三、绿色供应链的特征

从绿色供应链的概念模型及其内涵的分析可以得到绿色供应链的特征，具体体现为以下五个方面。

1. 整体性

整体性是绿色供应链的一个显著特征。绿色供应链由生产系统和消费系统组成。其中，生产系统为消费者创造使用价值，同时还要提高供应链的盈利能力、保证生产经营活动与环境相容，这必然要求各行为主体在技术、知识、工艺选择、资源供应等方面实现协调，否则上述目标不可能实现。消费系统对于绿色供应链来说，也是十分必要的，如果消费者不具备相应的技术、知识、消费理念、价值观与道德观等，绿色消费就不可能实现，有利于环境改善的消费方式就不可能被采纳，同时可回收再利用的废弃物也不可能重新回到生产系统。

绿色供应链的运营是基于一定的支持系统上进行的，支持系统的存在决定了绿色供应链的运营条件与方式，为绿色供应链的运营提供了资源约束、制度约束、道德约束，以上约束的存在是保证绿色供应链在运营过程中按照其确定的目标来运营的决定性因素。

2. 目的性

一般供应链的主要目标是实现供应链整体利润最大化。绿色供应链的主要目标是由三个子目标所组成的目标体系，旨在实现资源的最优配置、增进福利、供应链内各成员主体的活动与环境相容的目标。

3. 层次性

绿色供应链可分为支持层和运营层两个层次，支持层又分为环境子系统和社会子系统两个子系统，而运营层又分为生产系统和消费系统两个子系统。各个子系统均由不同要素组成，逐层隶属，逐层关联，形成一个递阶的结构。因此，绿色供应链具有明显的层次性。

4. 环境适应性

环境适应性具体体现为运营层中的生产系统与消费系统和支持层的联系，这种联系体现为物质、能量、信息的交换。

生产系统通过生产过程将环境系统的资源转换为产品，同时也将产生的废弃物反馈给了环境系统；生产系统、消费系统与社会系统之间存在信息交换，各国政府及国际组织通过法规来约束与引导生产系统中企业的行为，同时通过文化和伦理的引导来激励消费者实现其消费行为的绿色化；环境系统与社会系统的变化将导致绿色供应链的运营层行为的变化，如环境系统出现了资源短缺的情况，则要求生产系统中的各行为主体做出改变，要么放弃原有的产业，要么寻找可替代资源。

5. 复杂性

由于绿色供应链的组成由原来的供应商、制造商、分销商、零售商与消费者的简单结构变化为由生产系统和消费系统运营、环境系统与社会系统支持的复杂结构，使得其呈现出复杂性的特征。在组成结构表现出的复杂性特征之外，绿色供应链的复杂性还表现为在其运营过程中面临的较一般供应链更加复杂的新问题。例如，如何激励供应链成员采用与环境相容的活动，如何选择、设计、控制与环境相容的原材料、工艺等问题。

第三节　绿色供应链管理的定义、内容和流程

一、绿色供应链管理的定义

有关绿色供应链管理的定义，目前也没有统一的定义。

1998年，Steve V. Walton等认为：绿色供应链管理就是将供应商加入到企业的环境战略中，其核心思想是将集成管理的思想应用到绿色供应链的领域中。

2000年，M. H. Nagel认为：环境意识是供应链管理的一种从顾客到直接供应商的长期的战略驱使过程，主要集中在激发供应链中环境友好的技术创新，有效的成本节约，在顾客与供应商中建立起环境保护的意识平台进而实现在供应链内保持长期的战略关系，绿色供应链的管理涉及产品的使用、组成及生产的全过程。

2001年，Zsidisin和Siferd认为：绿色供应链管理在环境可持续发展基础上，将设计、

采购、生产、分销、使用及回收再制造等业务流程中考虑环境因素，并在供应链企业之间形成环保合作的伙伴关系。

【案例分析 12-1】

宜家的绿色供应链管理

宜家家居的环境管理手段值得学习与借鉴。

一、绿色投入与原材料

宜家家居在投入上强调环境管理，大部分宜家产品原材料(约 70%)是木材或木纤维，要求所有用于宜家产品生产制造的木质原材料均应取自经林业监管专业认证的林带，或经森林管理委员会 FSC(Forest Stewardship Council)等具有同等效力的标准认证的林带。为了保护林业资源，宜家提出森林行动计划(Forest Action Plan，FAP)，以系统地处理森林事宜。

宜家家居在选择原材料时充分强调环境友好与消费者权益的保护：如纺织品和皮革中使用的偶氮染料在某些情况下会释放出对健康有害的芳基胺，宜家的产品中禁止使用含有这些物质的染料；镉是一种无法销毁的重金属，宜家禁止使用以镉作为添加剂的原材料；CFC 和 HCFC 是对高层大气中臭氧层有害的物质，宜家禁止在其产品中使用这些物质；羽绒和羽毛用作枕头和被子的充填物，宜家使用该类原料不是取自活的禽类，而是家禽业的副产品。

二、对供应商的管理

宜家目前在全球 50 个国家拥有约 2000 家供货厂商，为宜家生产制造行销于宜家目录册和宜家商场内的所有产品。在财政年度 2000—2003 年，宜家环境工作的一项主要任务是帮助改善部分供货厂商的生产环境条件。具体措施是，向他们提供有关基本要求的文件材料，然后对于要求执行情况进行随后的跟踪检查。生产厂家对于制作材料和生产工艺的选择在相当大程度上取决于宜家提供的产品规格文件。文件内容包含了所有有关限制性规定，例如，对于某种化学成分、金属材料或其他原材料的指定使用。宜家同时对 4 SEA(4-Point Supplier Environmental Assurance)的环境管理制度作了简化修订。该系统的目的是帮助供货商明确了解他们的生产活动对环境造成的影响，从而鼓励他们以可持续发展的方式组织生产。

三、绿色运输

宜家货品由外部承运代理负责运输。所有宜家承运代理须遵从环境标准和多项检查，如环境政策与行动计划、机动车尾气排放安全指数等，必须达到最低标准要求。为了减少公路运输中尾气成分 CO_2 的排放，宜家设法增加了产品的单位包装数量，如宜家产品的平板包装就是一种好的方式，可以最大限度地降低货运量。采用 CO_2 排放量较小的货运方式，同时，所有宜家仓库现已连接于或直通于铁路网或货运港口。

宜家针对包装材料的环保标准也十分严格，要求包装材料可以回收利用，或二次重复使用。关注产品单位包装数量，以豪特茶壶为例，宜家利用产品外形，将其中几个茶壶倒转放置，一个包装就可以容纳10件产品，而以前只有6个，提高了产品单位包装的数量，节省了包装材料。

四、绿色营销

宜家集团在营销环节强调环境友好。宜家的每一家商场都拥有一名环境协调员负责对商场员工进行环境知识培训；在废品管理方面，宜家要求商场将各自产生的垃圾废品分拣成为至少5大类，以便回收处理。这意味着约75%的商场废品都可以得到回收。提高商场能源使用率，是宜家环境行动计划的另一焦点，具体措施包括推广使用新型节能照明产品，试用如太阳能、地热和来自地下蓄水层的其他能源。

与此同时，宜家家居在营销过程中充分强调产品对消费者的安全性，其在企业内进行周期性检查，一旦发现某一产品对消费者的健康构成潜在的威胁，宜家家居往往主动采取措施解决问题。如2002年宜家家居在全球范围内的玩具熊退货事件：在宜家家居决定回收这类产品之前该产品并没有产生任何安全事故，但最近从国外顾客退回的破损“思纳迪”玩具中发现可能存在的隐患——玩具外部缝合线和内胆质量有问题，漏出的塑料珠可能被儿童不慎吸入肺内或放到嘴里吞下，会对他们的健康造成危害。虽然宜家所有产品均经过质量检测，以确保品质和安全性能，但得知此事后，宜家立即对该产品进行了二次检测。宜家认为在正常使用下，该款儿童产品破裂的可能性极小，但出于对儿童安全的考虑，只要存在任何可能性，宜家都会召回该产品。

(资料来源：王能民，孙林岩，汪应洛. 绿色供应链管理[M]. 北京：清华大学出版社，2005.)

思考题：

宜家是如何实施绿色供应链管理的？有什么值得借鉴的成功经验？

二、绿色供应链管理的内容

在与一般供应链管理存在相似内容的同时，绿色供应链管理也存在特有的管理内容。这些管理内容具体表现为如下三个方面。

(一)绿色供应链管理有必要考察其运营的支持系统尤其是政府行为的影响

绿色供应链要求充分考虑其对环境的影响，实现与环境相容。与环境相容和企业追求利润最大化的目标一般存在冲突，从当前的经营状态来看，企业追求利润最大化的过程中几乎不考虑社会效益，更不用说可持续发展。为了实现可持续发展，政府有必要通过包括法规政策、社会文化与伦理的引导来约束供应链行为主体。因此对于绿色供应链管理而言，政府行为在绿色供应链中的规制和引导作用是十分必要的，其根本目标是要保证供应链内的成员有动机采取与环境相容的活动，进而实现绿色供应链的运营目标。政府行为对于绿色供应链的运营而言，其核心目标是通过市场竞争环境的规范与绿色市场的培育为绿色供应链的行为主体提供良好的运营环境。

(二)绿色供应链内的知识与技术因素的管理

在绿色供应链的运营中知识与技术是决定性因素，对知识与技术因素的管理是绿色供应链管理的重要内容之一。

1. 实现绿色设计

绿色设计(面向环境的设计、生态设计等)是指在其生命周期全过程的设计中，充分考虑对资源和环境的影响，在充分考虑产品的功能、质量、开发周期和成本的同时，优化各有关设计因素，使得产品及其生产过程、消费、回收等环节中对环境的负影响和资源消耗降低到最小；绿色设计体现了对污染与环境的负影响采取防治的措施而不是采取传统的末端控制的思想。由于一个产品从原材料的投入到产品的最终消费与回收处理过程中所涉及的行为主体很多，因此从传统的某一个制造商来设计产品的制造工艺其效率是十分低下的，因此如何在供应链中来实现绿色设计是绿色供应链管理的重要内容之一。

2. 技术与知识在供应链内的创新与传播

由于技术与知识的创新具有十分明显的正外在性，因此让谁成为创新的主体是绿色供应链管理中必须解决的问题；技术与知识的传播是整个供应链得以有效协调的关键因素，当新的知识与技术生产出来以后如何让知识与技术得以在供应链内有效传播是绿色供应链管理的又一关键问题。

(三)从绿色供应链的运营过程来看，其管理的内容也存在不同的方面

(1) 从投入来看，要求选择绿色材料。其中，绿色材料是指具有良好使用性能并能在制造、加工、使用及至报废后回收处理的全生命周期过程中能耗小、资源利用率高、对环境无污染且易于回收处理的材料。

(2) 从生产工艺来看，要求工艺能与环境相容。具体地，要求生产工艺能够保证在生产过程和产品使用中不存在安全隐患、不对工作人员和消费者的健康造成威胁同时也不对环境造成污染，要求生产工艺尽可能降低不可再生资源的使用量，在生产过程中出现的废弃

物尽量回收利用，最终废弃物应易于处理。

(3) 在生产过程中强调再制造，因而强调能够回收消费、生产过程中产生的废弃物。

(4) 从产品的消费来看，要求消费者实现绿色消费，如何激励消费者选择绿色产品，同时选用与保证顾客有能力采取绿色消费的方式是绿色供应链管理的又一关键问题。

【案例分析 12-2】

再制造典型案例研究——复印机再制造

随着国际上绿色再制造工程的兴起，复印机巨头之一——施乐公司成功地实施了复印机再制造策略。

一、施乐复印机再制造简介

施乐公司通过对复印机电子元件、激光排版装置、机械部件、喂料筒的翻新与再加工，重新利用了复印机中 60%以上的部件，对无法实施再制造的零部件，也尽可能采取资源化策略，回收利用其中的原材料，如对复印机中的塑料尽可能全部回收，剩下很少的一部分进入废弃填埋物流。在施乐公司，一个典型的复印机零件将拥有以下四个服役阶段：一是作为新品中某一部件的一部分；二是作为再制造产品中同一部件的一部分；三是作为再制造产品中某再制造部件的一部分；四是进入材料再循环程序。

施乐公司从复印机再制造之初就将产品的租赁作为一种销售策略，这是一种全新的销售理念，它意味着施乐公司不再销售产品本身，而是销售产品所能提供的功能和服务，施乐保留了产品的所有权，产品在服役终了或租期终了时能够得到回收。这使得施乐公司可以将经营策略集中在通过使用尽可能少的原材料消耗，而获得最大化的经济利润。

为了使复印机再制造能有更持久的生命力，施乐公司开展了产品再制造升级研究，在总结近十年来在产品拆卸和再制造方面经验的基础上，研究开发了新一代面向再制造设计的模块化复印机—— DC265 型复印机。该复印机共 7 个模块，包含复印机中可移动部件的大多数，每个模块都能在几分钟内被拆卸和更换，该型复印机为产品技术升级提供了更大的潜力。

施乐公司始终把再制造复印机的质量保证放在十分重要的位置。为此，施乐公司开发了信号分析技术，其原理是通过比较旧部件和新部件的信号来判断产品的质量及潜在寿命，它是一种检测零部件关键性能参数的诊断工具。例如，通过对电动机的噪声和振动等信号进行测量和分析，有可能判定部件的剩余寿命及潜在的功能表现，被判定部件包括电子的、电气的、机电的和机械的。运用该技术进行质量检测成为复印机再制造工艺中一个关键的特征。

二、复印机再制造效益分析

(一)经济和社会效益分析

依据型号不同，生产一个新的激光复印管需 50～100 美元，但“再制造”这样一支激光管成本却小得多，在 25～50 美元。由于实施了复印机再制造策略，澳大利亚施乐公司 1995 年在购买原材料及备件方面估计节省资金 6940 万美元，仅通过再制造静电复印机中的磁性元件，公司就节省了 4000 万美元以上的费用。施乐公司设在荷兰旺莱(Venray)的复印机再制造厂每年回收欧洲退役的 12 万台复印机中的 2/3 进行再制造，每年营业额高达 2 亿美元。施乐公司在美国市场上 1992 年节省了 5000 万美元的原材料购置、后勤服务和库存等费用，1993 年节省经费额达到 1 亿美元。

复印机再制造属劳动力密集型行业，可以创造大量的就业机会，同时还可以为社会提供物美价廉的产品，社会效益也十分显著。

(二)生态效益分析

2000 年，瑞典学者 Wendy Kerr 于对澳大利亚施乐复印机再制造的生态效益进行了研究，研究对象为 5100 型和 DC265 型复印机，其中，DC265 型复印机为完全模块化、数字化的复印机。研究结果如表 12-1 所示。

表 12-1　两种复印机再制造与新机制造可节省的百分比

项目名称	材料消耗节省(%)	能源消耗节省(%)	水消耗节省(%)	废物填埋节省(%)	相当于少排放 CO_2(%)
5100 复印机(非模块)	25	27	19	35	23
DC265 复印机(模块化)	49	68	38	47	65

研究表明，在复印机的全寿命周期内，再制造能够减少资源的消耗和废物的产生，而开展面向拆卸和再制造设计的产品，可更多地节约原材料。

再制造还显著减少了施乐公司进入废弃填埋的物流量，如荷兰施乐公司 1993 年年初，产生的废弃物的 41% 进入填埋，而到了 1995 年第二季度已下降到了 21%，其绝对重量由 1993 年第 3 季度的 2500 吨下降到 1995 年第二季度的 1000 吨。该公司现在每年减少了 7000 吨进入废弃填埋的物流量，相当于节省了 20 万美元的废物处理费用。

通过再制造节省对原材料的使用，相当于减少了对金属矿石、煤、石油及其他材料的开采，可获得显著的生态效益。如通过再制造重新利用 1 吨的铜金属，至少可以避免 200 吨铜矿的开采，而所有这些矿石的开采，需要大约 1 吨的硝酸铵炸药，需要 0.5 吨化学药品用于矿石的浮选，此外，还需要大约 1 吨的焦炭或其他有机燃料用于矿石的熔炼，在矿石的开采、熔炼、精炼过程中，还会产生大量的固体废弃物。最后，在熔炼和精炼过程中还会产生大约3吨的CO_2和SO_2气体，这还不包括产生的大量灰尘和烟雾。

(资料来源：向永华，徐滨士. 再制造典型案例研究——复印机再制造[J]. 新技术新工艺，2004(9))

思考题：

施乐公司引入再制造的好处是什么？

三、绿色供应链的流程

绿色供应链管理的主要业务流程包括绿色设计、绿色采购、绿色制造、绿色物流、绿色营销、绿色消费和绿色回收等。

(一)绿色设计

绿色设计(Green Design)主要从零件设计的模块化、标准化、可拆卸和可回收设计上进行研究。模块化设计满足绿色产品的快速开发要求，按模块化设计开发的产品结构便于装配，易于拆卸、维护，有利于回收及重复使用等；可拆卸设计是零件结构设计布局合理，易于接近并分离的联结结构，便于毫无损伤地拆下目标零件和回收再利用及处理，减少环境污染；标准化设计使零件的结构形式相对固定，减少加工难度和能量的消耗，减少工艺装备和拆卸的种类和复杂性；可回收设计是指回收设计的产品在其寿命周期内达到最大的零部件重复利用率、尽可能大的材料回收量，减少最终处理量。

(二)绿色制造

“绿色制造”(Green Manufacturing)是指在保证产品的功能、质量、成本的前提下，综合考虑环境影响和资源效率的现代制造模式。它使产品从设计、制造、运输、使用到报废整个产品生命周期中不产生环境污染或环境污染最小化，符合环境保护要求，对生态环境无害或危害极少，节约资源和能源，使资源利用率最高，能源消耗最低。绿色制造关注的问题主要涉及三部分领域：一是制造领域，强调在产品的整个生命周期的每一个阶段并行、全面地考虑资源因素和环境因素；二是环境保护领域，绿色制造强调生产制造过程的“绿色性”，这意味着它不仅要求对环境的负影响最小，而且要达到保护环境的目的；三是资源优化利用领域，绿色制造对输入制造系统的一切资源的利用达到最大化。

【案例分析 12-3】

通用汽车破产的启示

2009 年 6 月 1 日 20 点 05 分，美国通用汽车正式向纽约当地破产法庭递交破产保护申请，正式进入破产保护程序。这是美国汽车历史上最大的一次破产保护事件。通用汽车的衰落值得反思。

(1) 不能忽视理念的创新。通用汽车历来特别关注舒适，设计生产的汽车以大排量为主，而没有及时推行节能环保的绿色设计理念。通用的管理者认为，其产品的主要销售地区——北美的消费者就是喜欢大排量的轿车和运动型多功能车。但随着原油价格的高涨，北美地区的消费者在购车时也考虑环保和节能因素，通用的汽车因为耗能大而逐渐被消费者抛弃。而捷足先登采取技术改革提高汽车燃料利用效率的福特汽车，却坚持了下来。这再次说明理念的创新、技术的创新、产品的创新对汽车工业至关重要。

(2) 不能忽略制造过程。美国发达的金融体系给企业带来便利的同时也带来了巨大的诱惑，金融行业巨大的利润是专心关注制造的实业无法想象的。通用汽车误入歧途，将自己的重心放在了如何增加销售网络，如何使得旗下的金融公司 GMAC 放出更多的车贷，创造更多的利润。而对于制造过程中废品率高，则采取降低质量标准的手法，反正“有的是钱”，买到次车退回厂家就是。因而美国消费者认为福特车的性价比更好，更喜欢买福特车。可以说，过于注重流通环节的增值，而忽视制造过程的持续改进，才是通用的最大败笔。

(资料来源：华雨. 通用汽车破产的启示[J]. 上海质量，2009(6))

思考题：

通用汽车为什么会破产？通用汽车应该如何改进自身的管理经营？

(三)绿色采购

采用绿色原材料，从源头上进行环境管理是确保生产环节与环境相容的前提，因此从原材料投入开始就应充分强调资源的减量化、再循环与再利用。采购环节的环境管理重点是对供应商的管理，为了保证供应活动的绿色性，主要对供应商物流进行分析。选择供应商除了考虑质量、价格、交货期、批量柔性、品种多样性以外，还应考虑供应商产品的绿色性，目的就是降低原材料使用，减少废物产生，要求供应商对生产过程的环境问题、有毒废物污染、是否通过 ISO 14000、产品包装中的材料、危险气体排放等进行管理。

【课外资料 12-3】

国外政府绿色采购发展之路

目前，全世界已有 50 多个国家积极推行绿色采购，以联合国、世界银行等为代表的一些国际组织也组成了绿色采购联合会，绿色采购已成为世界性趋势。事实证明，政府绿色采购发挥了重要的表率和引领作用，联合国统计署调查显示，84%的荷兰人、89%的美国人、90%的德国人在购物时会考虑选择环境友好型产品。

一、美国的政府绿色采购制度及特点

美国是世界上第一个走上政府绿色采购道路的国家，主要以联邦法令与总统行政命令作为推动政府采购的法律基础。如 1976 年颁布的美国资源保护与回收法(RCRA)与 1991 年美国总统第 13101 号行政命令——“通过废弃物减量、资源回收及联邦采购来绿化政府行动”，要求采购机关需优先采购绿色产品、使用再生物品。美国政府采购法也明确指出，政府应采购对人民健康和环境影响最小的产品和服务。除颁布法律和法令外，美国政府还先后制定实施了采购再生产品计划、能源之星计划、生态农产品法案等一系列绿色采购计划。美国联邦政府推动绿色采购以美国环保署(EPA)的“全面性采购指导意见”(CPG)为主。依据 RCRA 与美国总统行政命令的规定，EPA 应指定含有回收材料的产品目录，并颁布采购这些产品的指导意见。一旦某项产品列入 EPA 指定目录，使用联邦经费进行采购的部门就必须尽可能采购含有最高回收物质比率的该类产品。美国政府绿色采购制度还非常重视信息公开。例如，列入 EPA 指定的产品目录均公布于众，并经常对其更新，以方便政府、公众的购买，并有利于公众对其监督。此外，美国越来越重视电子产品的环境影响，由 EPA 资助，推出针对电子产品的多维环境绩效标准——电子产品环境影响评估工具(简称 EPEAT)，已于 2006 年全面启动。

二、日本的政府绿色采购制度及特点

日本被公认为在政府绿色采购事业上做出了卓越的贡献。1995 年，日本政府采取了第一个“政府操作的绿色行动计划”，并要求所有的政府部门和机构都设定自己的计划，以提高地方政府、商业企业和公民的自愿性行动。除了公布产品标准外，“行动计划”还是一个过程的标准，被认为是改变生产和消费模式向社会可持续发展的战略性政策手段之一。日本还公布了采购商品的建议清单，该清单主要包括绿色采购的原则、各个商品类别的指南及各个类别的产品列表。执行的状况则通过强制性报告对这些产品清单的份额进行评估。1996 年，日本设立了绿色采购网络(GPN)，覆盖了日本的所有地方政府、大城市及很多大的公司，其目的是为了在日本的消费者、公司和政府组织之中促进绿色采购。GPN 促进了绿色采购思想的传播和实践，并为各种产品拟定了采购指南，出版各种产品的环境资料书籍，还负责组织会议、每年一度的论坛和产品展览等。2000 年，日本颁布了《绿色采购法》，其中明确规定，所有中央政府所属的机构包括国会和法院都必须制订、实施并向社会公开年度绿色采购计划，提交年度实施报告，地方政府要尽可能制订和实施年度绿色采购计划，努力做到采购环保型物品。为了便于实施绿色采购，日本还建立了有关信息的国家数据库。GPN 公布的调查数据表明，绿色采购法实施的效果非常明显，法律颁布实施仅 1 年后，就有 74%的供应商增加了绿色产品的销售量，有 75%的供应商推出了新的绿色产品。在消费方面，环保型复印纸消费比例从 2000 年的 11.6%迅速提高到了 2002 年的 26.6%。

三、欧盟的政府绿色采购制度及特点

许多欧盟国家的政府开展主动性环境采购计划已经近 10 年了，各国之间的绿色采购合作也日益密切。在借鉴日本绿色采购网络成功经验的基础上，欧盟执行委员会以委托契约的方式，成立了欧洲绿色采购网络组织(EGPN)，主要收集欧盟各国绿色采购的背景和法律法规资料、拟定相关的绿色采购工作手册，为促使地方政府进行绿色采购提供经验与信息交流。为进一步协调欧盟各国的行动，2004 年 8 月，欧盟委员会发布了“政府绿色采购手册”，主要用于指导欧盟各成员国如何在其采购决策中考虑环境问题。为此，欧盟委员会还建立了一个采购信息数据库，目前，信息库中已有 100 多类产品的信息，包括产品说明书、生态标签信息等。欧盟通过“政府绿色采购手册”统一了绿色采购纲领。目前，欧盟的公共采购占其成员国国内生产总值(GDP)的 14%，绿色采购占公共采购的平均份额为 19%，其中，瑞典达 50%、丹麦为 40%、德国为 30%、奥地利为 28%、英国为 23%，均超过欧盟的平均值。

(资料来源：杨鹏，马向晖. 国外政府绿色采购发展之路[J]. 中国财政，2011(9))

(四)绿色物流

绿色物流指在物流过程中通过科学合理地制定物流方案，降低能源消耗、尾气排放及废弃物的产生，实现物流活动与社会和环境的协调。绿色物流包括绿色仓储、绿色运输、绿色包装、绿色流通加工、绿色配送等环节。

绿色仓储的目的在于占用少的资源，降低污染和损失。

运输和配送是物流的主要功能要素，也是环境最大的污染源，绿色运输和配送以节约能源、减少废气排放为前提。

【课外资料 12-4】

把物流行业作为本国经济发展生命线的日本，从一开始就没有忽视物流绿色化的重要意义，除了在防止交通事故、抑制道路沿线的噪音和振动等方面加大政府部门的监管和控制作用外，还特别出台了一些实施绿色物流具体目标值，如货物的托盘使用率，货物在停留场所的滞留时间等，来减低物流对环境造成的负荷。1989 年日本提出了 10 年内 3 项绿色物流推进目标，即含氮化合物排放标准降低三成到六成，颗粒物排放标准降低六成以上，汽油中的硫降低 1/10；1992 年日本政府公布了汽车二氧化氮限制法，并规定了允许企业使用的 5 种货车车型物；1993 年，除了部分货车外，日本政府要求企业必须承担更新旧车辆、使用新式符合环境标准货车的义务。在 2001 年出台的《新综合物流实施大纲》中，其重点之一就是要减少对大气的污染排放，加强地球环境保护，对可利用的资源进行再生利用，实现资源、生态和社会经济良性循环，建立适应环保要求的新型物流体系。

绿色包装的理念具有保护环境和节约资源两个方面。

【案例分析 12-4】

亚马逊中国的全程综合运输包装绿色解决方案

本着“提高效率，保护商品，降低成本”的原则，亚马逊近年来不断优化全程综合运输包装绿色解决方案，并取得了显著效果。

一、产品包装改善

大多数消费者在网上购物后都收到包裹严实的快递包装，甚至包装的体积比物品都大。包装内部填充着不能降解的充气塑料袋、泡沫垫等，外面还用一圈又一圈的胶带密封。这些包装物不仅增加了包装作业的时间和成本，还会成为污染源，并且减缓客户打开商品的速度，降低客户体验。基于此，亚马逊对电商运输包装进行了改善。

1. 提倡使用原厂包装/简约包装

采用原厂包装好，即在商品出厂包装能够满足运输要求的情况下，直接使用原厂包装进行运输和配送。所谓简约包装，即在满足原厂包装发货的基础上增加以下条件：①容易打开(包装上没有铁丝，不是泡壳、吸塑包装，120 秒内能打开)。②尺寸适宜(外包装尺寸与产品大小合适)。③采用环保材料(使用容易回收的包装材料，如纸箱、塑料箱)。

2. 采用电商专用包装

产品包装并不是决定客户是否在线购买的关键因素，过于华丽的包装对于线上销售来说是某种意义上的浪费。因此，亚马逊中国鼓励商家采用电商专用包装，在保证线上线下产品质量一致的情况下，对线上产品包装进行简化设计、起到保护产品作用即可。

3. 采用可变深度的纸箱

对于大型 B2C 电商而言，商品的种类繁多，这样所需要的包装箱尺寸规格就会成几何级数增长。大部分电商企业是让无限的产品去适应有限的包装规格。

亚马逊中国使用了可变深纸箱。在对历史订单进行大数据分析后，亚马逊中国对包装影响的业务成本项建立数学模型，分析每个箱型中订单商品的三维尺寸联合分布，以综合成本最优为目的，根据模型计算每个纸箱需要打折痕的位置，同时考虑纸箱的抗压和可操作性来确定折痕的位置，使一种规格的箱子可以适应多种尺寸要求，以扩大纸箱的应用范围，减少内部填充物的用量，降低运输包装成本。改善后具体操作折痕箱的方法十分便捷，仅需三步：①根据订单货物推荐合适的纸箱；②选择最贴近的折痕；③折叠到位，完成包装。

4. 牛皮纸气泡袋

牛皮纸气泡袋作为电商包装材料在亚马逊美国、日本等国家已经使用多年。基于这些成功经验，同时更好地保护商品及减少包装浪费，亚马逊中国已经在3C、图书等品类商品上使用牛皮纸气泡袋，相比纸箱包装，配送商品的残品率降低，包装空间浪费减少。

二、运输包装方案标准化/共享资源

在亚马逊中国的运营过程当中，产品是需要在供应商与运营中心之间，运营中心相互之间，运营中心与配送中心之间，配送中心到客户之间实现多种运输，除了商品本身的包装，还会涉及运输包装。亚马逊中国主要的运输包装是纸箱、塑料托盘和周转箱，目前面临的最大问题是托盘和周转箱在不平衡运输中的空箱回程运输，造成了运输成本、时间成本、人力成本等方面的巨大浪费。

为此，亚马逊中国希望通过在其各大运营中心和配送中心之间、供应商与运营中心之间建立运输包装共享平台，实现运输包装资源共享与合理调配，来减少或者避免空箱的回运，而采用租赁塑料箱、托盘等方式可以实现这一想法。同时，亚马逊中国希望有机会参与商务部推行的标准托盘及相关周转箱共用。

三、整体方案管理系统

亚马逊中国研发了一套绿色包装整体方案管理系统，系统包括周转箱管理、包装材料及运营流程管理三个方面，可对亚马逊中国的周转箱进行调度、追踪和管理，提升了亚马逊中国物流的管理效率，也为整体运营效率的提升提供了支持。

(资料来源：王玉. 亚马逊中国的全程综合运输包装绿色解决方案[J]. 物流技术与应用，2015，20(12))

思考题：

亚马逊中国是如何实现运输包装绿色化的？这样做的好处是什么？

绿色流通加工是出于环保考虑的无污染流通加工方式及相关政策措施的总和，要求采用高科技专业集中的加工方式，加大科技投入力度，促使科技转化为生产力，同时对流通加工中产生的废料进行集中处理，提高资源利用与再利用的效率，减少废弃物对周围环境造成的污染。

(五)绿色营销

绿色营销是一种新型的营销理念与营销战略，实施绿色营销的企业注重环境保护，认可绿色文化，尽力消除或减少销售环节对环境的破坏，满足消费者对绿色消费的需求，并在此基础上挖掘新的市场机会，通过适合的营销方式以实现盈利。绿色营销的核心是以绿色技术、绿色市场和绿色经济为基础，按照环保与生态原则选择和确定营销组合。绿色营销的特点是兼顾消费者利益、企业效益、社会效益与环境效益的统一，实现四者之间的平衡。

(六)绿色消费

绿色消费强调在消费过程中尽可能降低对环境的负面影响。绿色消费涉及消费者对绿色产品的崇尚、选购、使用与对剩余物良化处理四个环节。绿色消费首先是一种观念，即意识到环境恶化已影响到人们的生活质量及生活方式，应通过积极消费绿色产品及承担环境质量提高的必要支出，把节约能源、反对浪费、保护生态环境、主动承担社会责任等看作个人素质、修养、身份和地位高低的重要标志；其次是积极关注绿色信息，积极选择购买绿色产品；再次是根据绿色产品的要求进行科学使用；最后是对使用过后的残余物积极进行以分类回收为基本内容的良化处理。

(七)绿色回收

技术进步速度的加快使得产品的功能越来越全面，同时产品的生命周期也越来越短，它不仅产生了越来越多的废弃物，而且也造成了资源、能源的浪费，成为固体废弃物和污染环境的主要来源。产品废弃阶段的绿色性主要包括回收利用、再循环和报废处理。

产品的回收需经过收集、再加工、再生产品的销售三步完成。收集可重用零部件(它又分为可直接重用的零部件，即可经修理、整修、再制造、零件拆用、材料回收等，生产出多种再生产品；可再生零部件，即零部件本身完全报废，但其材料再生后可再利用)。可将废旧产品运输到回收加工工厂处理，最后把再生产品运输到销售地点进行销售。

产品的循环再利用是指本代产品在报废或停止使用后，产品或其有关零部件在多代产品中的循环使用。

在初步处理和再加工过程中产生的废弃物需进行填埋、焚烧等处理。

【案例分析 12-5】

诺基亚绿色回收淘金

全球每年废弃手机约 4 亿部，其中含金量可做 150 枚戒指，约价值 2.17 亿美金。

据统计，一部手机 45%是塑料，20%是铜，10%是陶瓷，5%是非金属，剩下的是稀有金属，全可以回收使用。4 亿手机可回收 32 万吨各种可再生物质，相当于 500 万汽车一年的排放物质。

诺基亚在全球 85 个国家设立了 5000 个废旧手机回收点，自 2005 年以来在上海、香港开展了实现以回收废弃手机和附件命名的绿箱子计划，2006 年将此计划开放给 6 个品牌手机厂商，共回收有 9 万件废弃手机和附件，使 6 吨物质得到了再生利用，2009 年年底已有 150 余吨废弃手机和附件物质重新投入使用。目前生产、使用和回收一款典型的诺基亚手机全部能耗是 220 兆焦耳，其排放量是 26 千克二氧化碳，相当于一辆家用汽车行驶 167 公里的能耗和排放量。

(资料来源：废弃手机年价值 2 亿诺基亚绿色回收淘金[J]. 再生资源与循环经济，2010(11))

思考题：

诺基亚的绿色回收具有哪些效益？

习　　题

简答题

1. 绿色供应链管理的特征有哪些？
2. 绿色供应链区别于一般供应链的内涵是什么？

参 考 文 献

[1] Li W，Bao J, Shen W. Collaborative wireless sensor networks: A survey[C]. In: Proceedings of IEEE International Conference on Systems, Man, and Cybernetics (SMC), 2011：2614-2619.

[2] Khoo B. RFID - from tracking to the Internet of Things: A review of developments [C]. In: Proceedings of IEEE/ACM International Conference on Cyber, Physical and Social Computing (CPSCom), 2010：533-538.

[3] Mainetti L, Patrono L, Vilei A. Evolution of wireless sensor networks towards the Internet of Things: A survey[C]. In: Proceedings of 19th International Conference on Software, Telecommunications and Computer Networks, 2011：1-6.

[4] 鲍晓峰，尹航，黄志辉等. 机动车排放是雾霾元凶吗[N]. 中国经济报告，2017-02-21.

[5] 曹翠珍. 供应链管理[M]. 北京：北京大学出版社，2010.

[6] 陈剑，肖勇波. 供应链管理研究的新发展[J]. 上海理工大学学报，2011，33(6).

[7] 陈志红. 运输管理实务[M]. 北京：人民交通出版社，2007.

[8] 储雪俭，余宏亮. 仓储企业的增值服务、金融仓及其运作模式初探[J]. 浙江金融，2013(1).

[9] 崔介何. 物流学概论[M]. 北京：北京大学出版社，2010.

[10] “双 11”再掀快递狂潮绿色包装已成大势所趋[J]. 中国包装，2017(1).

[11] 底洁. 每日优鲜：定义生鲜电商新模式[J]. IT 经理世界，2016(13).

[12] 底真真. 福喜事件引发麦当劳供应链“蝴蝶效应”[J]. 农村·农业·农民，2014(8).

[13] 董乐. 富士施乐：不断复制“零”[J]. 商务周刊，2009(15).

[14] 董淑雯. 我国包装防伪技术发展现状与趋势[J]. 印刷质量与标准化，2010(12).

[15] 蓝毅. 物流为王 B2C 巨头自建物流仓储[J]. 中国产业，2010(7).

[16] 范罡. 采购管理在企业中的应用[D]. 厦门：厦门大学硕士学位论文，2002.

[17] 范丽君. 物流基础[M]. 北京：清华大学出版社，2011(8).

[18] 北京笨熊造饭:中央厨房模式的餐饮 O2O[J]. 现代营销(经营版)，2016.

[19] 戴钢，黄如诔，郭记彦等. 电商崛起催生食品包装行业新格局[J]. 中国包装工业，2014(11).

[20] 高广志，程子龙. 为何奶贱奶贵都伤农[J]. 农家参谋，2008(2).

[21] 顾荣. 大数据处理技术与系统研究[D]. 南京：南京大学博士研究生毕业论文，2016.

[22] 成本控制案例：美的—供应链双向挤压[J]. 中外物流，2008(2).

[23] 亚马逊颠覆物流业[J]. 中国物流与采购，2015(22).

[24] 何德功. 日本震灾撼动全球制造业供应链[N]. 新华每日电讯，2011-03-28.

[25] 何龙斌. 中美发展农产品物流的比较与启示[J]. 广东农业科学，2011(24).

[26] 何欣，宋亚林，安健. 移动感知物联网技术研究[J]. 计算机应用研究，2011，28(7).

[27] 洪黎明. 从顺丰速运看快递业信息化管理[N]. 人民邮电，2013-01-28.

[28] 胡彪，高廷勇，孙萍. 物流配送中心规划与经营[M]. 北京：电子工业出版社，2008.

[29] 胡定寰. 几种成熟的农超对接模式[J]. 农产品加工，2011(12).

[30] 花仪. 开启鲜花全程冷链运输新篇章[N]. 中国花卉报，2016-07-21.

[31] 华雨. 通用汽车破产的启示[J]. 上海质量，2009(6).

[32] 黄河，但斌，刘飞. 供应链的研究现状及发展趋势[J]. 工业工程，2001，4(1).

[33] 黄中鼎. 现代物流管理[M]. 上海：复旦大学出版社，2012.

[34] 贾争现，刘利军. 物流配送中心规划与管理[M]. 北京：机械工业出版社，2011.

[35] 菊田一郎. 汽车制造企业自动化物料搬运系统[J]. 物流技术与应用，2003(7).

[36] 乐琰. 1 亿元建仓储省租金 麦考林在亏损泥潭中挣扎[N]. 第一财经日报，2012-09-04.

[37] 李创，王丽萍. 物流管理[M]. 北京：清华大学出版社，2008.

[38] 李炯. 沃尔玛：从绿色供应链中掘金[N]. 第一财经日报，2008-05-16.

[39] 李宁，刘铮. 基于物流视角下的装卸搬运研究[J]. 商场现代化，2017(5).

[40] 李天池. “农超对接”缘何哈尔滨遇冷[N]. 农民日报，2013-07-09.

[41] 李征. 物联网带宽优化分配与智能物流监管系统研究[D]. 天津：天津大学博士学位论文，2012.

[42] 黎红. 物流设施与装备[M]. 广州：广东高等教育出版社，2008.

[43] 刘超. CY 公司供应商分类管理策略研究[D]. 广州：华东理工大学硕士学位论文，2010.

[44] 刘国信. 买菜也看“颜值”，净菜走上百姓餐桌[N]. 中国审计报，2016-05-09.

[45] 刘杰. 库存重压运动品牌深陷困局[N]. 中国联合商报，2013-01-02.

[46] 刘扬，唐芬南. 包装防伪技术的现状与发展趋势——综合防伪包装[J]. 中国包装工业，2002(94).

[47] 卢斐. 康师傅与家乐福的 PK 站[J]. 经理人，2011(199).

[48] 罗卫强，郑业鲁，王永基等. 基于物联网的生猪质量安全追溯技术研究与应用[J]. 农业网络信息，2011(12).

[49] 罗文丽. 电商激战物流[J]. 中国物流与采购，2012(7).

[50] 马勤勇. 联华如何配送生鲜[J]. 信息与电脑，2003(8).

[51] 马士华，林勇. 供应链管理(第 3 版)[M]. 北京：高等教育出版社，2011.

[52] 马伊莎. 21cake：零库存模式的虚拟蛋糕店[N]. 中国经营报，2013-07-01.

[53] 梅艺华，吴辉. 仓储管理实务[M]. 北京：北京理工大学出版社，2010：136-137.

[54] 倪侧. 逆向物流关系企业生存[N]. 中华合作时报，2013-07-30.

[55] 牛东来. 新型供应链管理模型 CPFR 的案例比较与分析[J]. 物流技术与应用，2005(4).

[56] 农馨. 法国合作社[J]. 农产品市场周刊，2012(6).

[57] 潘家昭. 现代生产管理学[M]. 北京：清华大学出版社，1994.

[58] 庞玉兰，彭邱玲. 物流基础[M]. 武汉：武汉理工大学出版社，2008.

[59] 钱熙俊，陈皓，高垚. 先进的 VMI 管理为何还能被盗卖材料？[N]. 财会信报，2015-05-11.

[60] 秦绪霞. 供应链环境下造船企业的供应商管理库存研究[D]. 哈尔滨：哈尔滨工业大学硕士学位论文，2007.

[61] 齐二石. 物流工程[M]. 北京：清华大学出版社，2009.
[62] 任芳. 菜鸟将如何重塑物流行业[J]. 物流技术与应用，2016(7).
[63] 汝宜红. 物流运作管理[M]. 北京：清华大学出版社，2006.
[64] 沈厚才，陶青，陈煌波. 供应链管理理论与方法[J]. 中国管理科学，2000，8(1).
[65] 石丹. 看亚马逊如何用科技驱动高效物流[J]. 商学院，2016(9).
[66] 水户诚一著. 林青芬译. 采购管理的知识[M]. 台北：建宏出版社，1992.
[67] 孙克武. 基于物联网的物流产业发展研究[J]. 河北企业，2010(11).
[68] 王能民，孙林岩，汪应洛. 绿色供应链管理[M]. 北京：清华大学出版社，2005.
[69] 王倩. "蓝色巨人"的华丽转身[J]. 石油石化物资采购，2012(7).
[70] 王晓平. 物流信息技术[M] . 北京：清华大学出版社，2011.
[71] 王筱. 温氏模式：分享之魅[J]. 农经，2012(10).
[72] 王钰. 骡迹物流：货运版"滴滴打车"[N]. 新金融观察，2015-02-09.
[73] 王之泰. 新编现代物流学[M]. 北京：首都经济贸易大学出版社，2004.
[74] 吴承建，彭建良. 运输与仓储技术[M]. 北京：中国物资出版社，2009.
[75] 吴健. 现代物流与供应链管理[M]. 北京：清华大学出版社，2011.
[76] 向永华，徐滨士. 再制造典型案例研究——复印机再制造[J]. 新技术新工艺，2004(9).
[77] 肖生苓. 现代物流设备[M]. 北京：科学出版社，2009.
[78] 杨俊锋. 沃尔玛与宝洁：供应链协同的双赢模式[J]. 经理人，2007(7).
[79] 杨鹏，马向晖. 国外政府绿色采购发展之路[J]. 中国财政，2011(9).
[80] 杨轶珺. 中国通用汽车售后零件的物流运作管理[D]. 上海：上海交通大学工程硕士学位论文，2010.
[81] 禺心. 钢贸企业自办仓库不划算[N]. 现代物流报，2013-01-21.
[82] 张晶. 夏晖物流：与麦当劳"共生"的"鱼"[J]. 物流技术(装备版)，2011(4).
[83] 赵志军，沈强，唐晖. 物联网架构和智能信息处理理论与关键技术[J]. 计算机科学，2011，38(8).
[84] 张丽霞. 跨境进口电商：保税备货 v.s.直邮进口[J]. 对外经贸实务，2015(5).
[85] 张丽媛. 动车组维修备件库存管理[M]. 北京：北京交通大学出版社，2008.
[86] 张敏. 农产品供应链组织模式与农产品质量安全[J]. 农村经济，2010(8).
[87] 张敏，林略. 物流学[M]. 北京：清华大学出版社，北京交通大学出版社，2011.
[88] 张荣忠. 美国迈阿密的花卉物流系统[J]. 中国远洋航务公告，2003(3).
[89] 张晟义. 涉农供应链管理理论体系构建——国家级农业产业化重点龙头企业的供应链实践[M]. 上海：上海交通大学出版社，2012.
[90] 张体伟. 云南丽江瓦莎毕公司与农户利益冲突的调查报告[J]. 农业经济问题，2003(5).
[91] 张晓莺. 运输管理实务[M]. 武汉：武汉理工大学出版社，2007.
[92] 张煜，汪寿阳. 食品供应链质量安全管理模式研究——三鹿奶粉事件案例分析[J]. 管理评论，2010，22(10).
[93] 赵向阳. 优菜网"卖身"内幕：生鲜电商遭遇供应链短板[N]. 中国经营报，2013-01-21.

[94] 赵霞. 公路运输——西煤南运的最佳运输方式[J]. 中国物流与采购，2005(18).

[95] 王尔德. 耐克等46个服装品牌供应链“中毒”[N]. 21世纪经济报道，2012-04-10.

[96] 王玉. 京东日趋完善的物流体系建设[J]. 物流技术与应用，2016(5).

[97] 王玉. 亚马逊中国的全程综合运输包装绿色解决方案[J]. 物流技术与应用，2015，20(12).

[98] 周晓杰. 物流仓储与配送实务[M]. 北京：机械工业出版社，2011.

[99] 左娅，孙阳，王丹. 过度包装太浪费[N]. 人民日报，2013-04-15.

[100] 中国物流与采购联合会. 白沙烟草物流的GIS配送优化系统[J]. 信息与电脑，2006(11).

[101] 邹鸿驰. 准时采购在制造型企业中的实用性分析[J]. 现代商业，2007(24).

[102] 戴姆勒-克莱斯勒灵动的供应链[N]. 计算机世界，2004-09-13.

[103] 废弃手机年价值2亿诺基亚绿色回收淘金[J]. 再生资源与循环经济，2010，3(11).

[104] 共同配送的典型案例——北京朝批商贸[J]. 物流技术与应用(货运车辆)，2009(3).

[105] GB/T 18354—2006，中华人民共和国国家标准 物流术语[S]

[106] GB/T 4122.1—2008，中华人民共和国国家标准 包装术语[S]

[107] GB 6974.1—86，中华人民共和国国家标准 起重机械名词术语——起重机械类型[S]

[108] GB 6974.12—86，中华人民共和国国家标准 起重机械名词术语——桥式机械类型[S]

[109] GB 14521.1—93，中华人民共和国国家标准运输机械术语——运输机械类型[S]

[110] GB/T 3730.1—2001，中华人民共和国国家标准 汽车和挂车类型的术语和定义[S]

[111] JTG B01—2003，中华人民共和国交通运输部 公路工程技术标准[S]